AF567439

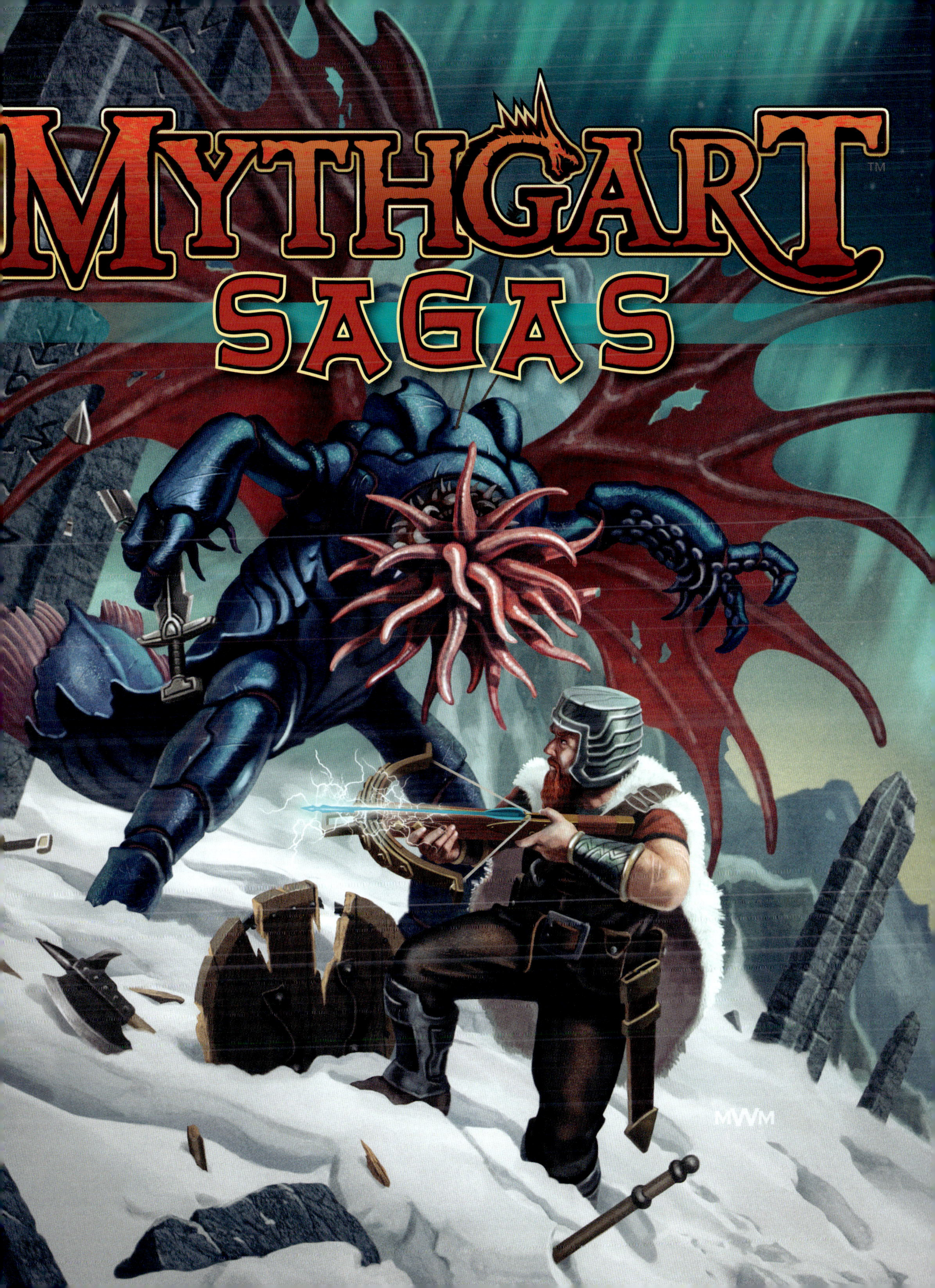
MYTHGART™
SAGAS
MWM

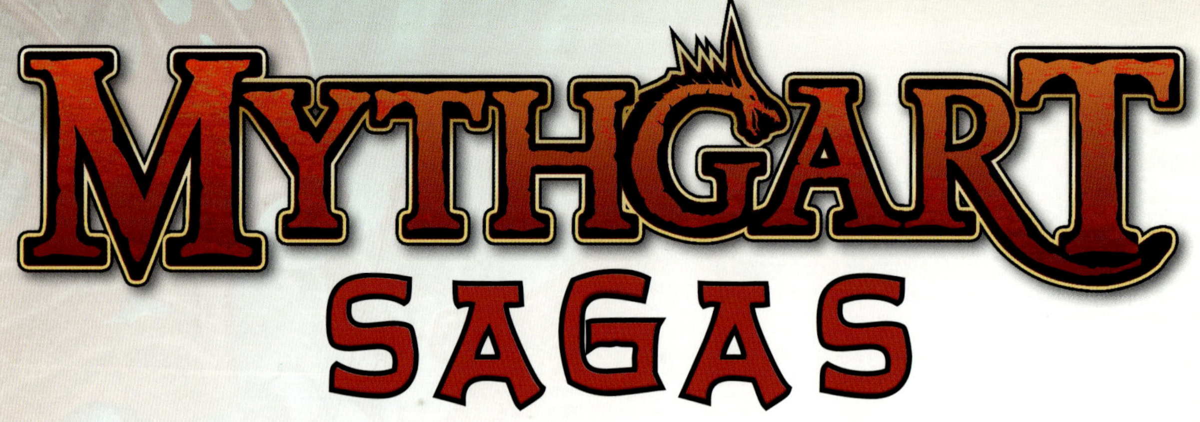

IMPRESSUM

Design: Wolfgang Baur, Dan Dillon, Robert Fairbanks, Greg Marks, Kelly Pawlik, Brian Suskind, and Troy Taylor, with Ben McFarland and Jaye Sonia
Editing: Steve Winter
Art Director & Graphic Design: Marc Radle
Cover Artist: M. Wayne Miller
Cartography: Tommi Salama
Interior Artists: Gislaine Avila, Michele Giorgi, Josh Haas, Marcel Mercado, William O'Brien, Melissa Spandri Bryan Syme, Egil Thompson
Publisher: Wolfgang Baur

Deutsche Version: Ulisses Spiele, Waldems | **Redaktion:** Mirko Bader | **Übersetzung:** Daniel Mayer | **Lektorat:** Simon Burandt | **Layout:** Matthias Lück

Mitarbeiter Ulisses Spiele
Administration: Christian Elsässer, Carsten Moos, Johanna Moos, Sven Paff, Stefanie Peuser, Marlies Plötz, Markus Plötz **Marketing:** Cora Elsässer, Philipp Jerulank, Kirk Kading, Björn Meyer, Katharina Wagner, Wolfgang G. Wettach **Ulisses Digital:** Alina Conard, Nico Dreßen, Thomas Engelbert, Nele Klumpe, Julia Metzger, Phillip Nuss, Maximilian Thiele, Jan Wagner, Carina Wittrin, Kai Woitczyk **Verlag:** Zoe Adamietz, Jörn Aust, Mirko Bader, Philipp Baas, Steffen Brand, Bill Bridges, Timothy Brown, Simon Burandt, J-M DeFoggi, Trisha DeFoggi, Carlos Diaz, Christiane Ebrecht, Frauke Forster, Christof Grobelski, Kai Großkordt, Darrell Hayhurst, Markus Heinen, Nikolai Hoch, Nadine Hoffmann, Johannes Kaub, Christian Lonsing, Matthias Lück, Susanne Majewski, Thomas Michalski, Elisabeth Raasch, Nadine Schäkel, Maik Schmidt, Ulrich-Alexander Schmidt, Nils Schürmann, Eric Simon, Alex Spohr, Anke Steinbacher, Ross Watson, Michelle Weniger **Vertrieb:** Nils Herzmann, Jan Hulverscheidt, Anke Kühn, Thomas Schwertfeger, Stefan Tannert

www.koboldpress.com | www.ulisses-spiele.de

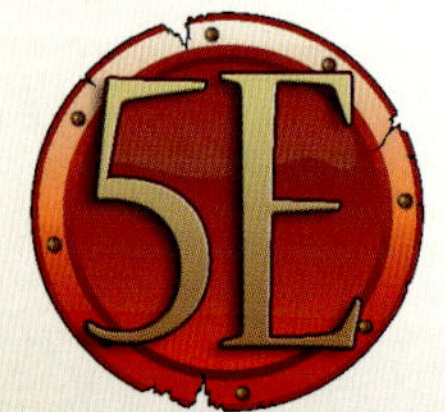

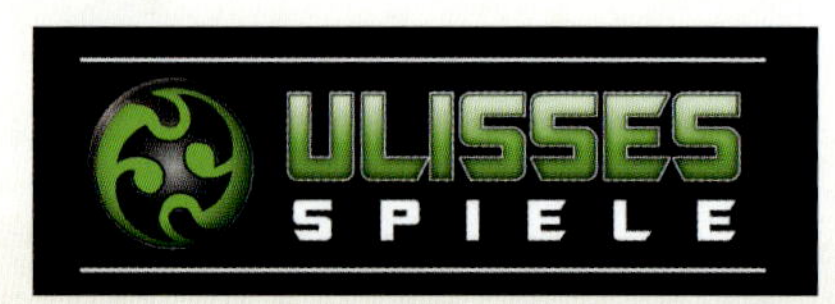

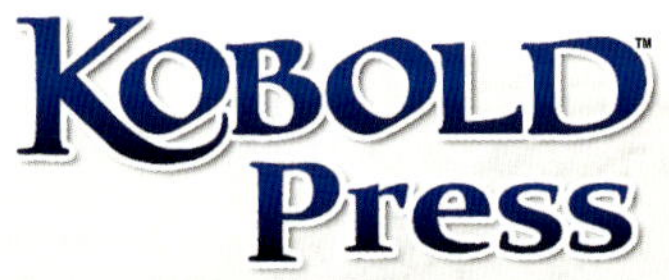

VORWORT

Alle sechs dieser Abenteuer entstanden als Events für Conventions. Ein Abenteuer so zu entwerfen, dass sechs bis acht Fremde vier Stunden lang Spaß und Spannung erleben, ist eine andere Herausforderung, als ein Abenteuer für die heimische Spielrunde zu schreiben, das man mit vertrauten Freunden spielt, mit Charakteren, deren Fähigkeiten und Neigungen man kennt, und mit offenem Zeitrahmen.

Wenn du schon häufiger auf Conventions Rollenspiele gespielt hast, dann hattest du wahrscheinlich eine oder mehrere dieser traurigen Erfahrungen:

- Das Spiel beginnt ohne klare Vorstellung, was die Charaktere erreichen sollen, und entsprechend vergeudet man kostbare Zeit, in der die Charaktere ziellos herumlaufen und den Aufhänger suchen;
- Man bemerkt, dass die SL nur mit minimalen Notizen arbeitet und sich vor allem auf ihre Fähigkeit verlässt, Dinge zu improvisieren – eine Fähigkeit, die nicht annähernd so robust ist, wie die SL glaubt;
- Eine Reihe von Herausforderungen, die für die Charaktere viel zu leicht oder viel zu schwer zu überwinden waren, weil das Abenteuer für Charaktere mit höherer oder niedrigerer Stufe ausgelegt war und keine Anpassungen vorgenommen wurden.
- Man verbringt die ganze Sitzung damit, gegen Monster zu kämpfen, und kommt nie dazu, die Umgebung zu erkunden, Rätsel zu lösen, mit NSC zu interagieren oder rollenzuspielen.
- Die Zeit geht aus, genau wenn das Abenteuer endlich interessant und spannend wird.

Glücklicherweise wirst du diese Probleme mit den sechs Abenteuern in *Mythgart Sagas* nicht haben. Diese Abenteuer haben Tests unter den Gefechtsbedingungen wirklichen Convention-Spiels überstanden. Sie haben nicht nur überlebt, sondern waren siegreich.

EIN ERSTKLASSIGES CONVENTION-ABENTEUER:

- Bringt die Handlung schnell in Gang oder wirft die Charaktere direkt hinein;
- Ist im Vorfeld gut geplant, lässt den Spielern aber Freiräume, ihren eigenen Plänen zum Ziel zu folgen;
- Legt den Charakteren ständig Hindernisse in den Weg, die sie überwinden müssen, doch schneidet ihnen nie alle Wege ab;
- Bietet etwas für jede Art von Spieler und jede Art von Charakter, egal ob sie minmaxender Kampfexperten, rätselknackende Introvertierte oder geschwätzige Amateurschauspieler sind;
- Gelangt zu einem spannenden, befriedigenden Abschluss!

Mit Stolz dürfen wir behaupten, dass diese sechs Abenteuer all dies erfüllen.

WAS IST ENTHALTEN?

Mord am Kreuzweg ist ein Gruselkrimi. Der General, der die erfolgreiche und profitable Kreuzweg-Söldnerkompanie kommandiert hat, wird in seinem Haus ermordet, just an dem Abend, bevor er verkünden wollte, welchen seiner ehrgeizigen Hauptleute er als Nachfolger ausgewählt hat. All diese Kommandanten waren im Haus, als der Mord geschah, und sind deshalb verdächtig. Wenn das nicht reicht, um die Sache ins Rollen zu bringen, kommt noch der Zeitdruck hinzu: Der General hat vor Jahren einen Pakt mit Teufeln geschlossen, und wenn der Mord nicht schnell aufgeklärt wird, wird sich ein Höllentor öffnen, so dass Teufel aus dem Anwesen des Generals in Welt strömen können.

Der Wahnsinnige an der Brücke wirft die Charaktere in die blühende Stadt Zobeck, wo der Ausfall der zentralen Keucherbrücke die ganze Stadt zum Erliegen bringt. Arbeiter kommen nicht zu ihren Arbeitsstellen, Kaufleute und Waren erreichen nicht die Märkte. Kurz gesagt: Wird das Problem nicht schnell behoben, wird die Freie Stadt in Chaos versinken. Natürlich ist es keine einfache mechanische Panne, sondern ein Sabotageakt, und die Saboteure sind noch immer am Werk, als die Charaktere eintreffen, um die Lage zu untersuchen.

Der Mhalmet-Coup besetzt die Charaktere als Mitglieder einer Truppe von Meistereinbrechern, die die perfekte Nummer durchziehen wollen. Die Herausforderung ist, dass das Ziel, ein hochklassiges Spielhaus, schwer bewacht und darauf ausgelegt ist, solche Raubzüge unmöglich zu machen. Es ist ohnehin schon ein unmöglicher Auftrag, aber das Zeitlimit macht es noch schwerer: Die Charaktere haben nur vier Tage, um das Casino auszukundschaften, hilfreiche Eingeweihte zu rekrutieren, besondere Ausrüstung vorzubereiten und einen narrensicheren Plan zu entwickeln. Alles, was nicht narrensicher ist, wird mit Sicherheit scheitern.

Jäger der Kammer des Vielfachen Morgens beginnt in einem Lagerhaus voller Sprengstoff und endet in einer wahnsinnigen Verfolgungsjagd auf einem wilden Fluss, bei der die Charaktere gegen andere Abenteurer, Alligatoren, Sahuagin und einen zornigen Todesalben kämpfen. Zwischen diesen Extremen erkunden die Charaktere eine einzigartige, aber verfallene elfische Ruine, die die Lösung des uralten Rätsels des Großen Rückzugs der Elfen von Mythgart enthält.

Erwecken des Krieges schickt die Charaktere tief ins Westliche Ödland. Dort müssen sie feststellen, dass die Goblinstämme, die sonst gegeneinander kämpfen, sich unter einem mächtigen Anführer namens Karbekul Vierfinger vereint haben. Nachdem sie einige Kämpfe gefochten und Hinterhalte auf dem Gebirgspfad zurückgeschlagen haben, entdecken die Charaktere, dass Karbekul die Möglichkeit hat, einen mächtigen, uralten Schrecken zu beschwören und zu unterwerfen. Karbekul hat aber keine Ahnung, welche Art von Wesenheit seinem Ruf folgen wird; er wird keinen uralten Schrecken, sondern einen Engel des Krieges rufen.

Blut des Gefallenen Sterns ist die Geschichte einer fremd- und pilzartigen Bedrohung aus dem Weltraum, welche Siedlungen von Reißerzwergen infiziert und versklavt. Die Charaktere verbringen einige Zeit im Dorf Beryksheim, freunden sich mit den Zwergen an und werden mit ihren Bräuchen vertraut. Ein Angriff auf das Dorf durch einst freundliche Zwerge, die von fungusgenährtem Wahnsinn getrieben werden, schickt die Charaktere auf eine Suche im infizierten Gebiet. Albtraumhafte Zeichen der Seuche sind überall und führen zum Höhlenquartier der fremdartigen Mi-go, wo die Charaktere nicht nur die in den Sternen geborene Bedrohung bezwingen, sondern auch herausfinden müssen, wie sie das Gehirn der zwergischen Erbin in ihren scheinbar leblosen Körper zurückbringen sollen.

All das erwartet die Tapferen, die Abenteuerlustigen und die Narren in *Mythgart Sagas*!

INHALT

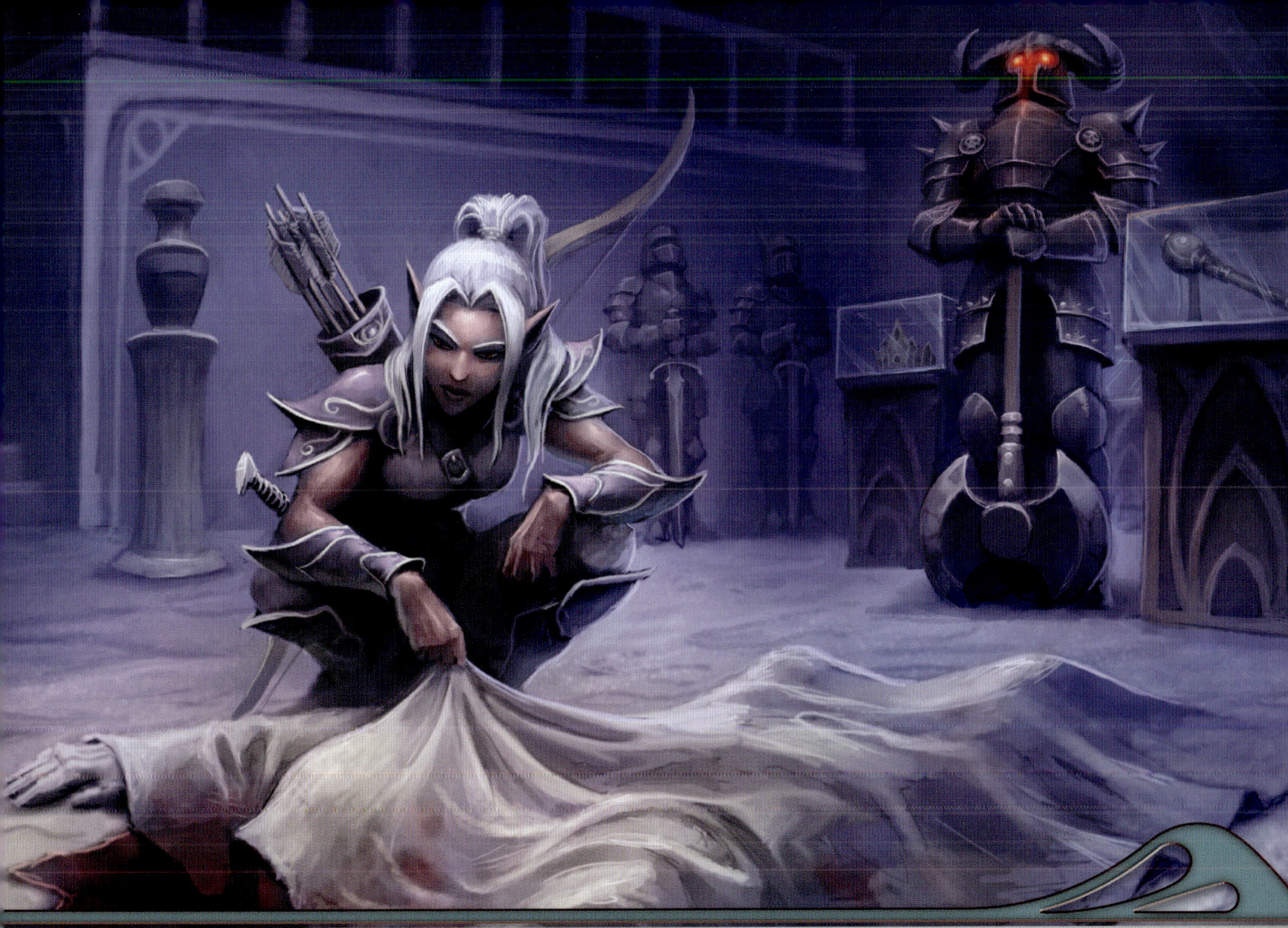

MORD AM KREUZWEG

Ein Gruselkrimi für die 5. Edition, ausgelegt für Charaktere der 3. Stufe

Von Brian Suskind

Als junger Mann schloss Vartan Legora einen geheimen Pakt mit den Teufeln der Elf Höllen; im Austausch für teuflische Unterstützung bei der Gründung einer der größten Söldnerkompanien in Mythgart band Legora seine eigene Lebenskraft in die Erschaffung eines Portals in die Höllenreiche. Heute hat die Kreuzweg-Kompanie „Schwerter" (oder Ortsgruppen) überall in den Mittlanden und ist wahrlich das Maß der Dinge für Söldnerkompanien.

Doch wenn Legora stirbt, wird sich das Tor öffnen. Was dem jungen Mann als gute Idee erschien, wurde zum Albtraum für den alten. Jetzt wo sich sein Pakt seinem Ende nähert, hat Legora seine größten Hauptleute und einige bekannte Abenteurer (die Spielercharaktere) in sein abgelegenes Anwesen gerufen. Er will seinen Nachfolger benennen, die Kompanie abgeben und dann das Höllentor schließen.

ZUSAMMENFASSUNG

Die Abenteuer treffen während eines Schneesturms bei Haus Legora ein und werden von Schreckenswölfen angegriffen. Sie kämpfen sich ins Innere und erfahren, dass der General im Laufe der Nacht ermordet worden ist. Da das Testament des Generals, das seinen Nachfolger bestimmen soll, am nächsten Tag verlesen werden wird, müssen die Helden den Schuldigen finden, ehe der Mörder zum Anführer der Kompanie wird. Alle Verdächtigen sind zerstrittene Söldnerhauptleute mit starken Motiven, den General umzubringen. Während sie die Beweise untersuchen und einen Verdächtigen verhören, bemerken die Charaktere, dass seltsame Dinge im Anwesen vor sich gehen: die Auswirkungen des sich langsam öffnenden Höllentores.

Seit er den Pakt schloss, hatte Legora einen höllischen Beobachter, dessen Auftrag es ist, den Pakt durchzusetzen: Adderly, ein Inkubus, der viele Jahre in der Gestalt des Majordomus des Generals verbracht hat. Legora versuchte, seinen Plan, das Tor zu zerstören, vor Adderly geheim zu halten, doch ohne Erfolg. Der Teufel nutzte die Spannungen um die Nachfolge aus und brachte einen der Hauptleute dazu, den General zu ermorden.

Die Sache wird beim Verlesen von Legoras Testament noch düsterer. Es ist schlimm genug, dass unter den Anwesenden über den Befehl über die Kreuzweg-Kompanie abgestimmt werden soll, doch dann dringen auch noch Teufel in das Anwesen ein. Die Korridore des Anwesens werden zu brutalen Gefechtszonen, in denen die Hauptleute Guerillakrieg gegen die Teufel und gegeneinander führen. Dank des Testaments des Generals erfahren die Charaktere, dass sich das Tor in den Katakomben unter dem Anwesen bei Sonnenuntergang vollständig öffnen wird, also ist das vermutlich der Ort, wo man dies am wahrscheinlichsten verhindern kann. Wenn sie mutig genug sind, können sie die fallengespickten Kavernen betreten, gegen verdorbene Entführungsopfer und außerplanare Kreaturen kämpfen und am Ende den wahren Mörder an der Seite Adderlys und seiner teuflischen Verbündeten stellen. Nur wenn sie diese Gegner bezwingen, lässt sich das Höllentor verschließen, ehe es zu spät ist.

Wer ist also der Mörder?

Das sollen die Charaktere bestimmen – buchstäblich!

Alle drei Verdächtigen (Legoras Hauptleute) hatten die Mittel, das Motiv und die Gelegenheit. Es gibt Beweise, die auf jeden hindeuten, und es gibt Beweise, die jeden von ihnen entlasten. Wenn die Charaktere ermitteln und Fragen stellen, werden sie die Beweise in einer Reihenfolge finden, die nur einen Hauptmann als Verdächtigen zulässt. Wenn dieser Punkt erreicht ist, wird der verbleibende Verdächtige der eigentliche Mörder, und die Beweise, die ihn entlasten könnten, existieren nicht.

Nur du solltest wissen, dass das Abenteuer so abläuft! Lass die Spieler nie erfahren, dass der Mörder gar nicht von Anfang an feststand. (Es sei denn, du willst das Abenteuer ein zweites Mal mit den gleichen Spielern spielen. Dann ist kein großer Detektiv nötig, um herauszufinden, was vor sich geht.)

Es geht letztendlich darum, Leute, die vermutlich keine ausgebildeten Detektive sind, den Nervenkitzel genießen zu lassen, ein Verbrechen aufzuklären: Sie können Verdächtige befragen, Beweise durchforsten, Fakten zusammenstellen und die Unschuldigen ausschließen, bis nur der Schuldige übrig bleibt.

Eine Kriminalgeschichte leiten

Krimis als Abenteuer unterscheiden sich dramatisch von einem typischen Dungeon-Crawl. Die Geschichte entwickelt sich durch die Entscheidungen der Spieler, dadurch, was sie untersuchen und wie sie Hinweise interpretieren wollen, nicht durch das Aufsuchen einer Reihe von Örtlichkeiten.

Ermutige die Spieler, zu hinterfragen, zu überzeugen oder einzuschüchtern, um Informationen von NSC zu erhalten, und die Stärken oder Schwächen ihres Rollenspiels sollte Vorteile oder Nachteile auf Fertigkeitswürfe bringen. Vergiss nicht, dass die Anhaltspunkte abhängig davon sind, wo sich verschiedene NSC im Verlauf der Nachforschung der SC aufhalten.

Viele Spieler haben darüber hinaus, was sie aus dem Fernsehen kennen, keine Ahnung, wie man einen Mord aufklärt. Sie brauchen vielleicht ein paar Hinweise oder Anstöße von dir, wenn sie keine Ahnung haben, wo es weitergehen könnte. Erinnere sie daran, dass die Aufklärung eines Mordes normalerweise erfordert, ein Motiv, die Mittel und Gelegenheit für jeden Verdächtigen zu finden, jene auszuschließen, die es nicht getan haben können, und die Möglichkeiten zu verringern, bis der wahre Schuldige offenbar wird. Hier steht der Mörder nicht im Vorfeld fest; die Erfolge und Fehlschläge der Fertigkeitswürfe der Helden legen tatsächlich fest, welcher der drei Verdächtigen der Mörder ist. Das ermöglicht es, unterschiedliche Enden zu haben, wenn man das Abenteuer noch mal spielt, erfordert aber auch Aufmerksamkeit und Flexibilität.

Ehe ihr anfangt, ist es wichtig, dass du dir die Zeitlinie und die Verdächtigenakten anschaust, damit du eine gute Vorstellung davon hast, was passiert ist, ehe die Spielercharaktere eingetroffen sind, und was während ihrer Ermittlung passieren wird, auch wenn sie es nicht unbedingt mitbekommen. Es ist nicht komplex, aber es muss verwaltet und im Spiel zusammenhängend präsentiert werden. Je seltener du zurückgehen und etwas korrigieren musst, das du den Spielern gesagt hast, umso besser.

Keine Panik, das Abenteuer hat zwei eingebaute Sicherheitsnetze:

- Wenn die Ereignisse zum Erliegen kommen, kann der spionierende NSC Tennrik den Charakteren alle Informationen geben, die der SL ihnen zukommen lassen will.
- Wenn du oder die Charaktere wirklich festsitzen, kannst du einen Sprung machen und mit „Die Verlesung des Testaments" (siehe Bereich 2) fortfahren. Von diesem Punkt an wird das Abenteuer traditioneller, mit Monstern, die es zu bekämpfen gilt, und klaren Bösewichten, die man bekämpfen kann. Das Einzige, das du anpassen musst, ist, welcher Hauptmann (wenn überhaupt) die Gruppe in Bereich 22 überfällt. Wir raten dazu, den zu wählen, den die Helden am stärksten im Verdacht haben (oder am wenigsten mögen), aber du hast die Wahl.

AUFHÄNGER

Mord am Kreuzweg geht davon aus, dass einer oder mehrere der Abenteurer schon einmal mit der Kreuzweg-Kompanie gearbeitet haben. Dies lässt sich leicht durch den ersten Brief bewerkstelligen (siehe Spieler-Handout 1). Wenn du dieses Abenteuer in eine laufende Kampagne integrieren willst, kannst du entweder den Namen der Kompanie ändern, so dass es sich um eine Gruppe handelt, der die Charaktere schon geholfen haben, oder du lässt General Legora ihr Können als Grund nennen, warum er sie gerufen hat.

NSC-TRUPPEN

Grundsätzlich wird jeder der drei Hauptleute von einem Leutnant und einem Trupp aus fünf **Wachen** begleitet.

Abhängig von der Stärke der Spielercharaktere könnten fünf Wachen aber eine geringe Herausforderung darstellen – oder eine zu große. Du kannst mit gutem Gewissen die Zahl der Soldaten erhöhen oder senken, damit es für deine Charaktere passt. Alternativ, wenn du die Zahl nicht erhöhen willst, kannst du die Trefferpunkte der Wachen auf 22 anheben und sie mit Langschwertern ausstatten (HG 1/4), oder sie sogar durch **Schläger** mit HG 1/2 ersetzen.

DAS ABENTEUER BEGINNEN

Gib den Spielern den ersten Brief (Spieler-Handout 1).

Die Charaktere treffen spät am Abend im Dorf Zahn ein, viel zu spät, um die tückische Reise zum Haus Legora anzugehen. Im Morgengrauen hämmert ein Schneesturm auf das Land ein, und der Wirt weckt die Charaktere auf, um ihnen mitzuteilen, dass gerade eine Botschaft für sie eingetroffen ist. Als die Abenteurer in den Schanksaal der Herberge *Schwert und Pflugschar* hinab kommen, wartet ein Brief auf sie, zusammen mit einem bulligen Schlittenfahrer namens Vern.

Gib den Spielern den zweiten Brief (Spieler-Handout 2).

Vern ist ein mürrischer, aber stiller Mann, der die Charaktere zu seiner Schlittenkutsche führt, die von zwei kräftigen Bergponys gezogen wird. Mit einem Peitschenknall setzt sich die Kutsche über den Schnee in Bewegung.

HAUS LEGORA

Das ganze Abenteuer findet in General Legoras palastartigem Anwesen „Haus Legora" statt. Es steht hoch auf einer Klippe mit Blick auf ein wunderschönes Tal und das Dorf Zahn. Das gewaltige zweistöckige Anwesen verfügt über hochmoderne Inneneinrichtung, darunter eine überdachte Übungshalle und ein Arboretum mit Glasdach. Das Anwesen ist aus örtlichem Stein, geschnitztem Eichenholz und dicken Bleiglas erbaut. Im Inneren zeigen die Dekorationen eine Vorliebe für kriegerische Trophäen: verblichene Banner, Schmuckwaffen und so weiter. Wenn die Beschreibungen nichts anderes sagen, haben die Innenräume des Anwesens eine Deckenhöhe von 3 m und sind mit Lampen mit *Ewigen Flammen* erleuchtet.

1. HOF

Die Schlittenkutsche kommt schaudernd vor breiten Stufen zum Stehen, die zum hoch aufragenden, einschüchternden Haus Legora emporführen. Es steht am Rand einer Klippe mit Blick auf das Tal. Die Wasserspeier und anderen Dekorationen an der Schmuckfassade des zweistöckigen Gutshauses wurden vom tobenden Schneesturm mit Schnee und Eis überzogen. Doch das Licht, das aus den Bogenfenstern des Anwesens fällt, lässt auf Wärme, Komfort und vielleicht Glühwein hoffen.

Vern springt von seinem Sitz, um die Kutschentüren zu öffnen. „Wir sind da, meine Herrschaften! Haus Legora. Geht besser hinein, bevor ihr euch in der Kälte den …"

Die Schreie des Pferdes zerreißen die Luft, gefolgt von einem monströsen Brüllen. Eine große, dunkle Gestalt schmettert von hinten in den Fahrer. Blut spritzt über das Fenster.

Als der Körper des Fahrers nach unten außer Sicht rutscht, wackelt die Kutsche, weil etwas auf dem Dach gelandet ist!

Der Hof ist mit knietiefem Schnee bedeckt, der das ganze Gebiet zu schwierigem Gelände macht.

Verdorbene Energie, die aus dem Höllentor gesickert ist, hat 3 **Schreckenswölfe**, den Alpha eines örtlichen Wolfsrudels und seine beiden Weibchen, verändert. Die Wölfe wurden wahnsinnig, schlachteten ihr eigenes Rudel ab und suchen jetzt nach anderen, die sie umbringen können. Als die Begegnung beginnt, hat einer der Wölfe gerade Vren getötet, ein anderer die Pferde, und der dritte ist auf das Dach der Kutsche gesprungen. Die Wölfe kämpfen bis zum Tod. Schwieriges Gelände behindert sie nicht. Charaktere könnten versuchen, zum Anwesen zu laufen, anstatt zu kämpfen; es ist ein 15 m weiter Spurt über die flachen, schneebedeckten Stufen nötig, um es zu erreichen.

Sobald der Kampf vorüber ist, ist der Schneesturm schlimmer geworden. Durch den blendenden Schnee sinkt die Sicht auf 3 m. Charaktere ohne Ausrüstung für kaltes Wetter oder magischen Schutz erleiden einen Nachteil auf Angriffswürfe, Attributswürfe und Fertigkeitswürfe, bis sie aus der Kälte und aus dem Wind herauskommen. Der Pfad zur Steintreppe ist auf 3 m gut sichtbar, und zwei Laternen mit *Ewiger Flamme* an beiden Seiten der großen Doppeltür des Gutshauses sind ein willkommener Anblick. Die Türen öffnen sich, wenn sich die Charaktere ihnen auf 3 m nähern.

DAVOR UND DANACH

Dieses Abenteuer ist in zwei Hälften eingeteilt. Teil 1 enthält alles, was vor der Verlesung des Testaments passiert. Teil 2 enthält alles, was nach der Verlesung geschieht. Die meisten Örtlichkeiten verändern sich ein wenig, sobald Teil 2 beginnt. Somit findest du an jedem Ort Anmerkungen für beide Teile. Vergiss nicht, dass die Beschreibungen von Teil 2 erst nach Verlesung des Testaments gelten.

2. EINGANGSHALLE

Diese 25 Meter breite Halle hat eine 6 Meter hohe Decke, die in der Mitte offen ist, um die Galerie des Obergeschosses zu offenbaren. Drei Treppen am Nordende des Raums führen zu einer hohen Doppeltür aus Mahagoni mit Beschlägen und Zugringen aus Eisen. Bogengänge im Osten und Westen führen in Korridore. Eine Scheibe aus meisterlich arrangierten roten und blauen Kristallen ist in den Boden eingesetzt und bildet das Symbol der Kreuzweg-Kompanie: ein rotes Zahnrad, dessen Zähne zum Rand reichen, auf blauem Grund.

Euch empfängt ein dünner, würdevoller Mann, der eine winzige Brille mit Drahtgestell trägt. Erst als ihr den Schnee von euren Stiefeln geklopft und eure eisverkrusteten Mäntel abgenommen habt, ergreift er das Wort.

„Guten Abend, geehrte Gäste. Ich bin Adderly, der Majordomus eures Gastgebers. Willkommen in Haus Legora. Ich fürchte, ihr seid in einer Zeit der Trauer angekommen. Wir werden versuchen, es euch so bequem zu machen, wie das Wetter es zulässt. Euer Gepäck wird auf eure Zimmer gebracht, doch warme Erfrischungen erwarten euch im Speisesaal, so wie unsere anderen Gäste."

Andere Diener bringen Taschen und Mäntel in die Gästezimmer (Bereich 17).

Während Adderly die Charaktere in den Speisesaal führt (Bereich 7), vermeidet er es, Fragen zu beantworten, und sagt, dass es das Beste ist, wenn die Besucher zuerst mit den versammelten Hauptleuten sprechen.

TEIL 1

Wenn die Charaktere den Wolfsangriff erwähnen oder jemand ernsthaft verletzt scheint, reagiert Adderly mit aufrichtigem Schock. Er versteht sofort, was geschehen sein muss, aber er wusste nicht, dass sich die höllischen Energien des wachsenden Tores schon so weit ausgebreitet haben. Natürlich erwähnt er nichts davon gegenüber den Charakteren. Stattdessen sagt er, dass der Schneesturm für den Angriff verantwortlich ist, weil er die Tiere an den Rand des Verhungerns getrieben hat. Ein Charakter, der in Mit Tieren umgehen geübt ist, weiß, dass diese Wölfe nicht am Verhungern waren. Adderly befiehlt den Dienern, alle Türen und Fensterläden fest zu verriegeln, damit keine Raubtiere ins Innere eindringen können.

Der tobende Sturm sollte ausreichen, um die Charaktere davon abzubringen, das Gutshaus zu verlassen. Innerhalb einer Stunde nach Ankunft der Charaktere zeigt das Öffnen von Türen und Fenstern nur eine hüft- bis schulterhohe Schneewehe. Wenn eine Tür auch nur einen winzigen Spalt weit geöffnet wird, muss die Person, die sie geöffnet hat, einen Wurf auf Stärke (Athletik) gegen SG 13 ablegen, damit die heftigen Winde sie nicht aufzwängen und der Schnee ins Innere fällt. Das macht es unmöglich, die Tür wieder zu schließen, bis genervte Diener 10 eisige Minuten damit verbracht haben, die Schneewehe wegzuschaufeln.

VERLESUNG DES TESTAMENTS

Dieses Ereignis findet in der Halle statt, wenn du es für angemessen erachtest. Du solltest den Charakteren nach ihrer Ankunft genug Zeit geben, um den Großteil des Anwesens zu erkunden und die wichtigsten NSC zu treffen (und Meinungen über sie zu bilden).

Wenn es an der Zeit ist, holt Adderly die Helden ab und bittet sie, ihn in die Eingangshalle zu begleiten, um der Verlesung des Testaments des Generals beizuwohnen. Alle Hauptleute und ihr Gefolge sind bereits anwesend und warten. Lese oder umschreibe den Textkasten – aber würfle zunächst auf der folgenden Tabelle, um die Position des Schlüssels zu ermitteln:

W6	Örtlichkeit
1	Spielzimmer
2	Rauchsalon
3	Bibliothek
4	Küche
5	Große Halle
6	Beliebig, Wahl des SL

Anmerkung: Der Schlüssel ist in einem geheimen Fach im Boden des ausgewürfelten Raums versteckt. Man kann ihn mit einer zehn Minuten dauernden Durchsuchung des Gebiets finden, oder mit einer schnellen Suche und einem erfolgreichen Wurf auf Weisheit (Wahrnehmung) gegen SG 20. Am besten erlaubst du nur einen Wurf für die Gruppe, bei dem zusätzliche Charaktere unterstützen können.

Adderly zerbricht eine verzierte Tafel, die sofort zu Staub zerfällt. Als sich der Majordomus mit einer Verbeugung zurückzieht, beginnt die Kristallscheibe im Boden mit pulsierendem Licht zu leuchten und magische Stille legt sich über den Raum. Die gespenstische Gestalt von General Legora erhebt sich aus den Fragmenten und steht nun vor euch.

„Meine Freunde", sagt er mit merkwürdig hallender Stimme, „wenn ihr dies seht, bin ich gefallen. Ich hoffe, ich habe mein Ende auf heldenhafte Weise gefunden, doch wenige von uns können ihr Schicksal auswählen. Ich kenne die Frage, die in euren Gedanken brennt: Wer nach mir führen soll? Aber zunächst bin ich euch eine Entschuldigung schuldig.

Als ich ein junger und närrischer Mann war, gerade am Anfang meiner Laufbahn, schloss ich einen Pakt, den ich nun tief bereue. Man versprach mir Ruhm, Reichtum und die größte Söldnerkompanie Mythgarts. Die Teufel, mit denen ich gehandelt habe, hielten sich an ihren Teil der Abmachung. Meine Karriere war überwältigend, ebenso meine Kompanie, auch wenn mir ein Beobachter aufgezwungen wurde. Aber nun begreife ich, dass ich nicht nur meine Seele für immer verdammt habe, ich habe auch die Welt in Gefahr gebracht.

Im Austausch für meinen Erfolg erlaubte ich, dass ein arkanes Portal unter meinem Familiensitz errichtet wurde. Dieses Portal verbindet unsere Welt mit den Elf Höllen.

Das Höllenportal ist mit meinem Leben verbunden. Wenn ich sterbe, beginnt es sich zu öffnen; wenn ihr dies seht, hat es schon begonnen. Ich flehe euch an, das Tor zu schließen, ehe es sich voll öffnet und die Hölle auf die Welt entfesselt. Der Eingang zu den Kavernen unter dem Anwesen befindet sich hinter dem Riesenschild in meinen Gemächern. Der Schlüssel zu der Tür ist unter dem Zahnradsymbol im/in der [hier Ort von oben einfügen] verborgen."

Das Abbild fährt fort. „Es tut mir leid, meine Freunde, dass ich euer Vertrauen enttäusche. Ich hoffe, dass ihr rückgängig machen könnt, was ich in Gang gesetzt habe. Ich übergebe hiermit die Leitung der Kreuzweg-Kompanie der Person oder den Personen, die von meinen Hauptleuten und anderen respektierten Persönlichkeiten, die hier als Zeugen dieser Botschaft versammelt sind, per Abstimmung gewählt werden. Ich weiß, dass ihr weise wählen werdet. Gehabt euch wohl, und kümmert euch gut um meine Kompanie."

Als das Bild des Generals schwindet, macht er noch eine letzte Aussage. „Vertraut Adderly nicht! Er ist ein Teufel!"

Als das Bild verschwindet, endet auch die magische akustische Abschirmung um den Raum. Schreie, das Geräusch von splitterndem Holz und dämonisches Kreischen dringen von anderswo im Anwesen zu euch. Etwas, und mehr als ein Etwas, ist bereits durch das Tor eingedrungen.

Im Chaos nach der Nachricht des Generals fangen die Hauptleute unmittelbar an, darüber zu streiten, wer das Kommando übernehmen soll, während ihre Soldaten entweder untereinander kämpfen oder aus Angst vor den furchterregenden Geräuschen auf dem Boden kauern. Wenn die Charaktere versuchen, in der Situation die Kontrolle zu übernehmen, hält ein erfolgreicher Wurf auf Charisma (Überzeugen oder Einschüchtern) gegen SG 15 den Kampf für den Augenblick auf. Die Hauptleute weigern sich aber nach wie vor, zusammenzuarbeiten. Sie befehlen ihren jeweiligen Kontingenten, ihnen zu folgen, und laufen los, um eine Position zu befestigen.

Von diesem Augenblick an verwendest du die Beschreibungen für Teil 2 für alle Örtlichkeiten im Anwesen.

Adderly ist zum Torraum im Kellergewölbe (Bereich 16) geflohen.

TEIL 2

Wenn die Abenteurer die Vordertür öffnen, um das Anwesen zu verlassen, sehen sie statt dem draußen tobenden Schneesturm Bereich 3, als hätten sie die Türen am Nordende der Halle geöffnet. Wenn jemand die andere Tür öffnet, die in Bereich 3 führt, können sich die beiden Gruppen über die große Halle hinweg anstarren. Jeder, der durch die Vordertür geht, landet am nördlichen Ende von Bereich 3. Wenn sie jetzt zurück durch die Tür blicken, sehen sie die Eingangshalle aus Richtung Süden. Effektiv werden beide Türen Portale, die nur zueinander führen.

3. GROSSE HALLE

Dieser geschmückte Ballsaal mit Gold- und Silberverzierungen besitzt eine offene Decke und ist von goldenen Kronleuchtern im Obergeschoss erleuchtet. Weiße Tischtücher bedecken das gute Dutzend kreisförmige Tische, die im Raum angeordnet sind. Doppeltüren führen in allen vier Wänden aus dem Raum, und eine einzelne Tür in der Nordwand führt zur Treppe nach oben.

TEIL 1

Die Halle wird normalerweise nur für extravagante Feiern während der Ballsaison verwendet. Charaktere, die sich zum ersten Mal durch diesen Bereich bewegen, nehmen die schwachen Klänge disharmonischer Musik, hysterisches Gelächter und ein Flüstern von zerbrechendem Glas wahr. Nach dem ersten Hören können die Geräusche nur mit einem erfolgreichen Wurf auf Weisheit (Wahrnehmung) gegen SG 15 gehört werden.

TEIL 2

Ein **Bartteufel** lauert in diesem Raum und malt mit Blut höllische Symbole auf den Boden, während ein **Stachelteufel** auf einem der Kronleuchter Wache hält.

4. TROPHÄENRAUM (SPIELZIMMER)

Ein großer Kamin, der vorne und hinten offen ist, steht in der Mitte dieses langen, holzvertäfelten Raums. Relikte vergangener Kampagnen dekorieren den Raum; zerbrochene Schilde, zerfetzte Banner und vier Ritterrüstungen. Einige Spieltische, die von bequemen Ledersesseln umgeben sind, zeigen den Zweck dieses Raums. Offene Vitrinen zeigen wertvolle Schachspiele, nurische Senet-Spiele und andere Strategiespielen.

TEIL 1

Hauptmann Klingmark verbringt den Tag in diesem Raum und spielt mit seinen Männern. Die meisten der normalen Soldaten spielen einfache Glücksspiele mit Würfeln oder Karten. Klingmark und Nova spielen Schach.

Wenn sich die Helden länger als 30 Minuten in dem Raum aufhalten, können sie beobachten, wie mehrere Schlägereien fast unter den Soldaten ausbrechen, weil es wiederholt Vorwürfe des Falschspiels gibt. Es ist kein Muster unter den Vorwürfen des Falschspiels zu erkennen. Jeder, der in Fingerfertigkeit geübt ist und einen erfolgreichen Wurf auf Weisheit (Wahrnehmung) gegen SG 13 ablegt, kommt zu dem Eindruck, dass alle Soldaten betrügen, sich aber keiner von ihnen daran erinnert oder es auch nur wirklich merkt.

Wenn sich Charaktere einem Spiel gegen Klingmarks Kohorte anschließen oder gegen Klingmark selbst spielen wollen, lässt du jeden spielenden Charakter einen Wurf mit Intelligenz oder Weisheit gegen SG 15 ablegen. Sie können ihren Übungsbonus einrechnen, wenn sie in Fingerfertigkeit geübt sind und betrügen wollen. Sie erhalten einen Vorteil, wenn sie gegen Klingmark selbst spielen (er ist kein großer Spieler). Ein Charakter, der sein Spiel gewinnt, erhält einen Vorteil, wenn er Attributswürfe zu einem Befragungsthema (wie Mittel oder Gelegenheit) gegen Hauptmann Klingmark ablegt. Wenn das Ergebnis 10 oder weniger ist und der Charakter betrogen hat, wird dem Charakter Betrug vorgeworfen, und er muss entweder das Spielzimmer verlassen oder gerät in eine Prügelei mit Klingmarks Soldaten.

Du kannst eine beliebige Methode zur Abwicklung der Spiele verwenden, von einfachen Attributswürfen, die hier beschrieben sind, bis zu einer tatsächlichen Partie Stein-Schere-Papier, Galgenmännchen oder Dame.

Das Tonikum. Wenn Klingmark bezüglich des Tonikums, das er für den General gemacht hat, befragt wird, behauptet er, es sei nur „eine Mischung aus Kräutern und Heilsalzen. Es ist nichts mehr als ein beruhigendes Tonikum, das angenehme Träume und körperliche Gesundheit unterstützt." Er erwähnt das Gift nicht, wenn er nicht mit Beweisen konfrontiert wird. Er behauptet auch, dass er den letzten Rest seines Vorrats des Tonikums gestern Adderly gegeben habe (das stimmt nicht; er hat noch etwas in seinem Zimmer).

Schätze. Zwei der Spiele sind recht kostbar. Ein Schachspiel aus Elfenbein ist 250 GM wert, und ein Mancala-Brett mit Halbedelsteinen ist 125 GM wert. Ein Zwerg oder jeder Charakter mit kaufmännischem Hintergrund erkennt ihren Wert.

TEIL 2

Während Teil 2 halten sich Klingmark und seine Soldaten anderswo auf.

Zwei **Teufelchen** verzaubern die vier Ritterrüstungen in diesem Raum und verwandeln sie in 4 **Belebte Rüstungen**, die den Befehl haben, jeden anzugreifen, der den Raum betritt.

5. RAUCHSALON

Diese geräumige Kammer, die mit Holz und Leder dekoriert wurde, riecht nach schwerem Rauch, seltenen Weinen und edlen Likören. In der Mitte des Raums wärmt eine hohe Feuerstelle, die vorne und hinten offen ist, Stühle mit hoher Rückenlehne und Beistelltische die voller mit leerer Gläser und Pfeifenhalter. Die ausgestopften Köpfe von Tieren und monströsen Bestien hängen über dem breiten Holztresen, der entlang fast der ganzen Westwand verläuft.

TEIL 1

Hauptfrau Rakell und ihr Kontingent lungern hier herum und tauschen wilde Geschichten aus, während sie die große Auswahl von Spirituosen verkosten, die hinter dem Tresen aufgestellt sind. Rakell will nicht, dass sich ihre Truppe betrinkt, falls die anderen Hauptleute auf Gewalt aus sind, und achtet darauf, den Alkohol nur in kleinen Portionen auszuteilen.

Wenn sich die Abenteurer anschließen, bietet ihnen Rakell eine ungeöffnete Flasche an. Unglücklicherweise ist sie verdorben, und die Flüssigkeit im Inneren wurde toxisch und hat jetzt die Merkmale des Giftes Assassinenblut (eine Kreatur, die das Gift einnimmt, erleidet 6 [1W12] Giftschaden und ist für 24 Stunden vergiftet; halber Schaden und kein Zustand Vergiftet bei einem erfolgreichen Konstitutionsrettungswurf gegen SG 10). Ein Charakter mit einer passiven Wahrnehmung von 14 oder höher entdeckt das Problem, ehe er einen Schluck trinkt.

Wenn Rakell beschuldigt wird, die Charaktere vergiften zu wollen, tut sie den Gedanken mit einem Lachen ab und weist darauf hin, dass die Flasche ungeöffnet und es offensichtlich Pech war.

Wenn die Charaktere Rakell beeindrucken wollen, muss jemand entweder die unglaublichste Geschichte des Tages erzählen (wozu ein erfolgreicher Wurf auf Charisma [Auftreten] gegen SG 15 notwendig ist), oder muss einen ganzen Krug des berühmten Ogerblut-Biers des Generals herunterbekommen (wozu ein Konstitutionswurf gegen SG 15 erforderlich ist). Ein Erfolg bei einem von beiden Würfen bringt einen Vorteil, wenn man mit Rakell über ein Befragungsthema (Mittel oder Gelegenheit) sprechen will. Weitere Erfolge bringen keinen Bonus.

Schätze. Die meisten Flaschen am Tresen sind nicht weiter erwähnenswert, aber es gibt auch 1W12 Flaschen seltener Weine und Liköre, die jeweils 100 GM wert sind. Ein Aristokrat oder jeder Charakter mit kaufmännischem Hintergrund erkennt ihren Wert.

TEIL 2

Während Teil 2 verbarrikadieren sich Rakell und ihre Soldaten in ihren Gemächern (Bereich 15) und patrouillieren in der oberen Halle (Bereich 13). Hier sind die ausgestopften Tierköpfe an den Wänden zum Leben erwacht und werfen sich wild herum, als hätten sie unglaubliche Schmerzen. Außerdem haben einige von Adderlys Teufelchen schwache *Glyphen des Schutzes* auf dem Boden angebracht (SG 13, um sie zu bemerken; 3W8 Blitzschaden, oder halber Schaden nach einem erfolgreichen Geschicklichkeitsrettungswurf gegen SG 13). Jeder Charakter, der sich im Raum bewegt oder ihn durchsucht, löst mit einer Wahrscheinlichkeit von 50 % eine Glyphe aus.

6. BIBLIOTHEK

Reihen von Bücherregalen vom Boden bis zur Decke füllen diesen Raum, und die Luft ist erfüllt vom Geruch von altem Leder, Holz, Tinte und Papier. Bequeme Stühle schließen jede Reihe von Regalen ab. Der Raum scheint makellos sauber und gepflegt. Ein Hinweisschild bittet Gäste, keine Bücher aus der Bibliothek zu entfernen.

Die meisten Bücher auf den Regalen befassen sich mit kriegerischen Angelegenheiten (Taktik, Militärtheorie und Militärgeschichte, Schlachtenanalysen und Waffen). Man kann auch einige andere Themen finden. Es gibt in der Sammlung keine Zauberbücher, doch gibt es genug sekundäre Quellen, damit ein Magier hier schwache Zauber erforschen kann.

TEIL 1

Wenn Adderly nicht seinen Pflichten nachgeht, verbringt er seine Zeit mit Lesen in der Bibliothek (ungefähr die Hälfte der Zeit).

HAUS LEGORA

OBERGESCHOSS

19
18
16
17
13
14
15

ERDGESCHOSS

12
11
8
9
10
7
6
3
4
5
2
1

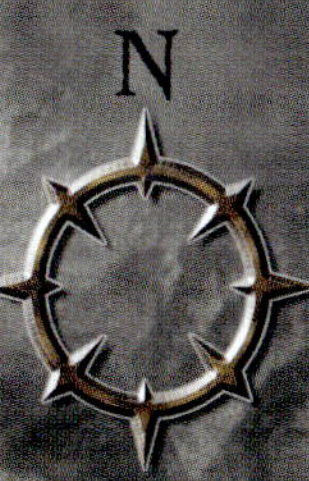

1 FELD = 1,50 M

Abenteurer, die die Regale durchstöbern, haben das seltsame Gefühl, dass sich die Bücher selbst umstellen, wenn niemand hinschaut. Es ist unmöglich, sie dabei zu erwischen oder auch nur zu beweisen, dass es passiert.

Einmal pro Tag erhält ein Charakter, der den Majordomus mit Gelehrtenwissen beeindruckt (ein erfolgreicher Wurf auf Intelligenz [Arkane Kunde oder Geschichte] gegen SG 15) einen Vorteil, wenn er mit Adderly über ein Befragungsthema (Mittel oder Gelegenheit) spricht. Weitere Versuche durch den gleichen oder andere Charaktere haben keinen Effekt.

Schätze. Zwischen den Büchern findet man zwei seltene Bände: *Klingen des Südens* (100 GM) und *Eine Frage der Moral* (25 GM). Charaktere, die in Geschichte geübt sind oder einen Hintergrund als Gelehrter haben, bemerken sie automatisch. Wenn sie aus der Bibliothek entfernt werden, bemerkt Adderly nach 1W6 Stunden, dass sie fehlen.

TEIL 2

Während Teil 2 nutzt Adderly die geheime Treppe in Bereich 19, um in das Kellergewölbe vorzudringen, lässt aber 2 **Tintenteufel** zurück, um seine kostbaren Bücher zu beschützen. Du kannst stattdessen Stachelteufel einsetzen, wenn du willst.

7. SPEISESAAL

Goldene Kronleuchter und Holzvertäfelungen dominieren diesen großen Speisesaal. Drei lange Eichentische nehmen die Mitte des Raumes ein. An ihnen stehen Stühle mit hohen Lehnen, die zu stilisierten Ranken und Blumen geschnitzt sind. Der köstliche Duft von bratendem Fleisch und Kräutern wabert durch die Tür in der Ostwand herein.

Hier nehmen die Bewohner des Anwesens ihre Mahlzeiten ein. Die drei Tische können verbunden werden, um zu formellen Gelegenheiten einen großen Tisch zu bilden, doch für alltägliche Einsätze bleiben sie getrennt. Die Tür in der Südwand führt zu einem Lagerraum voller Besteck und Geschirr.

TEIL 1

Hier werden dreimal am Tag Mahlzeiten serviert. In den Stunden dazwischen werden Gäste, die den Speisesaal betreten und sich keine Mühe geben, leise zu sein, innerhalb einer Minute von einem Diener begrüßt. Die Küche (Bereich 10) kann zwischen den Mahlzeiten einfache Speisen anbieten.

Wenn die Helden in Begleitung von Adderly eintreffen, stellen sie fest, dass die drei Hauptleute sie erwarten. Hakar, Rakell und Klingmark tragen schwarze Uniformen mit dem Wappen der Kreuzweg-Kompanie. Hakar trägt offen ein Amulett der Kompanie. Beschreibe die Hauptleute entsprechend ihrer individuellen Verdächtigenakten (siehe „SL-Hilfsmittel").

Adderly stellt alle vor, ehe er die Charaktere drängt, sich an den Tisch zu setzen, um dann schnell heiße Getränke (und andere angemessene Bestellungen) zu servieren. Dann zieht er sich zurück und stellt sich neben die Tür.

Wenn die Charaktere sitzen, spricht Hauptfrau Rakell sie an:

„Wir freuen uns, dass ihr es geschafft habt, hierher zu kommen", sagt die halbelfische Hauptfrau.

„Gestern Nacht wurde der Leichnam des Generals in seinem Zimmer entdeckt. Er wurde ermordet! Aufgrund des schlechten Wetters scheint eindeutig, dass niemand von außerhalb des Anwesens die Tat begangen haben kann. Also muss es jemand aus der Kompanie gewesen sein. Wir haben sofort alle in der großen Halle versammelt und dort die Nacht verbracht. Wir können bestätigen, dass bis heute Morgen niemand den Raum verlassen hat, abgesehen von dem Boten, den wir zu euch gesandt haben. Ihr seid hier die Einzigen, die zur Zeit des Mordes nicht anwesend waren, was bedeutet, dass ihr die einzigen seid, die nicht verdächtig sind. Der General hielt viel von euch, und wir hoffen, dass er sich nicht in euch getäuscht hat. Werdet ihr die Aufgabe annehmen, den Mord aufzuklären?"

Vermutlich sind die Charaktere bereit zu helfen. Rakell ist offensichtlich zufrieden, setzt sich, und Klingmark fährt fort.

„Ich würde vorschlagen, dass wir alle zu unseren Soldaten zurückkehren, während unsere Gäste ihre Nachforschungen beginnen. Wie es der Brauch verlangt, wird das Testament des Generals heute Nachmittag vorgelesen werden. Wenn ihr so scharfsinnig seid, wie der General dachte, dann werden wir bis dahin wissen, wer der Mörder ist."

Die Hauptleute wollen zu ihren Kontingenten zurückkehren. Wenn die Charaktere Fragen stellen wollen, schlägt man ihnen vor, zuerst die Leiche zu untersuchen.

Nachdem Adderly sie in ihre Zimmer (Bereich 17) oder die Gemächer des Generals (Bereich 19) eskortiert hat, widmet er sich wieder seinen alltäglichen Pflichten. Der Majordomus kann einige allgemeine Fragen beantworten, während er die Charaktere durch das Anwesen führt. Siehe „SL-Hilfsmittel", um herauszufinden, was Adderly weiß und sagen wird.

Schätze. Das Silberbesteck im Lagerraum ist von guter Qualität und insgesamt 500 GM wert. Die Diener bemerken den Diebstahl allerdings innerhalb von 1W8 Stunden und berichten ihn Adderly.

TEIL 2

Dieser Raum ist verlassen, doch können die Charaktere Aufruhr in der Küche (Bereich 10) vernehmen.

8. ZIMMER DES MAJORDOMUS

Dieses spartanische Zimmer ist ungewöhnlich geräumig für das eines Dieners. Ein großes Bett dominiert die Südseite des Raums, und unter dem Fenster in der Nordwand steht ein Schreibtisch. Die anderen Wände stehen voll mit Bücherregalen voller Bücher und Schriftrollen.

In Menschengestalt schmachtet Adderly seit Jahrzehnten in der Welt der Sterblichen dahin, und seine einzige Flucht ist seine Leidenschaft für Bücher zu allerlei Themen. Im Gegensatz zur Bibliothek des Anwesens (Bereich 6) sind diese Bücher Adderlys persönlicher Besitz.

TEIL 1
Das Bücherregal im Nordwesten verbirgt eine Geheimtür. Charaktere, die den Bereich absuchen und einen erfolgreichen Wurf auf Intelligenz (Nachforschungen) gegen SG 10 ablegen, finden sie. Sie ist allerdings verschlossen, so dass Diebeswerkzeuge und ein erfolgreicher Wurf auf Geschicklichkeit gegen SG 10 notwendig sind, oder ein Stärkewurf gegen SG 10, um sie aufzubrechen. Hinter der Tür führt ein schmaler Korridor zu einer Treppe zu den Gemächern des Generals.

Wenn Adderly nicht die Belegschaft organisiert oder in der Bibliothek liest, kann man ihn hier finden.

Schätze. Vier magische Schriftrollen wurden im Bücherregal verstaut. Jede muss mit einem separaten Wurf auf Weisheit (Wahrnehmung) gegen SG 15 gefunden werden. Es gibt Schriftrollen mit den Zaubern *Gestalt verändern*, *Magie entdecken*, *Person festhalten* und *Hexenpfeil*.

TEIL 2
Der Raum verändert sich nicht, doch alle Kleider und persönlichen Gegenstände sind auf einen Teufel ausgelegt, nicht auf einen Menschen.

9. DIENSTBOTENRÄUME
Jeder dieser Räume enthält drei Betten und Truhen sowie einen Tisch, Stühle und andere einfache Möbel.

TEIL 1
Die Diener verbringen ihre freie Zeit in diesen Gemächern. Sie sind Legora und Adderly grundsätzlich loyal, aber nicht blind ergeben. Sie versuchen sich den Gästen nicht aufzudrängen, also beobachten sie nicht, was nachts geschieht, und sind ehrlich schockiert vom Tod des Generals.

Wenn du die Ermittlung verkomplizieren willst, kannst du die Diener nutzen, um die Charaktere mit unbegründeten Gerüchten, Anschuldigungen und Beobachtungen in die Irre zu führen. Sei dabei aber vorsichtig; Spieler finden normalerweise selbst genug falsche Fährten bei einer Ermittlung, ohne dass sie dazu deine Hilfe benötigen.

TEIL 2
Teufel haben die Diener ins Kellergewölbe geschleppt, so dass diese Räume blutverschmiert und verwüstet sind.

10. KÜCHE
Gut geschürte Feuer in den zwei großen Küchenherden an beiden Enden dieser langen Steinküche füllen den Raum mit Wärme. Drei begehbare Speisekammern enthalten die Lebensmittel des Anwesens, und ein kleines angebautes Treibhaus ist durch eine Glastür im Süden zu sehen.

Die Küche des Anwesens, die Domäne von Chefkoch Adelmar (**Gemeiner**), ist erfüllt vom Duft von Kräutern, gekochtem Fleisch und Holzrauch.

TEIL 1
Adelmar steht vier Gehilfen vor. Die Küche ist von morgens bis abends voller Aktivität.

Wenn die Diener befragt werden, sprechen sie davon, dass Butter ranzig, Milch sauer geworden ist und Brot nicht aufging, wie es sollte, und all das in den letzten Tagen. Wenn sie nach Legoras Abendwein gefragt werden, sagt Adelmar, dass Adderly den Trunk vorbereitet. Er bringt den Kelch normalerweise am Morgen zurück in die Küche, doch heute wurde er nicht gebracht. Adelmar weiß nicht, wo er ist, doch ist er unverkennbar: ein Kristallkelch, in dessen Seite das Symbol der Kompanie graviert wurde.

TEIL 2
Fünf **Dretch** haben Adelmar abgeschlachtet, seinen Körper in Stücke gehackt und grillen die Teile gerade über beiden Herden, während sie ekelhafte Lieder auf Infernalisch singen.

Schätze. Unter einem losen Pflasterstein in der mittleren Speisekammer befindet sich Adelmars Vorrat an Tränken. Man kann sie mit einer zehn Minuten dauernden Durchsuchung der Speisekammern finden, oder mit einer schnellen Suche und einem erfolgreichen Wurf auf Weisheit (Wahrnehmung) gegen SG 15. Das Lager enthält zwei *Heiltranke*, einen *Trank der Mächtigen Heilung* und einen *Trank des Giftwiderstands*.

11. KOLONNADE
Diese überdachte Veranda ragt zum Teil über die steile Klippe hinaus und erlaubt normalerweise eine majestätische Aussicht auf das Tal. Jetzt allerdings helfen die Säulen und das Ziegeldach wenig, um den Wind und Schnee abzuhalten.

TEIL 1
Eis und Schnee auf der Kolonnade machen die Veranda zu schwierigem Gelände.

TEIL 2
Das sich öffnende Höllentor hat eine Gruppe von fünf **Eis-Mephits** ausgespuckt, die jetzt auf der Kolonnade patrouillieren. Sie finden es extrem witzig, jeden, der in ihren neuen Spielplatz eindringt, über das Geländer zu stoßen. Jeder Abenteurer, der vom Frostodem eines Eis-Mephits getroffen wird, muss einen Geschicklichkeitsrettungswurf schaffen, um nicht gegen die Kolonnade gestoßen zu werden und an ihr festzufrieren. Der SG des Rettungswurfs ist 5 + der Schaden durch den Frostodem. Ein Charakter, der am Geländer festgefroren ist, gilt als gepackt (SG zum Entkommen 10). Wenn Charaktere, die ans Geländer gefroren sind, vom Frostodem getroffen werden und den Rettungswurf nicht schaffen, werden sie über das Geländer gestoßen und fallen 24 m weit die Klippe hinab, ehe sie auf einem Felssims über einem noch tieferen Abgrund aufschlagen. Sollte jemand diesen Sturz überleben, müssen die Charaktere selbst ausbaldowern, wie sie zurück hinauf zum Anwesen kommen sollen.

12. ÜBUNGSHALLE

Das Anwesen verfügt über eine überdachte Übungsanlage. Dunkles Holz, das in die hellen Holzböden eingesetzt ist, teilt die Halle in drei auf drei Meter große Übungsbereiche ein. Ein umschließender Korridor im Westen enthält Ständer voller Übungswaffen, Rüstungen und anderer Kampfausrüstung. Eine Treppe nahe des Eingangs führt zum Obergeschoss.

TEIL 1

Hauptmann Hakar trainiert seinen Kader von 5 **Wachen** im Zweikampf und in Gruppengefechten. Die Soldaten des 4. Schwerts behaupten stolz, dass ihr Hauptmann das Verbrechen nicht begangen hat, und dass er würdig ist, das Kommando über die Kompanie zu übernehmen. Die Soldaten sehen es als Beleidigung, dass Hakar noch nicht der Kommandant ist.

Die „Übungskämpfe" scheinen brutaler als nötig. Es werden zwar nur stumpfe Holzwaffen verwendet, doch viele Soldaten verzichten auf Rüstung, und die blutigen Kämpfe dauern an, bis jemand bewusstlos geschlagen wird. Einmal pro Tag, wenn ein Charakter einen dieser Kämpfe gewinnt (keine Rüstung, nur Waffen, die Wuchtschaden verursachen), erhält er einen Vorteil für ein Gespräch mit Hakar über eines der Befragungsthemen (Mittel oder Gelegenheit). Weitere Versuche durch den gleichen oder andere Charaktere haben keinen Effekt.

Wenn die Charaktere abfällig über Hauptmann Hakar sprechen oder ihn beleidigen, finden sie sich schnell in einem Kampf gegen 5 Wachen wieder. Die Wachen kämpfen, um die Charaktere bewusstlos zu schlagen, solange keine Wache getötet wird. Dann kämpfen sie, um zu töten, doch Hakar greift schnell ein, um den Kampf zu beenden. Die Charaktere haben von da an einen Nachteil bei Interaktionen mit Hakar.

TEIL 2

Hakar, Tennrik (**Spion**) und 5 Wachen verbarrikadieren sich in der Übungshalle. Sie greifen aktiv Klingmark (Bereich 18) und Rakell (Bereiche 13 und 15) an. Weil sie durch den höllischen Einfluss des Tores verwirrt sind, erwarten sie das Schlimmste von allen, die in den Bereich eindringen oder sich ihm nähern. Charaktere können mit einem erfolgreichen Wurf auf Charisma (Täuschen oder Überzeugen) gegen SG 15 an den Wachen vorbeikommen. Ansonsten kommt es zum Kampf.

13. OBERE HALLE

Zwei große Flure verlaufen entlang des Obergeschosses des Anwesens, und bogenförmige Balkonöffnungen erlauben den Blick auf die Eingangshalle und große Halle darunter.

TEIL 1

Man kann manchmal leise Flügelschläge hören. Vielleicht ist es ein Vogel … vielleicht …

TEIL 2

Lucia führt Patrouillen durch diesen Bereich, wenn sie nicht die Stellungen der anderen Hauptleute überfällt. Es besteht eine Chance von 60 %, ihr und ihren Soldaten hier zu begegnen.

In der Nähe befindliche Teufel (darunter die Stachelteufel in Bereich 3) meiden den Kontakt zu den Menschen in der oberen Halle. Sie sind damit zufrieden, den Menschen aus der Entfernung zuzusehen, wie sie sich gegenseitig abschlachten.

14. MANTIKOR-SUITE

Wandbilder von Mantikoren, die gegen gepanzerte Ritter und einander kämpfen, schmücken die Wände dieser sehr komfortablen Suite. Fünf Pritschen wurden im Wohnzimmer der Suite aufgestellt. Türen führen zu einem Abort und einem privaten Schlafzimmer.

Klingmarks Soldaten haben den Außenraum bezogen, Tova und der Hauptmann belegen das Schlafzimmer. Auch wenn sich tagsüber die meisten Soldaten Klingmark im Spielzimmer anschließen (Bereich 4), besteht eine Chance von 60 %, dass Tova hier ist, um etwas zu holen.

TEIL 1

Tova ist Klingmark absolut loyal ergeben und reagiert mit Gewalt, wenn jemand ohne ihre Erlaubnis den Raum durchsuchen will. Charaktere, die sie überzeugen, dass ihr Tun Klingmark helfen kann (mit einem erfolgreichen Wurf auf Charisma [Überzeugen] gegen SG 13), erhalten einen Vorteil auf Würfe im Gespräch mit Tova.

Genaues Betrachten der Wandbilder offenbart Details der schrecklichen Verstümmelungen und qualvollen Tode, die die rasenden Mantikore den Rittern zufügen. Dies hat keinen wirklichen Effekt auf die Charaktere, ist aber nichts, was Legora in seinem Zuhause hätte haben wollen.

Eine detaillierte Durchsuchung von Klingmarks Besitz, oder eine schnelle Suche und ein erfolgreicher Wurf auf Weisheit (Wahrnehmung) gegen SG 15, fördert den Kelch des Generals zutage (ein Kristallkelch, in den das Symbol der Kompanie graviert ist), verborgen in einer Truhe, zusammen mit einer blutigen Schmuckquaste vom Knauf eines Dolchs. Der Kelch enthält flockige Rückstände einer beißend riechenden Substanz.

Die gleiche detaillierte Suche oder ein separater, erfolgreicher Wurf auf Weisheit (Wahrnehmung) gegen SG 15 fördert Klingmarks Vorrat an Giften zutage.

Schätze. 2 Dosen Bleiche Tinktur.

TEIL 2

Klingmark und seine Soldaten ziehen ins Arboretum (Bereich 18) um, so dass dieser Bereich leer steht. Wenn die Charaktere hier mehr als einige Augenblicke verbringen, schleudert ein **Mantikor** im Wandbild einen Schwanzstachel auf einen zufällig ausgewählten Charakter und springt dann aus dem Wandbild, um anzugreifen. Lege einen Wurf auf Heimlichkeit (Geschicklichkeit) für den Mantikor ab (+3), mit Vorteil, weil er verborgen ist. Vergleiche das Ergebnis mit der passiven Wahrnehmung der Charaktere, um zu bestimmen, wer in der ersten Runde überrascht ist. Der Mantikor verlässt den Raum nicht, zieht sich aber in das Wandbild zurück, wenn alle anderen den Raum verlassen. Immer, wenn er aus dem Wandbild springt, werden seine Trefferpunkte voll hergestellt. Wenn er getötet wird, zerfällt sein Körper schnell in Farbflocken und Gipsbrocken.

15. GREIFEN-SUITE

Diese Suite, eine Gruppe von drei Räumen, ist mit Gemälden von Greifen verziert, die über verschiedene Landschaften fliegen. Im Wohnzimmer stehen fünf Pritschen sowie die üblichen Sofas, Stühle und Tische. Türen führen zu einem gemeinschaftlichen Abort und einem privaten Schlafzimmer.

Jeder Charakter mit passiver Wahrnehmung 13 oder mehr hat das Gefühl, dass sich die Greifen im Gemälde bewegen, wenn niemand hinschaut, aber man kann sich nicht sicher sein.

TEIL 1

Bertram und Lucias Soldaten schlafen im Vorraum, während die Hauptfrau das Schlafzimmer bezogen hat. Die meisten Soldaten halten sich tagsüber mit Lucia im Rauchsalon (Bereich 5) auf, doch Bertram bleibt im Vorraum. Er ist vom Söldnerleben desillusioniert, und schreibt Briefe an jeden, den er kennt, um eine bessere Anstellung zu finden.

Auch wenn er gehen möchte, fühlt er noch eine gewisse Loyalität gegenüber Lucia. Er wird ohne ein wenig Überzeugungsarbeit (erfolgreicher Wurf auf Charisma [Überzeugen] gegen SG 15) niemandem erlauben, die Besitztümer der Hauptfrau zu durchsuchen. Charaktere, die sagen, dass sie nur nach Beweisen suchen, die Hauptfrau Lucia entlasten, weil sie glauben, dass es einer ihrer Rivalen war, erhalten einen Vorteil auf den Wurf.

Ein erfolgreicher Wurf auf Charisma (Überzeugen) gegen SG 10 bringt Bertram dazu, sich zu der in seinen Worten „unkluge" Affäre zwischen Lucia und Tennrik zu äußern.

Eine genaue Durchsuchung von Lucias Räumen, oder eine schnelle Durchsuchung und ein erfolgreicher Wurf auf Weisheit (Wahrnehmung) gegen SG 15, fördert ein weinbeflecktes Kompanieamulett zutage. Es passt zur Form, die auf dem Nachttisch des Generals zurückgeblieben ist, und der Wein ist ebenfalls derselbe. Außerdem finden sie bei einer Durchsuchung von Lucias Gepäck ein verborgenes Fach, das drei Dosen Nachtorchideenpollen (siehe Bereich 18) enthält.

TEIL 2

Lucia und ihre Soldaten verbarrikadieren sich in ihren Quartieren, und sie führt Patrouillen durch die obere Halle (Bereich 13) und Angriffe auf Klingmark (Bereich 18) und Hakar (Bereich 12) an. Weil sie durch den höllischen Einfluss des Tores verwirrt sind, erwarten sie das Schlimmste von allen, die in den Bereichen eindringen. Charaktere können mit einem erfolgreichen Wurf auf Charisma (Täuschen oder Überzeugen) gegen SG 15 an den Wachen vorbeikommen. Ansonsten kommt es zum Kampf.

16. WYVERN-SUITE

Das Wohnzimmer dieser Suite, die mit schuppenartigen Mustern an den Wänden dekoriert ist, enthält fünf Pritschen, die um eine große Statue einer Wyvern mit ausgestreckten Krallen arrangiert sind. Türen führen zu einem gemeinschaftlichen Abort und einem privaten Schlafzimmer.

Tennrik und Hakars Soldaten schlafen im Vorraum, während der Hauptmann das Schlafzimmer bezogen hat. Währende sich die meisten Soldaten tagsüber Hakar in der Übungshalle anschließen (Bereich 12) um zu trainieren, besteht eine Chance von 50 %, dass sich Tennrick hier aufhält.

TEIL 1

Tennrick ist ein unerkannter Spion der Schwarzen Bruderschaft, doch ist er sehr gut darin, Loyalität gegenüber Hakar vorzugeben. Er erlaubt niemandem, die Besitztümer des Hauptmanns zu durchsuchen, wenn ihm nicht eine Bestechung im Wert von 100 GM angeboten wird oder er mit einem erfolgreichen Wurf auf Charisma (Überzeugen) gegen SG 18 oder einem Wurf auf Charisma (Einschüchtern) gegen SG 13 überredet wird (falsche Loyalität reicht nicht weit). Charaktere, die Tennricks Kooperation durch eine dieser Methoden erzielen, erhalten einen Vorteil auf ihre Würfe, wenn sie mit ihm sprechen.

Charaktere mit einer passiven Wahrnehmung von 13 oder höher können manchmal für eine Augenblick aus dem Augenwinkel wahrnehmen, dass die Wyvern-Statue Blut weint. Wenn jemand sie direkt anschaut, gibt es kein Anzeichen von Blut oder anderen Flüssigkeiten.

Eine detaillierte Durchsuchung von Tennricks Besitztümern, oder eine schnelle Durchsuchung und ein erfolgreicher Wurf auf Weisheit (Wahrnehmung) gegen SG 20, bringt ein verborgenes Tagebuch zutage, das die Beobachtungen des Spions über die Kreuzweg-Kompanie beschreibt. Damit zu drohen, Hakar diese Informationen weiterzugeben, genügt, damit Tennrick den Abenteuern alles erzählt, was er weiß; er unterstützt sie, wie sie wollen, wenn sie dafür nicht seinen Verrat gegenüber Hakar verraten.

TEIL 2

Hakar und seine Soldaten ziehen in die Übungshalle (Bereich 12) um, so dass dieser Bereich leer steht.

Wenn Charaktere mehr als einige Augenblicke in diesem Raum bleiben, wird die Wyvern-Statue belebt und greift an. In diesem Fall handelt es sich um den Zaubereffekt *Macht der Vorstellungskraft*, der alle im Raum betrifft. Alle Charaktere im Raum müssen einen Weisheitsrettungswurf gegen SG 14 schaffen, um zu bestimmen, ob sie sehen, wie die Statue die Schwingen ausbreitet und zum Leben erwacht. Lege dann einen Wurf auf Geschicklichkeit (Heimlichkeit) mit Vorteil für die illusorische Wyvern ab und vergleiche das Ergebnis mit der passiven Wahrnehmung der Charaktere, die sie sehen, um zu bestimmen, ob jemand in der ersten Runde überrascht ist.

Weil die Wyvern eine Illusion ist, können Charaktere sie nicht mit Waffen besiegen. In ihrem Zug verursacht sie automatisch 3 (1W6) psychischen Schaden bei jedem, der sie sieht.

Charaktere, die die Wyvern sehen, wiederholen ihren Rettungswurf zu Beginn eines jeden Zugs, und beenden den

Effekt für sich bei einem Erfolg. Die Illusion löst sich auf, wenn alle den Raum verlassen, erscheint aber wieder, wenn jemand zurückkommt, bis jeder erfolgreich seinen Rettungswurf abgelegt hat.

17. GÄSTEZIMMER

Dieser einfache, aber bequeme Raum enthält mehrere Einzelbetten, Truhen am Fußende und Eichenbänke. Ein privater Abort ist über eine Tür in der Ostwand erreichbar.

TEIL 1 & TEIL 2

Die Tür vom Korridor aus hat ein Standardschloss, und der Schlüssel hängt an einem Haken neben dem Eingang. Es gibt genug Betten für alle Charaktere.

18. ARBORETUM

Unter dem Glasdach ist die fast unangenehm warme und feuchte Luft dieses Treibhauses vom starken Aroma exotischer Blumen, tropischer Bäume und anderer merkwürdiger Pflanzen erfüllt. Ein steinerner Weg, über dem Zweige und Ranken hängen, schlängelt sich durch die Pflanzen.

TEIL 1

Das Arboretum ist von Feuchtigkeit und Hitze erfüllt, und das dicke Glas von Fenstern und Dach hält den Schneesturm von den empfindlichen Pflanzen fern. Die rankenumschlungenen Bäume strecken sich fast bis zur Decke. Die Ranken geraten ständig zwischen die Füße oder schlingen sich um Knöchel, Handgelenke und lose hängende Ausrüstung, auch wenn die Charaktere auf dem „freien" Weg bleiben.

In der Mitte des Arboretums führt der Pfad um ein Hochbeet herum, das Palisanderholzbäume, Orchideenranken und dekorative Steine enthält. In der Mitte dieses Arrangements steht die Nachtorchidee, ein Strauch mit schwarzen Blättern und violetten Blüten. Der gelblich-rote Pollen der Nachtorchidee hat einen betäubenden Effekt, wenn man ihn einatmet, und er kann von einem Alchemisten zu einem lähmenden Gift konzentriert werden. Die Blume und die Auswirkungen des Pollens zu identifizieren, erfordert eine genaue Untersuchung und einen erfolgreichen Wurf auf Intelligenz (Naturkunde) oder Weisheit (Heilkunde) gegen SG 15. Sobald die Pflanze identifiziert wurde, weiß jeder Charakter mit Übung in Geschichte oder Heilkunde, dass Nachtorchideenpollen ein verbreitetes Gift in den Sieben Städten ist (wo Hauptfrau Lucia Rakell aktiv ist).

Verborgener Dolch. Nachdem Hakar Legoras leblosen Körper fand, entfernte er die Mordwaffe. Er wollte mit ihr fliehen, doch während seines Rückzugs traf er hier im Arboretum auf Klingmark. Hakar hat den Dolch eilig in der Nordostecke des Raumes versteckt. Man kann ihn mit einer fünfzehn Minuten dauernden Durchsuchung des Gebiets finden, oder mit einer schnellen Suche und einem erfolgreichen Wurf auf Weisheit (Wahrnehmung) gegen SG 18. Der Dolch ist eine Dikama oder „Reißzahnklinge", mit einer geschwungenen Klinge, die an einer Schneide geschärft und an der anderen gezahnt ist. Abgesehen davon hat er die Eigenschaften eines normalen Dolches. Der Dikama fehlt eine Schmuckquaste vom Knauf (die Klingmark gefunden hat und die sich im Moment in seinem Quartier befindet).

Nachtorchideenpollen (eingeatmet). Eine Kreatur, die diesem Gift ausgesetzt ist, muss einen Konstitutionsrettungswurf gegen SG 15 schaffen, um nicht für 1W4 Stunden vergiftet zu werden. Die vergiftete Kreatur ist gelähmt, sich aber ihrer Umgebung bewusst und kann normal sprechen (200 GM pro Dosis).

TEIL 2

Klingmark und seine Soldaten haben ein Lager im Arboretum aufgeschlagen und führen von hier aus Angriffe gegen Lucia (Bereiche 13 und 15) und Hakar (Bereich 12). Weil sie durch den höllischen Einfluss des Tores verwirrt sind, erwarten sie das Schlimmste von allen, die in den Bereich eindringen. Charaktere können mit einem erfolgreichen Wurf auf Charisma (Täuschen oder Überzeugen) gegen SG 15 an den Wachen vorbeikommen. Ansonsten kommt es zum Kampf.

19. HERRSCHAFTLICHE GEMÄCHER

Hinter einer meisterlich geschnitzten Tür mit Bildern triumphierender Soldaten dient ein Vorraum mit gewölbter Decke als Wohnzimmer des Generals. Mehrere Schmuckrüstungen stehen in den Ecken, der Schild eines Frostriesen ist an der Westwand angebracht, und Glasvitrinen, die um bequem aussehende Sessel und Sofas arrangiert sind, zeigen verschiedene Erinnerungsstücke und Kuriositäten, die der General während seiner langen und farbenfrohen Laufbahn gesammelt hat.

Eine Leiche, vermutlich die von General Vartan Legora, liegt mit dem Gesicht nach unten im Raum unter einem blutbefleckten Laken. Eine große Blutpfütze verdunkelt den teuren Vorleger unter der Leiche. Neben der Tür, durch die ihr eingetreten seid, befindet sich auch eine Tür in der Westwand und eine weitere in der Südwand, östlich des Eingangs. Eine kurze Treppe in der Nordostecke führt zu etwas empor, das auf den ersten Blick ein Balkon mit Geländer zu sein scheint, doch auf den zweiten Blick seht ihr einen weiteren Raum, der größer als dieser ist.

General Legora führte in diesem Bereich seine Geschäfte, umgeben von Erinnerungen an seine bisherigen Leistungen. Die Luft ist noch immer schwach von Wein, Pfeifenrauch und Lederpolitur erfüllt.

Der Raum hinter der Westtür ist ein luxuriöses Bade- und Umkleideraum. Der kleine Raum an der Südwand ist eine Vorratskammer voller Gläser, Wein, Knabbereien und anderer Delikatessen für den General. Die Geheimtür in der Speisekammer findet man mit einem erfolgreichen Wurf auf Intelligenz (Nachforschungen) gegen SG 12. Sie führt zu einer Treppe, die zu Adderlys Zimmer (Bereich 8) im Erdgeschoss führt. Adderly weiß davon – er hat sie oft genutzt, als er Legora diente –, doch erwähnt er sie nicht, wenn er nicht direkt gefragt wird.

TEIL 1

Hinter dem Frostriesenschild befindet sich eine Geheimtür zum Kellergewölbe. Die Tür zu finden, erfordert einen erfolgreichen Wurf auf Weisheit (Wahrnehmung) gegen SG 20, während man den Schild untersucht.

Der Riesenschild und die Geheimtür. Wenn man den Schild bewegt, zeigt sich eine Tür, und ein gespenstischer *Magischer Mund* wird ausgelöst: „Hab Acht, Dieb. Wenn du diese Tür ohne den Schlüssel öffnest, wird dies Zauberei entfesseln, die dich gewiss das Leben kosten wird. Du wurdest gewarnt."

Dies ist keine leere Drohung. Ohne den Schlüssel (siehe Bereich 2) wird die Falle an der Tür aktiviert, wenn jemand versucht, die Geheimtür zu öffnen oder die Falle zu entschärfen. Dazu sind Diebeswerkzeuge und ein erfolgreicher Geschicklichkeitswurf gegen SG 25 notwendig. Wenn zuerst *Magie bannen* gewirkt wird, um das *Arkane Schloss* zu entfernen, sinkt der SG auf 15. Der Zauber *Klopfen* öffnet die Tür, löst aber auch die Falle aus. Die auf der Tür liegende Magie kann nicht gebannt oder auch nur wahrgenommen werden, solange der Riesenschild nicht entfernt wurde.

Wenn jemand närrisch genug ist, die Tür zu öffnen, oder wenn das Entschärfen der Falle scheitert, entfesselt eine *Glyphe des Schutzes* ein *Wort der Macht: Tod* gegen den Charakter. Der Tod dürfte garantiert sein, da kein Charakter der 3. Stufe mehr als 100 TP hat. Die Glyphe mit dem Wort der Macht kann nur gebannt werden, wenn der Versuch mit einem Zauberwurf gegen SG 25 kombiniert wird.

Wenn Adderly zur Tür befragt wird, sagt er, dass der General dort seine persönlichen Waffen aufbewahrt. Auf weitere Nachfragen antwortet er nur, dass er, aufgrund von Anweisungen, die er während der Lebzeiten seines Meisters erhalten hat, die Antwort respektvoll verweigern muss.

Wenn die Tür während Teil 1 irgendwie geöffnet wird, löst das sofort den Beginn von Teil 2 aus. Innerhalb von Sekunden taucht Adderly im Raum auf, ehe die Charaktere das Kellergewölbe betreten können, und besteht darauf, dass sie ihn sofort zur Verlesung des Testaments begleiten müssen, damit es nicht zu einem Unglück komme. Siehe „Verlesung des Testaments" in Bereich 2.

Die Leiche. Jede genauere Untersuchung der Leiche zeigt, dass dem General in die Brust gestochen wurde. Ein Charakter, der den Leichnam untersucht, kann auf Weisheit (Heilkunde) würfeln. Das Ergebnis bestimmt, wie viel er in Erfahrung bringen kann. Jeder Eintrag in der Tabelle enthält die Informationen für geringere Wurfergebnisse.

Das Schlafzimmer. Wenn die Charaktere die Treppe zum oberen Teil des Raums erklimmen, lies Folgendes vor:

Das Schlafzimmer des Generals verfügt über ein mächtiges Himmelbett und eine bemalte Decke, die von geriffelten Säulen gestützt wird. Ein eiserner Sicherheitsschrank, groß wie ein Mensch, steht in einer Nische neben dem Bett. Im Metall um das Schloss sind einige frische Kratzer zu sehen.

Bett und Nachttisch. Ein großer Blutfleck bedeckt eine Seite der Matratze, mit einer weniger blutigen Stelle in der Mitte. Ein erfolgreicher Wurf auf Intelligenz gegen SG 10 ergibt, dass der General erstochen wurde, als er auf dem Rücken in seinem Bett lag.

Eine Weinpfütze trocknet auf dem Nachttisch, aber dort steht kein Kelch oder Becher. Wenn der Fleck untersucht und ein erfolgreicher Wurf auf Weisheit (Wahrnehmung) gegen SG 10 abgelegt wird, wird klar, dass ein Gegenstand dieser Größe und Form (Lucias Amulett) auf dem Tisch gelegen hat, als der Wein vergossen wurde, seitdem aber entfernt worden ist.

Den Wein zu kosten, um Gift zu erkennen, erfordert einen erfolgreichen Wurf auf Weisheit (Heilkunde x 2) gegen SG 15 (ein Charakter mit Übung in Heilkunde addiert seinen doppelten Übungsbonus). Bei Erfolg bemerkt der Charakter, dass der Wein vergiftet, die Dosis aber extrem niedrig ist; man müsste ihn über lange Zeit immer wieder einnehmen, damit sich ein Effekt zeigt. Es ist nicht genug Wein übrig, um das Gift sicher zu identifizieren.

Schätze. Der Sicherheitsschrank kann mit dem Schlüssel geöffnet werden, den Adderly bei sich hat, oder mit Diebeswerkzeug und einem erfolgreichen Geschicklichkeitswurf gegen SG 20. Ohne Diebeswerkzeug kann der Schrank nur geöffnet werden, indem man ihn zerstört (RK 17, 20 Trefferpunkte, immun gegen Giftschaden, psychischen und gleißenden Schaden). Der Sicherheitsschrank enthält:

- eine Bronzetruhe mit der Portokasse des Anwesens (1.232 GM)
- Verträge und Dokumente, die mit der Leitung der Kompanie zu tun haben
- General Legoras Testament
- ein *Dolch +2*
- ein Schriftrollenrohr mit Legoras Kopie des Höllenpakts

Ergebnis	Entdeckung
8+	Der Schnitt der Wunde ist auf einer Seite sauber, an der anderen eher grob, was auf eine Waffe hinweist, die eine scharfe und eine gezahnte Seite hat.
10+	Ein feines, gelblich-rotes Pulver ist nahe Nase und Mund in Legoras Bart verstreut. Jeder, der die Nachtorchidee (Bereich 18) identifiziert hat, erkennt das Pulver als den konzentrierten Pollen der Pflanze. Ansonsten kann man es mit einem erfolgreichen Wurf auf Intelligenz (Naturkunde) gegen SG 20 erkennen. Ein Erfolg bei diesem Wurf verleiht dem Charakter einen Vorteil, wenn er versucht, später die Nachtorchidee zu identifizieren.
12+	Eine Spur blasser Schuh- oder Stiefelabdrücke führen von der Leiche weg, die Treppe empor zum Bett des Generals. Die Spur ist zu lückenhaft, um die Größe des Schuhs zu erkennen.
18+	Verräterische Zeichen an Lippen, Augen und Unterseite der Arme des Generals zeigen, dass er Opfer eine langfristigen, niedrig dosierten Vergiftung wurde.

Legoras Testament besagt, dass die Führung der Kompanie an die Person gehen soll, die von jenen gewählt wird, die versammelt sind, wenn der General stirbt.

Der Höllenpakt ist mit Blut geschrieben (dem des Generals), auf Pergament, das aus menschlicher Haut gemacht zu sein scheint. Wer Infernalisch lesen kann, kann übersetzen. Ansonsten ist der Zauber *Sprachen lesen* oder vergleichbare Magie notwendig, oder ein erfolgreicher Wurf auf Intelligenz (Arkane Kunde) gegen SG 13 durch jemanden, der Abyssisch, Himmlisch, Tiefe Sprache oder Urtümlich spricht. Das Dokument ist so böse und finster, dass jeder, der es liest, sofort einen Weisheitsrettungswurf gegen SG 12 ablegen muss, um nicht für die nächsten 1W4 Stunden einen Nachteil auf alle Attributswürfe und Rettungswürfe zu erleiden.

Wenn jemand den Pakt übersetzen kann, kann er nachlesen, welche Übereinkunft Legora genau getroffen hat (unvergleichlicher Erfolg im Austausch für einen dauerhaften Zugangspunkt zur Materiellen Welt nach Legoras Tod), wo sich das Tor befinden wird (unter Legoras Haus) und die Klausel, dass Legora für den Rest seines Lebens von einem höllischen Diener begleitet werden wird.

Diese Dokumente zu untersuchen, löst das Ereignis „Verlesung des Testaments“ aus (siehe Bereich 2). Adderly und einer der Hauptleute treffen ein, um die Abenteurer zur Verlesung zu begleiten, und sie bestehen darauf, dass diese sofort stattfinden muss.

TEIL 2

Vor dem Abstieg ins Kellergewölbe aktiviert Adderly einen der Beschützer des Anwesens, einen **Helmschrecken**, und befiehlt ihm, jeden zu töten, den er trifft. Glücklicherweise nimmt das Konstrukt seine Anweisungen sehr wörtlich. Da es keine Anweisungen erhalten hat, die Quartiere des Generals zu verlassen, bleibt es hier. Es versucht aber, jeden zu töten, der eintritt.

20. GALERIE DES VERZEHRTEN FLEISCHES

Dieser Bereich ist nur während Teil 2 zugänglich, daher ist die Beschreibung nicht aufgeteilt.

Die Charaktere steigen eine lange Wendeltreppe hinab ins Kellergewölbe. Es handelt sich um natürliche Kavernen, die von geneigten, verschlungenen Tunneln verbunden sind. Wenn es nicht anders angegeben ist, sind die Tunnel 3 m breit, mit einer Deckenhöhe von 3 m. Dampf zischt aus den Spalten in den Wänden und am Boden, und überall tropft Wasser.

Die Treppe endet in einer langen Kaverne, die von Dampfwolken erfüllt ist und stark nach Schwefel stinkt. Der Boden fällt steil und ungleichmäßig in Richtung der Vorderseite des Hauses ab. Von irgendwo unter euch ertönt eine missklingende, pulsierende Vibration, wie ein kranker Herzschlag im Stein selbst. Fünfzehn Meter vor euch hängen vier der Bediensteten des Anwesens an fleischigen Tentakeln von der Decke.

Die steile Neigung des Bodens, die tiefen Spalten und steile Kluften sowie die vom Dampf rutschigen Steine machen Bewegung durch dieses Gebiet gefährlich. Das Gelände gilt als schwierig. Zusätzlich müssen Charaktere bei ihrer Bewegung nach unten (in Richtung Ausgang am südlichen Ende der Höhle) alle 6 m, die sie zurücklegen, einen Geschicklichkeitsrettungswurf gegen SG 10 ablegen. Ein Fehlschlag führt zu einem Sturz, der 1W4 Schaden und den Verlust aller verbleibenden Bewegung für den Zug verursacht. Bewegung nach oben (in Richtung der Treppen zu Bereich 19) erfordert einen Stärkerettungswurf gegen SG 10.

In der Kaverne lauern sechs **Schlaksige Lemuren** (identisch zu normalen Lemuren, aber mit Reichweite 6 m für ihre Faustangriffe). Sie haben die vier Diener (**Gemeine**) an der Decke aufgehängt und machen sich einen Spaß daraus, nach ihren Gefangenen zu schlagen.

Die vier Diener sind bewusstlos und dem Tode nahe (jeweils 1 Trefferpunkt übrig). Sie hängen 7,50 m über dem Boden. Um sie zu befreien, muss man die Tentakel durchschneiden (RK 10, 5 Trefferpunkte, immun gegen psychischen Schaden). Vor allem müssen sie sicher auf den Boden herabgelassen oder mit einem erfolgreichen Wurf auf Stärke (Athletik) gegen SG 15 aufgefangen werden, weil der Sturz von 7,50 m sie sicherlich umbringen würde.

Wenn die Bediensteten geheilt werden, können sie berichten, wie die Teufel sie ins Kellergewölbe geschleppt haben. Andere Bedienstete wurden sogar noch weiter in die Tiefe gebracht.

Schätze. Jemand, der die fleischigen Tentakel untersucht, die von der Decke hängen, und einen Wurf auf Weisheit (Heilkunde) gegen SG 15 schafft, bemerkt, dass die kränklich gelben Knötchen in ihnen eine zähe Flüssigkeit enthalten, die heilsame Eigenschaften besitzt. Man kann genug der Flüssigkeit herausquetschen, dass sie vier *Heiltränken* entspricht. Der Geschmack ist aber so abstoßend, dass jeder, der sie trinkt, für 10 Minuten vergiftet ist.

21. GALERIE DER BRENNENDEN SEELEN

Dieser Bereich kann nur während Teil 2 betreten werden, weshalb die Beschreibung nicht aufgeteilt ist.

Der Tunnel fällt scharf in einen fast 15 m tiefen vertikalen Schacht ab, aus dem ein rötliches Leuchten dringt. Die Luft, die nach oben steigt, ist unangenehm warm.

Ohne Kletterausrüstung den Schacht hinabzusteigen, erfordert von jedem Charakter einen erfolgreichen Wurf auf Stärke (Athletik) gegen SG 15. Wenn die Charaktere Seile, Haken und andere Kletterausrüstung verwenden, sinkt der SG auf 5. Lege den Wurf nach der halben Strecke ab; jeder, der ihn nicht schafft, fällt 9 m in die Tiefe. (Dasselbe gilt, wenn die Charaktere wieder nach oben klettern wollen.)

Wenn Charaktere den Boden erreichen, lies vor:

Schwefelige Pfützen einer stinkenden Flüssigkeit speien Feuerzungen und abscheuliche Wolken aus sengendem Dampf in das Miasma, das die Kaverne einhüllt.

Am anderen Ende reißen vier rötliche, menschengroße Schlangen Fetzen aus einem Haufen menschlicher Leichname.

Ein besonders brutaler **Magma-Mephit** namens Garv'c und drei **Feuerschlangen** bewachen auf Adderlys Befehl hin diesen Raum. Die Feuerschlangen greifen auf dem Boden an, während der Mephit an der Decke lauert, um seine Fähigkeiten Metall erhitzen und Feuerodem besonders effektiv einzusetzen.

Schätze. Garv'c und die Feuerschlangen haben einige Schätze gesammelt, die sie in einem der blubbernden Tümpel versenkt haben. Man kann sie mit einer genauen Durchsuchung der Tümpel finden, oder mit einer schnellen Suche und einem erfolgreichen Wurf auf Weisheit (Wahrnehmung) gegen SG 15. Wer in den Tümpel greift, erleidet 1W6 Feuerschaden. Der Schatz enthält 203 GM, 500 SM, 1.020 KM und ein dekoratives Metallzepter (ein *Unbewegliches Zepter*).

22. TORRAUM

Dieser Bereich kann nur während Teil 2 betreten werden, weshalb die Beschreibung nicht aufgeteilt ist.

Der verschlungene Tunnel in diesen Raum, der aus Bereich 21 kommt, hat einige steile Abschnitte, die aber viele Simse und Griffmöglichkeiten enthalten, so dass der Abstieg anstrengend, aber ungefährlich ist. Man braucht keine Seile oder andere Kletterausrüstung, doch jeder Charakter muss einen erfolgreichen Konstitutionsrettungswurf gegen SG 13 ablegen, um nicht eine Stufe Erschöpfung durch die Anstrengung, die zunehmende Hitze und die stinkenden Dämpfe zu erleiden. (Dasselbe gilt, wenn die Charaktere wieder nach oben klettern wollen.)

Am gegenüberliegenden Ende der Kaverne leuchtet ein Steinbogen, der von grausigen Symbolen bedeckt ist, in karmesinrotem Schein, während knisternde Ströme blutroter Energie von Rune zu Rune springen. In der Mitte des Bogens kennzeichnet ein wirbelndes Wogen in der Luft die Grenzen des Höllentores. Jenseits dieses Effekts wird das schwache Bild einer wahnsinnigen Höllenlandschaft voller Feuer, Teufel und Tod mit jedem Augenblick stärker.

Das Portal bildete sich im Augenblick von Legoras Tod als winziges Loch und wird seitdem zunehmend größer und mächtiger. Bislang können nur kleinere, schwächere Teufel hindurchdringen; sobald es voll geöffnet ist, kann es von jeder höllischen Wesenheit verwendet werden. Die Abenteurer haben von Beginn des Kampfes an nur 8 Runden, um das Tor zu stören, ehe es seine volle Größe und Dauerhaftigkeit erreicht. Erlaube allen Charakteren, die danach fragen, einen Wurf auf Intelligenz (Arkane Kunde) gegen SG 15 oder einen Weisheitswurf gegen SG 20; bei Erfolg begreift der Charakter, dass mindestens die Hälfte (6) der 11 Siegel zerstört werden muss, um das Tor zum Kollabieren zu bringen. Hierfür gibt es vier Möglichkeiten:

- Man kann sie physisch mit Fäusten oder Waffen zerschmettern;
- Zauber, die normalerweise mehr als ein Ziel beeinflussen, verursachen bei allen Siegeln im betroffenen Gebiet halben Schaden;
- Zauber, die normalerweise nur ein Ziel beeinflussen, verursachen bei einem Siegel doppelten Schaden;
- Göttliche Macht kanalisieren zerstört ein Siegel innerhalb von 9 m pro Anwendung.

Wenn sich ein Charakter dem Tor auf 15 m annähert, erscheint Adderly aus der Ätherebene. In seiner natürlichen Gestalt erscheint der Majordomus als hochgewachsener, unglaublich schoner Mann mit Schwingen und einem spitzen Schwanz (**Inkubus**).

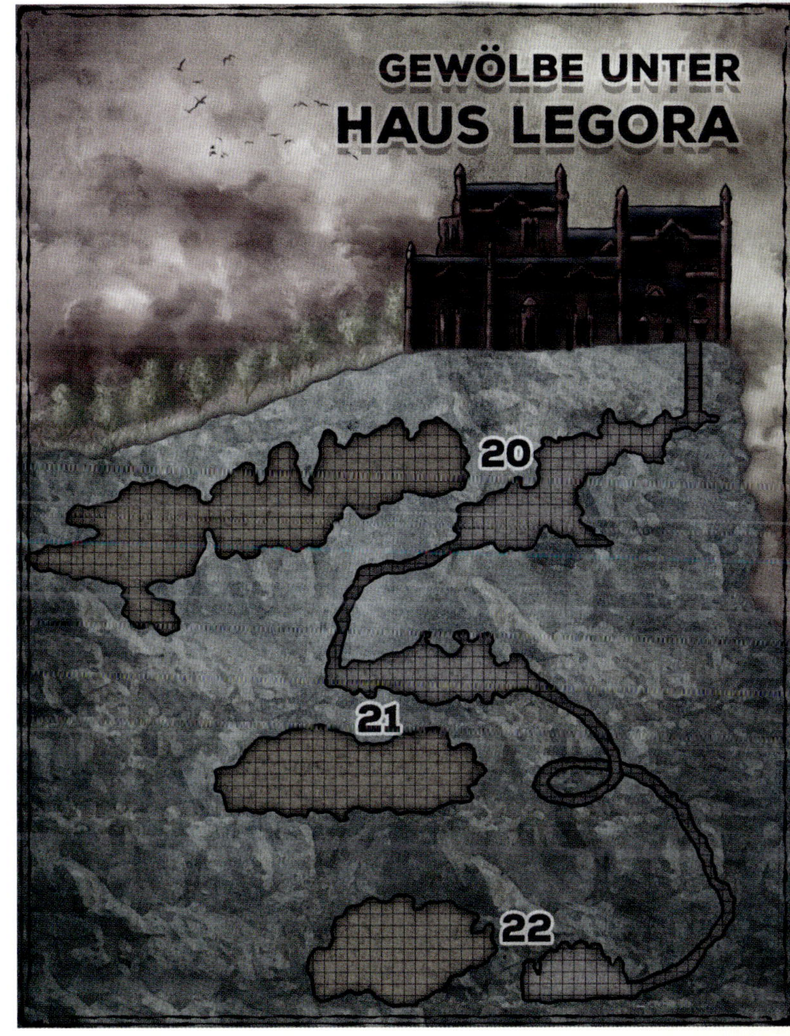

„Euer Versuch ist hoffnungslos! Ich habe mich zu lange auf dieser verfluchten Ebene gequält, als dass ich einer dahergelaufenen Truppe Sterblicher erlauben würde, mir im Weg zu stehen." Auf seine Geste hin purzeln Kreaturen, die wie Klumpen geschmolzenen Fleisches mit vage humanoiden Köpfen aussehen, durch das Tor.

Zwei **Lemuren** kommen sofort aus dem Tor, und 6 Runden lang erscheinen zwei weitere pro Runde. Wenn die Charaktere zu leicht die Oberhand gewinnen, erhöhe die Anzahl der Lemuren, die pro Runde erscheinen.

Zu Beginn der dritten Kampfrunde trifft der Mörder von General Legora ein und greift die Charaktere von hinten an. Dies sollte entweder die Person sein, die auf der Mittel/Gelegenheit-Leiste am verdächtigsten ist, oder die, die die Helden am meisten hassen, wenn es einen klaren Sieger in dieser Kategorie gibt. Dieser Hauptmann (oder diese Hauptfrau) trifft mit zwei **Wachen** ein. Wenn es den Charakteren gelungen ist, den Mörder vor dieser Szene zu verhaften, kommt es nicht zu diesem Hinterhalt. Sei aber vorsichtig, diese Verstärkung kann den Kampf sehr gefährlich machen. Vielleicht willst du diese Runde auf neue Lemuren verzichten, wenn die Gruppe Gefahr läuft, überrannt zu werden.

Wenn es den Charakteren gelingt, mindestens 6 der Siegel zu zerstören, bevor 8 Kampfrunden verstreichen, implodiert das Tor und zerfällt zu Asche; fahre fort mit „Abschluss".

Schätze. Adderlys *Ring des Gedankenschilds*, die Ausrüstung des Mörders und der Wachen

ABSCHLUSS

Wenn das Tor zerstört wird, fliehen die verbleibenden Teufel (falls noch welche übrig sind) zurück in ihr Höllenreich. Die Helden verlassen das Kellergewölbe und müssen feststellen, dass das Anwesen in den Kämpfen zwischen den Hauptleuten und den höllischen Eindringlingen zerstört wurde. Die überlebenden Hauptleute bieten den Charakteren eine beträchtliche Belohnung an (entweder 750 GM pro Charakter oder einen entsprechenden kleineren magischen Gegenstand), weil sie geholfen haben, die Ehre der Kompanie wiederherzustellen.

Wenn du willst, können die Charaktere das Kommando über die Kreuzweg-Kompanie erlangen. Die anderen Hauptleute sind entweder in den inneren Streitigkeiten umgekommen oder wurden von Teufeln getötet, und die überlebenden Soldaten votieren dafür, die Kompanie den Charakteren anzubieten. Welchen Einfluss das auf die Charaktere, ihre Reisen und eure Kampagne hat, übersteigt den Rahmen dieses Abenteuers.

SL-HILFSMITTEL

Dieser Abschnitt enthält Ratschläge und Formulare, die deine Arbeit beim Leiten von *Mord am Kreuzweg* erleichtern können.

MOTIVE

Wir haben es bewusst einfach gehalten, die Motive der verschiedenen Verdächtigen in diesem Abenteuer herauszufinden. Das gibt den Helden einen Punkt, an dem sie ihre Ermittlung beginnen können. In vielen Fällen müssen die Charaktere nicht einmal würfeln, damit ein NSC ein schmutziges Geheimnis über einen Verdächtigen verrät. Soldaten und Hauptleute der rivalisierenden Fraktionen schwärzen einander nur zu gerne an! Die Motive aller Verdächtigen und wer was über sie weiß ist in den individuellen Beschreibungen der NSC angegeben.

SG-VERWALTUNG FÜR MITTEL UND GELEGENHEIT

Wenn es einem Charakter gelingt, von einem Hauptmann Informationen über die Mittel und Gelegenheit eines anderen Hauptmanns zu erfahren (siehe „Verdächtigenakten", unten), dann steigt der SG für ähnliche Würfe gegen die anderen Hauptleute um +3. Wenn du beispielsweise von Hauptmann Klingmark einen guten Tipp über Hauptmann Hakars Gelegenheit, den Mord zu begehen, bekommen hast (SG 13), dann steigt der SG, um Informationen über die Gelegenheiten Hakars und Lucias zu erhalten, von 13 auf 16. Wenn im Anschluss bei der Befragung Hakars ein erfolgreicher Wurf gegen SG 16 abgelegt wird, steigt die Schwierigkeit des Wurfes, um ähnliche Informationen von Lucia zu erhalten, auf SG 19. Durch diese Anpassung ist es weniger wahrscheinlich, dass die Charaktere Unmengen verwirrender und scheinbar widersprüchlicher Hinweise sammeln. Wenn der Versuch, Informationen zu erhalten, fehlschlägt, dann ändert sich der SG (vorerst) nicht.

Dieses System funktioniert am besten, wenn du den Spielern nicht den SG ihrer Würfe mitteilst, oder dass er durch vorherige Ereignisse angestiegen ist. Wenn jemand beim zweiten oder dritten Wurf ebenso hoch würfelt wie beim ersten und trotzdem versagt, dann willst du, dass die Charaktere und Spieler zum Schluss kommen, dass man ihnen die Wahrheit sagt, nicht dass sich die Umstände geändert haben.

Du musst auch verstehen, dass ein erfolgreicher Wurf nicht zu einem Geständnis oder der offenen Herausgabe von Informationen führt. Es könnte nicht mehr sein als ein Versprecher, eine Art „Upps, habe ich zu viel gesagt?" Alle Hauptleute bestehen auf ihrer Unschuld, egal wie schuldig sie erscheinen, bis es zur Konfrontation am Portal kommt.

Beachte, dass die Informationen, mit denen die Hauptleute die anderen Hauptleute belasten, in vielen Fällen ihren eigenen Alibis widersprechen. Hauptmann Hakar beispielsweise behauptet, den ganzen Abend im Rauchsalon verbracht zu haben, doch wenn er befragt wird, könnte er auch erwähnen, dass er Hauptmann Klingmark gegen 23:30 Uhr bei den Gemächern des Generals gesehen hat. Hakar kann nicht an beiden Orten gewesen sein; er lügt offensichtlich. Entsprechend wird Hakar diese Information über Klingmark vermutlich nicht verraten, es sei denn, er wurde bereits beim Lügen ertappt und muss den Verdacht von sich ablenken, oder er wird nicht verdächtigt und braucht somit kein Alibi. Ähnliche Fälle gibt es für alle drei Hauptleute. In der Rolle eines der NSC kannst du diese Widersprüchlichkeiten auf die Methode, die du am dramatischsten oder die die Spieler am verdächtigsten finden, offenbaren oder verbergen.

Da die meisten Spieler keine ausgebildeten Ermittler sein dürften, erlaubt dieses einfache System, die Verdächtigen einzuengen, ohne dass die Spieler frustriert werden oder steckenbleiben. Verschiedene Methoden, das Ereignis „Verlesung des Testaments“ auszulösen, dienen auch als Ausweg aus den Ermittlungen, wenn sich die Charaktere in eine Sackgasse arbeiten.

Wenn die Charaktere genug Beweise sammeln, dass sie überzeugt sind, den Mörder festgenagelt zu haben, helfen die anderen beiden Hauptleute nur zu gern dabei, den dritten zu verhaften und einzusperren. Wenn dies passiert, gehe unmittelbar danach direkt zu „Verlesung des Testaments“.

Mittel-Leiste: Fragen über Mittel drehen sich um Waffen, Gifte und Fähigkeiten.

	Start-SG	1. Steigerung	2. Steigerung
Klingmark	13		
Lucia	13		
Hakar	13		

Gelegenheits-Leiste: Fragen über Gelegenheiten drehen sich um zeitliche Abläufe, den Aufenthaltsort von Verdächtigen zu verschiedenen Zeitpunkten und so weiter.

	Start-SG	1. Steigerung	2. Steigerung
Klingmark	13		
Lucia	13		
Hakar	13		

Zur Testamentsverlesung vorrücken. Sobald es den Charakteren gelingt, drei oder vier erfolgreiche Mittel- oder Gelegenheitswürfe abzulegen (in beliebiger Kombination), ist es ein guter Zeitpunkt, zur Verlesung des Testaments (siehe Bereich 2) überzugehen. Die Charaktere finden danach (wegen der erhöhten SG) nicht mehr viel heraus, wodurch sich das Abenteurer in die Länge ziehen könnte.

ZEITLICHER ABLAUF

Mach dich mit diesen Geschehnissen vertraut, ehe du das Abenteuer beginnst, und schau so oft wie nötig in diese Tabelle, damit alles glatt läuft. Wenn du feststellst, dass du den Spielern falsche Informationen gegeben hast, keine Panik! Die ideale Lösung ist es, mit dem Fehler zu arbeiten und den Rest so wenig wie möglich zu ändern, um Widersprüche zu vermeiden, während die Tatsachen langsam offenbart werden. Gib den Spielern eine fünfminütige Pause, wenn du etwas Zeit brauchst, um eine gute Lösung zu finden. Wenn das nicht geht, kannst du durch einen anderen NSC verraten, dass der, der die falschen Informationen weitergegeben hat, gelogen hat, und so den Spielern die korrekten Informationen zukommen lassen. Nur als letztes Mittel solltest du das Spiel anhalten, zurückgehen und „Tatsachen“ ändern, mit denen die Charaktere gearbeitet haben. Es ist eine Sache, wenn ein Mordverdächtiger lügt; es ist etwas ganz anderes, wenn sich plötzlich die Realität um einen herum verändert.

VERDÄCHTIGENAKTE A: DER PROKURIST (KLINGMARK)

Die folgenden Informationen fassen Motiv und Alibi von Hauptmann Klingmark zusammen, sowie die belastenden Informationen, die er über Mittel und Gelegenheit seiner Rivalen geben kann.

MOTIV

- Hauptmann Klingmarks Motiv ist **Habgier**. Er ist hoch bei legitimen Geldverleihern und kriminellen Kredithaien verschuldet. Er will die Kontrolle über die Kompanie, damit er seine Gläubiger auszahlen kann, ehe sie ihn öffentlich erniedrigen oder, noch schlimmer, töten lassen.
- Seine finanziellen Probleme sind gleichermaßen **Lucia** wie auch **Bertram** bekannt, die mitangehört haben, wie er vor zwei Tagen von seinen Gläubigern bedroht wurde.

ALIBI

- Klingmarks Alibi ist, dass er sich nach seinem Treffen mit dem General für die Nacht **in sein Zimmer zurückgezogen** habe.
- Dies kann von **Lucia** und **Hakar** widerlegt werden, die **ihn im Arboretum gesehen haben**; und von **Tova**, die weiß, dass Klingmark in der Zeit, in der er behauptet, **nicht in seinem Zimmer war**.

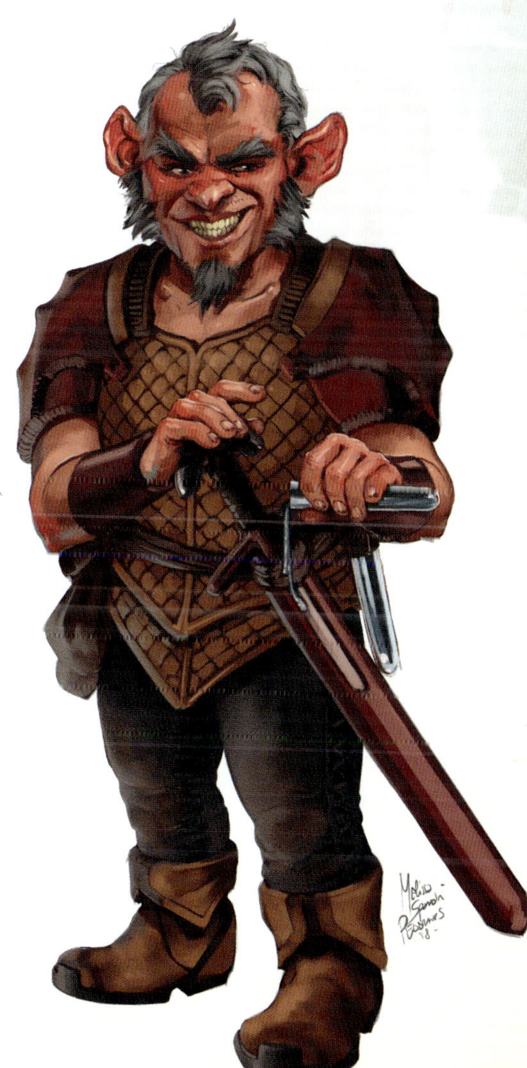

ZEITLICHER ABLAUF

20:00 Uhr	Formelles Abendessen endet damit, dass Legora alle Gäste informiert, dass er sein Testament ändern wird, um über die neue Führung der Kompanie abstimmen zu lassen. Gäste gehen zu Bett.
20:10 Uhr	Tennrik sieht, wie Klingmark Adderly Phiolen mit Pulver aushändigt.
	Klingmark sieht, wie Hakar zornig mit Legora spricht und ein Treffen verlangt, der General zustimmt, und beide sich in die Gemächer des Generals begeben.
	Klingmark kehrt in seine Räumlichkeiten zurück, um die Finanzbücher für sein Treffen vorzubereiten.
	Lucia kehrt in ihre Räumlichkeiten zurück, um ihren Nachtorchideenpollen vorzubereiten (bis 21:45 Uhr).
20:30 Uhr	Hakar trifft sich mit Legora; sie streiten; Ende des Streits wird (gegen 21:00 Uhr) von Adderly beobachtet
21:00 Uhr	Adderly hilft seinem Meister, sich bettfertig zu machen, und geht dann, um die Reinigung der Küche zu kontrollieren.
21:15 Uhr	Hakar geht auf der Kolonnade spazieren (bis 22:45 Uhr).
21:30 Uhr	Klingmark trifft sich in Bereich 19 mit Legora, um die Finanzen der Kompanie zu besprechen (bis 22:00 Uhr).
21:45 Uhr	Als Klingmark die Räumlichkeiten des Generals verlässt, hält er im Arboretum an, um Kräuter zu sammeln (bis 23:30 Uhr). Klingmark beobachtet, wie Lucia den Bereich auf dem Weg zu den Räumlichkeiten des Generals durchquert.
22:00 Uhr	Adderly bringt Legora seinen Abendwein mit dem Tonikum-Pulver und verlässt den Raum über die geheime Treppe.
	Lucia trifft sich mit Legora und wendet Nachtorchideenpollen an, um ihn zu verführen. Als er sie zurechtweist, wirft sie ihr Kompanie-Amulett auf seinen Nachttisch und stürmt hinaus.
22:30 Uhr – 00:30 Uhr	Der Mord wird verübt. Die genaue Zeit hängt davon ab, wer der Mörder ist.
22:30 Uhr	Adderly inspiziert das Erdgeschoss, sieht Hakar nicht im Rauchsalon.
	Als Lucia die Quartiere des Generals verlässt, sieht sie Klingmark, der im Arboretum Kräuter sammelt.
	Tova macht sich auf die Suche nach Klingmark. Tennrik wartet im Gästezimmer auf Lucia.
	Tennrik awaits Lucia for their meeting in the guest chambers.

MITTEL DER ANDEREN HAUPTLEUTE

- Klingmark sah während ihres Treffens zu den Finanzen einen seltsamen **Dolch** im **Wohnzimmer des Generals**. Als Klingmark danach fragte, sagte der General, dass die Waffe ein Geschenk von **Hakar** sei.
- Klingmark weiß, dass **Lucia** aus den Sieben Städten stammt, einer Gegend, die berühmt für ihre **Gifte** ist. Tatsächlich ist sie berühmt für ihren Einsatz von **lähmenden Pollen**.

GELEGENHEIT DER ANDEREN HAUPTLEUTE

- Klingmark sah **Lucia** auf dem Weg durch das **Arboretum** in Richtung der Räumlichkeiten des Generals, gegen **22:00 Uhr**.
- Klingmark hat gegen **23:15 Uhr** eine dekorative **Quaste** von einem Dolchknauf im **Arboretum** gefunden. Sie war vorher nicht da und stammt ganz klar aus den Südlanden. **Hakar** ist vor kurzer Zeit von einer Reise in die Südlande zurückgekehrt.

VERDÄCHTIGENAKTE B: DIE MANIPULATORIN (LUCIA)

Die Informationen unten fassen Motiv und Alibi von Hauptfrau Lucia Rakell zusammen, sowie die belastenden Informationen, die sie über Mittel und Gelegenheit ihrer Rivalen geben kann.

MOTIV

- Hauptfrau Lucias Motiv ist **Rache**. Legora hat ihr versprochen, ihr die Kontrolle über die Kompanie anzuvertrauen, doch hat er seine Meinung geändert und entschieden, über die neue Führung abstimmen zu lassen.
- Dies ist **Hakar** und **Tennrik** bekannt. Beide haben Lucias zornige Reaktion gesehen, als Legora verkündete, dass über den neuen Kommandant der Kompanie abgestimmt werden sollte.

ZEITLICHER ABLAUF (FORT.)

22:45 Uhr	Hakar behauptet, bis 1 Uhr im Rauchsalon gewesen zu sein, geht aber in Wirklichkeit zu den Gemächern des Generals.
	Auf ihrem Weg zum Rauchsalon, um eine Flasche Wein zu holen, bemerkt Lucia Hakar, der auf dem Weg zu den Gemächern des Generals war.
23:00 Uhr	Hakar kehrt in das Zimmer des Generals zurück, findet die Leiche und entwendet den Dolch.
	Lucia trifft im Gästezimmer (Bereich 17) ein, um Tennrik zu treffen (bis Mitternacht).
23:15 Uhr	Hakar verlässt das Zimmer des Generals und betritt das Arboretum, hält aber inne, als er Klingmark am anderen Ende des Raums sieht. Hakar versteckt schnell den Dolch und zieht sich über die geheime Treppe, die zu Adderlys Raum führt, zurück.
	Klingmark findet eine blutige Quaste von der Mordwaffe und versteckt sie.
23:30 Uhr	Adderly inspiziert das Obergeschoss. Klingmark betritt die Räumlichkeiten des Generals und findet die Leiche. Er versucht, den Panzerschrank zu öffnen, aber ohne Erfolg. Als er geht, nimmt er den Kelch mit, der seine Giftkräuter enthält, und versteckt ihn in seinem Zimmer.
	Tova begegnet Hakar im Erdgeschoss, als dieser gerade aus Adderlys Zimmer kommt.
Mitternacht	Lucia kehrt in das Zimmer des Generals zurück und findet die Leiche. Sie nimmt ihr Kompanie-Amulett vom Nachttisch und verschwindet.
00:30 Uhr	Adderly kehrt zurück, um den Weinkelch abzuholen, findet den toten Legora und schlägt Alarm.
1:00 Uhr	Nachdem sie das Haus gesichert haben, legen sich die drei Hauptleute und ihre Soldaten bis zum Morgengrauen in der Großen Halle hin (um einander im Auge zu behalten).
7:00 Uhr	Die Spielercharaktere treffen ein.
12:00 Uhr	(oder wenn gewunscht) Testament wird verlesen, was die Ereignisse von Teil 2 auslöst.
17:00 Uhr	(oder wann immer gewünscht) Sonnenuntergang. Das Höllentor öffnet sich vollständig und entfesselt das Grauen der Elf Höllen auf Mythgart.
5:00 pm	(or when desired) Sundown. The infernal gate opens fully, unleashing the horror of the Eleven Hells upon Midgard.

ALIBI

- Lucias Alibi ist, dass sie **bei Tennrik** gewesen sei, als es zum Mord kam.
- Dies kann von **Tennrik** widerlegt werden, der weiß, dass Lucia bei ihrem verabredeten Treffen um 23 Uhr **zu spät** kam, dass sie auffällig **aufgebracht** war, als sie eintraf, und dass sie nicht ihr Kompanie-**Amulett** trug, wie sie es sonst immer tut.

MITTEL DER ANDEREN HAUPTLEUTE

- Lucia hörte, wie **Hakar** vor Tennrik über den interessanten **Dolch** prahlte, den er auf seiner Reise durch die Südlande mitgebracht hat, sowie über sein Vorhaben, ihn dem General zu schenken.
- Lucia weiß, dass **Klingmark** das **Tonikum** des Generals geliefert hat. Es gibt seit Jahren Gerüchte, dass er insgeheim dafür zuständig ist, auf Befehl des Generals **Meuchelmorde** zu arrangieren.

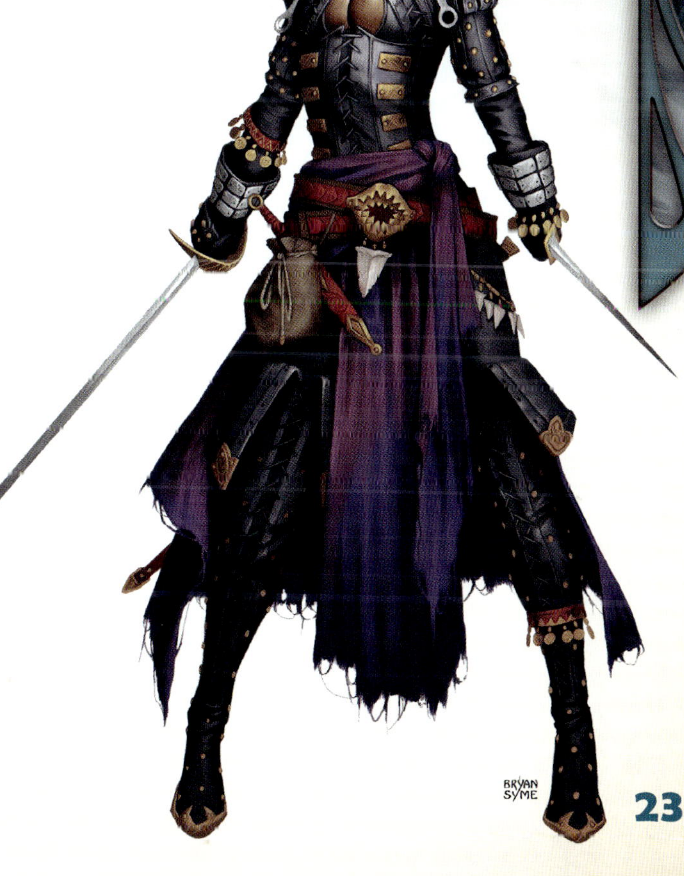

GELEGENHEIT DER ANDEREN HAUPTLEUTE

- Lucia sah **Hakar** gegen **22:45 Uhr** auf dem Weg zum Zimmer des Generals. Hakar schien **nervös und paranoid**.
- Lucia beobachtete **Klingmark** gegen **22:30 Uhr** im **Arboretum**. Der Gnom sammelte **Kräuter**, und sie weiß, dass viele davon **giftig** waren.

VERDÄCHTIGENAKTE C: DER ROHLING (HAUPTMANN HAKAR)

Die Informationen unten fassen Motiv und Alibi von Hauptmann Hakar zusammen, sowie die belastenden Informationen, die er über Mittel und Gelegenheit seiner Rivalen geben kann.

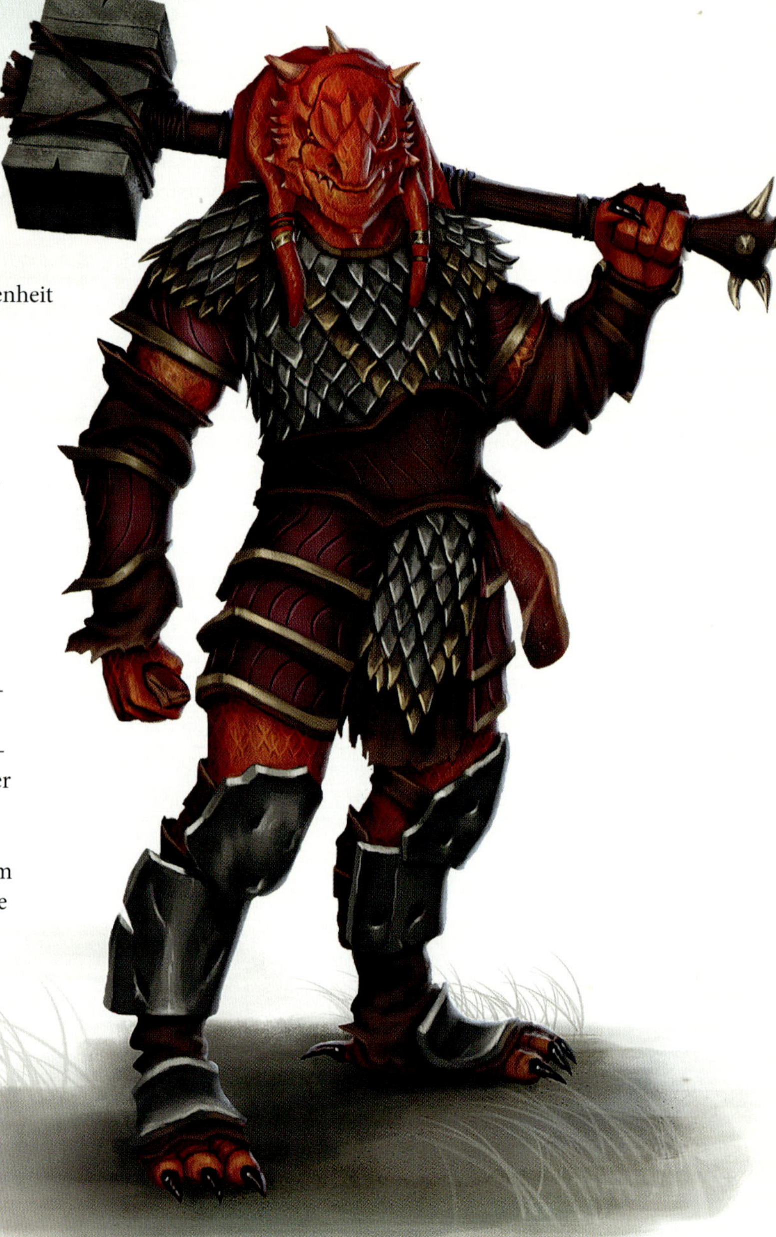

MOTIV

- Hauptmann Hakars Motiv ist **Macht**. Er glaubt, dass niemand sonst skrupellos genug ist, die Kreuzweg-Kompanie anzuführen, und er ist bereit zu töten, um sie zu bekommen.
- **Klingmark** und **Tova** haben gehört, wie er schwor, dass er jeden töten würde, der ihm im Weg stehen würde.

ALIBI

- Hakars Alibi ist, dass er sich zum Zeitpunkt des Mordes im **Rauchsalon** aufgehalten habe.
- Dies kann von **Adderly** widerlegt werden, der an diesem Abend mehrmals im Rauchsalon war, Hakar aber in der Zeit, in der der Hauptmann behauptet, dort gewesen zu sein, nicht gesehen hat, sowie von **Lucia**, die sah, wie Hakar gegen 22:45 Uhr auf dem Weg zum Zimmer des Generals war, und von **Tova**, die sah, wie er gegen 23:30 Uhr Adderlys Zimmer verließ.

MITTEL DER ANDEREN HAUPTLEUTE

- Die Kompanie hatte einmal eine geheime Truppe von **Assassinen,** die von **Klingmark** ausgebildet und angeführt wurden. (Das ist nicht wahr; alle in der Kompanie kennen diese Gerüchte, aber es hat nie eine solche Gruppe von Meuchelmördern gegeben.)
- Lucia ist für ihr atemberaubendes **Können mit der Klinge** bekannt. Während eines gemeinsamen Feldzugs sah er, wie Lucia ein **Pulver** verwendet hat, um einen Feind zu lähmen, ehe sie ihm die Klinge in die Brust rammte.

GELEGENHEITEN DER ANDEREN HAUPTLEUTE

- Hakar sah, wie sich **Klingmark** gegen **23:30 Uhr** verdächtig um die **Gemächer des Generals** herumtrieb.
- Hakars Leutnant **Tennrik** hat eine **Affäre mit Lucia,** doch hat er Hakar erzählt, dass Lucia sehr spät bei ihrer Verabredung erschienen ist. Tennrik berichtete, dass Lucia **aufgebracht** schien und nicht ihr Kompanie-**Amulett** trug.

VERDÄCHTIGENAKTE D: ANDERE VERDÄCHTIGE

Diese NSC zu befragen, erfordert einen erfolgreichen Charismawurf gegen SG 10 mit jeder geeigneten Übung.

ADDERLY (DER BEOBACHTER)

Als Majordomus des Generals ist Adderly verantwortlich für General Legoras Haushalt. In Wahrheit ist Adderly ein **Inkubus,** der sich als Mensch ausgibt, um sicherzustellen, dass sich Legora an seinen dunklen Pakt hält. Adderly mischt sich nicht ein und versucht nicht, die Ereignisse zu verändern. Er schaut bloß mit stiller Freude zu, wie sich die Ereignisse entfalten.

Beschreibung. Adderly ist ein dünner Mann unbestimmbaren Alters mit würdevollem Gebaren, einer Brille mit Drahtgestell, die ihn gelehrsam wirken lassen, und einem geduldigen, abgeklärten Gesichtsausdruck.

Persönlichkeit. Adderly ist still, unauffällig, gründlich in allem, was er tut, und dem General gegenüber unterwürfig, aber gegenüber anderen zu süffisanter Ironie fähig.

Spezialfähigkeit. Adderlys Bonus auf Würfe auf Täuschen und Motiv erkennen ist +9.

Was er weiß.

- „Als ich in sein Zimmer zurückkehrte, um den **Kelch** zu holen ... Ich fand meinen Herrn, aber nicht den Kelch."
- „Die **Nachtorchidee** war ein Geschenk an meinen Herrn von Hauptfrau **Rakell**."
- „Hauptmann **Klingmark** beschafft seit Jahren das **Tonikum** für meinen Herrn. Es garantiert gute Träume, hat man mir gesagt."
- „Hauptmann **Hakar** hat mit meinem Herrn gestritten und sogar einen merkwürdigen **Dolch** in den Fußboden geworfen. Der Dolch hinterließ ein Loch."

TOVA BLOMSDOTTER (KLINGMARKS LEUTNANT)

Tova Blomsdotter ist Hauptmann Klingmarks Stellvertreterin und persönliche Leibwächterin. Trotz ihres barbarischen Äußeren liebt sie ihren kleinen Gnom sehr. Die beiden haben seit mehreren Jahren eine mehr oder weniger geheime romantische Beziehung.

Beschreibung. Halborkische **Schlägerin**

Persönlichkeit. Unhöflich, temperamentvoll, misstrauisch gegenüber allen außer Klingmark, dem sie vollkommen vertraut.

Was sie weiß.

- „Man kann Leuten aus den Sieben Städten wie Hauptfrau **Rakell** nicht trauen. Allesamt **Giftmischer** und Betrüger!"
- „Ich habe gesehen, wie Hauptmann **Hakar** gegen 22:30 Uhr aus **Adderlys Zimmer** geschlichen ist."
- „Ich habe gehört, wie **Hakar** gesagt hat, dass er **jeden töten** würde, der ihm auf dem Weg zum Kommando über die Kompanie im Weg steht."

BERTRAM BODKIN (HAKARS LEUTNANT)

Ein verweichlichter niederer Adeliger mit einer geheimnisvollen Vergangenheit, die seinen Mitsoldaten nicht bekannt ist. Bertram hat sich der Kompanie angeschlossen, nachdem er knapp einem unerfreulichen Abenteuer auf der Leviathan entkommen ist, bei dem es auch um einen Mord ging.

Beschreibung. Menschlicher **Kundschafter**. Bertram trägt eine achteckige Brille, streicht sein Haar mit parfümiertem Öl zurück und sieht immer überrascht aus.

Persönlichkeit. Nervös und zerstreut, aber mit guten Absichten und treu gegenüber Hauptmann Hakar und der Kompanie.

Was er weiß.

- „Vor zwei Tagen sah ich, wie **Klingmark** von zwei **Geldverleihern** angegangen wurde, die ihr Geld wollten."
- „Hauptfrau **Lucia** kennt viele Taktiken aus den Sieben Städten. Unter anderem kennt sie sich mit lähmendem **Gift** aus."

TENNRIGERVASTAG (LUCIAS LEUTNANT)

Tennrik scheint seiner Hauptfrau loyal zu sein und prahlt über ihre Abenteurer. Niemand in der Kompanie weiß, dass er ein Agent der Schwarzen Bruderschaft ist, einer rivalisierenden Söldnerkompanie. Tennriks Aufgabe ist es, die Kreuzweg-Kompanie auszuspionieren und alles Interessante seinen Vorgesetzten zu berichten. Tennrik mag Lucia, doch empfindet er gegenüber der Kompanie keinerlei Loyalität. Wenn er glaubt, dass sie auseinanderbricht, wird er alles, was er weiß, an den Meistbietenden verkaufen.

Beschreibung. Menschlicher **Spion**. In fast jeder Hinsicht unscheinbar. Man kann ihn leicht in einer Menschenmenge verlieren.

Persönlichkeit. Freundlich und interessiert, man könnte ihn auch neugierig nennen. Ungestüm, ohne einprägsam zu sein.

Was er weiß.

- „Ich habe letzte Nacht mit **Lucia** verbracht. Aber sie **verspätete** sich zu unserer Verabredung und trug ihr Kompanie-**Amulett** nicht. Das ist das erste Mal, dass ich sie ohne das Ding gesehen habe."
- „Hauptmann **Hakar** ist vor kurzem aus den **Südlanden** zurückgekehrt und hatte ein Geschenk für den General dabei – einen merkwürdigen **Dolch**, glaube ich."
- „Ich habe gesehen, wie **Klingmark** nach dem Abendessen irgendein **Pulver** an **Adderly** übergeben hat."
- „Der **General** hat die Kompanie **Lucia** versprochen. Sie war **nicht erfreut,** als er sein Wort gebrochen hat."

HANDOUTS FÜR SPIELER

Schneide diese Notizen aus, kopiere sie oder schreibe sie ab, damit du sie den Spielern zu Beginn des Abenteuers aushändigen kannst.

HANDOUT 1

Meine Damen und Herren,

unsere Freundschaft und die Ehre, die wir gemeinsam gewonnen haben, bringt mich dazu, Euch in mein Anwesen Haus Legora einzuladen, am oder vor dem letzten Khorstag im Tiefwinter. Ich möchte verkünden, wer nach meinem Scheiden den Befehl über die Kreuzweg-Kompanie übernehmen soll. Ich bitte Euch inständig, zu kommen, da ich fürchte, dass nicht alle mit meiner Entscheidung zufrieden sein werden, und ich will, dass mir jene, denen ich vertraue, nahe sind.

General Vartan Legora

HANDOUT 2

Grüße,

wir hoffen, dieses Schreiben wird Euch bald erreichen. Die Kompanie hat einen schweren Schicksalsschlag erlitten. General Legora ist tot, und wir fürchten, dass er ermordet worden ist. Da Ihr zum Zeitpunkt seines Todes nicht anwesend wart, seid Ihr frei jedes Verdachts. Aus diesem Grund bitten wir Euch, uns dabei zu unterstützen, herauszufinden, wer diese üble Tat begangen hat. Vern, ein einheimischer Schlittenkutscher, hat sich bereiterklärt, Euch zum Anwesen zu bringen.

Kommt mit Eile.

Hauptleute Rakell, al-Atam und Klingmark

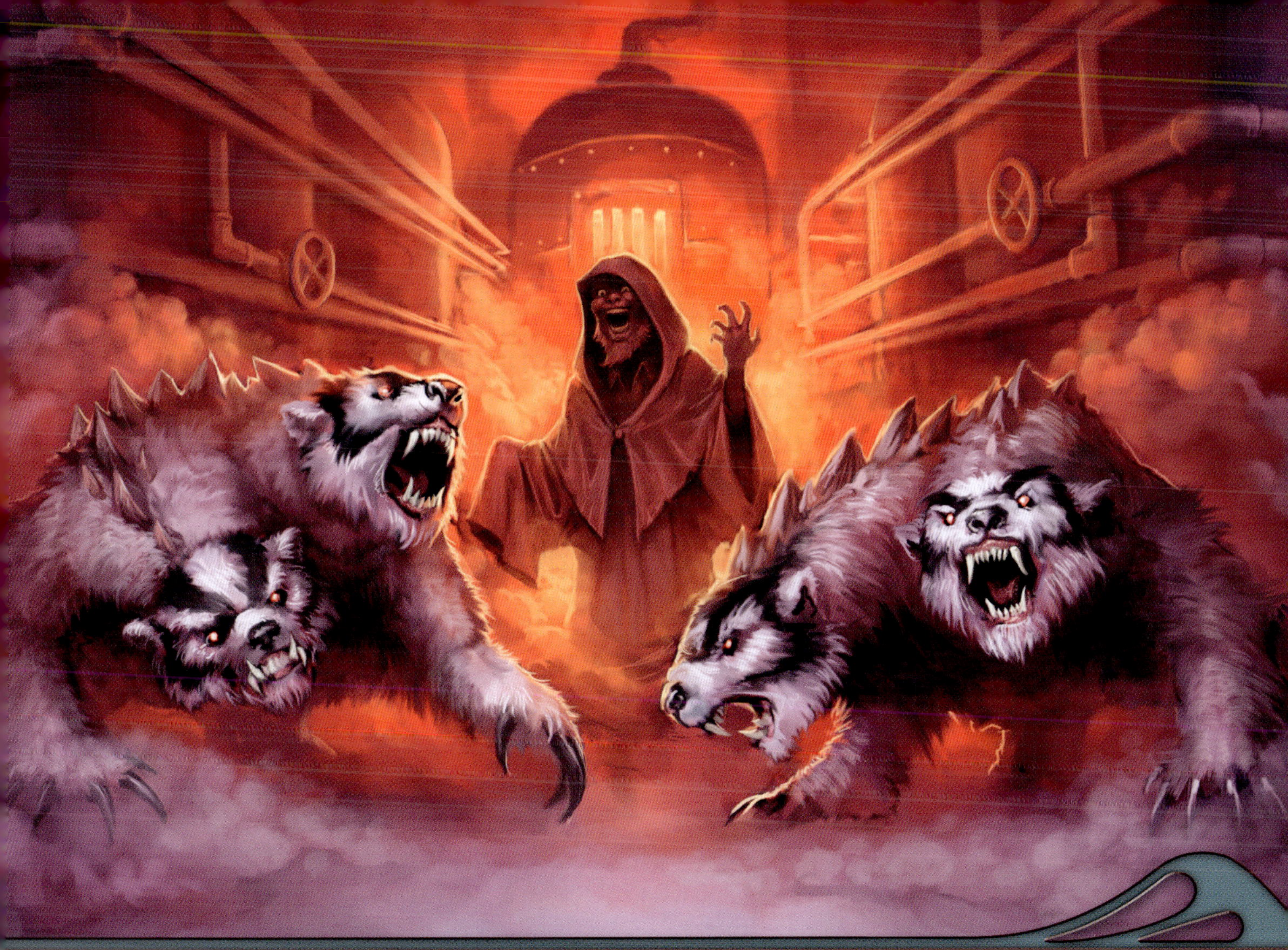

DER WAHNSINNIGE AN DER BRÜCKE

Ein Abenteuer für die 5. Edition für Charaktere der 4. Stufe

Von Wolfgang Baur Konvertiert von Ben McFarland

In den frühen Stunden vor dem Morgengrauen steigt lautlos Dunst vom Fluss auf. Dann zerreißt das Geräusch von kreischendem, ächzendem Metall die Ruhe des Morgens, als sich die Keucherbrücke schnell hebt, damit ein hohes Schiff flussabwärts fahren kann. Sobald das prachtvolle Schiff vorüber ist, ruft eine ferne Stimme: „Herunterlassen!"

Aber die Brücke ist still und bleibt entschieden offen. Bis sie heruntergelassen ist, ist die Stadt in zwei Hälften geteilt, und es gibt keine praktische Methode, von einer Seite des Flusses zur anderen zu kommen. In nur einer Stunde werden sich Bergleute und Händler durch die Straßen drängen, um das Gewässer zu überqueren. Was stimmt mit der Brücke nicht?

ZUSAMMENFASSUNG

Die Keucherbrücke kann sich wegen einer geheimnisvollen Fehlfunktion nicht schließen. Schlimmer noch, die störrische Maschine scheint irgendwie die Uhrwerkwachen der Umgebung infiziert zu haben, so dass auch sie sich merkwürdig benehmen. Bergleute, Arbeiter und Fracht können den Fluss nicht überqueren, was das wirtschaftliche Herz der Stadt zum Stillstand bringt. Die SC werden hinzugerufen, um einige verschwundene Techniker zu finden und das Problem zu lösen.

Das ganze Abenteuer umfasst nur einen kurzen Zeitraum. Die Charaktere müssen sich durch die fehlfunktionierenden Bereiche im Maschinenhaus der Brücke bewegen und schließlich in den Kesselraum eindringen, um sich um die Gefahren dort zu kümmern.

Dein Ziel ist es, dass das Szenario schnell außer Kontrolle gerät, mit wahnsinnigen Uhrwerkwächtern, alchemistischen Brandbomben, die auf die Straße herabregnen, Oger-Verschwörern, die auf Eindringlinge schießen, und so weiter, und die Spieler gleichzeitig daran zu erinnern, dass die Uhr tickt. Die letzte Begegnung beginnt als einfacher Kampf gegen einen Kobold-Zombie, eskaliert dann mit einem gnomischen Magier und Schreckensdachsen, und erreicht einen kakophonischen Höhepunkt, als klar wird, dass das ganze Bauwerk kurz bevorsteht, von einer Kesselexplosion zerstört zu werden, die auch die Brücke zum Einsturz bringen und vermutlich einen großen Teil der Stadt dem Erdboden gleichmachen wird – und das wird Hunderte von Unschuldigen das Leben kosten.

Indem ein scheinbar leichter Sieg sich über eine Herausforderung für die Gruppe bis zu einer Gruppe entwickelt, die mehr Gefahren vor sich hat, als sie bewältigen kann, werden die Spieler unter zunehmenden Druck gesetzt, während der Kessel seine Schweißnähte sprengt und er droht, alles zu zerstören. Eine tickende Uhr oder ein Metronom wäre ein nettes Requisit für dieses Abenteuer.

Wenn die Gruppe es nicht schafft, durch geschickten Einsatz von Magie oder Schurkenfertigkeiten die Explosion zu verhindern, werden Dutzende oder sogar Hunderte von Bergleuten, Technikern und anderen Umstehenden sterben, und die Brücke wird monatelang nicht zu verwenden sein, was jedem, der sich durch Zobeck bewegen muss, große Probleme machen wird. Der Ruf der Stadt ist für viele Jahre befleckt, und ebenso der der Charaktere.

Anmerkung des Designers: Convention-Szenarios

Ich habe *„Der Wahnsinnige an der Brücke"* schon viele Male bei Conventions geleitet, und es war jedes Mal unterhaltsam. Mein liebster Moment ist immer, wenn ich die Spieler frage, welchen Charakter sie gerne spielen würden: Barbar? Schurkischer Uhrwerker? Kampfkleriker? Oder vielleicht den aristokratischen Zauberer? Ich warte und lasse alle entscheiden, und dann gebe ich ihnen vorgefertigte Charaktere, die genau das sind, was ich beschrieben habe – nur eben Kobolde.

Ihr müsst wissen, dass *Der Wahnsinnige an der Brücke* für Spielercharaktere ausgelegt ist, die Kobolde sind. Diesen Teil liebe ich daran, das Abenteuer auf Conventions zu leiten, und die Spieler scheinen es auch toll zu finden. So oder so löst das viele Kobold-Stimmen und Rollenspiel und eine entspannte Stimmung von „Nun, wir sind ein Haufen Kobolde, die versuchen, lebendig durch dieses Helden-Ding zu kommen" aus.

Das Abenteuer kann mit vielen verschiedenen Charakteren gespielt werden, doch die Kobolde machen es zu etwas Besonderem. Wenn du dieses Szenario als einmaliges Abenteuer leitest, solltest du darauf bestehen, dass alle Kobolde spielen – oder erschaffe alle Charaktere selbst und überrasche deine Spieler.

Örtlichkeiten

Diese Örtlichkeiten spielen eine wichtige Rolle im Abenteuer. Alle sind auf der Karte verzeichnet.

Haus der Verschwörer

Die Verschwörer haben ein Hauptquartier in einem Haus an der südlichen Seite der Straße bezogen, weniger als 30 m von der Brücke entfernt. Die Tür zum Haus ist wie in Szene 2 beschrieben verschlossen. Die Innenräume sind spartanisch und sauber. Im Erdgeschoss hängt ein gewaltiger Wandteppich und steht ein Tisch. Alle Fenster im Erdgeschoss sind verriegelt, und die Fensterläden sind von innen verschlossen und mit Holz verstärkt. Von außen sehen sie wie normale, geschlossene Fenster aus, doch sind die Läden im Erdgeschoss so robust wie die Wände und können im begrenzten Zeitraum eines Kampfes nicht geöffnet werden. Die Zeichnungen auf dem Tisch sind in Szene 2 beschrieben. Holzstufen führen zu einem Obergeschoss mit verriegelten Fenstern (normale Fensterläden), einem großen Kleiderschrank, einem Bett und einer Truhe mit alchemistischen Vorräten.

Der Kahn

Dieser schwere Kahn hat in der Mitte des Flusses Argent geankert, und seine Balliste ist auf die Straße gerichtet. Die Oger an Bord des Kahns haben Angst vor Wasser (sie können nicht schwimmen), also lenken sie sich ab, indem aufmerksame Wache halten. Es ist möglich, ein Loch in den Rumpf des Kahns zu schlagen, um ihn zu versenken; wie genau das vonstattengehen soll, liegt bei dir. Die einfachste Methode, nicht von den Ogern mit der Balliste erschossen zu werden, ist, sich schnell durch die Tür zu bewegen; sobald die Charaktere im Untergeschoss des Maschinenhauses sind, sind sie vom Kahn aus nicht mehr sichtbar.

Oberer Maschinenraum

In den Maschinenraum einzubrechen, gilt in Zobeck als Straftat; dies ist allen Charakteren mit Übung in Geschichte oder Nachforschungen bekannt, sowie allen, die länger als einige Monate in Zobeck leben. Dennoch könnten die Charaktere entscheiden, irgendwann ein- oder auszubrechen. Die eiserne Doppeltür dieses Steinhauses zwergischer Bauweise wird von einem der rasenden Uhrwerkwächter bewacht und sind mit zwei ineinander verschachtelten Zahnradschlössern verschlossen. Nicht ein, sondern zwei erfolgreiche Geschicklichkeitswürfe mit Diebeswerkzeug gegen SG 15 sind nötig, um die Tür zu öffnen. Die Eisentüren haben R20, 20 Trefferpunkte und sind immun gegen jeden Schaden außer Energie-, Säure- und Wuchtschaden. Sie anzugreifen, macht jede Menge Lärm und zieht die Aufmerksamkeit aller Feinde innerhalb von 200 m auf die Charaktere.

UNTERER MASCHINENRAUM

Zwei Treppen führen in diesen Raum mit hoher Decke hinab, eine vom oberen Maschinenraum und die andere von einer nicht gekennzeichneten Tür auf der anderen Straßenseite vom eindrucksvollen, zweitürigen Eingang zum Maschinenhaus. Die Fenster mit Blick auf den Fluss sind undurchsichtige Scheiben aus gehärtetem Glas, die nur wenig Licht durchlassen. Das Ecksims, auf dem sich der Gnom versteckt, ist nur 60 cm breit und befindet sich 4,50 m über dem Boden. Der ganze Raum ist flackernd vom Feuer erleuchtet, das den Kessel antreibt.

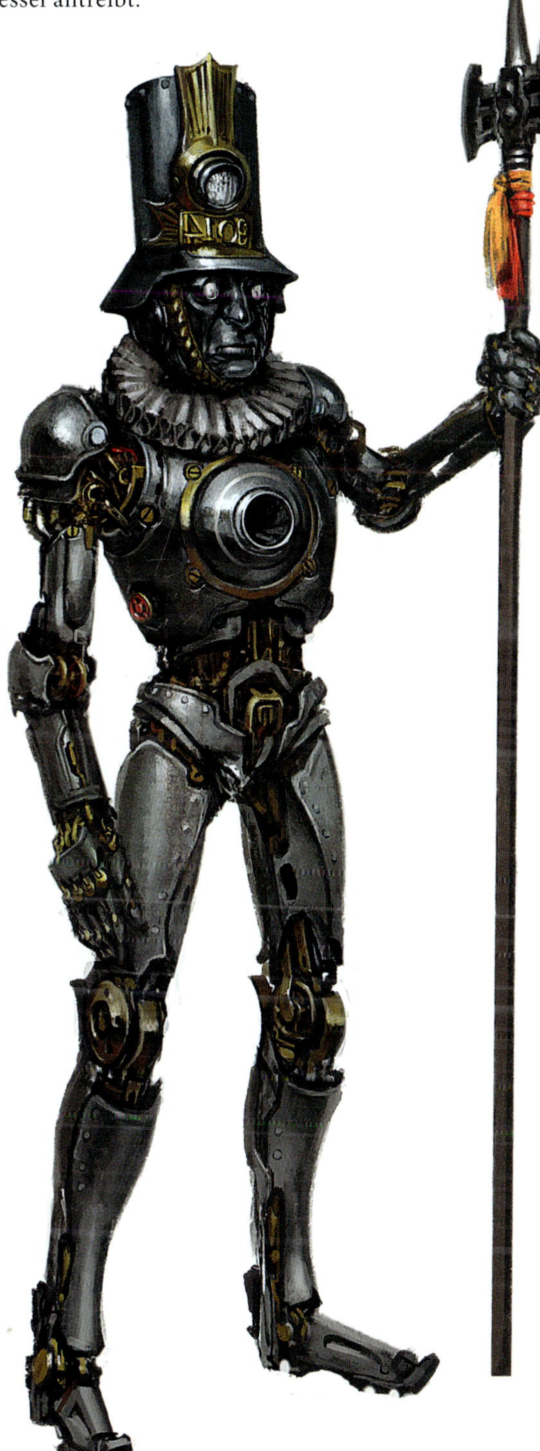

SZENE 1: HILFE, DIE WACHEN LAUFEN AMOK!

Zwei Uhrwerkwächter aus Messing, von denen einer eine Hellebarde, der andere einen *Schockstab* hält, halten nahe der Brücke Wache.

Wenn ein Charakter einen erfolgreichen Wurf auf Weisheit (Motiv erkennen oder Wahrnehmung) gegen SG 15 ablegt, während er die Situation von der Straße aus betrachtet, lies Folgendes vor:

Die Augen beider Wachen drehen sich wild im Kreis. Das ist überhaupt nicht normal!

Es gehen viele Geschichten über die Brücke um, doch die wahre Gefahr vor Ort ist viel größer. Die Stadt wurde durch üble Machenschaften unterwandert.

Die beiden **Uhrwerkwächter**, die das Maschinenhaus und das Haus der Verschwörer bewachen, greifen jeden an, der sich der Brücke auf 15 m annähert. Alle Charaktere, die den oben beschriebenen Weisheitswurf nicht geschafft haben und nicht von Gefährten gewarnt wurden, sind überrascht, wenn die Wachen angreifen, weil Uhrwerkwächter so etwas niemals tun.

Ein rasender Uhrwerkwächter kann wieder in ihren korrekten, ruhigen Zustand versetzt werden, wenn einem Charakter ein Geschicklichkeitswurf mit Diebeswerkzeug gegen SG 20 gelingt. Wenn ein Charakter eine Aktion aufwendet, um diesen Wurf abzulegen, provoziert das einen Gelegenheitsangriff durch den Uhrwerkwächter. Charaktere mit dem Hintergrund Tüftler erhalten +3 auf diesen Wurf. Sag den Spielern nicht einfach, dass das möglich ist; sie müssen die Idee haben und es selbst riskieren. Wenn ein Uhrwerkwächter wieder normal ist, kann sie überzeugt werden, der Gruppe zu helfen, wenn zwei Würfe auf Charisma (Überzeugen) gegen SG 20 oder ein Wurf auf Charisma (Täuschen) gegen SG 25 gelingt.

Sobald eins der Konstrukte ausgeschaltet, repariert oder anderweitig als Feind entfernt wird, fahre fort mit „Szene 2: Brandbomben!", während der Kampf noch im Gange ist.

ANMERKUNG DES DESIGNERS: RHYTHMUS

Dir fällt vielleicht auf, dass die erste Szene unmittelbar in die zweite Szene übergeht, die wiederum direkt in die Attacke vom Flusskahn aus führt und so weiter. Für das Convention Szenario war mein Ziel, die Sache ständig in Bewegung zu halten. Sobald sich die Gruppe den rasenden Uhrwerken nähert, sollten die Ereignisse sich überstürzen und sie immer aus dem Gleichgewicht bringen: verrückte Automaten, dann alchemistisches Feuer, Ballistengeschosse, koboldfressende Zombies ...

Lass es laufen. Gib ihnen keine Pause!

SZENE 2: BRANDBOMBEN!

Der Uhrwerkmann fällt auseinander. Aber dann explodiert eine Feuerball auf der Straße! Die Flammen brennen blau und weiß, und die Pflastersteine, die sie umgeben, zerbrechen und wölben sich.

Die Uhrwerkwächter in Szene 1 werden von **Haltopan Irregan**, einem Söldner und Gladiator aus Doresh, beherrscht und wurden so manipuliert, dass sie ihm dienen. Sobald eine der Uhrwerk-Wachen besiegt ist, schließt er sich dem Kampf an, indem er von seiner erhöhten Position im Obergeschoss seines Hauses alchemistisches Feuer auf die Straße wirft. Haltopan hat erstaunlich viel Freude an einer guten Brandbombe und wirft jede Runde zwei Stück, bis er keine mehr hat (nach vier Runden) oder bis ihn jemand stoppt. Er wird von einem **Uhrwerkhund** bewacht, der sich mit ihm im ersten Stock befindet.

Irregan verwendet die Spielwerte eines **Gladiators**, verfügt aber zusätzlich über den Fernkampf-Waffenangriff Brandbombe.

Brandbombe. *Fernkampf-Waffenangriff:* +5 zum Treffen, Reichweite 9/18 m, ein Ziel. *Treffer:* 3 (1W6) Feuerschaden, und das Ziel brennt. Solange das Ziel brennt, erleidet es 1W6 Feuerschaden zu Beginn eines jeden seiner Züge. Das Feuer wird gelöscht, wenn die Kreatur oder ein Verbündeter innerhalb von 1,50 m eine Aktion für einen erfolgreichen Geschicklichkeitswurf gegen SG 10 aufwendet.

Das Fenster befindet sich 6 m über der Straße und geschlossen, so dass es Haltopan Dreivierteldeckung bietet. Die Mauer unter dem Fenster kann mit einem erfolgreichen Wurf auf Stärke (Athletik) gegen SG 20 erklommen werden. Die Tür im Erdgeschoss ist verschlossen; sie kann mit Diebeswerkzeug und einem Geschicklichkeitswurf gegen SG 17 geknackt, mit einem erfolgreichen Stärkewurf gegen SG 20 aufgebrochen oder mit 16 Punkten Energie-, Hieb-, Säure- oder Wuchtschaden (RK 15) zerstört werden. (Die Tür ist mit Kupfer verkleidet und geerdet, was sie immun gegen Blitz- und Feuerschaden macht.)

Wenn das Haus während des Kampfes in Brand gerät, bilden die Nachbarn innerhalb von 10 Minuten einen Löschtrupp. Dies könnte eine Ablenkung beim Kampf im Maschinenhaus (siehe Szene 5) darstellen.

Wenn Haltopan gefangen wird, ist er trotzig und sagt sehr wenig, außer unter magischem Zwang oder extremer Einschüchterung (ein erfolgreicher Wurf auf Charisma [Einschüchterung] gegen SG 25 ist nötig, um ihn zum Reden zu bringen). Selbst dann weiß er nicht viel über die großen Zusammenhänge und beschuldigt einfach für alles „meinen Meister, den Zauberer aus dem dunkelsten Harkasa". Er scheint zu glauben, dass dieser Meister ein „riesiger, affengleicher Unhold ist, der sich von Dach zu Dach schwingt", ein Missverständnis, dass der Zauberer selbst mit einigen gut platzierten Illusionen gefördert hat.

Wenn die Gruppe sich der Tür zum Maschinenhaus nähert, fahre fort mit Szene 3: Der Kahn auf dem Fluss.

Schätze. Ein gewaltiger Wandteppich im Erdgeschoss ist 550 GM wert, wiegt aber 120 Pfund und ist selbst eingerollt 3 m lang. Eine verschlossene Truhe im Obergeschoss enthält die Blaupause für eine Dampfmaschine mit unlesbaren Notizen. Ein Charakter, der mehr als 10 Minuten damit verbringt, die Dokumente zu studieren und einen erfolgreichen Wurf auf Intelligenz (Nachforschungen) gegen SG 20 ablegt, oder einen erfolgreichen Geschicklichkeitswurf gegen SG 15, wenn er mit Uhrwerkwerkzeugen Messungen an den Blaupausen vornimmt, erkennt, dass die Kritzeleien am Rand auf ein starkes Interesse an Messinstrumenten, Kontrollmechanismen und Schwachpunkten des Mechanismus hinweisen.

Wenn jemand dies herausfindet und der Charakter noch immer die Blaupause bei sich hat, wenn er versucht, in Szene 5 den Kessel zu reparieren, erhält er einen Vorteil auf entsprechende Würfe. Die Truhe enthält außerdem drei weitere Gefäße mit alchemistischem Feuer.

SZENE 3: DER KAHN AUF DEM FLUSS

Wenn sich die Charaktere dem nördlichen (links neben der Brücke) oder südlichen (rechts von der Brücke) Eingang zum Maschinenhaus nähern, werden sie vom Kahn auf dem Fluss aus beschossen.

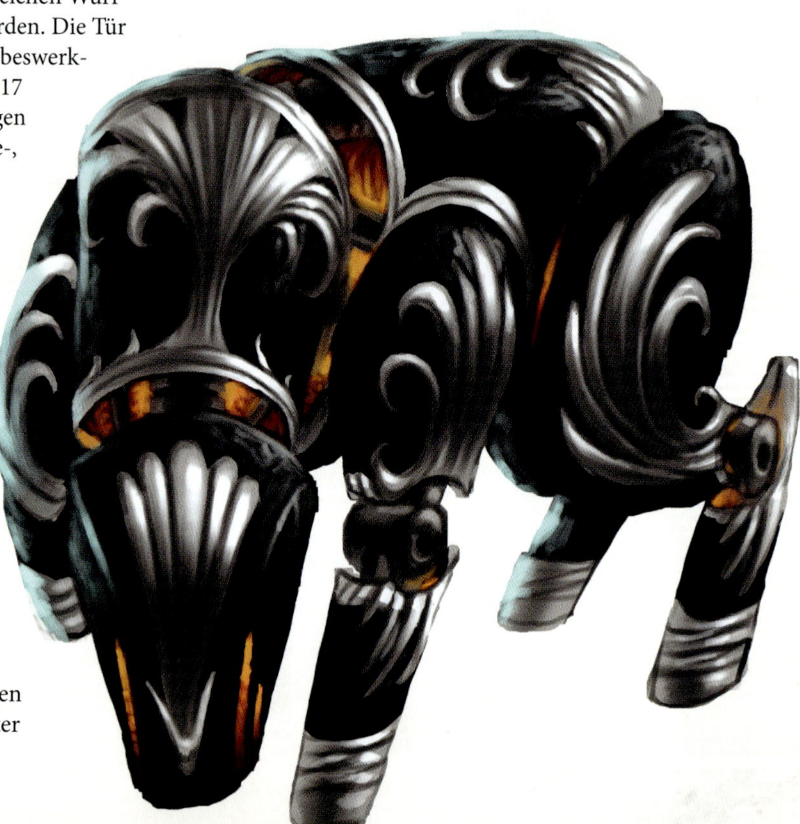

Das Maschinenhaus ist ein robustes zwergisches Bauwerk. Einer der rasenden Uhrwerkwächter bewachte den Eingang, wurde aber vermutlich beim Kampf gegen Haltopan zerstört. Die Eisentüren sind mit inenander verschränkten Zahnrädern doppelt verschlossen. Nicht ein, sondern zwei erfolgreiche Geschicklichkeitswürfe mit Diebeswerkzeug gegen SG 20 sind nötig, um die Tür zu öffnen. Die Eisentüren haben RK 20, 20 Trefferpunkte und sind immun gegen jeden Schaden außer Energie- und Säureschaden.

Der Eingang auf der Südseite der Straße ist viel einfacher zu betreten, doch nichts daran weist darauf hin, dass es sich zu einem Eingang ins Maschinenhaus handelt. Die Charaktere müssen das selbst herausfinden. Die nicht gekennzeichnete Tür kann mit Diebeswerkzeug und einem Geschicklichkeitswurf gegen SG 15 geknackt, mit einem erfolgreichen Stärkewurf gegen SG 20 aufgebrochen oder mit 16 Punkten Energie-, Hieb-, Säure- oder Wuchtschaden (RK 15) zerstört werden.

Der folgende Erzähltext geht davon aus, dass die Charaktere die Tür am Südeingang öffnen. Wenn es ihnen gelingt, den nördlichen Eingang zu öffnen, passe die Erzählung entsprechend an.

Treppen führen rechts und links hinab. Die Treppe links führt nach unten zum Hafen. Die Treppe rechts sieht aus, als würde sie in einen Raum unter der Brücke führen. Ehe ihr entscheiden könnt, welche ihr nehmen wollt, hört ihr ein lautes Schnalzen, wie von einer riesigen Bogensehne, aus Richtung Fluss. Ein eiserner Speer fliegt knapp an euch vorbei und schlägt direkt durch die Wand eines nahen Gebäudes!

Ein Kahn liegt im Fluss vor Anker und wird vom Morgennebel verborgen. Seine Mannschaft aus zwei **Ogern** hat perfektes Schussfeld auf beide Eingänge zum Maschinenhaus. (Passe die Position des Kahns auf dem Fluss entsprechend an.) Jeder, der versucht, durch eine der Türen in den Kontrollraum zu kommen, wird mit der Balliste beschossen. Die Oger können die Balliste jede Runde abfeuern, und wenn sie nicht in unmittelbarer Gefahr sind, halten sie sich stets bereit, auf die erste Person zu feuern, die sich der Tür auf 1,50 m nähert.

Schwimmende Balliste. *Fernkampf-Waffenangriff:* +10 zum Treffen, Reichweite 36/144 m, ein Ziel. *Treffer:* 10 (3W6) Stichschaden, und eine getroffene Kreatur muss einen Geschicklichkeitsrettungswurf gegen SG 13 schaffen, um nicht an einer Wand festgenagelt zu werden, wenn sie sich innerhalb von 4,50 m von einer Wand befindet. Ein festgenagelter Charakter gilt als gepackt (SG zum Entkommen 13). Wenn sich keine Wand innerhalb von 4,50 m befindet, erleidet die Kreatur den Zustand Liegend, anstatt festgenagelt zu werden. Wenn die Kreatur schwimmt, wird sie nicht festgenagelt oder zu Boden geworfen, sondern 4,50 m unter Wasser gedrückt und muss einen Stärkerettungswurf gegen eine SG = 5 + erlittener Schaden durch den Angriff ablegen. Wenn der Rettungswurf misslingt, beginnt die Kreatur zu ertrinken (ersticken).

Die Oger tragen schwere Umhänge. Beobachter können vom Ufer aus sehen, dass die Personen auf dem Kahn größer als Menschen sind, doch der Nebel und das Licht des frühen Morgens machen es schwer, weitere Details zu erkennen. Wenn sich Charaktere dem Kahn über das Wasser nähern, nutzen die Oger ihre Zweihandkeulen, um Möchtegern-Enterer zu zerschmettern.

Es ist möglich, im schnell fließenden Wasser des Argent zum Kahn zu schwimmen, doch ist es eine riskante Idee. Allein die Position im Verhältnis zum Ufer zu halten, erfordert einen erfolgreichen Wurf auf Stärke (Athletik) gegen SG 20, weil die Strömung so stark ist. Für je 5 angefangene Punkte weniger treibt ein Schwimmer 1,50 m flussabwärts.

Mehrere Seile liegen aufgerollt am Kai. Jemandem im Fluss ein Seil zuzuwerfen, erfordert einen erfolgreichen Geschicklichkeitswurf gegen SG 13, mit einem Abzug von –1 für je 3 m Entfernung.

Niemand verfolgt Charaktere die Treppen hinab, sobald sie eine Tür durchqueren. Haltopan, seine Uhrwerk-Lakaien und sogar die Oger auf dem Kahn wissen, dass der Kessel explodieren wird, und sie wollen nicht in der Nähe sein, wenn es passiert.

SZENE 4: ZOMBIE-MASCHINISTEN

Wenn die Charaktere das Maschinenhaus über die südliche Treppe betreten, lies folgenden Text vor. Wenn sie irgendwie durch den nördlichen Eingang eindringen, passe die Erzählung an.

Als sich die Eisentür knarzend ändert, gibt es Bewegung im Raum darunter. Ihr seht eine große, offene Plattform am Fuß der Treppe, und eine weitere kurze Treppe, die in eine Masse aus Maschinen hinabführt.

Ein **Zombie** und ein **Zombie-Oger** warten auf der Plattform, um jeden anzugreifen, der die Treppe herabkommt. Sie sind in den Schatten verborgen, wenn die ersten Charaktere eintreten, und können nur mit einem erfolgreichen Wurf auf Weisheit (Wahrnehmung) gegen SG 15 entdeckt werden, oder von Charakteren mit einer passiven Wahrnehmung von 18 oder mehr.

Sobald der Kampflärm verklingt, hört die Gruppe das unheilvolle Grollen von Kessel-Nieten, die tieferliegenden Raum abplatzen. Jeder Charakter, der einen erfolgreichen Intelligenzwurf gegen SG 13 ablegt, versteht, dass dies die Geräusche einer Maschine sind, die über ihre normalen Grenzen betrieben wurde und bald eine vollständige Fehlfunktion erleiden könnte – was im Fall eines Kessels unter Hochdruck eine katastrophale Explosion bedeutet, die das Gebäude zerstören und vielleicht den ganzen Stadtteil dem Erdboden gleichmachen wird.

Schätze. Ein offener Werkzeugkoffer steht an der Tür. Er enthält hochwertige Uhrwerkwerkzeuge im Wert von 50 GM (die in der nächsten Szene unbezahlbar sein werden). Diese Werkzeuge bieten einen Bonus von +2 auf Würfe, bei denen sie eingesetzt werden.

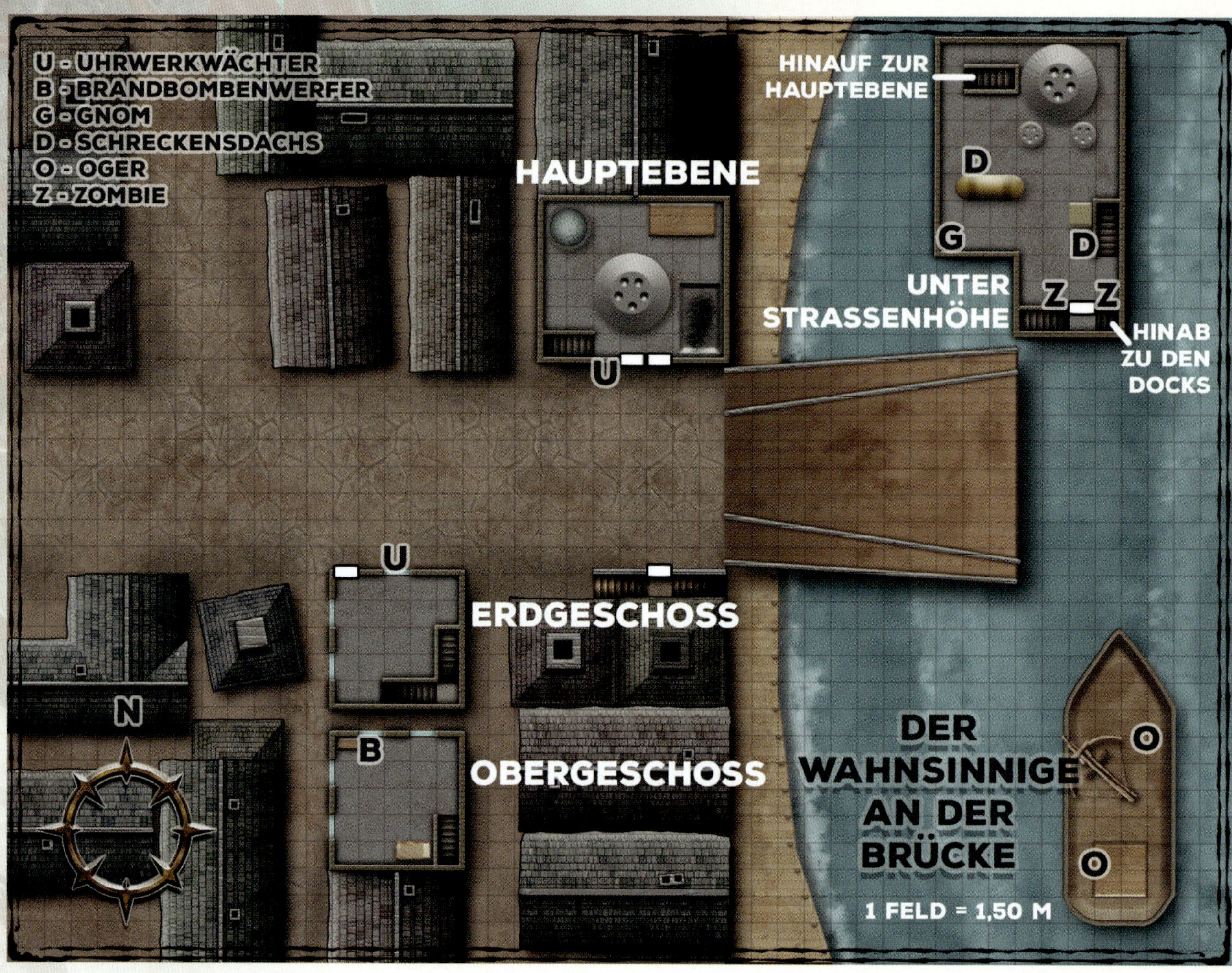

SZENE 5: DER KESSEL PFEIFT UND NIETEN PLATZEN AB

Hinter den Eingangstreppen und der Plattform ist die Luft von Dampf erfüllt. Der Dampf wirbelt durch ein Labyrinth von Kesseln, Zahnrädern und Maschinen, das summt, mahlt und mit jedem Augenblick lauter wird.

In diesem Raum wird alles in die Luft fliegen, wenn die Gruppe trödelt und auf Nummer sicher geht. Siehe den Kasten „Runde um Runde zur ZERSTÖRUNG" für eine detaillierte Beschreibung, wie hier alles auseinanderfällt.

Andere Gefahren im Raum sind eine Falle, zwei **Schreckensdachse** (Todeshunde), und ein unsichtbarer gnomischer Magus namens **Mandebbok Urgenef**. Die Schreckensdachse sind die unmittelbarste Bedrohung, doch langfristig gesehen ist der Kessel gefährlicher für die Gruppe und die ganze Stadt.

Mandebbok trägt eine Robe mit Kapuze, die viel zu groß für seinen Körper ist. Die halb leeren Ärmel hängen bis zum Boden, die Kapuze erlaubt keinen Blick auf sein Gesicht, auch wenn sie zum Teil zurückgeschlagen ist, und der Saum hängt in Fetzen, weil er über Pflastersteine gezogen wird und der Träger ständig darauf tritt.

Mandebbok ist mit Gnomen verbündet, die in der Stadt Zobeck für Chaos sorgen wollen. Er wurde ausgewählt, um die Keucherbrücke zu sabotieren, weil er zaubern kann und etwas von Dampfmaschinen versteht. Niemand hat seine gleichermaßen ausgeprägte Feigheit einkalkuliert.

Mandebbok verwendet die Spielwerte des **Magus,** aber mit einer anderen Auswahl von Zaubern, wie unten gezeigt (Zauber, die mit einem Sternchen markiert sind, wirken aktuell, wenn die Charaktere eintreffen):

Zaubertricks (beliebig oft): *Feuerpfeil, Licht, Magierhand, Taschenspielerei*

1. Grad (4 Zauberplätze): *Magierrüstung*, Magisches Geschoss, Schild, Sprühende Farben*
2. Grad (3 Zauberplätze): *Krone des Wahnsinns, Unsichtbarkeit**
3. Grad (3 Zauberplätze): *Gegenzauber, Schutz vor Energie, Tiere beschwören*
4. Grad (3 Zauberplätze): *Arkanes Auge*, Verwirrung*
5. Grad (1 Zauberplatz): *Teleportieren*

Die Schreckensdachse sind eine seltene zweiköpfige Variante, die die Spielwerte des **Todeshundes** verwendet. Ihre Aufgabe ist es, die Gruppe zu beschäftigen, während der Gnom-

Magus die Charaktere mit Zaubern beharkt. Der Gnom ist Mandebbok Urgenef, ein Kerl mit fallenden Schultern, der eine übergroße Robe mit Kapuze trägt, die groß genug für einen Menschen ist.

Urgenef ist durch und durch ein Feigling; er meidet das Gefecht um jeden Preis und lässt sich leicht einschüchtern. Zu Beginn des Kampfes ist er unsichtbar und kauert auf der Plattform 4,50 m über dem Boden in der südwestlichen Ecke des Raumes. Er hat die Schreckensdachse beschworen, während die Gruppe die Zombies bekämpfte; dann wirkte er vorsichtshalber *Magierrüstung* und *Unsichtbarkeit*.

Siehe die Karte zum Brücken-Maschinenhaus, um die Positionen der Kreaturen zu sehen, und konsultiere den Kasten „Runde um Runde zur ZERSTÖRUNG), um den Fortschritt der Ereignisse nachzuvollziehen, sobald die Charaktere den Kesselraum betreten.

Die Maschinen im Raum sind komplex, und viele davon sind dafür da, die Rotation der Dampfturbine in eine lineare Bewegung oder hydraulischen Druck umzusetzen, um die Keucherbrücke anzuheben. Urgenef hat den Schaden, den er verursachen wollte, sehr genau geplant, damit nicht jeder ihn reparieren kann. Um den Kessel am Explodieren zu hindern, müssen verschiedene Ventile geöffnet und geschlossen werden, und überbrücke Kontrollhebel müssen in ihre normale Einstellung gebracht werden.

- Die ideale Methode ist, das Problem mit einem erfolgreichen Intelligenzwurf gegen SG 17 richtig zu diagnostizieren, gefolgt von einem Wurf auf Geschicklichkeit (Fingerfertigkeit) gegen SG 17, um die notwendigen Korrekturen vorzunehmen. Der Geschicklichkeitswurf kann nur von jemandem durchgeführt werden, der Uhrwerkwerkzeuge oder Juwelierswerkzeug verwendet (und mit ihnen geübt ist). Jeder Wurf erfordert eine Aktion, doch müssen sie nicht vom gleichen Charakter abgelegt werden, und es ist egal, wie viele Würfe zwischen den Erfolgen scheitern (bis die Zeit ausgeht).
- Die Uhrwerkwerkzeuge aus Szene 4 bieten ihren Bonus von +2 auf diesen Geschicklichkeitswurf. Ein Charakter, der mit Juwelierswerkzeugen oder Diebeswerkzeugen geübt ist, kann die Uhrwerkwerkzeuge ebenfalls mit Übung

Runde um Runde zur ZERSTÖRUNG!

Wenn es nicht anders angegeben ist, treten die genannten Effekte zum Beginn der Runde ein.

Runde 1. Schreckensdachse greifen an. Der Kessel pfeift und das Feuer knistert, als würde den Flammen mehr Luft und Phlogiston zugeführt werden, oder als würden sie von einem Salamander oder Elementar angetrieben. Mandebbok spart seine Aktion auf, um in den folgenden Runden bei Initiative 20 an der Reihe zu sein.

Runde 2. Mandebbok wirkt *Sprühende Farben*, wenn er ein gutes Ziel hat; andernfalls beschwört er einen Höhlenbären. Der Kessel kreischt und Zahnräder rasen und knirschen, bis eines von ihnen versagt, aus der Maschine schießt und einen Charakter trifft. Lasse jeden Charakter einen Geschicklichkeitswurf ablegen; wer das niedrigste Ergebnis erzielt, wird vom Zahnrad getroffen und erleidet 5 (2W4) Wuchtschaden. Im Fall eines Gleichstands erleiden alle Charaktere Schaden durch dasselbe Zahnrad.

Runde 3. Dutzende von Nieten platzen vom Kessel ab, und Wolken aus Wasserdampf füllen den Raum. Alles auf der unteren Ebene des Maschinenhauses ist stark verschleiert. Der Nebel klärt sich am Ende der Runde.

Runde 4. Der Kessel wölbt sich weiter und sprengt Nieten ab, der Feuerkasten wird rotglühend heiß. Irgendwo gurgelt ein Rohr, als würde das Wasser sogar in den Zufluss- und Abflussleitungen kochen. Wer daran arbeitet, den Schaden zu verstehen oder zu reparieren (mit Attributswürfen wie in Szene 5 beschrieben), erkennt, dass die vorherige Entladung von Dampf genug Druck abgelassen hat, dass die Zuflussrohre mehr Wasser ins System lassen können. Wenn das Wasser in den überhitzten Kessel fließt, wird es explosionsartig verdampfen.

Runde 5. Wasser strömt in den überhitzen Kessel und explodiert zu Gas. Der Kessel bläht sich auf und brüllt, wobei er dutzende Strahlen unter Druck stehenden Dampfes abgibt. Alle Kreaturen innerhalb von 1,50 m um den Kessel (die ovale Form an der Westwand) erleiden 14 (4W6) Feuerschaden, oder halb so viel Schaden nach einem erfolgreichen Geschicklichkeitsrettungswurf gegen SG 18. Der Kessel geht sichtbar aus den Fugen, und der kreischende Lärm von Metall an Metall ist so laut, dass keine verbale Kommunikation möglich ist. Einen Zauber mit verbaler Komponente zu wirken, erfordert einen Konstitutionswurf gegen SG 10; wenn der Wurf misslingt, ist die Aktion verbraucht, aber der Zauber wird nicht gewirkt und der Zauberplatz nicht verloren.

Runde 6. EXPLOSION! Der Kessel versagt bei Initiative 10. Alle Kreaturen im unteren Stockwerk des Maschinenhauses erleiden 14 (4W6) Feuerschaden und 7 (2W6) Stichschaden, oder halb so viel Schaden nach einem erfolgreichen Geschicklichkeitsrettungswurf gegen SG 18. Kreaturen, die sich so positioniert haben, dass sich etwas Massives zwischen ihnen und dem Kessel befindet, erleiden automatisch nur halben Schaden, und keinen Schaden bei einem erfolgreichen Rettungswurf. Wenn Mandebbok zu diesem Zeitpunkt noch lebt, teleportiert er sich im letzten Moment vor der Explosion in Sicherheit. Nur Charaktere mit einer passiven Wahrnehmung von 16 oder höher bemerken dies, auch wenn sie sich direkt neben dem Gnom befinden, wenn er sich teleportiert. Sie müssen ihre eigenen Schlussfolgerungen ziehen, wenn keine erkennbare Leiche in den Trümmern gefunden wird.

verwenden. Wenn niemand in der Gruppe eine solche Übung besitzt und du großzügig sein möchtest, kannst du trotzdem erlauben, dass die Uhrwerkwerkzeuge verwendet werden.

- Im Notfall kann anstelle des Geschicklichkeitswurfs ein Stärkewurf gegen SG 22 ausgeführt werden, doch das verursacht beträchtliche Schäden an der Maschine. Die Katastrophe wird verhindert, doch die Brücke ist weiterhin außer Betrieb.
- Während der ersten drei Runden des Kampfes gegen Urgenef und die Schreckensdachse kann der Kessel deaktiviert werden, indem man *Klopfen* (um die verklemmte Tür des Feuerkatens zu öffnen) und dann *Nahrung und Wasser erschaffen* oder zweimal *Wasser erschaffen oder zerstören* wirkt, um das Feuer zu löschen. Andere Zauber können einen ähnlichen Effekt haben, wenn sie kreativ verwendet werden, doch das Feuer zu löschen erfordert viel mehr Wasser, als die Charaktere in ihren Flaschen und Wasserschläuchen haben. Wenn das Feuer irgendwie innerhalb der ersten drei Runden gelöscht wird, normalisiert sich der Druck im Kessel innerhalb von 10 Minuten. Nach der dritten Runde ist der Druck zu hoch, als dass dieser Ansatz die Explosion verhindern könnte.

Schätze. Der Gnom hat einen Sack Geld als Bestechung und Bezahlung für seinen Söldner Haltopan und die Oger bei sich. Er enthält 249 GM und drei Granate, die jeweils 100 GM wert sind.

Abschluss: Den Plan des Gnoms vereiteln

Sobald die wirkliche Gefahr vorbei ist, fällt ein Kontingent von Uhrwerk- und Menschenwachen über die Brücke und as Maschinenhaus her, um „das Gebiet zu sichern" (das bedeutet vor allem, jeden, einschließlich der Spielercharaktere, daran zu hindern, wertvolle Ausrüstung aus dem Maschinenhaus zu stehlen).

Wenn die Gruppe die Explosion des Kessels verhindert und die Bedienmechanismen nicht mit einem Stärkewurf per Gewalt bedient hat, kann die Brücke repariert und schnell wieder einsatzbereit gemacht werden. Wenn die Charaktere Stärkewürfe machen mussten, um die Bedienmechanismen auf- oder zuzuzwingen, dauert es Wochen, die Schäden zu reparieren, bis die Brücke wieder genutzt werden kann. Das ist besser als eine Explosion, doch bringen die Obrigkeiten ihr Missfallen zum Ausdruck. Wenn der Kessel explodiert, ist es wahrscheinlich, dass die Charaktere dringlichere Sorgen haben, als wie lange es dauern wird, bis die Kaufleute die Brücke wieder verwenden können – beispielsweise, ihre Körperteile beisammenzuhalten.

Wenn der Kessel intakt ist, machen sich die Uhrwerker-Kobolde sofort an die Arbeit, räumen Leichen weg und reparieren die Schäden, die Urgenef verursacht hat: sie stellen Ventile neu ein, bringen Nieten wieder an und erneuern Schweißnähte, stellen den Antriebsstrang neu auf die Brücke ein und reparieren ganz allgemein alles, was verbogen, verbrannt oder kaputt ist. Am späten Nachmittag senkt sich die Brücke auf ihre übliche Position, und der Wagen- und Personenverkehr geht mit der gleichen Hektik weiter wie sonst, als sei nichts passiert.

Die Stadt ist natürlich daran interessiert, die ganze unglückselige Angelegenheit verschwiegen zu behandeln. Ein geringerer Konsul der Stadt (vielleicht der Gildenmeister der Zahnradschleifer-Gewerkschaft) bietet den Charakteren jeweils 500 GM als Belohnung für ihre gute Arbeit an. Wichtiger ist, dass die Stadtkonsuln beginnen, Warnungen über gnomische Intrigen ernst zu nehmen, und das Arkane Kollegium legt mächtige Schutzzauber auf das Maschinenhaus und die Maschinen hinter der so wichtigen Keucherbrücke. Es wird sogar davon gesprochen, eine zweite Brücke zu bauen, doch aufgrund der extrem hohen Kosten bleibt es bei Gerede.

Wenn die Gruppe Urgenef Mandebbok lebendig gefasst hat, wird ihr zusätzlich ein Kopfgeld von 200 GM ausgezahlt. Der Gnom wird in die Zitadelle gebracht, wo er strengstens verhört wird. Wenn er die Namen seiner Meister und derjenigen verrät, die seinen wahnsinnigen Plan finanziert haben, könnte die Gruppe ein neues Ziel erhalten, einen Feind irgendwo außerhalb der Stadt. Oder schlimmer, einen Feind im Inneren!

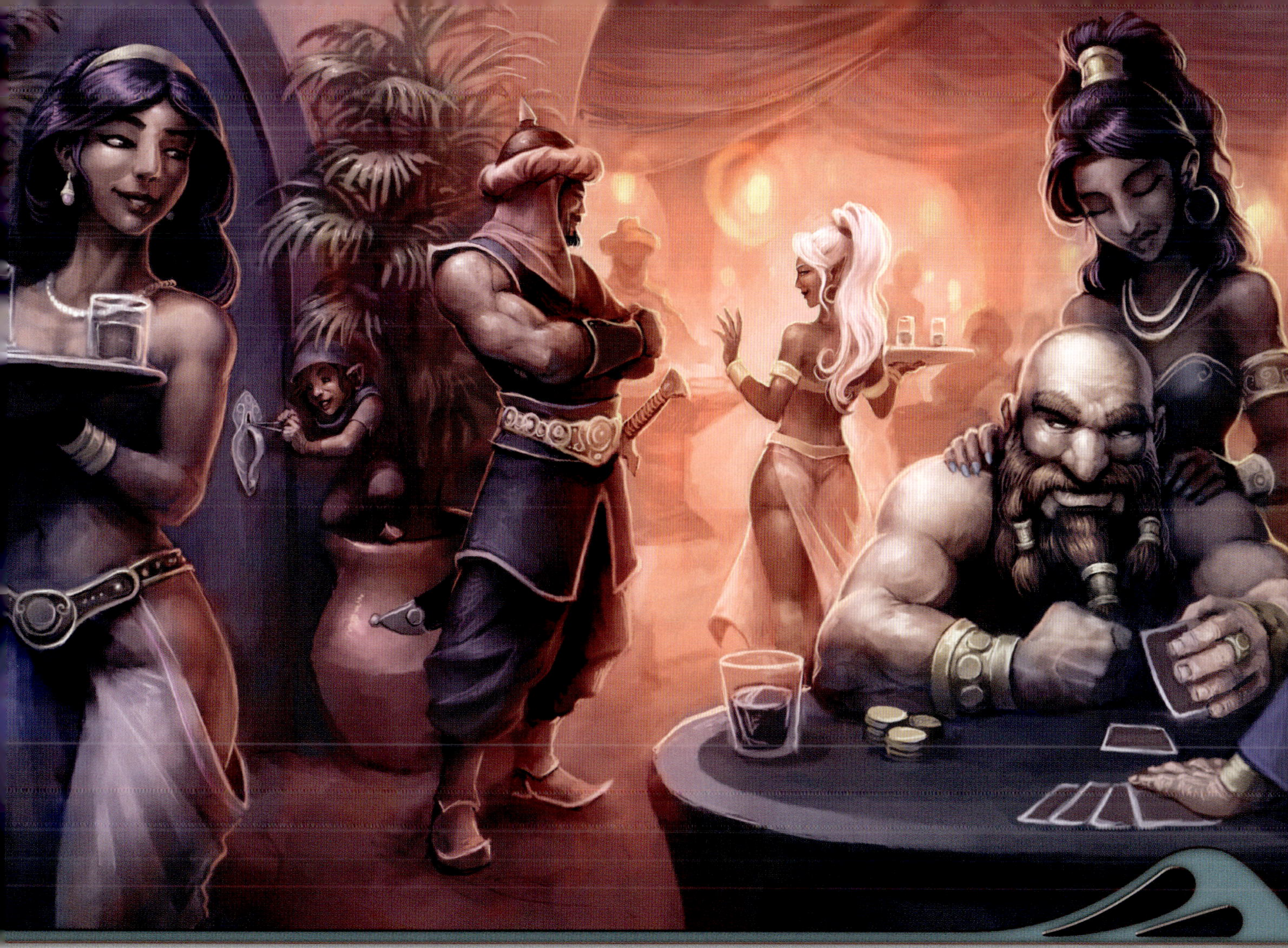

DER MHALMET-COUP

Ein Abenteuer für die 5. Edition für Charaktere der 5. Stufe

Von Greg Marks

Wazen Al-Shamuri hatte genug davon, dass die Konkurrenz seinem Geschäft schadet. Nun hat er die Schurken des Goldenen Liedes beauftragt, seinen Feind zu vernichten. Ihr Ziel: die berühmte Lounge des Tausendfachen Flüsterns, ein Spielhaus für die Reichen und Mächtigen. Ihre Belohnung: alles, was sie wegtragen können, ehe die Klinge des Henkers sie findet!

Dieses Abenteuer erschien erstmals 2017 als Convention Abenteuer auf der Gencon 50.

ZUSAMMENFASSUNG

Wazen Al-Shamuri leitet ein Etablissement in der Stadt Mhalmet, das als Salon der Geheimnisse bekannt ist. In diesem Club können sich die Reichen jeder Freude hingeben: Festmähler, fleischliche Genüsse, Rauschmittel, Glücksspiel und mehr. Unglücklicherweise hat sein wichtigster Rivale, Nadi Ud'aah von der Lounge des Tausendfachen Flüsterns, begonnen, dreckig zu spielen: Er besticht Bürokraten, die Wazens Türen ohne Vorwarnung schließen, wirbt Schläger an, die die Kunden des Salons belästigen, und verdirbt Lebensmittellieferungen und andere Vorräte, um dem Ruf des Clubs zu schaden. Wazen will seinen Rivalen Nadi ruinieren, ehe der Salon der Geheimnisse ruiniert ist – und er hat genau den richtigen Plan.

Wazen Al-Shamuri wendet sich an das Goldene Lied (eine Organisation erstklassiger Diebe, die bei ihren Verbrechen Finesse und Stil zeigen) und bittet um ein Treffen im Sandelholzhaus. Beim Treffen bittet Wazen die Charaktere vor, die Lounge des Tausendfachen Flüsterns auszurauben, an dem Abend, bevor Nadi Ud'aah seine Bestechung an den Schwarzen Tisch zahlen wird, um weiter den Segen und Schutz der Herrscher der Stadt zu empfangen. Wazen Al-Shamuri will, dass die Schatzkammer der Lounge ausgeleert wird, um Nadi zu ruinieren und den Zorn des Schwarzen Tisches auf seinen Rivalen zu lenken. Er wird geheime Informationen liefern, die den Diebstahl ermöglichen werden, und die Mitglieder des Goldenen Lieds können behalten, was sie stehlen. Wazen will nichts außer den Ruin seines Rivalen.

Von diesem Punkt an ist das Abenteuer frei gestaltet. Charaktere werden Zeit damit verbringen, Pläne zu machen, die Lounge auszukundschaften, Beinarbeit zu erledigen, Angestellte zu bestechen und andere Vorbereitungen zu treffen – einige notwendig, andere nicht. Sie haben nur vier Tage, um Vorräte und Informationen zu sammeln, und sie müssen es tun, während sie die Aufmerksamkeit von Nadi Ud'aahs Sicherheitstruppe vermeiden. Wenn die Charaktere bemerkt werden, macht es den Raubzug schwieriger.

In der vierten Nacht veranstaltet die Lounge eine große Vipernnest-Glücksspielveranstaltung, in dem reiche Prominente, Abenteurer und Schwindler über das Casino herfallen und die Schatzkammer bis Mitternacht anschwellen lassen werden. Danach wird das Geld von den Agenten des Schwarzen Tisches abgeholt. Ist die Schatzkammer bis dahin leer, oder werden die Charaktere versagen?

Das Abenteuer verlegen

Der Mhalmet-Coup spielt in der Stadt Mhalmet in den Südlanden, und erwähnt oft das Goldene Lied, eine Verbrecherorganisation, die ihr Hauptquartier in der Stadt hat. Wenn du dieses Abenteuer als Teil einer diebesfokussierten Kampagne an einem anderen Ort stattfinden lassen willst, sollte es leicht sein, die Stadt und die Erwähnungen der Gruppe in etwas umzubenennen, das deinen Spielern bekannt ist. Egal, welcher andere organisierten Verbrecherring, welche Diebesgilde oder sonstige Kabale, der die Spielercharaktere angehören, sie kann von Wazen kontaktiert werden. Wenn die Spielercharaktere unabhängig sind, dann weiß Wazen vom „Freund eines Freundes eines gemeinsamen Freundes", der sie als die perfekte Truppe für die Aufgabe beschrieben hat, wie er Kontakt aufnehmen kann.

Das Abenteuer geht allerdings davon aus, dass die Charaktere Agenten des Goldenen Liedes oder einer ähnlichen Organisation sind. Die Charaktere müssen nicht allesamt Schurken sein – jeder, der seinen Lebensunterhalt in der Kriminalität verdient, kann sich einer Diebesgilde anschließen –, doch nicht mehr als einer oder zwei sollten kampfbetonte „Muskelprotze" sein. Dieses Abenteuer verlangt Verschlagenheit und eine subtile Herangehensweise von den Charakteren. So könnten auch Paladine und Kleriker Probleme haben, ihre Anwesenheit zu erklären.

Örtlichkeiten

Das Abenteuer konzentriert sich auf diese vier Örtlichkeiten. Dies sind allerdings nicht die einzigen Orte, die die Charaktere vielleicht aufsuchen werden. Sei darauf vorbereitet, die SC dort hingehen zu lassen, wohin ihre Instinkte und Pläne sie führen.

Sandelholzhaus

Das berühmte, vielmehr berüchtigte Sandelholzhaus ist zum Teil Sozialclub, zum Teil Abenteurergilde. Seine Mitglieder finanzieren Expeditionen tief in die Südlande, um Großwild zu jagen, unbekannte Monster zu verfolgen und verlorene Schätze zu suchen. Es ist auch ein Ort, an dem das Goldene Lied potenzielle Kunden empfängt, und dient als neutraler Boden, auf dem sich die Charaktere mit Wazen Al-Shamuri treffen.

Der Salon der Geheimnisse

Der Salon der Geheimnisse ist Wazen Al-Shamuris Club, in dem die Reichen und Dekadenten Schätze gegen alle Arten von Freuden eintauschen. Der Club war lange ein Favorit der Reichen von Mhalmet; er ist extravagant, bewahrt sich aber auch eine Aura der Eleganz. Wazen bietet den Charakteren eine Suite im obersten Stockwerk an, von wo aus sie ihren Coup in relativer Sicherheit und Gemütlichkeit planen können. Der Salon ist zu Fuß über geschäftige Straßen zehn Minuten von der Lounge entfernt, ein bisschen länger durch Nebenstraßen.

Die Lounge des Tausendfachen Flüsterns

Die Lounge ist Nadi Ud'aahs Etablissement. In vielerlei Hinsicht ist sie eine neuere, größere, übertriebenere Version des Salons. Hier kann man für den richtigen Preis alles erhalten, egal wie verkommen oder exzessiv es ist. Die Lounge schließt nie ihre Türen, sondern lässt ihre bunte Beleuchtung vom Morgen bis zum Abend brennen.

Die Dame des Glücks

Diese kleine, schmierige Spielhölle liegt auf der anderen Straßenseite gegenüber der Lounge des Tausendfachen Flüsterns. Sie gehört Uzon Mashaeri, der Wazen und Nadi gleichermaßen nicht leiden kann.

Szene 1: Die Anwerbung

Zu Beginn des Abenteuers wurden die Charaktere zu einem Treffen mit Wazen Al-Shamuri in einem Privatzimmer des Sandelholzhauses eingeladen. Er will sie überzeugen, für ihn Rache an seinem Rivalen zu üben und sich dabei selbst zu bereichern.

Der dickliche Tethyaner blickt sich nervös im Raum um. Schweiß funkelt auf seinem kahlen Kopf und läuft in seinen vollen, dunklen Bart. Er leckt sich die Lippen und durchbricht die Stille.

„Seid hundertfach gesegnet, meine Freunde. Ich bin dankbar, dass ihr bereit seid, mit einem so bescheidenen Mann zu sprechen, und ich hoffe, dass ihr das, was ich zu sagen habe, für lohnenswert genug erachtet, dass es unserer weiteren Freundschaft würdig ist.“

Wazen zeigt sich den Charakteren gegenüber als extrem unterwürfig, zum einen, weil er einen guten Eindruck hinterlassen will, zum anderen, weil er nicht wenig Angst vor ihnen hat – er ist schließlich ein ehrlicher Geschäftsmann, der sich mit Dieben trifft. Er will auch, dass sie den Eindruck bekommen, dass sein Vorschlag für sie mehr als profitabel sein wird, was er aus ganzem Herzen glaubt. Arbeite im Lauf des Gesprächs die folgenden Details ein:

- Wazen besitzt und betreibt den Salon der Geheimnisse, einen Club, der hochklassige Glücksspiele, elegante Gesellschaft und feine Speisen anbietet. Sein Rivale Nadi Ud'aah hat ein obszönes Spiegelbild von Wazens Etablissement erschaffen, das Ud'aah die Lounge des Tausendfachen Flüsterns nennt. Die Lounge hat viele Kunden, von denen sie viele mit Gerüchten und Andeutungen, die ehrenwerten Personen nicht würdig sind, vom Salon der Geheimnisse weggelockt hat.
- Nadi Ud'aah ist nicht zufrieden damit, nur das zweitbeste Lusthaus zu besitzen, was die Lounge des Tausendfachen Flüsterns fraglos ist. Er besticht Bürokraten, damit sie Wazens Türen wegen fiktiver Verstöße schließen, wirbt Schläger an, die Wazens Kunden belästigen, und verdirbt oder stiehlt Lieferungen von Lebensmitteln und anderen Vorräten für den Salon. Das Problem ist so extrem geworden, dass Wazen fürchtet, sein Geschäft ist dem Untergang geweiht ist und er wird zum Bettler werden, der seine Gläubiger nicht bezahlen kann. In Mhalmet könnten für einen Mann wie Wazen wenige Bezeichnungen schlimmer sein als „Schuldner“. Dies könnte ihn sogar sein Leben kosten.
- Wazen hat einen Plan. Nadi muss eine beträchtliche Bestechungssumme an den Schwarzen Tisch zahlen, um weiter dessen Schutz und Segen zu empfangen. In vier Tagen wird die Lounge ein Turnier im Glücksspiel „Vipernnest“ veranstalten. Ein solches Ereignis wird die Schatzkammer des Tausendfachen Flüsterns gewiss mit Münzen füllen. Nadi braucht das Geld, um seine zunehmenden „Gebühren“ zu begleichen, die um Mitternacht in der Nacht des Turniers fällig sind. Agenten des Schwarzen Tisches kommen, um die Bezahlung von 100.000 GM abzuholen. Wazen erwartet, dass die Schatzkammer durch die Einnahmen des Turniers bis zu fünfmal so viel Gold wie sonst enthalten wird. Wenn Nadis Schatzkammer stattdessen leer ist, wenn die Agenten des Schwarzen Tisches eintreffen, wird Nadi vor seinen Gästen erniedrigt, schwer vom Schwarzen Tisch bestraft werden und vermutlich die Unterstützung und den Schutz der Beamten der Stadt verlieren, die er nicht bezahlen kann. Mit einem Schlag wird die Bedrohung für Wazens geschmackvolleres Etablissement Vergangenheit sein.
- Vipernnest ist ein beliebtes Würfelspiel mit kompliziertem Punktesystem. Einige der Würfel der Spieler werden offen geworfen und sind für alle Spieler sichtbar, einige werden unter einem Becher geworfen und sind nur für den Spieler sichtbar. Vordergründig wetten die Spieler (und Zuschauer)

Einen Raubzug leiten

Ein Raubzug-Abenteuer ist anders als andere Arten von Abenteuer, und es erfordert andere Denkweisen und Problemlösungen auf beiden Seiten des Spielleiterschirms. Die üblichen Tricks der Erkundung und Gewölbeerforschung werden nicht funktionieren. Alle werden wahrscheinlich mehr improvisieren müssen, als sie es gewohnt sind. Ein Raubzug-Abenteuer konzentriert sich nicht auf die Erkundung einer Karte Raum für Raum, auf Zufallsbegegnungen während einer Reise über Land oder eine Sequenz geplanter Ereignisse. Stattdessen präsentiert es den Rahmen einer Situation, beschreibt die wichtigsten Charaktere, Örtlichkeiten und potenziellen Gefahren der Mission, und überlässt es dann den Spielern, herauszufinden, wohin sie gehen wollen, mit wem sie reden wollen, wen sie ausspionieren, bestechen oder töten wollen, und selbst was sie als wichtiges Problem betrachten und was sie ignorieren können. Gleichzeitig muss die SL entscheiden, wie NSC auf die Anwesenheit und Aktionen der Charaktere reagieren, wie sich die Situation ändert und wie erfolgreich die Vorbereitungen der Charaktere wirklich sind.

Neben Improvisation ist das andere entscheidende Element eines guten Raubzug-Abenteuers, dass nichts jemals nach Plan verläuft. Das bedeutet nicht, dass du alles durchkreuzen musst, was die Spieler tun. Deine Aufgabe ist es, Sand ins Getriebe zu werfen, nicht Dynamit. Ein Plan sollte für eine Weile glattlaufen – bis etwas Unerwartetes passiert und die Charaktere gezwungen sind, wie wild zu improvisieren. Schließlich schaffen sie es, dass die Sache wieder nach Plan läuft, zumindest für eine Weile ...

Du willst, dass die Charaktere große Risiken eingehen, Risiken, die manchmal mehr zu sein scheinen, als sie bewältigen können. Vergiss nicht (und erinnere die Spieler, wenn nötig), dass das Goldene Lied für seinen Wagemut bekannt ist! Versuche die Stimmung von Tausendundeiner Nacht mit „Ocean's Eleven“ und „Ein einfacher Plan“ zu kombinieren. Wenn die Spieler in die richtige Stimmung kommen und große Risiken eingehen, kannst du sie mit Erfolgen belohnen – aber immer nur für kurze Zeit!

auf ihre eigenen Chancen, durch das höchste Ergebnis zu gewinnen. In der Praxis werden allerdings noch mehr Nebenwetten abgeschlossen, über Zahlenkombinationen, der Rangfolge der Spieler, Zweier- und Dreierpaschs, und sogar wie die Spieler agieren oder reagieren, wenn die Würfel offenbart werden.

- Um am Turnier teilzunehmen, muss ein Spieler dem Haus 5.000 GM in Jetons abkaufen. Für jede Stunde, die ein Spieler teilnimmt, legt er einen Weisheitswurf ab. Ein Charakter mit Übung in Motiv erkennen, Täuschen oder würfelbasierten Spielen kann seinen Übungsbonus auf den Wurf addieren. Die Gewinne oder Verluste für die Stunde entsprechen (modifiziertes Ergebnis des Weisheitswurfs – 15) x 500 GM.
- Wazen hat Details über den Lageplan und die Sicherheit in der Lounge gesammelt und gibt sie gerne weiter. Er stellt den Charakteren auch Mahlzeiten und eine Suite im Salon als Hauptquartier zur Verfügung. (Siehe Teil 2 für Details.) Er will nichts im Austausch, außer dass die Charaktere in vier Nächten den größten Coup in der Geschichte von Mhalmet durchziehen und Nadis Geschäft ruinieren!

Wenn die Charaktere eine weitere Vorauszahlung aus Wazen pressen wollen, erinnert er sie daran, dass die Suite und die Annehmlichkeiten, die er den Charakteren für die Dauer ihres Einsatzes kostenlos zur Verfügung stellt, kein kleines Geschenk sind. Er tut dies nur aus Herzensgüte und Großzügigkeit. Ein Charakter, der einen erfolgreichen Wurf auf Weisheit (Motiv erkennen) gegen SG 15 ablegt, bemerkt, dass Wazen auffallend nervös wird, wenn die Charaktere nach einer garantierten Belohnung fragen. Wenn er unter Druck gesetzt wird, betont Wazen, wie sehr ihm die jüngsten Geschäftsbedingungen finanziell geschadet haben, doch wenn die Charaktere nicht aufgeben, gibt er jedem von ihnen noch 100 GM im Voraus, wenn sie versprechen, zumindest einen Teil davon dafür auszugeben, sich im Salon der Mysterien zu amüsieren. Er ist ganz klar unzufrieden mit dieser Entwicklung, und es sollte für den Rest des Abenteuers einen Schatten auf die Beziehung der Charaktere zu Wazen werfen.

Wenn die Charaktere den Auftrag annehmen, fahre fort mit Szene 2: Beinarbeit, wenn sie direkt mit ihren Vorbereitungen außerhalb der Lounge beginnen, oder mit Szene 3: Tatort, wenn sie direkt zur Lounge des Tausendfachen Flüsterns aufbrechen, um sie auszukundschaften.

Das Gewicht eines Diebstahls

Der SL sollte nicht vergessen, dass 50 Münzen ein Pfund wiegen. Das bedeutet, dass die Schatzkammer ungefähr 10.000 Pfund an Münzen enthalten wird (etwas weniger, da auch Schmuck und Juwelen enthalten sind). Es ist zu viel, als dass man es ohne Wägen oder Magie transportieren könnte. Stelle sicher, dass die Spieler begreifen, wie gewaltig ihre Aufgabe ist.

Szene 2: Beinarbeit

Die Szene ist in Abschnitte eingeteilt, die sich um die verschiedenen Ressourcen drehen, die die Charaktere nutzen könnten, um Vorräte und Informationen zu sammeln, ohne direkt die Lounge des Tausendfachen Flüsterns zu betreten. Wenn die Charaktere die Lounge betreten, fahre fort mit Szene 3. Zwänge keine dieser Optionen in dein Abenteuer. Lass die Spieler für ihre Charaktere denken und ihre eigenen Ideen entwickeln. Diese Abschnitte sind eine Ressource, die dir mit den verschiedenen Herangehensweisen helfen soll, die die Spieler bei der Planung ihres Coups in Erwägung ziehen könnten.

Irgendwann, vielleicht viele Male, werden die Charaktere Richtungen einschlagen, die hier nicht abgedeckt sind. Wenn das passiert, musst du improvisieren. Verwende die Ratschläge in diesem Abschnitt als Startpunkt. Vergiss nicht, immer Platz für spätere Komplikationen zu lassen.

Wazen al-Shamuris Unterstützung

Sobald die Charaktere zustimmen, kann Wazen die folgende Unterstützung anbieten.

- Er bietet eine Suite von Räumen im Salon der Mysterien, der durch die vollen Straßen zehn Minuten zu Fuß von der Lounge entfernt liegt. Er bietet dem Anführer der Gruppe einen Schlüssel für die Truhe an, die bereits in die Räume gestellt wurde. In der Truhe finden die Charaktere 500 GM für Spesen, Diebeswerkzeug, 5 *Heiltränke*, 15 m Seidenseil, Kletterausrüstung und eine Flasche edlen Weins.
- Er kennt den grundsätzlichen Aufbau der Lounge, doch keine genauen Details oder Geheimnisse. Das Erdgeschoss besteht aus einem Casino mit Restaurant. Der erste Stock enthält einen Ballsaal und weitere kleine Räume. Der zweite Stock besteht aus zu vermietenden Räumen. Die beiden Kellergeschosse enthalten Räume, die von der Casinobelegschaft genutzt werden, und irgendwo dort unten, die Schatzkammer.
- Eine neue Schatzkammer wurde vor zwei Wochen in einem der unterirdischen Stockwerke eingebaut.
- Die Lounge hat Wachen vor Ort und erhält zusätzlichen Schutz durch einen Vertrag mit der Söldnerkompanie des Schwarzen Skorpions. Wazen kennt die Details des Vertrags nicht.
- Es gibt keine Fenster im Erdgeschoss und nur zwei Türen: den Haupteingang vorne und einen Dienstboteneingang hinten in einer Seitengasse. Die Lounge steht an einer Ecke mit dreistöckigen Gebäuden im Norden und Osten. Auf der anderen Straßenseite westlich liegt ein Park, und im Süden befindet sich ein Restaurant. Südwestlich liegt das kleine Spielhaus namens Dame des Glücks, das nur vier Tische besitzt. Die Dame des Glücks gehört Uzon Mashaeri, und er ist weder auf Wazen noch auf Nadi gut zu sprechen.

Wazen bemüht sich, alle Fragen zu beantworten, die die Charaktere haben könnten, aber er ist kein Experte, was den Bodenplan oder die Schutzmaßnahmen der Lounge angeht. Deshalb hat er sich Profis für diese Aufgabe gesucht. Er kann den Charakteren jegliche normale Ausrüstung besorgen, nach der sie fragen. Normalerweise benötigt er dafür einige Stunden, abhängig davon, wie ungewöhnlich die Bitte ist, doch beschwert er sich, da er den Charakteren viel Geld für Spesen gegeben hat.

SÖLDNER DES SCHWARZEN SKORPIONS

Die Söldnerkompanie des Schwarzen Skorpions ist in Mhalmet als professionell und loyal gegenüber jenen, die ihre gewaltigen Honorare bezahlen, bekannt. Sie beschützt sogar einige Mitglieder des Schwarzen Tisches. Wenn die Charaktere mehr Informationen über die Schwarzen Skorpione haben wollen, werden sie an die sachliche Hauptfrau Shella Monzoun (**Veteran,** aber mit Charisma 13) von der Kompanie des Schwarzen Skorpions verwiesen. Sie betont die absolute Loyalität der Skorpione gegenüber einem Kunden, sobald ein Vertrag unterzeichnet ist, und bietet eine Liste von Dienstleistungen an, die zwischen 5 und 100 GM pro Tag kosten. Auch wenn Monzoun es nicht direkt sagt, ist die Andeutung doch klar (wenn das Gespräch in diese Richtung geht), dass es den Schwarzen Skorpionen vollkommen egal ist, ob sie angeworben werden, um das Gesetz zu vollstrecken, zu ignorieren oder zu brechen. Sie lehnen Aufträge ab, die erfordern würden, einen bestehenden Vertrag mit einem anderen Kunden zu brechen. Abgesehen davon sind Rechtsfragen etwas für Anwälte, nicht für Söldner. Die Kompanie verkauft auch Uhrwerk-Konstrukte an jene, die das nötige Geld haben.

Hauptfrau Monzoun nennt zwar keine Details, doch bestätigt sie, dass einer ihrer aktuellen Kunden Nadi Ud'aah mit der Lounge des Tausendfachen Flüsterns ist. Die Schwarzen Skorpione beraten Nadi in Sicherheitsfragen und reagieren auf Bedrohungen und Notfälle . Das bedeutet, dass die Söldner der Schwarzen Skorpione in der Lounge stationiert sein könnten, wenn mit Ärger zu rechnen ist. Wenn es so viele Schwierigkeiten gibt, dass die Sicherheitsleute vor Ort nicht klarkommen, muss eine Truppe der Schwarzen Skorpione innerhalb von fünf Minuten (30 Runden) reagieren. Wenn die Skorpione „reagieren", dann oft mit tödlicher Gewalt.

Im Büro der Schwarzen Skorpione hat Hauptfrau Monzoun einen detaillierten Reaktionsplan für Bedrohungen sowie Rechnungen für den Uhrwerkhund, die *Alarm*-Zauber und die Giftgasfalle an der Tür der Schatzkammer. Unter keinen Umständen wird Hauptfrau Monzoun diese Dokumente aushändigen oder ihren Inhalt besprechen. Die Charaktere müssen heimlich in das Büro eindringen und die Dokumente selbst ausfindig machen, wenn sie sie einsehen wollen. Details dieses Einbruchs müssen du und die Spieler selbst entscheiden.

Das Eingreifteam der Schwarzen Skorpione besteht aus einem **Priester,** 4 **Veteranen** und einem **Uhrwerkhund.**

Wenn die Charaktere dumm genug sind, Streit mit den Söldnern des Schwarzen Skorpions anzufangen, bekommen sie es zunächst mit einer Truppe zu tun, die mit dem Eingreifteam identisch ist. Es gibt mehr als einhundert Söldner in der Kompanie, und mindestens die Hälfte davon halten sich wahrscheinlich zu jedem beliebigen Zeitpunkt in der Kaserne auf. Die Charaktere haben keine Chance, eine direkte Konfrontation mit den Schwarzen Skorpionen zu gewinnen. Sie werden in einem solchen Kampf nicht unbedingt getötet, doch sicherlich bewusstlos geschlagen, ihrer Ausrüstung entledigt und in einer dreckigen Gasse abgeladen.

KONTAKTE

Schurkische Charaktere haben vielleicht ein Netzwerk von Freunden und Kontakten, die ihnen Gefallen schulden. Solche Kontakte sind nicht bereit, einen direkten Angriff auf die Lounge zu unterstützen, doch sollten die Charaktere auf eine große Auswahl von Spionen, Hehlern und Fälschern zugreifen können, die sie bei ihrem Plan unterstützen können. Die Kontakte kennen niemanden, der für die Schwarzen Skorpione oder die Lounge des Tausendfachen Flüsterns arbeitet. Wenn die Spieler nach einer bestimmten Art von Unterstützung suchen, gestehe ihnen jemanden zu, der einen maximalen Bonus von +8 in der entsprechenden Fertigkeit oder mit einem bestimmten Werkzeug hat. Einige mögliche Beispiele sind unten aufgeführt, doch du kannst die Liste nach Bedarf erweitern:

- *Süße Sonyal* (Elfe): Schmuckfälscherin
- *Dal'lan Al-Bandi* (Mensch): talentierter Küchenkonditor
- *Ameena* (Mensch): hochklassige Kurtisane
- *Dabir Saqqaf* (Zwerg): zwielichtiger Architekt und Ingenieur
- *Teetasse* (Minotaurus): Hehler, der helfen kann, nicht-magische Ausrüstung zu besorgen

Vielleicht sucht ein Charakter nicht nach einer bestimmten Person, sondern hört sich nach einer bestimmten Information um. Wenn man auf der Straße bestimmte Fragen stellt, ist normalerweise ein Charismawurf notwendig, um Informationen zu erhalten. Allerdings hat vielleicht nicht jeder SC in diesem Abenteuer einen ordentlichen Charismawert, und nicht jeder NSC reagiert gleich, wenn er angesprochen wird. Einige müssen umworben werden, andere schikaniert und einige beeindruckt.

Du kannst den Spielern erlauben, nützliche Informationen mit Täuschen, Einschüchtern, Auftreten oder Überzeugen zu sammeln. Jeder Versuch, Informationen zu sammeln, dauert eine oder zwei Stunden. Manche Informationen könnten mehr als einen erfolgreichen Wurf erfordern.

Gehe davon aus, dass jede Tatsache, die kein Geheimnis ist (Details über die Fallen an der Schatzkammer oder die Kombination des Schlosses sind definitiv geheim), mit einer Stunde Verfolgen von Hinweisen sowie einem Charismawurf gegen SG 15 in Erfahrung gebracht werden kann. Spieler, die maximalen Nutzen aus dem Hintergrund ihres Charakters ziehen, können einen Vorteil auf diesen Wurf erhalten. Vergiss nicht, dass Schurken viele Merkmale haben, die unter Kriminellen und den unteren Rängen der Gesellschaft nützlich sind, aber gegen sie arbeiten könnten, wenn sie mit den Reichen und Mächtigen reden.

DEN ZIELORT AUSKUNDSCHAFTEN

Wenn die Charaktere die Lounge besuchen, können sie durch die oberen Stockwerke gehen, ohne aufgehalten zu werden, wenn sie nicht versuchen, in verschlossene Räume einzubrechen, oder anderweitig für Ärger sorgen. Die Lounge wird in Szene 3 im Detail beschrieben.

Wenn es zu viele seltsame Vorkommnisse gibt, gehen die Charaktere das Risiko ein, die Lounge-Mitarbeiter zu alarmieren. Immer, wenn die Charaktere Aufmerksamkeit auf sich ziehen, zum Beispiel wenn sie dabei erwischt werden, in ein Zimmer einzudringen, das ihnen nicht gehört, ein Feuer anzünden, einen Kampf anfangen und so weiter, wirf 1W20 plus die Anzahl der Situationen, in denen die Angestellten merkwürdige Ereignisse bemerkt haben. Ist das Gesamtergebnis höher als 20, beginnt Nadi, sich Sorgen zu machen, und versetzt die Belegschaft für einen Tag in Alarmbereitschaft, ehe der normale Betrieb weitergeht. Wenn Alarm geschlagen wird, addiere +5 auf alle zukünftigen Würfe. Wenn es zu einem zweiten Alarm kommt, hält er bis zum Vipernnest-Turnier an.

ABUS HAUS

Es ist möglich, dass die Charaktere irgendwann den Koch Abu aufsuchen, da er der einzige Mitarbeiter ist, der nicht auf dem Gelände wohnt. Abu hat ein bescheidenes Haus mit einem umzäunten Garten dahinter. Er hat 4 Diener (**Gemeine**) und 2 **Wachen**. Abgesehen von einigen durchschnittlichen Schlössern hat er keine anderen Sicherheitsmaßnahmen.

Besonders interessant für die SC ist, dass Abu einen Anstecker in Form eines goldenen, offenen Auges trägt, die nötig ist, um die *Alarm*-Zauber zu umgehen (siehe Szene 3 für Einzelheiten).

NADIS TÄGLICHE ROUTINE

Nadi erwacht im Morgengrauen und vollführt seine Morgenroutine, um sich fertig zu machen, ehe er sich mit einigen Aufsehern und Hostessen zum Frühstück in seinem Büro trifft. Sie besprechen die Ereignisse der vorherigen Nacht und machen Pläne für den Tag.

Dann geht er durch das Erdgeschoss, sieht nach Angestellten und trifft sich mit Bereichsleitungen, ehe er sich in den Zählraum zurückzieht, um die Belege zu kontrollieren. Alle geschäftlichen Treffen hält er in einem der Mehrzweckräume (Bereich G) ab. Er verbringt den Nachmittag damit, sich durch die Lounge zu bewegen, Gäste zu treffen, dafür zu sorgen, dass Leute zufrieden sind, und nach Möglichkeiten zu suchen, die Arbeit seiner Belegschaft zu verbessern. Nach dem Abendessen geht er noch einmal in den Zählraum und wirft dann einen Blick auf das Unterhaltungsprogramm oder die besonderen Veranstaltungen in der Lounge. Ehe er zu Bett geht, dreht er eine letzte Runde durch die Kellergeschosse und den Sortierraum. Wenn er sich Sorgen macht, ändert er womöglich noch die Kombination der Schatzkammer.

Wenn nötig, ändert sich Nadis Routine als Reaktion auf die Aktionen der Charaktere. Nadi ist zupackend und gibt sehr detaillierte Vorgaben, und er wird wütend, wenn es etwas im Zusammenhang mit seinem Geschäft gibt, das er nicht weiß. In der Nacht des dritten Tages beginnen die Angestellten, für das Vipernnest-Turnier aufzubauen. Die ersten reichen Teilnehmer treffen dann ebenfalls ein, was Nadis persönliche Aufmerksamkeit erfordert und seine Routine stören kann. (Siehe Szene 4 für weitere Details.)

SPIELHAUS DAME DES GLÜCKS

Gegenüber der Lounge des Tausendfachen Flüsterns auf der anderen Straßenseite steht ein kleiner Spielsalon, der als Dame des Glücks bekannt ist. Er hat nur vier Tische, und diese sind selten voll. Die Dame des Glücks ist im Vergleich zur Lounge schäbig. Ihr Besitzer Uzon Mashaeri hasst Nadi Ud'aah, weil er seine Lounge gegenüber seines Etablissements gebaut und ihm die meisten seiner besseren Kunden gestohlen hat. Außerdem hegt Uzon einen Groll gegen Wazen Al-Shamuri, weil Wazen ihn vor zehn Jahren gekränkt hat, indem er sein Angebot einer Partnerschaft ausschlug.

Auch wenn Uzon Nadi hasst und bereit sein könnte, die Charaktere bei einem Plan gegen ihn zu unterstützen, hat er kein Interesse an einem Bündnis, das auch Wazen helfen würde. Die Charaktere können ihre Verbindung zu Wazen leicht verbergen, doch können sie sie ebenso gut verraten. Wenn Uzon davon erfährt, erleiden sie einen Nachteil auf Charismawürfe gegenüber Uzon.

Es gibt allerdings eine sichere Methode, Uzons Gunst zu erlangen. In der Dame des Glücks hängen an drei von vier Wänden wunderschöne Gemälde. Uzon versteht sich als Sammler seltener Kunst, und er sucht nach einem wahren Juwel, um es an der vierten Wand über der Bar aufzuhängen. Er wünscht sich *Blüten von Sonnenlicht und Schatten* von Shial bin-Muftia, ein Gemälde, das seit hundert Jahren nicht gesehen wurde und von dem man ausgeht, dass es verloren oder irgendwo in einer privaten Sammlung ist. (Das ist die Art von Information, die man von zufälligen Kontakten erhalten kann, wie oben beschrieben.) Wenn die Charaktere Uzon das Gemälde oder eine überzeugende Fälschung (wenige haben das Original jemals gesehen) anbieten, können sie einen starken Verbündeten gewinnen, der deutlich größere Risiken für sie eingeht, als er es sonst tun würde.

WENN DIE CHARAKTERE WEITERMACHEN WOLLEN

Wenn die Gruppe die Lounge vor der großen Nacht aufsuchen will, gehe zu Szene 3: Der Tatort. Wenn sie bereit sind, ihren Plan in die Tat umzusetzen, fahre fort mit Szene 4: Der Coup.

SZENE 3: DER TATORT

Wenn die Charaktere noch nicht die Aufmerksamkeit der Sicherheitskräfte der Lounge auf sich gezogen haben, können sie sich in den Bereichen, die der Öffentlichkeit zugänglich sind, nach Belieben bewegen. Jeder der folgenden Abschnitte beschreibt die Bereiche, die man in der Lounge finden kann, mit Anmerkungen zu den Alarmstufen. Es ist nirgends eine genaue Zahl von Wachen angegeben; diese Entscheidung liegt bei dir, basierend darauf, welche Zahl die größte Spannung erzeugt und das Abenteuer voranbringt. Wenn jemals mehr nötig werden, kann Nadir beliebige viele Söldner der Kompanie Schwarzer Skorpion anheuern.

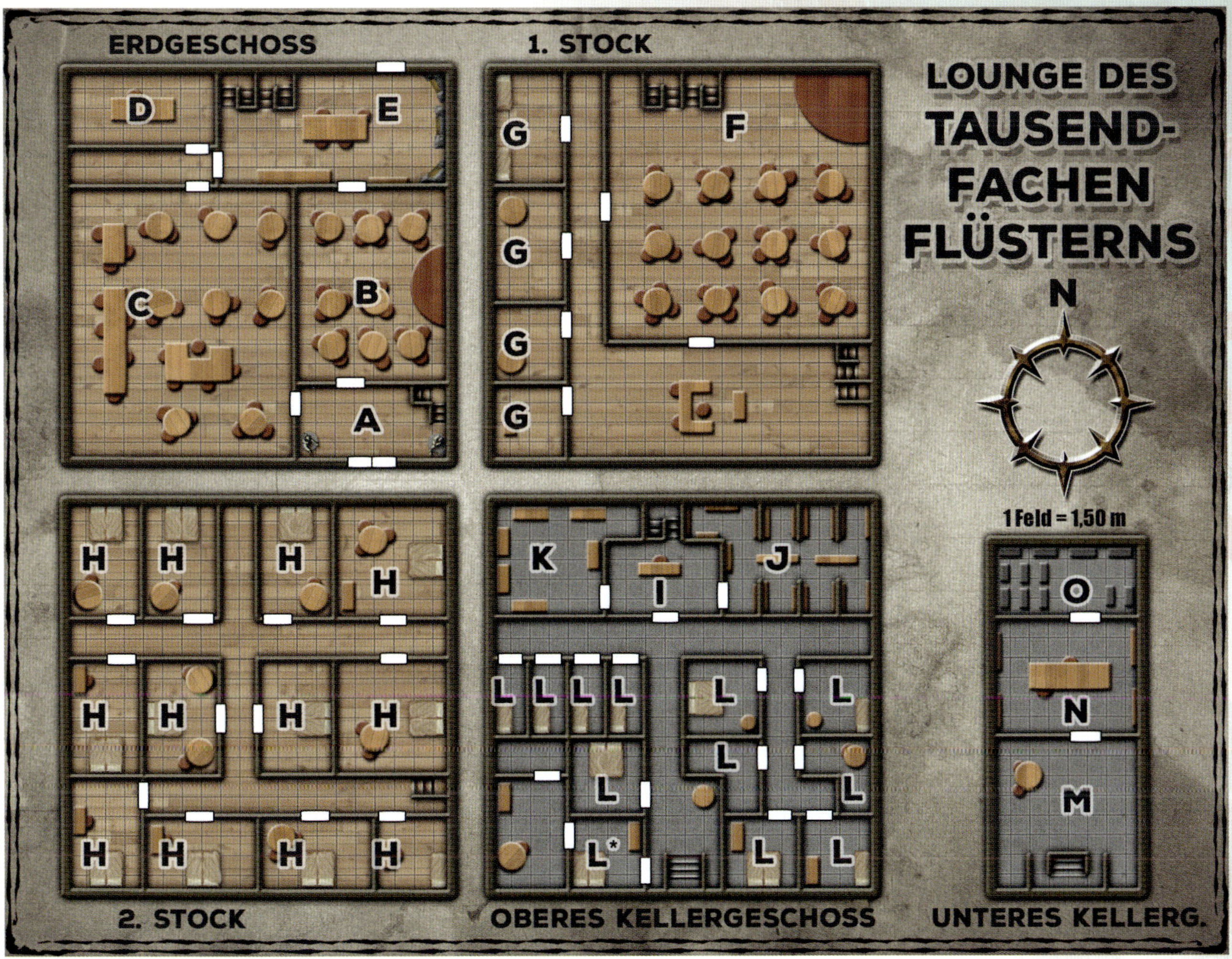

Die Alarmstufen sind wie folgt:

- **Alltäglicher Betrieb:** So erscheint der Bereich während eines normalen Geschäftstages. Es ist auch angegeben, wer in diesem Bereich arbeitet und welche Sicherheit vorhanden ist.
- **Aufmerksam**: Wie der Bereich erscheint, wenn man in der Lounge bemerkt hat, dass etwas vor sich geht, aber noch nicht weiß, was. Nadi ordnet gesteigerte Wachsamkeit an und weist seine Mitarbeitern an, die angegebenen Vorsichtsmaßnahmen zu treffen.
- **Alarmiert:** Wie der Bereich erscheint, wenn die Angestellten wissen, dass ein Raubversuch im Gange ist.

Die Lounge ist auf hochklassige Kundschaft ausgelegt, doch in einer Stadt voller Piraten und Plünderer kommen auch rauere Gestalten hierher, um ihr Geld auszugeben. Nadi mag es nicht, zahlende Kundschaft abzuweisen, doch jeder, der feindselig, störend oder unhöflich gegenüber anderen Gästen ist, ist schlecht fürs Geschäft.

Die Wachen wissen aus Erfahrung, dass Ärger schnell eskaliert, wenn er einmal begonnen hat, also haben sie die Anweisungen, ihn zu beenden, ehe er wirklich anfängt. Wenn Charaktere in den Club kommen und aussehen oder sich benehmen, also ob sie auf Ärger aus seien – wenn sie Rüstung tragen, große Waffen bei sich haben, offensichtlich betrunken sind, Angestellte oder andere Gäste einschüchtern wollen oder sich einfach wie große Nummern benehmen, von denen aber noch niemand gehört hat –, weist man sie an, sich zu benehmen oder zu gehen.

Auf der anderen Seite werden jedem, der reich, närrisch und bereit aussieht, viel Geld zu verlieren, freie Getränke, Mahlzeiten oder sogar einige kostenlose Jetons in der Spielhalle angeboten, damit er reichlich ausgibt.

Arbeiter. Wenn es nicht anders angegeben ist, sind die Angestellten der Lounge – Kassierer, Kellnerinnen, Croupiers und so weiter – einfache Gemeine. Wachen sind normale Wachen. Aufseher verwenden die Spielwerte von Rittern, haben aber keine Armbrüste bei sich. Hostessen sind ausgebildete Bardinnen mit einigen Zauberfähigkeiten; ihre Spielwerte findest du in Anhang 1.

Türen und Schlösser. Viele Türen in der Lounge des Tausendfachen Flüsterns sind geschlossen und verriegelt. In der folgenden Beschreibung wird eine kurze Zusammenfassung

dieser Türen verwendet. Ein Beispiel ist:
(SG 15 Geschicklichkeit, SG 15 Stärke; RK 17, 20 TP, immun gegen Gift, psychisch und gleißend)

Das bedeutet: Das Schloss kann mit Diebeswerkzeug und einem erfolgreichen Geschicklichkeitswurf gegen SG 15 geknackt werden, kann mit einem erfolgreichen Stärkewurf gegen SG 15 aufgebrochen werden, oder die Tür kann angegriffen werden, wobei sie RK 17 hat und 20 Trefferpunkte einstecken kann. Sie ist immun gegen Giftschaden sowie psychischen und gleißenden Schaden.

A. EINGANGSHALLE

Die Tür zu dieser Eingangshalle steht zu allen Tageszeiten offen, außer in extremen Situationen, in denen sie verschlossen und verriegelt wird (SG 18 Geschicklichkeit, SG 20 Stärke; R17, 27 TP, immun gegen Gift, psychisch, gleißend). Die Eingangshalle hat keine Fenster.

Lärm und Parfüm wehen auf die Straße und treffen euch voll, ehe ihr die Lounge des Tausendfachen Flüsterns auch nur betretet. Geschmacklose Seide in Rot und Gold hüllt die weihrauchgeschwängerte Eingangshalle ein. Zwei große, goldene Statuen dicker, lächelnder Männer stehen an beiden Seiten der Tür. Knapp bekleidete Männer und Frauen rufen euch von einem Balkon an der Treppe zu und versprechen euch einen Abend der endlosen Genüsse. Der Geruch von gebratenem Fleisch und sanfte Saitenklänge dringen von einem Restaurant direkt vor euch herüber, und der Lärm zahlreicher Stimmen ertönt in der Spielhalle links von euch.

Normalerweise findet man hier zwei **Wachen** und Jumanah (**Hostess**). Die Wachen interagieren nicht mit den Kunden, wenn sie nicht von Jumanah dazu aufgefordert werden oder sehen, dass ein Kampf bevorsteht. Jumanah spricht jeden an, der in die Lounge kommt, aber kein offensichtliches Ziel hat oder nicht zu wissen scheint, wohin er geht.

Sie führt von ihrem kleinen Podium aus höfliches Geplauder mit den Charakteren und weist sie in Richtung ihrer wahrscheinlichsten Begierden. Sie kann Preise nennen, wenn sie gefragt wird, doch versucht sie, Kunden zu überzeugen, sich nicht um Geld zu sorgen und sich darauf zu konzentrieren, wonach es ihnen verlangt.

Kunden dürfen in der Lounge keine Waffen mit sich führen. Reichlich verfügbare Rauschmittel, Leidenschaft und tödliche Werkzeuge sind keine gute Mischung. Alle Waffen, selbst kleine Dolche, müssen beim Eingang abgegeben werden. Sie werden in verschlossenen Truhen hinter der Hostessenstation aufbewahrt. Die Truhen haben RK 12 und 15 TP und sind immun gegen Giftschaden sowie psychischen und gleißenden Schaden. Sie sind verschlossen, doch kann das Schloss mit Diebeswerkzeugen und einem erfolgreichen Geschicklichkeitswurf gegen SG 13 geknackt oder mit einem erfolgreichen Stärkewurf gegen SG 13 aufgebrochen werden.

Jumanah wird gut bezahlt und ist Nadi Ud'aah absolut loyal. Der Versuch, sie zu bestechen, ist also Zeitverschwendung. Sie ist es allerdings gewohnt, von wohlhabenden Gästen kleine Geschenke zu erhalten, wenn sie dafür kleinere Verstöße gegen die Regeln der Lounge übersieht. Ein kleines Schmiergeld von 5 GM reicht für einen kleinen Gefallen aus, zum Beispiel eigenes Essen und Trinken mitzubringen. Einen verborgenen Dolch oder eine ähnliche Waffe mit sich zu führen, ist viel ernster und verlangt ein Trinkgeld von mindestens 50 GM. In jedem Fall kauft eine solche Großzügigkeit dem Charakter nur die Chance, einen Charismawurf abzulegen (den SG legt der SL fest, abhängig von der Regel, die gebrochen werden soll). Wenn der Wurf misslingt, gefallen Jumanah die Manieren, das Aussehen oder die Gefährten des Charakters nicht, und sie lehnt sowohl das Schmiergeld als auch die Bitte ab.

Aufmerksam: Wenn in der Lounge bekannt ist, dass es Ärger geben könnte, sind zusätzliche Wachen sowie ein **Veteran** des Schwarzen Skorpions und ein weiterer Angestellter (**Gemeiner**), dessen Aufgabe es ist, bei Bedarf Hilfe zu holen, anwesend. Rauer aussehende Kunden werden genau über ihre Absichten befragt, wenn sie eintreffen, und könnten abgewiesen werden, wenn sie nicht genug Geld haben, das sie ausgeben können.

Alarmiert: Wenn klar wird, dass die Lounge ausgeraubt oder irgendwie angegriffen wird, verschließen die Wachen die Vordertür und lassen niemanden hinaus. Jumanah (**Hostess**) beruhigt jeden, der gehen will, indem sie kostenlose Getränke im Tagtraum anbietet. Ehe die Tür verschlossen wird, wird ein Angestellter (**Gemeiner**) geschickt, um die Schwarzen Skorpione zu informieren, dass die Lounge Hilfe braucht. Wenn der Bote nicht aufgehalten wird, trifft innerhalb von fünf Minuten ein Einsatzteam der Schwarzen Skorpione (siehe Szene 2) ein.

B. ABUS TAGTRAUM (RESTAURANT)

Abus Tagtraum ist von Mittag bis Mitternacht geöffnet. Zu anderen Zeiten ist das Restaurant dunkel und leer, und Seidenvorhänge werden über beide Eingänge drapiert. Das Restaurant hat keine Fenster, doch die Wand zur Spielhalle ist nur hüfthoch.

Die Gäste nehmen eine Vielzahl von Gerichten zu sich, während sie einem Trio von Musikanten lauschen, die auf einer niedrigen Bühne Saiteninstrumente spielen. Eine nurische Frau mit kehliger Stimme wiegt sich zwischen ihnen und singt über ihre verlorene Liebe, während sie wehmütig in Richtung Bar blickt.

Abus Tagtraum ist nach seinem Koch benannt, der eine lokale Berühmtheit ist. Gäste können aus einer Vielzahl von Gerichten wählen. Alle Speisen sind hervorragend, und ein Gericht kann zwischen 2 GM und 500 GM kosten. An der Bar kann man fast jedes vorstellbare Getränk bestellen.

Wenn das Restaurant geöffnet hat, sind fünf Bedienungen (Gemeine) anwesend. Sie bedienen Kunden, bewegen sich zwischen Küche, Bar und Restaurant hin und her und gehen auch die hintere Treppe der Küche zu den privaten Räumen und dem Ballsaal im zweiten Stock empor. Gelegentlich erscheinen Hostessen, um bestelltes Essen oder Getränke für die Kunden in der Spielhalle abzuholen. Wenn es Ärger gibt, laufen die Angestellten zur Küche oder zur Eingangshalle, um eine Wache zu finden.

Aufmerksam: Wenn die Sicherheitsleute einen Grund haben, mit Problemen zu rechnen, sind hier zwei Wachen postiert: eine an der Tür zur Eingangshalle und eine an der kurzen Treppe, die zur Spielhalle führt.

Alarmiert: Wenn der Alarm ertönt, flüchten die Angestellten zur Küche, und die Wachen (wenn anwesend) begeben sich zur Quelle der Unruhe.

C. SPIELHALLE

Die Spielhalle ist den ganzen Tag und die ganze Nacht aktiv. Der späte Morgen ist der ruhigste Teil des Tages. Die Spielhalle hat keine Fenster.

Umgeben von rauchigem Dunst stellen Dutzende von Männern und Frauen ihr Glück bei zufallsbasierten Spielen auf die Probe, während sie wachsam von den Aufsehern beobachtet werden. Kassierer sitzen in Käfigen entlang der Nordwand.

Zu jedem Zeitpunkt spielen 10W6 Gäste in der Spielhalle. Hinzu kommen 10 Aufseher und 5 Hostessen. An den Spieltischen liegen bei einem normalen Spiel verschiedene Jetons im Wert von 5W10 GM. An mindestens einem Tisch wird mit niedrigen Einsätzen gespielt, und die Jetons sind 5W10 SM wert, und ein Tisch spielt mit höheren Einsätzen, die 5W100 GM wert sind.

Die Tische verwenden keine echten Münzen, sondern bunte, hölzerne Jetons, die man bei den Kassieren in den Käfigen erwerben kann. Vier Kassiere sind anwesend, um Jetons gegen Geld und andersherum einzutauschen. Der einzige Eingang zu den Käfigen von der Spielhalle aus führt durch eine verriegelte Tür (SG 25 Stärke; RK 17, 20 TP, immun gegen Gift, psychisch und gleißend). Es befinden sich niemals mehr als 400 GM in den Käfigen. Wenn ein Kassierer mehr als 100 GM in seinem Käfig hat, wird der Überschuss mit einem Wagen, der wie eine hohe Metalltruhe mit Rädern aussieht, zum Zählraum geschickt.

Während der normalen Geschäftsstunden sind 4 **Wachen** und 2 Aufseher (**Ritter**) über den Raum verteilt und beobachten die Gäste und Mitarbeiter. Besonders spendable Gäste erlangen die Aufmerksamkeit jeweils einer Hostess und eines Aufsehers, die sich alle Mühe geben, den Gast zu erfreuen und ihn von seinem Geld zu trennen.

Einer der Croupiers, Hom Al-Ashareen, schuldet einem Drogenhändler sehr viel Geld für blauen Sternenstaub (ein Rauschmittel). Er ist ein absoluter Feigling, doch für eine Bestechung von 500 GM hilft er bei jedem Plan, solange er mit nichts in Verbindung gebracht werden kann, das ihn seinen Posten kosten könnte. Eine der Hostessen ist wütend auf Nadi Ud'aah wegen der Art, wie er sie behandelt, und wünscht sich, dass er erniedrigt oder zu Fall gebracht wird; sie ist eine weitere mögliche Verbündete in der Organisation.

Aufmerksam: Wenn in der Lounge Alarmbereitschaft herrscht, sind 2 **Veteranen** der Schwarzen Skorpione in der Spielhalle postiert: einer an der Eingangshalle und einer vor dem Eingang zu den Käfigen.

Alarmiert: Wenn Alarm geschlagen wird, sichern die Wachen und Veteranen den Zugang zu den Käfigen. Wenn niemand versucht, in die Käfige einzubrechen, bewegt sich die Hälfte der Krieger zur Quelle der Unruhe, während sich die anderen zum Zählraum begeben, um ihn zu verteidigen.

D. ZÄHLRAUM

Alles Geld in der Lounge fließt durch den Zählraum. Gäste werden hier niemals eingelassen; kein Fertigkeitswurf, kein Bluff, keine Lüge, keine Drohung ermöglicht es, an den Wachen vorbeizukommen. Der Zählraum hat keine Fenster.

Ein von Münzen bedeckter Tisch dominiert diesen Raum. Kleine, aber robuste Wägen, die an Sicherheitstruhen mit Rädern erinnern, stehen an den Wänden aufgereiht.

Die einzige Tür zu diesem Raum ist immer verschlossen. Die Personen im Zählraum können durch einen kleinen Schlitz in der Tür blicken, um zu sehen, wer Einlass fordert. Wenn nicht gerade jemand den Raum verlässt oder betritt, ist die verstärkte Tür immer von innen verriegelt; um sie aufzubrechen, ist mindestens ein Rammbock nötigt (SG 25 Stärke; RK 17, 30 TP, immun gegen Gift, psychisch und gleißend).

Um den Tisch sitzen vier Angestellte (**Gemeine**), die die Erlöse zählen, die hier eingehen. Die Geldzähler werden von einem Aufseher (**Ritter**) überwacht. Der Raum enthält zu jedem beliebigen Zeitpunkt (6W6 x 100) + 4.000 GM. Alle acht Stunden, oder immer wenn die Gesamtsumme 7.500 GM erreicht, wird das Geld vom Aufseher und einer Wache von der Spielhalle nach unten zum Wachraum (Bereich I) gebracht, damit es in die Schatzkammer gebracht werden kann.

Wenn der Aufseher und die Wache Geld transportieren, verwenden sie einen Sicherheitswagen, und jeder trägt einen goldenen Anstecker in der Form eines offenen Auges. Der Anstecker ist notwendig, um den *Alarm*-Zauber in Bereich I zu umgehen. Eine Metalltruhe an der Tür enthält etwa ein halbes Dutzend der Anstecker, doch die genaue Zahl schwankt.
Die Anstecker sollen nur dann getragen werden, wenn Geld überbracht wird. Nadi will nicht, dass die Kunden neugierig werden, wozu sie da sind. Die Anstecker sind komplizierter Schmuck und können nur mit einem erfolgreichen Wurf auf Intelligenz (Juwelierswerkzeug) gegen SG 15 dupliziert werden. Wenn der Fälscher kein Exemplar hat, das er untersuchen kann, wird der Wurf mit Nachteil abgelegt.

Alle vier Stunden bringt eine Hostess Getränke und Essen in den Zählraum und holt das benutzte Geschirr ab.

Keiner der Angestellten im Zählraum kann bestochen werden. Wenn sie mit einem entsprechenden Angebot konfrontiert werden, berichten sie Nadi so schnell sie können alle Einzelheiten.

Aufmerksam: Wenn man in der Lounge mit einer Bedrohung rechnet, werden zusätzliche 2 **Wachen** im Raum postiert.

Alarmiert: Wenn der Alarm ertönt, weigert sich der Aufseher (**Ritter**), irgendwem die Tür zu öffnen außer Nadi selbst.

E. KÜCHE

Die Küche ist immer besetzt, doch wenn das Restaurant geschlossen ist, wird die Zahl der Arbeiter halbiert. Gäste sind in der Küche nicht willkommen. Die Küche hat keine Fenster, doch gibt es eine Tür zur Gasse (SG 18 Geschicklichkeit, SG 18 Stärke; R17, 17 TP, immun gegen Gift, psychisch und gleißend).

Große Arbeitsflächen und drei große Herde füllen die warme und aktive Küche. Im Westen an die Küche angrenzend führt eine Rampe nach oben und unten.

Die Rampe führt hinauf zu Bereich F (Ballsaal Seidenoase) und nach unten zu Bereich I (Wachraum). Es gibt Türen zum Restaurant, zur Gasse hinter dem Gebäude und hinter der Rampe zum Zählraum.

Wenn das Restaurant geöffnet ist, arbeiten hier 6 Angestellte (**Gemeine**), 1 **Wache** und Abu. Außerhalb der Öffnungszeiten sind Abu und drei der Angestellten nicht anwesend. Die Angestellten kommen die ganze Zeit rein und raus, überbringen Bestellungen und bringen Speisen an verschiedene Orte in der Lounge. Der Chefkoch Abu ist ein **Ratterich-Schurke** und ein meisterlicher Koch. Seine grenzenlose Energie und Begabung in kulinarischen Fragen hat ihn zu einer kleineren Berühmtheit unter der besseren Gesellschaft der Region gemacht; er hat sogar schon für Mitglieder des Schwarzen Tisches gekocht. Er besitzt ein enormes Ego und neigt zu emotionalen Ausbrüchen. Sollte er sich nicht genügend geschätzt fühlen, könnte er mit List dazu gebracht werden, eine Szene zu machen oder sogar zu kündigen. Er trägt den Anstecker mit dem goldenen Auge, der nötig ist, um die *Alarm*-Zauber zu umgehen. Abu trägt den Anstecker die ganze Zeit, wenn er arbeitet, und nimmt ihn am Abend sogar mit nach Hause, auch wenn Nadi ihn immer wieder auffordert, vorsichtiger damit zu sein.

Die Wache in diesem Raum, Mallek, genießt seinen Posten, da Abu ihm erlaubt, die Speisen zu kosten. Aus diesem Grund ist er Abu gegenüber loyaler als Nadi, doch er ist auch anfällig für Einschüchterungen mit Drohungen, die dazu führen könnten, dass er seinen Posten verliert.

Eine der Hostessen, Halla, bringt Essen in den Zählraum und den Wachraum; sie benötigt ebenfalls einen Augen-Anstecker, um den *Alarm*-Zauber in Bereich I zu umgehen. Sie lässt den Anstecker oft unvorsichtigerweise auf der Arbeitsfläche der Küche liegen, wenn sie ihn gerade nicht benutzt. Sollte er verschwinden, wird Halla das unter Umständen nicht sofort melden, weil sie Angst hat, dass ihre Unvorsichtigkeit sie ihre Anstellung kosten könnte (und das zu Recht).

Aufmerksam: Wenn man in der Lounge mit Schwierigkeiten rechnet, wird an den Rampen ein **Veteran** der Schwarzen Skorpione postiert.

Alarmiert: Wenn Alarm geschlagen wird, schickt die Wache einen der Angestellten die Rampe hinab in den Wachraum, um eine Warnung zu überbringen, und einen weiteren Angestellten, um mehr Schwarze Skorpione zu holen. Wenn der Bote nicht aufgehalten wird, trifft innerhalb von fünf Minuten ein Einsatzteam ein. Sobald die Arbeiter auf ihre Botengänge geschickt worden sind, stellt die Wache sicher, dass die Tür zur Gasse verschlossen bleibt.

F. BALLSAAL SEIDENOASE

Die Türen zu diesem Raum sind verschlossen, wenn der Ballsaal nicht gerade in Verwendung ist. Die Türen sind relativ leicht (SG 10 Geschicklichkeit, SG 10 Stärke; R12, 10 TP, immun gegen Gift, psychisch und gleißend). Eine Rampe hinten im Raum führt in den Flur an der Küche. Der Ballsaal hat Fenster, die sich aber nicht öffnen lassen.

Zahlreiche Tische füllen diesen großen Raum, der auch eine niedrige Bühne an der Nordwand enthält.

Der Ballsaal ist üblicherweise leer und kann gemietet werden (für 100 GM plus Unterhaltungs- und Verpflegungskosten). Am Nachmittag des zweiten Tages wird hier eine Feier für die Mannschaft der *Sängerin* (einem Piratenschiff) abgehalten; der Kapitän hat gerade die letzte Beute verkauft und gönnt der Mannschaft einen Nachmittag und Abend der Genüsse. Die Feier wird laut und gerät außer Kontrolle, und viele der Gäste nehmen sich Zimmer im zweiten Stock für andere Aktivitäten. In der vierten Nacht wird der Raum von einer großen Hochzeitsgesellschaft verwendet, die vom wohlhabenden Parfümhändler Nottan El-Hareesh bezahlt wird. Seine einzige Tochter heiratet, und er erwartet viel von den Angestellten der Lounge (siehe Szene 4).

Aufmerksam: Wenn die Lounge in Alarmbereitschaft ist, ist 1 **Wache** draußen auf dem Flur postiert.

Alarmiert: Wenn Alarm geschlagen wurde, verschließt die **Wache** die Türen zum Ballsaal, wenn er in Verwendung ist, und versucht die Gäste zu beruhigen. Wenn keine Wache anwesend ist, wird eine aus der Spielhalle geschickt, um den Ballsaal zu sichern, wenn dieser in Verwendung ist.

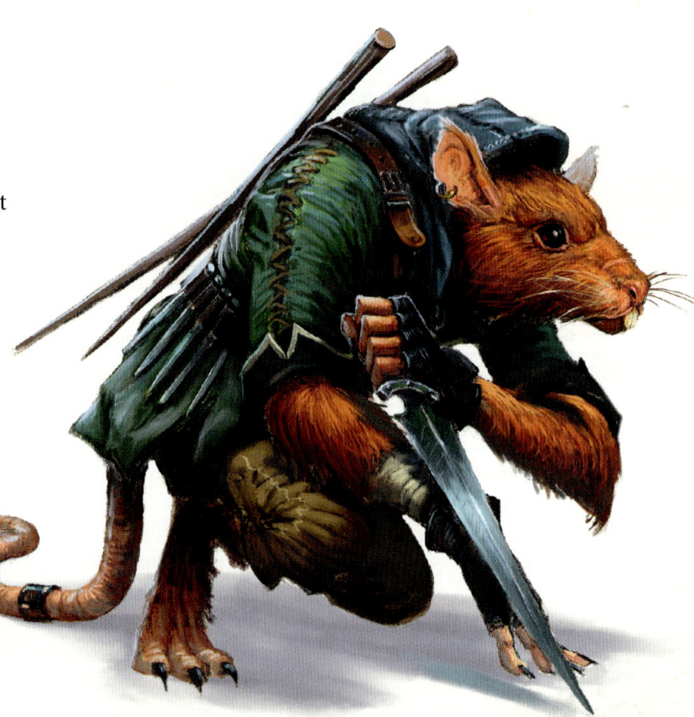

G. PRIVATE MEHRZWECKRÄUME

Diese Räume sind normalerweise verschlossen, doch sind die Türen nicht gerade sicher (SG 10 Geschicklichkeit, SG 10 Stärke; R13, 15 TP, immun gegen Gift, psychisch und gleißend). Die Räume können für 1–5 GM pro Stunde gemietet und (für zusätzliche Kosten) mit Tischen, Betten, Kissen und anderen notwendigen Gegenständen ausgestattet werden. Sie werden meistens für kleine Treffen und private Mahlzeiten verwendet. Jeder Raum hat ein Fenster, das sich nicht öffnen lässt.

Aufmerksam: Keine Veränderung.

Alarmiert: Wenn einer der Räume verwendet wird, wenn Alarm geschlagen wird, schließt die Wache, die vor dem Ballsaal postiert ist, die Türen und versucht alle Sorgen zu beschwichtigen, wie bei den Gästen des Ballsaals. Wenn keine Wache anwesend ist, wird sich die Wache, die von der Spielhalle geschickt wird, um die Gästezimmer kümmern, sobald sie die Türen des Ballsaals kontrolliert hat.

H. GÄSTEZIMMER

Diese luxuriösen Zimmer kann man für 10 GM am Tag mieten. Jede der prunkvollen Suiten bietet Platz für bis zu vier Personen. Die Räume sind üblicherweise verschlossen, aber nicht besonders sicher (SG 10 Geschicklichkeit, SG 10 Stärke; R13, 10 TP, immun gegen Gift, psychisch und gleißend). Jeder Raum hat ein Fenster, das sich öffnen lässt.

Wenn du möchtest, kannst du Gäste ausarbeiten, die für die Entwicklung des Abenteuers interessant wären. Einige Hostessen (männlich wie weiblich) besuchen die Gäste, um ihnen zu bringen, was sie von den vielen Angeboten der Lounge bestellt haben.

Aufmerksam: Keine Veränderung.

Alarmiert: Keine Veränderung.

I. WACHRAUM (OBERES KELLERGESCHOSS)

Der Wachraum am Fuß der Rampe von Bereich E (der Küche) ist das Kontrollzentrum für den Zugang zu den unteren Stockwerken. Niemand außer Nadi kommt hier durch, ohne aufgehalten und kontrolliert zu werden.

Ein Schreibtisch und einige Stühle stehen am Fuß der Rampe. Türen führen in drei Richtungen aus dem Raum.

Jeder, der die Rampe herunterkommt, wird von 5 **Wachen** und 1 **Uhrwerkhund** angehalten. Normalerweise ist die Kontrolle Routine, da die Sicherheitsmannschaft jeden, der in der Lounge arbeitet, vom Sehen kennt.

Zusätzlich zur Sicherheitsmannschaft liegt ein permanenter *Alarm*-Zauber auf dem Raum. Der *Alarm* löst eine geistige Warnung bei Nadi aus, wenn jemand von der Rampe tritt, ohne eines der goldenen Augen angesteckt zu haben, es sei denn, jemand, der bereits im Raum ist, spricht die Passphrase „Flüstern des Glücks". Wenn Nadi auf ein Problem aufmerksam gemacht wird, begibt er sich sofort in Richtung Wachraum und nimmt auf dem Weg einen Aufseher (**Ritter**) als Unterstützung mit.

Die Türen zu den Bereichen K und J sind normalerweise nicht gesichert, doch können sie verschlossen werden (SG 10 Geschicklichkeit, SG 10 Stärke; RK 12, 10 TP, immun gegen Gift, psychisch und gleißend). Die südlichen Türen allerdings, die tiefer in den Komplex führen, sind immer verschlossen (SG 18 Geschicklichkeit, SG 20 Stärke; RK 17, 27 TP, immun gegen Gift, psychisch und gleißend).

Aufmerksam: Wenn die Mitarbeiter der Lounge mit Ärger rechnen, postiert Nadi einen Aufseher (**Ritter**) hier, der den Raum zusammen mit der übrigen Sicherheitsmannschaft im Auge behalten soll.

Alarmiert: Wenn Alarm geschlagen wird, verschließen die Wachen alle Türen und beschützen den Raum. Sie lassen niemanden eintreten, der nicht von einem Aufseher (**Ritter**) oder Nadi selbst begleitet wird.

J. LAGERRAUM

Die Tür zu diesem Raum ist meistens nicht verschlossen. Er ist voll von Regalen voller Lebensmittel, Alkohol, Rauschmitteln, Bettwäsche und anderen Dingen, die nötig sind, um ein Lusthaus zu betreiben. Mindestens einmal pro Stunde betritt ein Mitarbeiter den Raum, um Vorräte für andere Orte in der Lounge zu holen.

Aufmerksam: Keine Veränderung.

Alarmiert: Wenn ein Alarm ertönt, verschließen Wachen aus Bereich I die Tür, die in diesen Raum führt, bleiben aber nicht hier.

K. GARDEROBE

Die Tür zu diesem Raum ist meistens nicht verschlossen. Er steht voll mit Instrumenten, Schminke und Kostümen, die von den Unterhaltungskünstlers verwendet werden, die in der Lounge auftreten, sowie von einigen der Hostessen. Zu jedem Zeitpunkt halten sich 4 Unterhaltungskünstler (**Gemeine**) und 1 **Hostess** hier auf.

Aufmerksam: Keine Veränderung.

Alarmiert: Wenn Alarm geschlagen wurde, verschließen Wachen aus Bereich I die Tür zu diesem Raum (SG 12 Geschicklichkeit, SG 12 Stärke; RK 13, 12 TP, immun gegen Gift, psychisch und gleißend), nachdem sie die Unterhaltungskünstler auf ihre Zimmer geschickt haben (Bereich L). Die Wachen bleiben nicht hier.

L. MITARBEITERRÄUME

Die dutzenden kleinen Räume hier sind die Zimmer der verschiedenen Mitarbeiter, Unterhaltungskünstler, Aufseher und Wachen, die in der Lounge arbeiten. Nur Abu wohnt außerhalb der Lounge. Keines der Zimmer hat ein Schloss, bis auf Nadis Suite, die recht sicher ist (SG 18 x 2 Geschicklichkeit [Doppelschloss], SG 15 Stärke; R12, 15 TP, immun gegen Gift, psychisch und gleißend). Nadis Suite von drei Zimmern (auf der Karte mit einem Sternchen* markiert) enthält auch sein Büro, das mit einem Alarm-Zauber wie in Bereich I gesichert ist.

Aufmerksam: Keine Veränderung.

Alarmiert: Wenn Alarm geschlagen wird, haben Mitarbeitern in ihren Zimmern die Anweisung, dort zu bleiben.

M. Wachraum (unteres Kellergeschoss)

Die Rampe vom oberen Kellergeschoss führt zu einem Wachbereich mit *Alarm*-Zauber, ähnlich wie Bereich I oben. Er wird von einem **Uhrwerkmyrmidonen** bewacht, der niemanden durchlässt, der keinen Augen-Anstecker trägt. Jemand mit einem solchen Anstecker kann den Sortierraum betreten, doch nur Nadi kann dem Myrmidonen Befehle erteilen.

Aufmerksam: Wenn Nadi mit einem Diebstahl rechnet, erwirbt er einen **Uhrwerkhund** von den Schwarzen Skorpionen, um den Myrmidonen zu unterstützen.

Alarmiert: Nadi passt die Befehle des Myrmidonen an, damit er niemanden außer Nadi passieren lässt.

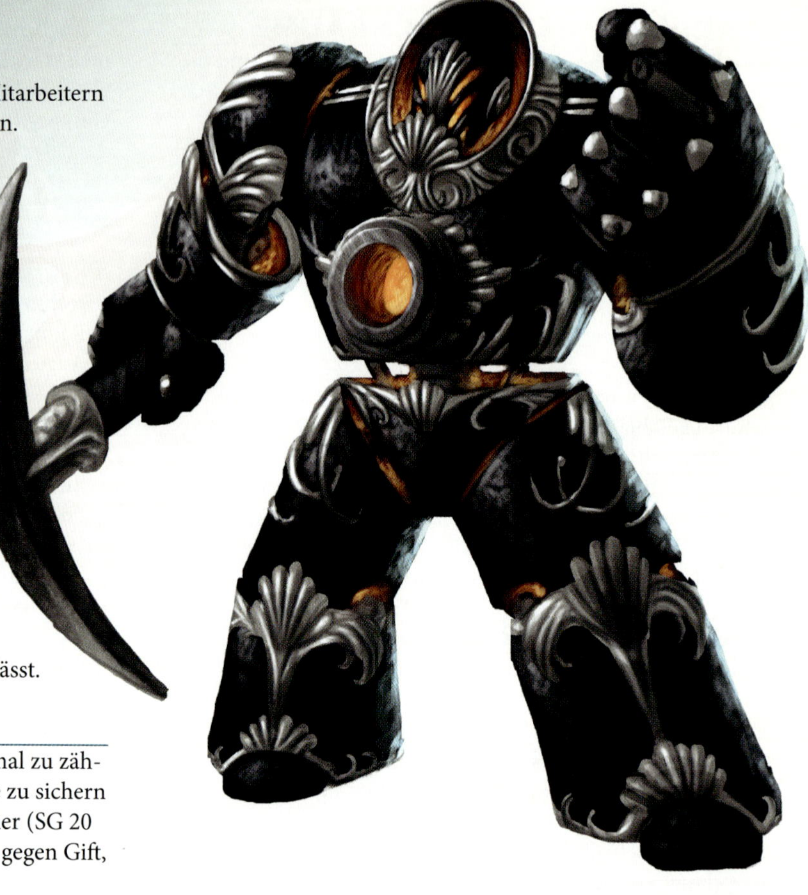

N. Sortierraum

Dieser Raum wird verwendet, um Erlöse noch einmal zu zählen und alle Wertgegenstände im Besitz der Lounge zu sichern und zu katalogisieren, und ist deshalb ziemlich sicher (SG 20 Geschicklichkeit, SG 20 Stärke; R17, 20 TP, immun gegen Gift, psychisch und gleißend).

Sicherheitsschränke und Körbe voller Schlösser stehen auf den Regalen. Ein großer Tisch nimmt die Mitte des Raumes ein. Eine komplizierte Sicherheitstür, größer als ein Zugpferd, befindet sich in der Nordwand.

Wertgegenstände werden hierher gebracht, um katalogisiert zu werden, und Münzen werden noch einmal gezählt. Dann werden sie in verschlossene Sicherheitstruhen gepackt (SG 15 Geschicklichkeit, SG 17 Stärke, RK17, 20 TP, immun gegen Gift, psychisch und gleißend). Die Sicherheitstruhen werden von Nadi oder einem der Aufseher mithilfe des Uhrwerkmyrmidonen in die Schatzkammer gebracht.

Wertgegenstände bleiben nicht lange in diesem Raum, und er ist nur besetzt, solange Dinge katalogisiert und gezählt werden müssen. Die Tür zur Schatzkammer ist immer verschlossen, und die Falle ist immer aktiv, außer wenn Wertgegenstände in die Schatzkammer gebracht oder daraus entfernt werden.

Aufmerksam: Wenn man in der Lounge auf ein Problem aufmerksam geworden ist, werden 2 **Veteranen** der Schwarzen Skorpione hier postiert.

Alarmiert: Wenn ein Alarm ertönt, begeben sich 2 **Wachen,** die außer Dienst waren und sich in Bereich L aufgehalten haben, vor die Tür dieses Raums.

O. Die Schatzkammer

Die Schatzkammer ist ein Würfel aus Stahlplatten, die um einen Bleikern gelegt wurden, der Teleportation oder körperlose Bewegung aufhalten soll. Sie verfügt über ein kompliziertes Schloss, dessen Kombination nur Nadi und die Aufseher kennen (SG 25 Geschicklichkeit, SG 30 Stärke; R18, 100 TP, immun gegen Gift, psychisch und gleißend). Nadi wechselt die Kombination jede Woche, um die Chance zu verringern, dass jemand anderes sie herausfinden kann.

Die Tür ist mit einer Falle versehen, die jeder auslöst, der eine falsche Kombination eingibt. Sie füllt den Raum mit Giftgas. Jeder im Raum erleidet 22 (4W10) Giftschaden und wird vergiftet; ein erfolgreicher Konstitutionsrettungswurf gegen SG 15 halbiert den Schaden und verhindert die Vergiftung. Vergiftete Kreaturen wiederholen den Rettungswurf am Ende eines jeden ihrer Züge und beenden den Effekt bei einem Erfolg.

In der Schatzkammer befinden sich zwölf Sicherheitskisten (siehe Raum N), die jeweils Wertgegenstände im Wert von 50.000 GM enthalten.

Aufmerksam: Wenn Nadi ein Problem erwartet, ändert er die Kombination und teilt sie mit keinem der Aufseher. Dadurch muss er jeden Geldtransfer selbst vornehmen.

Alarmiert: Keine Veränderung.

SZENE 4: DER COUP!

Dieser Abschnitt ist eine Skizze der Ereignisse des vierten Tages, vorausgesetzt, die Charaktere haben Nadi oder seine Sicherheitsmannschaft nicht misstrauisch gemacht. Diese Ereignisse finden zusätzlich zur normalen Routine statt (wie Geldtransporte), die in Szene 3 beschrieben sind. Du kannst dies nach Bedarf anpassen oder ergänzen, um die Spannung und Dramatik des Abenteuers zu maximieren.

1. Im Morgengrauen trifft Nadi seine Mitarbeiter. Wenn es einen Alarm gegeben hat, wechselt er die Kombination für die Schatzkammer, sobald die Versammlung vorbei ist, und teilt sie mit niemand anderem.
2. Am Vormittag beginnt das Vipernnest-Turnier. Es kaufen sich 77 Teilnehmer ein. Bis zum Mittagessen ist die Hälfte von ihnen ausgeschieden und hat nicht mehr genug Geld, um sich wieder einzukaufen. Es gibt eine zweistündige Pause. Nadi verbringt den Großteil seiner Zeit damit, in der Spielhalle herumzugehen, Spieler zu begrüßen, zu plaudern und einen guten Gastgeber zu spielen.
3. Am späten Vormittag kommt Uzon Mashaeri von der Dame des Glücks über die Straße und bestellt etwas zu trinken, während er angewidert für einige Minuten das Turnier beobachtet. Nach einigen Minuten wirft er wütend sein Glas hin und stürmt zurück in seine Spielhalle, ohne ausgetrunken zu haben. Für die wenigen Minuten dieses Geschehens sind die Wachen durch Uzons Anwesenheit abgelenkt.
4. Gegen Mittag bereiten die Mitarbeiter den Ballsaal für die Hochzeit vor.
5. Als das Turnier gerade wieder beginnen soll, versucht eine der Spielerinnen, die vor dem Mittagessen ausgeschieden ist – eine Gnollin namens Varnga – wütend, sich wieder an einen Tisch zu setzen. Das führt irgendwann zu einem sehr ablenkenden Kampf mit den Wachen und könnte sogar einen der Charaktere mit hineinziehen, der am Turnier teilnimmt. Menschen haben Schwierigkeiten damit, Gnolle voneinander zu unterscheiden, und für den Rest des Tages verwechseln die Wachen einen etwaigen Gnoll-SC mit der Unruhestifterin und behalten ihn genau im Auge.
6. Kurz vor dem Abendessen treffen fünf Männer und zwei Frauen ein. Sie sind in dunkle Gewänder gekleidet und tragen große Taschen. Sie mieten einen der Mehrzweckräume und schließen sich ein. Wenn die Lounge in Alarmbereitschaft ist, wird eine der Wachen aus Bereich I entsandt, um das Zimmer unauffällig im Auge zu behalten. Es handelt sich um Taschendiebe, die in der Spielhalle Beute machen wollen. Nach einer halben Stunde verlässt die Gruppe in Abendkleidung einzeln und in Zweiergruppen den gemieteten Raum. Die Gruppen trennen sich und mischen sich unter die Menge, was es schwer macht, sie zu verfolgen. Im Lauf des Abends stehlen sie mehr als 8.000 GM von arglosen (oder exzessiv feiernden) Gästen. Die Wachen bemerken nicht, was sie tun, doch ein Spielercharakter, der sie 15 Minuten lang beobachtet und einen erfolgreichen Wurf auf Weisheit (Wahrnehmung oder Fingerfertigkeit) gegen SG 14 ablegt, bemerkt, dass einer von ihnen einen Geldbeutel stiehlt. Irgendwann versucht einer der Diebe die Taschen eines Charakters auszuräumen (+6 auf seinen Geschicklichkeitswurf gegen die passive Wahrnehmung des Charakters als SG). Schnell denkende Charaktere könnten einen Plan ersinnen, die Taschendiebe zur Ablenkung der Wachen zu verwenden. Wenn die Diebe nicht aufgehalten werden, haben die Wachen gegen 20:00 Uhr genug Beschwerden von Opfern gehört, um die Lounge in Alarmbereitschaft zu versetzen, bis die Taschendiebe aus dem Club geworfen wurden (nach einer Tracht Prügel in der Gasse).
7. Zur Abendessenzeit treffen Nottan El-Hareesh und seine Familie ein, um die Hochzeit zu feiern.
8. Eine Stunde nach seiner Ankunft verlangt Nottan El-Hareesh, mit Abu zu sprechen, weil er der Ansicht ist, dass der Hochzeitsgesellschaft minderwertiges Essen serviert wurde. Wenn Abu anwesend ist, wird der Ratterich so wütend, dass er versucht, den Brautvater mit einer Salatgabel zu erstechen. Wachen trennen die beiden, bevor jemand verletzt wird. Nadi wird gerufen, um die Situation zu entschärfen und Nottan zu beschwichtigen. Das beschäftigt Nadi und hält ihn für fast eine Stunde von seiner üblichen Routine ab.
9. Gegen Einbruch der Nacht beginnt die letzte Runde des Turniers. Es wird für vier Stunden gespielt, dann gibt es eine einstündige Pause, und dann noch einmal vier Stunden Spiel.
10. Während der Turnierpause wird ein Goblin namens Käfer dabei erwischt, wie er im Korridor des dritten Stocks Rauschmittel verkauft. Die Mitarbeiter der Lounge sorgen sich nicht wegen der Illegalität, sondern wollen nicht, dass der Goblin ihre Preise unterbietet. Wachen bringen Käfer in Bereich I, wo er energisch „verhört" wird. Eine Stunde später wird der Goblin, der kaum noch bei Bewusstsein ist, in die Gasse geworfen. Unbemerkt hat Käfer einer der Wachen einen goldenen Augenanstecker und einen Schlüsselbund gestohlen. Wenn die Charaktere ihm helfen oder in der Gasse mit ihm sprechen, macht Käfer einige wütende Kommentare darüber, wie blind die Wachen sind und wie er derjenige sein wird, der zuletzt lacht.
11. Einige Minuten nach Mitternacht treffen ein Wagen und ein Dutzend Vollstrecker (**Schläger**) des Schwarzen Tisches ein, begleitet von sechs **Uhrwerkmyrmidonen**, um die Bestechung/Steuer für ihre Meister zu holen.

ABSCHLUSS

Das Ergebnis der Mission hängt davon ab, wie gut die Charaktere geplant und unerwartete Chancen ergriffen haben. Wenn sie mit dem Geld entkommen, wird Nadi von den Vollstreckern des Schwarzen Tisches weggebracht und nie wieder gesehen. Wenn die Charaktere erwischt werden, übergibt Nadi den Vollstreckern nicht nur das Geld, sondern auch die Charaktere, die nun auf die Gnade des Schwarzen Tisches hoffen müssen. Ob die Charaktere jemals wieder gesehen werden, hängt von dir und von ihnen ab.

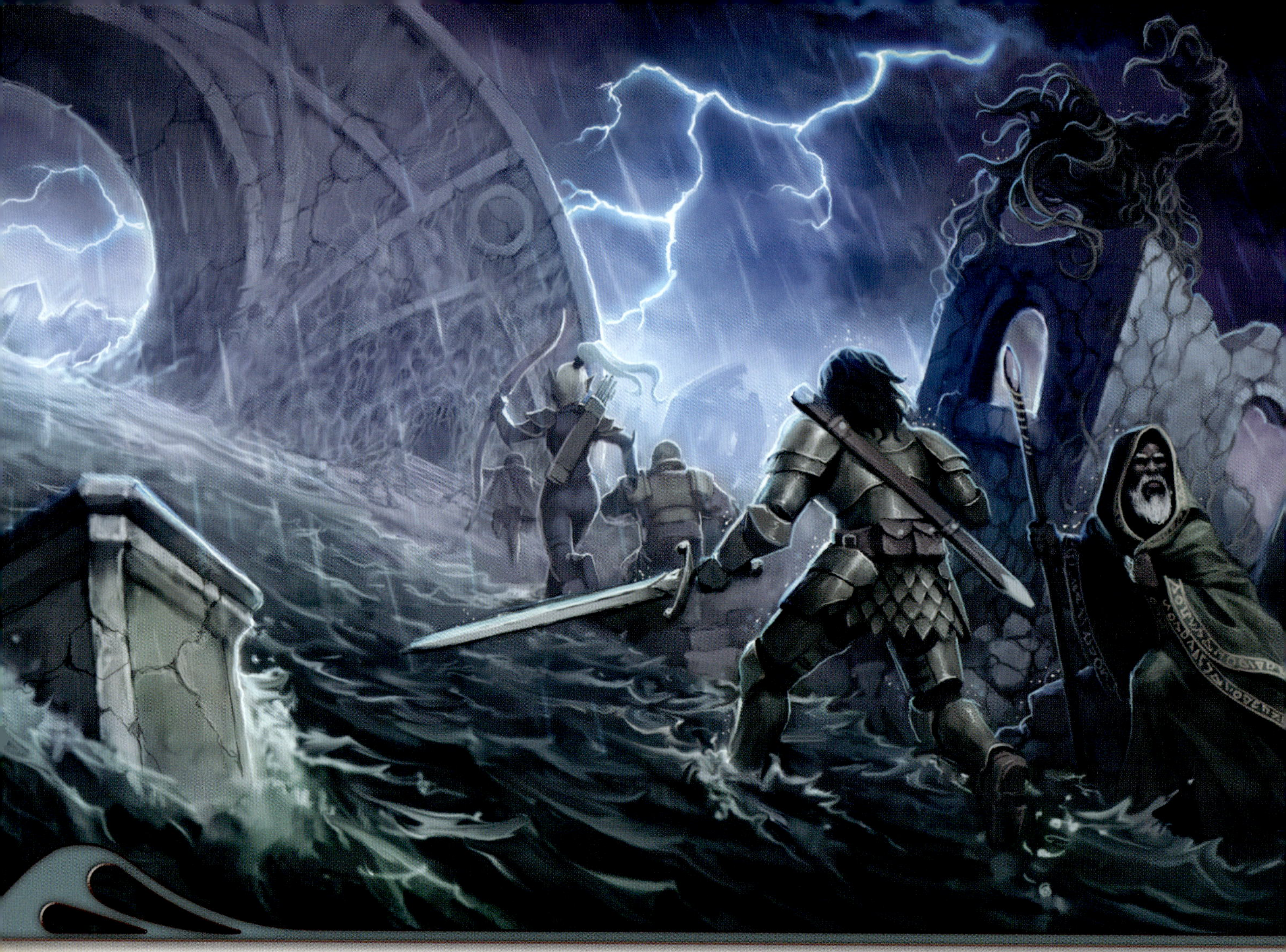

JÄGER DER KAMMER DES VIELFACHEN MORGENS

Ein Abenteuer für die 5. Edition, ausgelegt für Charaktere der 6. Stufe

Von Troy Taylor

Heilige Herrin Eschenmantel ist die selbsternannte Wächterin des Tomierrischen Waldes und der Ruinen von Dorn, wo es mächtige Artefakte gibt, die die Zeit verzerren. Sie will ihr eigenes Adelshaus gründen und dieses Territorium als Basis verwenden. Aber einige Mitglieder des Hauses Aldous-Donner verkaufen seine Artefakte, um Geld und Einfluss zu erlangen.

Die Spielercharaktere sind Agenten der Heiligen Herrin Eschenmantel, Oberhaupt der Kirche von Yarila und Porevit. Diese Doppelgottheiten sind die Götter der Fruchtbarkeit, der Felder und Wälder in der elfischen und elfengezeichneten Domäne des Großherzogtums Dornig.

Der Gegenspieler der Charaktere ist Professor Skein Devinshire, ein adretter, intriganter Huginn (Rabenvolk), der den Posten des Stellvertretenden Direktors der Schatzkammer für Antiquitäten in der dornischen Stadt Reywald innehat. Devinshire wird von einem Gefolge aus käuflichen Schatzjägern unterstützt.

Das Abenteuer basiert auf dem Konflikt (der im *Mythgart Weltenbuch* beschrieben ist) zwischen der Heiligen Herrin Eschenmantel und skrupellosen Mitgliedern von Haus Aldous-Donner.

ZUSAMMENFASSUNG

Das Abenteuer beginnt in einem Lagerhaus der Aldous-Donners in Reywald. Die Charaktere, die auf Befehl der Heiligen Herrin handeln, haben einen Tipp erhalten und dadurch die Gelegenheit, einen unerlaubten Austausch von Artefakten aus den Ruinen von Dorn zu beobachten. Darunter ist die *Kugel von Agua-Sintellum*, ein legendäres zeitkrümmendes Artefakt, das Wasserdampf von den Wasserfällen am Rand der Welt enthalten soll.

Die Charaktere können versuchen, Devinshire und seine Schläger daran zu hindern, das Artefakt zu erwerben. Alle versuchen, die Kugel in einer Mischung aus Schwarzer Peter und Neckball in die Finger zu bekommen. Wenn die Situation verläuft, wie erwartet, flüchtet Devinshire, anstatt sein Leben aufs Spiel zu setzen, so dass die Charaktere die Kugel in Besitz nehmen können.

Im Imperialen Konservatorium in der Waldstadt Tomierau erhalten die Charaktere von der Heiligen Herrin Eschenmantel Hintergrundinformationen zur Kugel. Die wichtigste Enthüllung ist, dass es sich dabei tatsächlich um einen Schlüssel zur legendären Kammer des Vielfachen Morgens handelt. Alte Karten, die die Stadt Dorn in ihrer Hochzeit zeigen, ehe der Archontenhof den Großen Rückzug ausrief, werden hervorgeholt und mit dem Tagebuch eines Zwergs aus der Zeit vor dem Mithrilkrieg verglichen. Das Tagebuch beschreibt den wahrscheinlichen Standort der Kammer des Vielfachen Morgens und erwähnt auch den Torbogen der Horizonte, ein Bauwerk, das einen Nebenfluss des Dorn überspannt. Der zwergische Schreiber beschreibt, wie er die Kugel ursprünglich erlangt hat, und wie er vom Torbogen aus etwas erspäht hat, das er unklar als „brausende Flottille" bezeichnet.

DIE RUINEN VON DORN ERKUNDEN

Die Charaktere treffen während eines starken Gewitters in den gewaltigen Ruinen von Dorn ein. Der westliche Teil des Torbogens der Horizonte ist fast vollständig eingestürzt, und das Wasser darunter ist durch den Regen angeschwollen. Aber der Ostteil, und mit ihm der zentrale Scheitelpunkt, der über das Wasser ragt, scheint robust zu sein. Der Torbogen strahlt auch Verwandlungsmagie aus. Am Fuß des westlichen Teils führt eine große Steintreppe zu einer Steintür. Die unmittelbare Umgebung des Torbogens ist ein Schnittpunkt mehrerer Ley-Linien, einer von vielen in der Stadt.

Nachdem die Charaktere einen Modernden Schlurfer besiegt haben, können sie den Torbogen erkunden. Im Inneren finden sie einen Kartentisch und Modelle der Navigationsgeräte, die auf die Kugel eingestimmt sind, einen geheimnisvollen Stab in einem Wassertank, und die Statue eines untoten Wächters.

Schließlich begeben sich die Charaktere in die Kammer des Vielfachen Morgens. Egal, ob sie den zeitverzerrenden Effekt aktivieren oder nicht, sie begegnen im Inneren der Kammer dem untoten Wächter. Sie finden auch einen *Himmlischen Sextanten* und sein Gegenstück, ein *Dornisches Nokturnal*. Diese Navigationsgeräte können die Würdigen führen, so dass sie den Elfen auf ihren Großen Rückzug folgen können.

In diesem Moment treffen Devinshire und seine Schläger ein, was zu einem Kampf mit drei Parteien führt. In einem entscheidenden Moment öffnet sich der Boden der Kammer des Vielfachen Morgens, und alle fallen in den tosenden Fluss. Es kommt zu einem wilden Kampf zwischen den Charakteren, Devinshires Truppe und dem untoten Wächter. Bis der Fluss ins Meer mündet, haben die Charaktere entweder die kostbaren Navigationsgeräte in ihren Besitz gebracht, oder ihre Mission ist gescheitert.

Wenn die Mission ein Erfolg war, sollten die Charaktere die Möglichkeit haben, das Verschwinden der Elfen von Mythgart zu ergründen. Du kannst die Geschichte fortsetzen, wenn du möchtest, so dass sie irgendwann die Wahrheit über den Großen Rückzug herausfinden können.

TEIL 1: REYWALD-LAGERHAUS

Die Charaktere beginnen das Abenteuer im Lagerhaus. Weil sie schon vorher von dem Treffen wussten, konnten sie den Ort auskundschaften, die Anordnung von Fässern und Kisten sehen, einen Plan entwickeln und taktisch vorteilhaft positionieren.

Erinnere die Spieler aber daran, dass der Verkäufer mit der Kugel schlicht fernbleiben könnte, wenn sie unvorsichtig sind oder ihre Anwesenheit zu früh zeigen. Sie sollten nicht eingreifen, bis die Kugel offenbart wird.

Wenn die Charaktere sich erst einmal vorbereiten können, haben sie das Gefühl, Kontrolle über die Situation zu haben, auch wenn das gar nicht stimmt. Es lehrt sie auch die wichtige Lektion für den Rest des Abenteuers, dass selbst die besten Pläne nicht den ersten Feindkontakt überleben.

Timing im Convention-Spiel

Das Abenteuer besteht aus ungefähr acht Begegnungen. Nur sechs sollten notwendig sein, um das Abenteuer abzuschließen. Wenn die Zeit knapp wird, kannst du die Kampfbegegnungen in den Räumen 3 und 5 im Torbogen der Horizonte auslassen. In einem für Conventions üblichen Zeitrahmen von vier Stunden kannst du grob diesem Zeitplan folgen:

0:00	Begrüßung der Spieler und Verteilen der Charaktere
0:15	Eröffnungsbegegnung Reywald-Lagerhaus
0:45	Missionsbeschreibung Im Imperialen Konservatorium
1:00	Ankunft am Torbogen der Horizonte, Kampf gegen Modernden Schlurfer
1:30	Erkundung des Erdgeschosses des Torbogens
2:00	*Pause*
2:15	Erkundung des ersten Stocks des Torbogens
2:45	Erkundung des zweiten Stocks des Torbogens
3:00	Weg über die eingestürzte Treppe
3:15	Eindringen in die Kammer des Vielfachen Morgens
3:30	Verfolgungsjagd auf dem Fluss
3:45	Abschluss
4:00	Ende der Sitzung

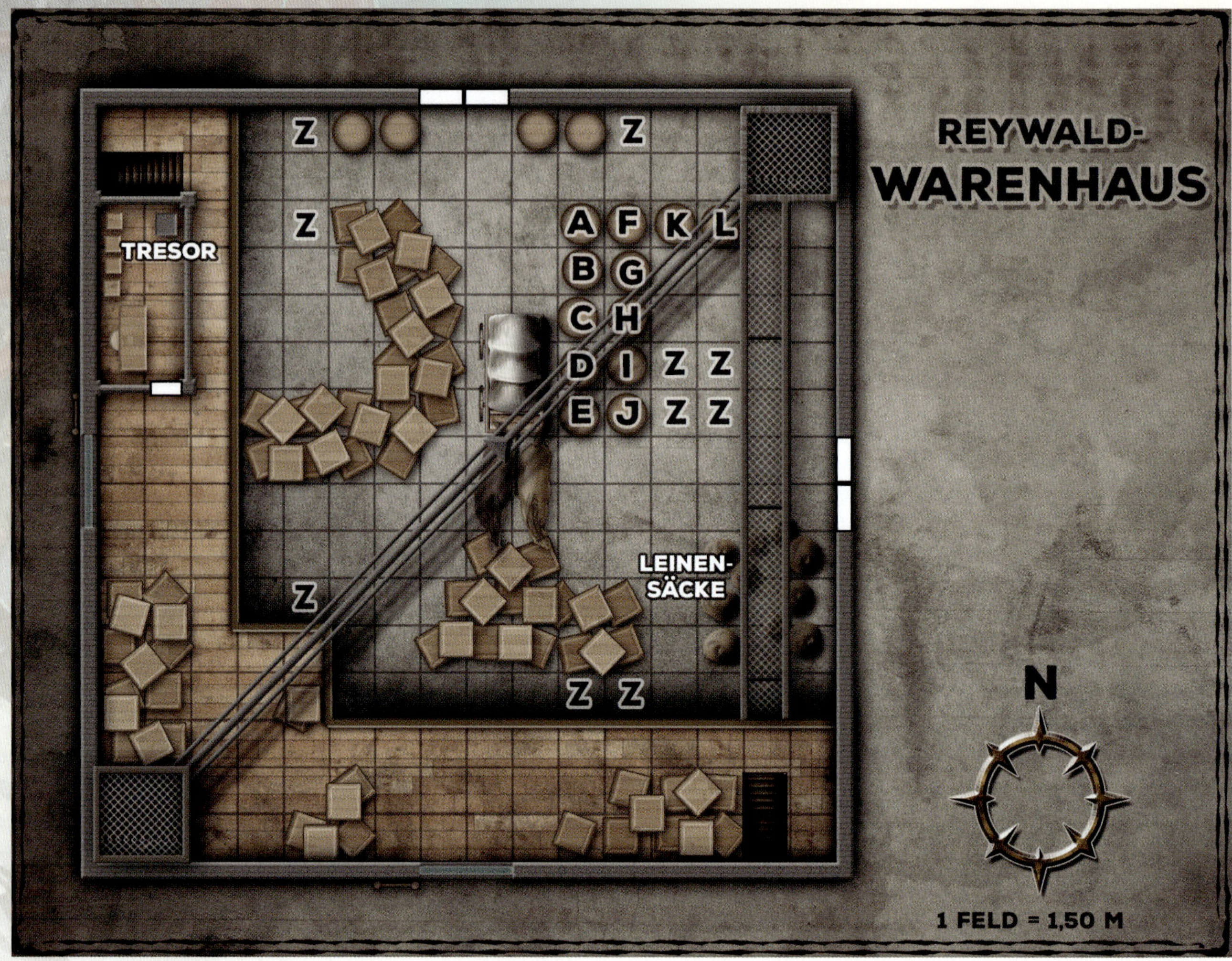

Dies sollte wie eine Szene in einem Actionfilm ablaufen, in der der Schurke versucht, um einen Gegenstand zu verhandeln. Alle sind angespannt, niemand vertraut der anderen Seite. Im schlimmstmöglichen Moment sagt jemand einen Satz oder macht eine Bewegung, die einen Knallkörper losgehen lässt, und noch bevor alle verstanden haben, was passiert ist, versinkt alles im Chaos.

Das Lagerhaus ist voller Zeug, das explodieren kann, von anderen Dingen abprallt, rutschige Oberflächen erzeugt und allerlei Chaos und Schwierigkeiten für die Kämpfer erzeugt. Sobald die Kettenreaktion beginnt, kann alles passieren. Dinge stürzen um, fallen herunter, werden vergossen und explodieren. Inmitten der Verwirrung entkommen die Bösewichte.

Clevere Spieler erkennen vielleicht das Potenzial in alledem, während sie den Inhalt des Raums untersuchen. Bestärke sie in ihren Ideen. Lass sie Fässer umherschieben und verrückte Rube-Goldberg-Fallen im Scooby-Doo-Stil entwickeln. Es soll alles Spaß machen.

Deckenkran. Eine Sache, auf die du hinweisen solltest, ist der Kranmechanismus, der sich diagonal entlang der Decke des Lagerhauses erstreckt. Um ihn zu bedienen, sind zwei Personen nötig, eine an jedem Ende der Maschine im Obergeschoss. Eine Steuerung befindet sich im Lagerbereich in der südwestlichen Ecke des Lagerhauses, und die andere auf einer Plattform in der nordöstlichen Ecke, die nur über eine Laufsteig zugänglich ist, der parallel zur Ostwand verläuft.

Es sollte den Spielercharakteren bewusst werden, dass der Kran eine perfekte Falle ist: Seine schwere Last kann auf das abgeworfen werden, was sich darunter befindet, wenn man zwei Hebel betätigt. Wenn die Charaktere eintreffen, hält der Kran eine schwere Marmorstatue, die ein exquisites Abbild der Imperatrix ist. Die Statue wurde von Haus Aldous-Donner in Auftrag gegeben, um sie der Herrscherin die Statue an ihrem Namenstag zum Geschenk zu machen. Mehrere sehr mächtige Personen werden extrem wütend werden, wenn die Statue beschädigt wird. Sobald die Charaktere herausgefunden haben, wie man den Kran bedient, können sie die unersetzbare Statue leicht gegen etwas ersetzen, das ebenso schwer, aber weniger wertvoll ist.

Um die Steuerung des Krans zu verstehen, ist ein Intelligenzwurf gegen SG 10 notwendig. Wenn der Wurf um 5 Punkte oder mehr misslingt, fällt die Statue auf den

Boden und erleidet beträchtlichen Schaden. Ansonsten kann die erste Person, die den Mechanismus verstanden hat, den anderen Charakteren zeigen, wie er funktioniert. Sie können dann die Last des Krans überall auf der Schiene positionieren. Wenn der richtige Augenblick gekommen ist, müssen die Charaktere auf beiden Seiten der Schiene ihre jeweiligen Hebel ziehen, und die Ladung fällt krachend auf den Boden. Alle Kreaturen im Bereich direkt unter der Ladung erleiden 11 (2W10) Wuchtschaden, oder halb so viel Schaden nach einem erfolgreichen Geschicklichkeitsrettungswurf gegen SG 10.

Leinensäcke. Der Haufen Säcke (die mit Getreide gefüllt sind) kann einen Sturz etwas abbremsen und halbiert den Schaden. Ein Sack voller Getreide kann als improvisierte Waffe genutzt werden (1W4 Wuchtschaden), aber nur einmal. Nach einem Treffer reißt der Sack auf, und das Getreide fliegt in alle Richtungen.

Eimer voller Sand. Eimer voller Sand hängen an Haken in jeder Ecke des Erdgeschosses und Obergeschosses. Wenn man einen Sandeimer auf ein Feuer kippt, wird ein Quadrat mit 1,50 m Seitenlänge gelöscht.

Kistenstapel. Jeder Stapel ist 6 m hoch. Der Inhalt der Kisten wird mit der Kettenreaktion-Tabelle bestimmt.

Behälter (mit Buchstaben). Der Inhalt dieser Fässer wird mit einem zufälligen Wurf auf der Kettenreaktionstabelle ermittelt. Sie sind mit Buchstaben versehen, so dass du eine Liste mit ihrem jeweiligen Inhalt anlegen kannst.

Fässer. Einige nicht mit Buchstaben versehene Fässer stehen an der Nordwand. Ihr Inhalt kann ebenfalls mit der Kettenreaktionstabelle bestimmt werden.

Oben/Unten. Um die Sache zu vereinfachen, sind Hindernisse im ersten Stock des Gebäudes die gleichen wie unmittelbar darunter; wo das Büro, die Treppen und die Kisten auf dem Balkon stehen, sind sie beispielsweise auch im Erdgeschoss. Die einzige Ausnahme ist der Kran mit seinen Stützen.

Laufsteg. Dieser wackelige, hölzerne Laufsteg ist nur 75 cm breit und hängt an Seilen 6 m über dem Boden. Er hat ein Geländer, die höchstens ein falsches Gefühl der Sicherheit bieten.

KETTENREAKTIONEN

Es ist absolut möglich, dass Charaktere, die bemerken, wie empfindlich Teile des Inhalts des Lagerhauses sind, während sie sich auf diese Begegnung vorbereiten, absichtlich eine Explosion auslosen werden. Wenn das der Fall ist, ist deine Aufgabe nicht schwer. Vorsichtigere Charaktere (oder Charaktere, die Sachbeschädigung vermeiden wollen) wählen vielleicht eine sicherere Taktik. Die Schläger, die Devinshire begleiten, haben ihrerseits keine solchen Hemmungen und sind sich des Risikos nicht einmal bewusst. Ein nervöser Finger am Abzug und ein fehlgeleiteter Armbrustbolzen können schon ausreichen, um eine Kettenreaktion im Lagerhaus auszulösen. Wie und wann das passiert, liegt an dir. Wähle den besten Zeitpunkt, um möglichst großen dramatischen (oder komischen) Effekt zu erzielen.

Sobald eine Kettenreaktion beginnt, egal ob absichtlich oder unabsichtlich, wirf zu Beginn eines jeden Zugs eines Spielercharakters und Devinshires Zug einen W20. Schlage das Ergebnis auf der Kettenreaktions-Tabelle nach und wende es irgendwann während des Zuges an. Es muss nicht sofort zu Beginn des Zugs passieren, doch ist das durchaus möglich. Wenn aber beispielsweise eine Kiste explodieren wird, macht es mehr Spaß, wenn das in dem Moment passiert, in dem ein Charakter vorbeiläuft, und nicht zuvor. Wenn es einmal angefangen hat, sollte sich die Kettenreaktion mühelos fortsetzen lassen. Habe Spaß, improvisiere, und lass Dinge zufällig passieren.

Jedes Ereignis kann nur einmal eintreten, also kreuze es ab, wenn es so weit ist. Wenn die gleiche Zahl wieder gewürfelt wird, verschiebe das Ergebnis nach oben (bei einem ungeraden Wurf) oder unten (bei einem geraden Wurf) und verwende das erste verfügbare Ergebnis, das du erreichst. Wenn du dabei das obere Ende der Liste erreichst, mach von unten weiter, und andersherum.

Dein Ziel in dieser Sequenz ist es, die Kettenreaktion am Laufen zu halten. Es ist nicht schlimm, wenn du manchmal unterbrichst, wenn Charaktere (und Spieler) den Atem holen und Dinge sagen wie „Gottseidank ist es vorbei". Natürlich fängt es genau dann wieder an.

Du solltest die Regeln zu verschiedenen Zuständen verfügbar haben, um sie in dieser Begegnung leicht nachschlagen zu können.

KUGEL IN BEWEGUNG

Immer wenn ein Zwischenfall auf der Kettenreaktions-Tabelle ausgelöst wird, bewegt sich die Kugel. Wenn sie frei umherrollt, wird sie von einer Explosion oder einem Stück Schutt weggeschlagen. Wenn sie sich in Händen einer Person befindet, lässt diese sie fallen, weil sie erschrickt oder durchgerüttelt wird, oder die Kugel wird ihr aus der Hand geschlagen. Erkläre es, wie du willst, doch die Kugel rutscht, gleitet oder rollt oder fliegt an einen neuen Ort. Dies sollte den Spielern wie eine komische, doch nicht übernatürliche Situation erscheinen. Tatsächlich versucht die Kugel zu entkommen, weil sie wieder an ihrem magischen Stab befestigt werden will. Ein Charakter mit passiver Wahrnehmung 16 oder höher, oder ein Charakter, der die Kugel bewusst beobachtet und einen Wurf auf Weisheit (Motiv erkennen) gegen SG 15 schafft, bemerkt, dass sie kurz auf ihrem Weg innehält, um Gegenstände wie Besenstiele, einen fallengelassenen Speer und ähnliches zu berühren.

Die Kugel festzuhalten ist im Kampf schwer; sie löst sich immer dann, wenn jemand von einem Angriff getroffen wird oder Schaden durch die Kettenreaktion erleidet.

Wenn die Kugel zu Beginn einer Runde frei ist, wirf einen W8 für die Richtung und einen W6 für die Strecke (in 1,50-m-Feldern), die sie sich bewegt.

MAGISCHE GEGENMASSNAHMEN

Die Kugel widersteht dem Zauber *Magierhand* automatisch. Unheimlicherweise aktiviert sie ihr eigenes *Magie bannen* als Reaktion, wenn eine *Magierhand* sie berührt. Wenn *Magie bannen* direkt auf die Kugel gewirkt wird, kann sie sich für 1 Minute pro Zauberplatzgrad, der für *Magie bannen* aufgewendet wurde, nicht auf diese Weise verteidigen. Dies hindert die Kugel nicht daran, wie zufällig durch die Gegend zu wirbeln, zu rutschen und zu prallen.

Wenn die Kugel auf einen Nutzer eingestimmt wird, kann die Kreatur normal *Magierhand* auf sie verwenden.

EIN ILLEGALER AUSTAUSCH

Devinshires zehn **Schläger**, allesamt Elfengezeichnete, treffen an der Osttür ein. Sie nehmen Position ein, wie es auf der Karte angegeben ist (ihre Positionen sind mit dem Buchstaben Z markiert), und versuchen sich zu verstecken. Jeder trägt eine entzündete Laterne, die sie irgendwo in der Nähe abstellen, um das Lagerhaus zu beleuchten. Wenn sich Charaktere bereits in den Verstecken befinden, zu denen

KETTENREAKTIONSTABELLE

W20	Was passiert
01	**Vollgespritzt.** Ein unter Druck stehendes Fass voller Öl wird durchstochen und spritzt Öl in einem 3-m-Kegel in eine zufällige Richtung (bestimme mit einem W8). Ein Charakter, der mit Öl übergossen wird, erleidet 5 Feuerschaden, falls das Öl Feuer fängt. Danach ist es abgebrannt.
02	**Nägel.** Ein Stapel Kisten fällt um, kracht zu Boden und bricht auf, wodurch Eisennägel wie Schrapnell umherfliegen. Jede Kreatur im Lagerhaus erleidet 1W2 Stichschaden. Der Bereich, in dem sich die Kiste befindet, und alles im Umkreis von 1,50 m enthält jetzt effektiv Krähenfüße (eine Kreatur, die ein betroffenes Feld betritt, muss einen Geschicklichkeitsrettungswurf gegen SG 15 ablegen, um nicht 1 Punkt Stichschaden zu erleiden und ihre Bewegung zu beenden; ihre Bewegungsweite wird um 3 m verringert, bis sie mindestens 1 Punkt Heilung erhält; eine Kreatur, die sich mit halber Bewegungsweite oder weniger bewegt, muss keinen Rettungswurf ablegen). Außerdem hüpft oder stolpert jemand, der Schaden durch Krähenfüße erleidet, sofort in das nächste zufällig gewählte Feld, das keine Krähenfüße enthält. Wenn dieses Feld ein anderes Hindernis enthält, baue es in die Kettenreaktion ein.
03	**Schwankende Brücke.** Ein Sicherheitskabel am Laufsteg zerreißt. Jede Kreatur auf dem Laufsteg muss einen Geschicklichkeitsrettungswurf gegen SG 10 schaffen, sonst erleidet sie 5 (1W10) Hiebschaden durch das peitschende Kabel und stürzt 6 m auf den Boden. Nachdem das Kabel zerrissen ist, wird der schwankende Laufsteg schwieriges Gelände, und ein Charakter, der sich mehr als 3 m pro Zug über den Laufsteg bewegt, muss einen Geschicklichkeitsrettungswurf gegen SG 15 schaffen, um nicht zu fallen.
04	**Pulverwolke**. Ein Fass voller Pulver stürzt um und bricht auf, wobei eine Pulverwolke aufsteigt, die ein halbkreisförmigen Bereich mit 6 m Radius füllt. Der Bereich im Radius ist stark verschleiert. Die Wolke breitet sich um Ecken aus. Sie ist nicht brennbar und löst sich nach einer Runde auf.
05	**Murmeln?** Ein Glas voller kleiner Stahl- oder Glaskugeln stürzt um, so dass sich die winzigen Kugeln in einem Radius von 6 m über den Boden ausbreiten. Eine Kreatur muss einen Geschicklichkeitsrettungswurf gegen SG 8 schaffen, immer wenn sie ein Feld in diesem Gebiet betritt, um nicht den Zustand Liegend zu erleiden. Dieser Effekt bleibt für den Rest der Begegnung bestehen, bis jemand spezielle Aktionen durchführt, um ihn zu entfernen, zum Beispiel den Bereich mit einem Besen fegen oder ihn mit dem Zauber *Donnerwoge* räumen.
06	**Gestank.** Diese Keramikkrüge sind voll mit Stinkasant, Salz, Pfeffer, Schwefel und verfaultem Fisch. Sie sind beliebt bei Matrosen und Seesoldaten, die sie Stinktöpfe nennen und zur Verteidigung von Schiffen einsetzen. Wenn ein Stinktopf zerbricht, füllt er einen Radius von 6 m mit abscheulichem Gestank. Alle Kreaturen, die ihren Zug in diesem Bereich beginnen, müssen einen Konstitutionsrettungswurf gegen SG 15 ablegen, um nicht bis zum Beginn des nächsten Zuges kampfunfähig zu sein. Die Krüge sind in Viererkisten verpackt. Glücklicherweise zerbrechen sie meist nur einzeln.
07	**Aus der Rolle.** Die Seitenwand einer großen, schmalen Kiste bricht auf, so dass ein gewaltiger Gong herausrollen kann. Er rollt in einer geraden Linie (in einer zufälligen Richtung, oder der Richtung, die den größten Effekt hat), bis er ein Hindernis trifft. Wenn er etwas trifft, fällt er auf den Boden und zerquetscht alles im 3-m-Quadrat, auf das er fällt. Wirf einen beliebigen Würfel, um zu ermitteln, ob der Gong nach rechts (gerade) oder links (ungerade) fällt. Jede Kreatur im Weg des Gongs und in dem Bereich, in den er fällt, erleidet 5 (1W10) Wuchtschaden und ist für eine Runde taub, oder keinen Schaden bei einem erfolgreichen Geschicklichkeitsrettungswurf gegen SG 10.
08	**Einen Drink, bitte.** Der Stopfen an einem Whiskey-Fass springt auf, so dass hochprozentiger Whiskey in einer 4,50-m-Linie herausschießt. Wenn der Whiskey eine offene Flamme berührt, bewegt sich das Feuer zurück zum Fass, welches explodiert. Alle Kreaturen innerhalb von 1,50 m um das Fass erleiden 7 (2W6) Feuerschaden, oder halb so viel Schaden nach einem erfolgreichen Geschicklichkeitsrettungswurf gegen SG 15.
09	**Erst der Teer ...** Ein Fass voller Kiefernteer platzt auf, so dass Teer heraussickert. Kreaturen, die ihren Zug im Feld des Fasses beginnen oder es während ihres Zuges betreten, müssen einen Geschicklichkeitsrettungswurf gegen SG 15 schaffen, um nicht gepackt (SG zum Entkommen 13) und festgesetzt zu werden. Der Teer ist brennbar. Wenn er entzündet wird, verursacht er zwei Runden lang 3 (1W6) Feuerschaden und ist dann verbrannt.

sich die Schläger bewegen, müssen sie entwischen, ehe die Schläger angreifen, und die passive Wahrnehmung der Schläger mit einem Wurf auf Geschicklichkeit (Heimlichkeit) übertreffen. Die Schläger erwarten keinen Ärger, denn soweit sie wissen, weiß sonst niemand, was heute Nacht im Lagerhaus vor sich geht. Sie sind vor allem hier, um den Zwerg, der die Kugel verkauft, einzuschüchtern, nicht um Eindringlinge abzuwehren.

Devinshire trifft als nächstes ein. Lass ihn als der eindeutige Antagonist erscheinen, wenn er die Szene betritt. Er marschiert herrisch zu einer Position in der Nähe der Mitte der Karte. Sobald er die Kugel sieht, ruft er aus: „Das gehört in ein Museum! Mein Museum, um genau zu sein!"

Als letztes trifft der Verkäufer ein, ein Zwerg (**Gemeiner**), der in einem Pferdewagen durch die Nordtür einfährt. Er fährt den Wagen in die Mitte des Lagerhauses. Er wird von

10	**… dann die Federn.** Ein Beutel Federn reißt auf und verteilt sich in einer Federwolke mit einem Radius von 6 m. Die Wolke bleibt 5 Minuten bestehen. Die Federn bleiben an allem haften, das nass oder klebrig ist. Sie haben keinen anderen Effekt, aber danach die Kleidung und Ausrüstung zu reinigen, dauert 30 Minuten.
11	**Jemand Lust auf Boccia?** Eine Kiste öffnet sich, und verschiedene Rasenspiele fallen heraus, darunter haufenweise schwere Holzkegel (wie Keulen) und eine Kegelkugel (improvisierte Wurfwaffe, Reichweite 6/18 m, 1W4 Wuchtschaden).
12	**Zu viel Parfüm?** Flaschen mit konzentriertem Parfüm werden ausgeschüttet. Jede Kreatur innerhalb von 1,50 m um den Unfall erleidet 3 (1W6) Säureschaden und ist blind bis zum Beginn ihres nächsten Zuges, oder erleidet halb so viel Schaden und ist nicht blind bei einem erfolgreichen Geschicklichkeitsrettungswurf gegen SG 10.
13	**Spitzen.** Scharfe Feldwerkzeuge fallen aus einer zerbrochenen Kiste. Kreaturen auf angrenzenden Feldern erleiden 1W4 Wuchtschaden plus 1W4 Stichschaden plus 1W4 Hiebschaden, oder halb so viel Schaden bei einem erfolgreichen Geschicklichkeitsrettungswurf gegen SG 15.
14	**Pitsch Patsch**. Ein Wasserfass stürzt um und vergießt Wasser in einem 9-m-Kegel. Feuer in diesem Bereich werden gelöscht, und andere Gefahren könnten ebenfalls neutralisiert werden.
15	**Fackeln und Feuerwerk**. Eine entzündete Öllaterne fällt in einen Haufen Verpackungsstroh nahe einer Kiste voller Feuerwerk. Entzündete Feuerwerkskörper schießen in alle Richtungen davon. Jede Kreatur im Lagerhaus werfen einen W6; das Ergebnis ist die Zahl von Raketen, die den Charakter oder NSC treffen könnten. Für jede Rakete erleidet die Kreatur 4 (1W8) Wuchtschaden plus 6 (1W12) Schallschaden. Ein erfolgreicher Geschicklichkeitsrettungswurf gegen SG 12 verhindert den Wuchtschaden und halbiert den Schallschaden.
16	**Selbstschussanlage.** Eine Diebstahlsicherung im ersten Stock wird ausgelöst, was eine Salve von zehn Geschossen aus einem Mechanismus in der nordwestlichen Ecke abfeuert. Die Geschosse sind nicht besonders treffsicher oder tödlich, sie sollen Eindringlinge in erster Linie einschüchtern. Jede Kreatur im Lagerhaus wirft einen W10. Jede Kreatur, die eine 1 würfelt, erleidet 5 (1W10) Stichschaden, oder halb so viel nach einem erfolgreichen Geschicklichkeitsrettungswurf gegen SG 10.
17	**Explosion.** Etwas explodiert in einer Kiste, so dass Splitter in einem 9-m-Kegel herumfliegen. Jede Kreatur im Kegel erleidet 7 (2W6) Stichschaden, oder keinen Schaden nach einem erfolgreichen Geschicklichkeitsrettungswurf gegen SG 10.
18	**Affenkäfig springt auf**. Ein Käfig mit fünf **Pavianen** stand mit einer Plane bedeckt im ersten Stock des Lagerhauses. Der Lärm des Kampfes hat die Paviane in Raserei versetzt, und sie brechen durch die Gitterstäbe ihres Käfigs. Die Paviane bewegen sich und kämpfen gemeinsam und konzentrieren sich immer auf einen Gegner, bis dieser bewusstlos, tot oder weggelaufen ist. Die Affen wählen ihr Ziel zufällig unter den Kreaturen aus, die sich innerhalb einer Bewegung von der aktuellen Position der Affen befinden.
19	**Pferd scheut**. Die **Zugpferde**, die den Karren des Zwergs ziehen, geraten in Panik und preschen nach vorne. Sie stürmen 12 m weit, wobei sie den Wagen mit sich ziehen, und zufällig durch das Lagerhaus schlingern. Wenn sie sich jemals auf einem klaren, direkten Weg in Richtung einer Tür befinden, verlassen sie so schnell es geht das Lagerhaus. Alles auf ihrem Weg wird von den Hufen der Pferde angegriffen und erleidet 4 (1W8) Wuchtschaden durch den Wagen sowie den Zustand Liegend; ein erfolgreicher Geschicklichkeitsrettungswurf gegen SG 10 halbiert den Schaden durch den Wagen und den Zustand Liegend.
20	**Die Belastung ist zu groß.** Die Säule, die die Plattform in der südwestlichen Ecke emporhält (ein Teil des Krans) gibt mit lautem Ächzen und Bersten nach. Der Kran, die Schiene und alles, was am Kran hängt, fallen 12 m auf den Boden, entlang der Linie, die diagonal durch das Lagerhaus führt. Alle Kreaturen innerhalb von 3 m um den Weg des Krans erleiden 5 (1W10) Wuchtschaden, oder halb so viel Schaden nach einem erfolgreichen Geschicklichkeitsrettungswurf gegen SG 10. Der Schaden beträgt 11 (2W10) bei Kreaturen, die sich irgendwo in dem Bereich von 7,5 auf 7,5 m an der Südwestecke des Lagerhauses befinden, im Erdgeschoss oder ersten Stock, ebenfalls halbiert für einen erfolgreichen Rettungswurf.

Schwierigkeit der Begegnung

Auf dem Papier ist dies eine tödliche Begegnung. Am Ende der zweiten Runde jedoch begreift Professor Devinshire, dass er in einen Hinterhalt geraten ist, und zieht Flucht falschem Mut vor.

Viel hängt davon ab, ob die Charaktere tödliche Gewalt gegen die Schläger einsetzen oder nicht. Sie wurden nicht mit dem Befehl zum Lagerhaus geschickt, jemanden zu töten, doch abhängig vom Ton eurer Kampagne mag dies ein wahrscheinlicher Ausgang sein. Wie oben beschrieben, wurden die Schläger für den Abend angeheuert, um bedrohlich herumzustehen, nicht, um bis zum Tod gegen einen Haufen mörderischer, knallharter Abenteuer zu kämpfen. Die meisten Schläger bleiben nicht, wenn der Kampf sich gegen sie wendet.

zwei kräftigen Zwergen (**Wachen**) begleitet, die auf beiden Seiten der Kiste auf der Ladefläche des Wagens sitzen. Die Zwerge sind nicht für einen Kampf hier und flüchten, wenn es zu Feindseligkeiten kommt.

Devinshire (oder, um genauer zu sein, Professor Devinshire) ist ein Rabenvolk-Magus. Er verwendet die normalen Spielwerte eines **Magus** mit den folgenden Anpassungen:

- Seine Geschicklichkeit steigt um 2 auf 16, was +1 auf seine Rüstungsklasse und Angriffswürfe mit dem Dolch addiert.
- Sein Charisma steigt um 1 auf 12.
- Er hat einen Vorteil auf Angriffswürfe gegen überraschte Kreaturen.
- Er kann jedes Geräusch nachahmen, das er gehört hat, indem er einen Wurf auf Charisma (Täuschen) gegen die passive Weisheit (Motiv erkennen) von Zuhörern durchführt. Ein Erfolg bedeutet, dass ein Zuhörer glaubt, dass das Geräusch echt ist.
- Er spricht zusätzlich zur Gemeinsprache Huginn und die Nordsprache.

Das Hütchenspiel. Die Kugel kann an einem von drei Orten auf dem Wagen sein: am Verkäufer, in der Truhe, die die Zwerge scheinbar bewachen, oder in einem Fach unter der Ladefläche. Du kannst hier ein bisschen betrügen und entscheiden, dass die Kugel nie am ersten Ort ist, an dem die Charaktere suchen. Ihre erste Vermutung ist automatisch falsch.

Der Zweck dieses Hütchenspiels ist nicht, die Spieler zu frustrieren, sondern die Begegnung zu verlängern und dafür zu sorgen, dass die Kugel zur „heißen Kartoffel“ wird. Wenn die Charaktere die Kugel zu früh oder zu leicht bekommen, fällt ein großer Teil des Vergnügens dieser Begegnung weg.

Wenn der Kampf irgendwie 20 Runden andauert und die Kettenreaktions-Tabelle aufgebraucht ist, springen die übrigen Schläger aus den jetzt zahlreichen Löchern in den Wänden des Lagerhauses und entkommen. Wenn die Charaktere die Kugel in die Finger bekommen oder ihre Gegenpartei auf vier oder weniger Schläger zusammenschrumpft, flüchten die Schläger wie oben. Die Charaktere wollen es ihnen vielleicht gleichtun, da es ab jetzt riskant ist, im Lagerhaus zu bleiben. Wenn sie hier bleiben und es schaffen, das Chaos im Lagerhaus unter Kontrolle zu bringen, sollten sie für ihren Mut belohnt werden, sobald sie nach Tornierau zurückkehren.

Sobald die Charaktere mit der Kugel eintreffen, wird diese von Magiern und Zauberern des Ordens der Heiligen Herrin in eine Bleikiste gesteckt. Die Abenteurer dürfen sich in die Gästezimmer der Anlage zurückziehen, wobei ihnen ausführlich gedankt wird. Die Heilige Herrin Eschenmantel ist von ihrem Sieg begeistert und bittet die Charaktere, sie morgen Abend zu treffen, um die Situation weiter zu besprechen.

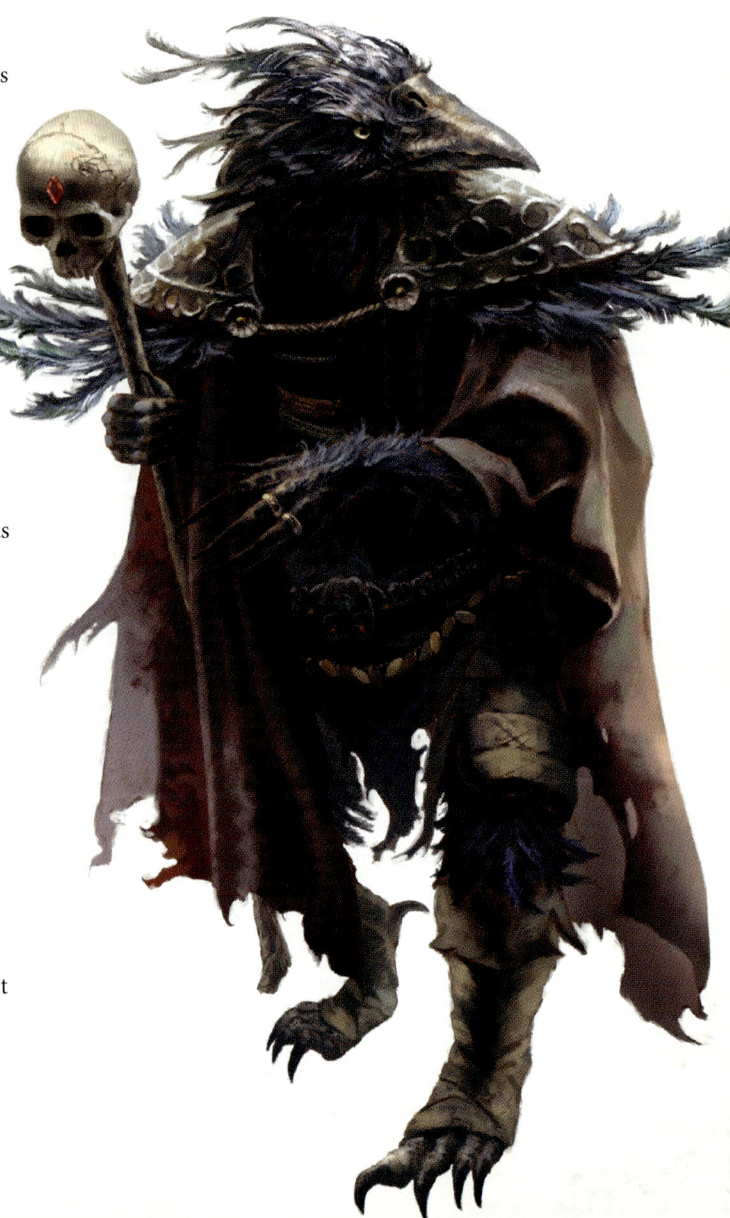

TEIL 2: MISSIONS-BESPRECHUNG

Mondschein fällt durch die Fenster des langen Korridors, der das Imperiale Konservatorium in Tornierau mit den anderen Gebäuden im Komplex verbindet. Gelegentlich schwebt eine dunkle Wolke vorbei und verdunkelt das Licht. „Ein Sturm naht", murmelt einer der beiden Wissensbewahrer, die als eure Begleiter dienen. Die Wissensbewahrer von Haus Reickenbacht sind in rot-weiße Wappenröcke gekleidet. Ihre Gesichtszüge sind elfenhaft; das alte Blut ist stark in ihren Adern.

Ihr werdet zu einer der vielen Bibliotheken des Observatoriums gebracht. Zwei bekannte Personen begrüßen euch. Es handelt sich um euren Gastgeber – den freien Grafen Ulmer Wilfaden Reickenbacht, der Magierroben trägt – und eure Gönnerin, die Heilige Herrin Eschenmantel, gehüllt in die Gewänder einer Klerikerin, mit Stola und dem Schmuck des Kriegerordens von Yarila. Der Schlagstock an ihrem Gürtel ist keine bloße Zierde.

Zwei Artefakte liegen auf dem Tisch. Eines ist eine große, ausgerollte Karte, der Farbe und Beschriftung nach uralt. Sie zeigt eine Stadt und die angrenzenden Gemeinden. Das andere ist ein großer Foliant, gebunden in dickes Leder, in dessen Deckel metallische Zwergenrunen geprägt sind. Seine nicht zusammenpassenden Seiten wurden über Zeitalter hinweg zusammengestellt.

Nachdem sie sich bei der Gruppe für die Erlangung der *Kugel von Agua-Sintellum* und ihrer Hilfe dabei, Versuche von Haus Aldous-Donner, zeitverzerrende Artefakte aus den Ruinen von Dorn zu rauben, zu verhindern, bittet sie die Charaktere, sich für eine Besprechung der nächsten Aspekte der Mission kurz zu setzen.

Während der Besprechung kommt sie auf mehrere Punkte zu sprechen:

„Es gibt viele Gerüchte über die Kugel von Agua-Sintellum, doch wir glauben, dass es sich um eine physische Apparatur handelt. Sie enthält Wasserdampf, der an den Wasserfällen am Rande der Welt gesammelt wurde. Die Kugel dient als Auslöser oder Schlüssel, um einen Ort zu öffnen, der die Kammer des Vielfachen Morgens genannt wird."

Die Heilige Herrin Eschenmantel zeigt auf einen Ort auf der Karte, nahe eines Flusses, der in den Fluss Dorn mündet. Sie glaubt, dass sich die Kammer des Vielfachen Morgens dort befindet. Sie bittet den Grafen, die Besprechung fortzusetzen.

Er öffnet den großen Folianten auf einer markierten Seite.

„Dies ist das Logbuch einer Kompanie von Zwergen, das aus der Zeit des Kriegs um Mithril stammt. Es beschreibt Orte, die sie erkundet, und Beute, die sie gemacht haben, darunter auch etwas, das der Beschreibung der Kugel entspricht. Der Eintrag, der uns am meisten interessiert, ist dieser hier – der Verfasser bezieht sich auf den Torbogen der Horizonte, wo sie die Kugel gefunden haben wollen. Er beschreibt einen großen Bogen, mehrere Stockwerke hoch, der sich in einer tiefen Schlucht über einen Nebenfluss des Flusses Dorn erstreckt. Die Mitglieder der Kompanie sahen auch etwas, das der Autor versuchte, in bedeutungsschweren Begriffen zu schildern, aber dabei scheiterte. Sein farbenfroher Name dafür war „die brausende Flottille".

Euch ist es gelungen, die Kugel zu erlangen, doch es ist klar, dass Professor Skein Devinshire, Stellvertretender Direktor der Schatzkammer der Antiquitäten, nicht aufgeben wird. Unsere Informanten berichten, dass er eine weitere Truppe von Schatzjägern versammelt hat und bereits in Richtung der Ruinen von Dorn unterwegs ist.

Wir wissen nicht, ob sie magische Transportwege oder Schattenstraßen verwenden, aber wir haben etwas Besseres, etwas, das euch nicht nur erlauben wird, den Professor einzuholen, sondern schneller dort zu sein. Der gute Graf kann euch schnelle Reittiere und eine bewaffnete Eskorte zur Verfügung stellen, die euch bis zu den Außenbezirken der alten Stadt bringen werden. Wir haben eine Kopie dieser Karte und der wichtigen Teile des Tagebuchs für euch erstellt; sie befinden sich in eurem Gepäck."

Die Märkte des Imperialen Konservatoriums können jegliche nicht-magische Ausrüstung liefern, die die Charaktere brauchen. Weil Haus Reickenbacht mit den Fürsten des Arkanen verbündet ist, kann man auch einige verbreitete magische Gegenstände finden und erwerben, wie *Heiltränke, Tränke der mächtigen Heilung, des Kletterns* und *des Feuerodems*; Zauberschriftrollen (bis zu fünf Zaubertricks, drei Zauber des 1. Grades und zwei des 2. Grades), und *Munition +1* für Fernkampfwaffen (bis zu 10 Pfeile, 10 Bolzen und 10 Schleuderkugeln).

Sobald die Charaktere bereit sind, sollten sie zu der siebentägigen Reise von Tomierau zu den Ruinen aufbrechen. Die Eskorte (3 **Veteranen**, 10 **Wachen** und ein **Magus**) bleiben die gesamten fünf ereignislosen Tage an ihrer Seite. Zur Mittagsstunde des sechsten Tages erreicht ein Kurier die Gruppe und überbringt eine Botschaft an die Eskorte. Der Anführer der NSC liest sie und teilt den Charakteren dann mit, dass sie weitergehen sollen, doch alle vierzehn Mitglieder der Eskorte aufbrechen müssen, um sich anderswo um einen Notfall zu kümmern. Sie können ihre Befehle nicht besprechen und müssen ihnen gehorchen. Sie entschuldigen sich dafür, die Reise nicht vollenden zu können, wünschen der Gruppe Glück und brechen auf.

TEIL 3: TORBOGEN DER HORIZONTE

Die Charaktere treffen nach ihrer Überlandreise vom Imperialen Konservatorium in Tomierau am Torbogen ein. Die eine Woche dauernde Reise ist ereignislos, wenn du nicht ein paar eigene Begegnungen oder einen Abstecher einbauen willst. Ansonsten lies Folgendes vor:

In der letzten Stunde ist das Wetter immer schlechter geworden. Der Regen fällt mittlerweile unaufhörlich, und auch wenn es früher Nachmittag ist, ist der Himmel so dunkel wie im Abendgrauen. Gegabelte Blitze erleuchten regelmäßig die euch umgebenden Wände der Schlucht, ohne euren Pfad irgendwie hilfreich zu beleuchten. Links von euch braust und sprudelt ein Nebenfluss des Flusses Dorn und steigt über seine Ufer. Vor einer Stunde war er noch ein träger Strom.

Unerwartet hört ihr die Hufeisen eurer Pferde auf Pflastersteine treffen. Als ihr nach unten blickt, seht ihr, dass ihr an einer Kreuzung mehrerer uralter, gepflasterter Straßen angekommen seid. Rechts und links von euch ist die Landschaft von Ranken und Schlingpflanzen überwuchert, von dunklen Bäumen mit verdrehten, greifenden Zweigen und ausgedehnten Mauern aus Buschwerk, die einst gestutzte Hecken gewesen sein müssen.

Ein ohrenbetäubender Donnerschlag wird von einem Blitz begleitet, hell genug, um ein Bauwerk mehrere hundert Meter vor euch zu erleuchten. Der Fuß des Gebäudes ist kaum von den Haufen von Ranken und Schlingpflanzen zu unterscheiden, doch darüber erhebt sich ein steinernes Bauwerk über dreißig Meter in die Höhe, das sich über den Fluss wölbt.

Das euch nähere Ostende des Gebäudes erscheint intakt, doch auf der anderen Flussseite ist das Bauwerk nur noch eine Ruine. Ein zweiter Blitz erleuchtet eine Prachttreppe, die zu einer steinernen Doppeltür in der Außenwand führt.

Der Torbogen der Horizonte überspannt den Fluss, ist aber keine typische Brücke. Eine bessere Beschreibung ist, dass es sich um ein Gebäude handelt, das sich über den Fluss wölbt, mit Fundamenten an beiden Ufern. Zumindest war das so, bis der Teil am Westufer eingestürzt ist.

Die Türen am oberen Ende der Treppe sind angelehnt. Sie öffnen oder schließen sich bei der sachtesten Berührung.

Übers Dach ins Gebäude zu gelangen ist in diesem Sturm fast nicht möglich. Die Wand zu erklimmen, erfordert einen erfolgreichen Wurf auf Stärke (Athletik) gegen SG 20, mit Nachteil wegen des Regens und des Winds. Die Mauern werden außerdem von uralter Magie geschützt, die Schäden und magische Bewegung direkt in den oberen Teil des Bauwerks verhindern. Mit anderen Worten, die Türen sind nicht nur der offensichtliche Weg hinein, sie sind vielleicht der einzige.

Türen und Schlösser. Viele Türen im Torbogen sind verschlossen und verriegelt. Im Folgenden werden die Türen mit einer Kurzbeschreibung dargestellt. Ein Beispiel ist:

(SG 15 Geschicklichkeit, SG 15 Stärke; RK 17, 20 TP, immun gegen Gift, psychisch und gleißend)

Das bedeutet: Das Schloss kann mit Diebeswerkzeug und einem erfolgreichen Geschicklichkeitswurf gegen SG 15 geknackt werden, mit einem erfolgreichen Stärkewurf gegen SG 15 aufgebrochen werden, oder die Tür kann angegriffen werden, wobei sie RK 17 hat und 20 Trefferpunkte einstecken kann. Sie ist immun gegen Giftschaden sowie psychischen und gleißenden Schaden.

Fallen für Devinshire legen

Was ist, wenn die Charaktere Schlingen und Fallen auslegen wollen, um Professor Devinshires Truppe aufzuhalten? Erlaube es! Da die Charaktere nicht da sein werden, um den Effekt zu sehen, kannst du, wenn Devinshires Mannschaft später auftaucht, subtile Hinweise geben, dass die Fallen den gewünschten Effekt hatten: Schnitte und Prellungen, zerrissene oder angesengte Kleidung und so weiter. Eine Beschreibung reicht völlig aus. Es ist nicht notwendig, den genauen Effekt der Fallen zu bestimmen, wenn du nicht willst.

1. Weg zum Torbogen

Die Blitze haben auch einen **Modernden Schlurfer** geweckt, der in den Ranken und Schlingpflanzen am Fuß des Torbogens perfekt verborgen ist. Er greift an, sobald die Charaktere das „X“ auf der Karte erreichen. (Für eine schwerere Herausforderung nach einer einfachen Reise kannst du einen zweiten Modernden Schlurfer hinzufügen.) Der Modernde Schlurfer überrascht jeden, der nicht in Naturkunde geübt ist UND eine passive Wahrnehmung von 14 oder mehr hat.

An beiden Seiten der Tür stehen Marmorstatuen, stark stilisierte Abbilder von Lada, der goldenen Göttin des Lebens, und Sarastra, Göttin des Wissens, die von den Elfen verehrt werden. Die Statuen wurden von den Bewohnern Dorns als Zeichen aufgestellt, dass der Standort des Torbogens eine Kreuzung von Ley-Linien darstellt. Ein Charakter, dem ein Wurf auf Intelligenz (Arkane Kunde) gegen SG 18 gelingt, realisiert dies: ein Charakter mit Übung in Arkaner Kunde UND Geschichte erhält einen Vorteil auf den Wurf. Eine genaue Untersuchung des Bereichs (10 Minuten oder länger von jemandem, der in Arkaner Kunde geübt ist) deckt auf, dass es sich um einen Zugangspunkt für eine Schattenstraße handelt (auf der Professor Devinshire und seine Schergen gerade reisen, doch kein Wurf kann dies zeigen).

2. Eingangshalle

Identische Türen befinden sich an den gegenüberliegenden Seiten der Eingangshalle. Das Muster auf dem gekachelten Boden ist verblichen, ebenso die Fresken an den Wänden, doch ihr könnt die Umrisse von Gestalten darin erkennen. Schlammige Fußabdrücke führen zur Tür in der Ostwand.

Eine genaue Untersuchung der Fresken erzählt einen Teil der Geschichte des Torbogens. Die Westwand zeigt Steinmetze und Bauarbeiter, die einen Bogen über den Fluss bauen. Die Ostwand zeigt stilisierte Zauberwirker, die Ley-Linien beeinflussen. Die Nordwand zeigt einen Elfen, der so uralt ist, dass er untot aussieht. Er hat die langen Arme ausgestreckt und steht über etwas, doch dieser Teil des Gemäldes ist zu undeutlich, um es zu erkennen.

Die Türen, die aus dieser Halle führen, sind nicht verschlossen.

Charaktere, die an der Tür zu Raum 3 horchen, hören ein Gespräch in einer kehligen Sprache, die sie mit einem erfolgreichen Wurf auf Weisheit (Wahrnehmung) gegen SG 15 als Gnollisch erkennen können. Der Geruch von Holzrauch dringt unter der Tür hindurch.

3. Gnoll-Jagdtrupp

Ein Jagdtrupp von Gnollen hat hier Schutz vor dem Regen gesucht und ein Feuer entfacht, um sich zu trocknen. Der Rauch steigt durch Risse in der 6 m hohen Decke nach oben hinaus.

Der Trupp besteht aus Oglek, einer **Gnoll-Rüdelfürstin**, und sieben **Gnollen**. Sie sind weit von der windgepeitschten Wüste bei Cindass gereist, um Visionen nachzugehen, die Oglek angeblich von der Spinnenprophetin erhalten hat. Neben ihrer üblichen Ausrüstung und Waffen besitzt Oglek einen Beutel mit *Staub des Niesens und Erstickens*. Wenn die Situation für die Trolle düster aussieht, wirft sie den *Staub* und versucht zu entkommen.

Schätze. Oglek besitzt einen *Trank des Wachstums* und einen Beutel mit *Staub des Niesens und Erstickens*. Ein anderer Gnoll hat einen *Umhang des Mantarochens* in seinem Rucksack. Jeder Gnoll besitzt außerdem die Entsprechung von 20 GM in alten Münzen und anderem Krimskrams.

4. Alter Zufluchtsort

Ein Abfallhaufen, hingeworfene Knochen von Geflügel und Schweinen sowie Brandspuren und Aschehäufchen zeigen, dass in diesem Raum innerhalb der letzten Monate Kochfeuer entzündet wurden.

Offensichtlich ist das nicht das erste Mal, dass sich eine Jagdtruppe im Erdgeschoss des Torbogens niedergelassen hat. Dies war eine häufige Lagerstätte, bis sie so dreckig wurde, dass die Gnolle in den Nachbarraum wechselten.

5. Eingangshalle mit Treppe

Beim Betreten dieses Raumes hört ihr ein Grunzen von der Nordwestecke. Der Gestank von Wildschweinen ist übermächtig. Eine große Wendeltreppe im westlichen Bereich des Raumes führt nach oben.

Zwei **Rieseneber** nutzen diesen Raum als Behausung und beschützen ihn energisch. Wenn die Charaktere die Gnolle in Bereich 3 noch nicht bekämpft haben, hören diese den Kampflärm und greifen entweder die Charaktere von hinten an oder legen heimlich einen Hinterhalt für nach diesem Kampf.

Ley-Linien verwenden

Zauberwirker können diese Kreuzung von Ley-Linien verwenden, wenn sie Zauber wirken. Dazu ist ein Zauberwurf mit einem SG von 10 + Grad des verwendeten Zauberplatzes notwendig. Wenn der Wurf gelingt, würfelt der Zauberwirker auf der Tabelle Starke Ley-Linien-Effekte um herauszufinden, welchen Effekt es hatte, die Ley-Linie anzuzapfen.

Diese Tabelle ist eine angepasste Version der Tabelle in *Mythgart – Handbuch der Helden*. Wenn du dieses Buch besitzt und bereits die vollständigeren Regeln für Ley-Linien verwendest, kannst du die hier enthaltene Version der Tabelle ignorieren.

Wenn das Ergebnis der Tabelle für den gewirkten Zauber keinen Sinn ergibt, kannst du entscheiden, ob du ein anderes Ergebnis anwendest oder davon ausgehst, dass die Ley-Linie keinen Effekt hat.

Starke Ley-Linien-Effekte, W12	
1	***Duplikation***. Der Zaubereffekt tritt zweimal in schneller Folge ein.
2	***Ermächtigung***. Der variable Effekt des Zaubers wird 50 Prozent mächtiger (multipliziert mit 1,5).
3	***Schnelles Wirken***. Ein Ritualzauber wird in einer Aktion gewirkt, oder ein Zauber, der eine Aktion Zeitaufwand hätte, wird als Bonusaktion gewirkt.
4	***Beständigkeit***. Das Ziel des Zaubers legt den Rettungswurf mit Nachteil ab.
5	***Reichweite***. Die Reichweite des Zaubers wird verdoppelt. Reichweite Selbst wird Berührung, Berührung wird 3 m.
6	***Vergiftet***. Das Ziel erleidet für die Wirkungsdauer des Zaubers Nachteil auf Angriffs- und Attributswürfe.
7	***Stärke***. Der Zauberwirker heilt 1W4 Trefferpunkte für jeden Grad des Zauberplatzes, der zum Wirken des Zaubers verwendet wurde.
8	***Thanotopisch***. Der Schadenstyp des Zaubers wird zu nekrotisch. Resistenz und Immunität gegen nekrotischen Schaden haben keinen Effekt gegen den Zauber.
9	***Threnodisch***. Der Schadenstyp des Zaubers wird psychisch. Resistenz und Immunität gegen psychischen Schaden haben keinen Effekt gegen den Zauber.
10	***Donner***. Das Ziel wird für die Wirkungsdauer des Zaubers oder für 1 Minute taub.
11	***Umbral***. Das Ziel strahlt für die Wirkungsdauer des Zaubers oder für 1 Minute vollständige magische Dunkelheit in einem Radius von 3 m aus.
12	***Rückschlag***. Der Wirker erleidet eine Stufe Erschöpfung.

6. LEERE BIBLIOTHEK

Fünf geriffelte Säulen im klassischen Stil tragen die Decke. Es gibt Bücherregale, die entlang der Nord-, Süd- und Ostwand verlaufen. Alle Regale sind bis auf Staub und Abfall leer. Eine Tür in der Ostwand ist verschlossen.

Die Tür in der Ostwand ist verschlossen (SG 15 Geschicklichkeit, SG 17 Stärke; RK 17, 20 TP, immun gegen Gift, psychisch und gleißend).

Die Geheimtür in der Ostwand ist raffiniert in das Bücherregal eingebaut. Sie zu finden, erfordert eine zehnminütige Durchsuchung des östlichen Bücherregals oder eine Minute Suche und einen erfolgreichen Wurf auf Intelligenz (Nachforschungen) gegen SG 15. Das erste Anzeichen, das die Charaktere darauf hinweist, dass sie eine Geheimtür gefunden haben, ist, wenn sich der Riegel mit einem Klicken öffnet.

7. VORRAUM

Die Tür zum Vorraum ist verschlossen (SG 15 Geschicklichkeit, SG 17 Stärke; R17, 20 TP, immun gegen Gift, psychisch und gleißend)

Ein ovaler Tisch nimmt die Mitte des Raumes ein. Er stellt eine Reliefkarte dar, mit erhöhten Bergen und flachen Meeren, die in Braun-, Grün- und Blautönen bemalt sind.

Ein Charakter, dem ein Wurf auf Intelligenz (Geschichte) gegen SG 10 gelingt, erkennt, dass dies die Kontinente darstellt, die als Mythgart, Südlande und Fernes Cathay bezeichnet werden. Jemand, der den Tisch untersucht, erkennt, dass die Platte ein Drehgelenk besitzt und auf den Kopf gedreht werden kann. Wenn sie umgedreht wird, zeigt sich eine völlig andere Geographie.

Wenn die Charaktere die Karte studieren, um herauszufinden, um welchen Ort es sich handelt, scheinen sich die Küsten, Flüsse, Wälder und Hochlande zu verschieben, wenn gerade niemand hinsieht, und sehen keine zwei Male gleich aus.

Die Karte zeigt die Elfenlande auf der anderen Seite von Mythgart; sie korrekt zu identifizieren erfordert einen erfolgreichen Wurf auf Intelligenz (Arkane Kunde) gegen SG 25. Ein Charakter, der mindestens 20 bei diesem Wurf erzielt, nimmt an, dass die Karte die Elfenlande zeigen könnte, aber nur, weil er es für eine logische Vermutung hält, nicht für eine Gewissheit. Eine solche Karte wäre für Gelehrte unbezahlbar, wenn man sie richtig studieren könnte. Der Tisch strahlt Illusionsmagie aus.

Die Tür in der Nordwand ist verschlossen (SG 15 Geschicklichkeit, SG 17 Stärke; RK 17, 20 TP, immun gegen Gift, psychisch und gleißend). Das Schloss ist identisch zum Schloss der Tür zwischen den Bereichen 6 und 7. Ein Charakter, der jenes Schloss erfolgreich geknackt hat, erhält somit einen Vorteil, wenn er versucht, dieses zu knacken, und andersherum.

8. RAUM DER APPARATUREN

Die Luft in diesem Raum ist abgestanden, als wäre er seit Jahrhunderten verschlossen. Auf einem Tisch in der Mitte des Raumes stehen zwei Modelle von komplexen Apparaturen. In den Tisch sind in elfischer Schrift drei Beschriftungen geschnitzt: zwei in der Nähe der Apparaturen, die dritte an einem leeren Bereich des Tisches.

Auf dem Tisch stehen auch drei Sanduhren. Die Sanduhren sind auf einer zentralen Achse angebracht, damit sie umgedreht werden können, so dass der Sand vom oberen in den unteren Bereich fließt. Die beiden Sanduhren in der Nähe der Modelle sind auf die Seite gedreht. Die dritte ist aufrecht, so dass sich der gesamte Sand im unteren Glas befindet. Diese Sanduhr befindet sich neben der Beschriftung am leeren Bereich des Tisches.

Die elfischen Beschriftungen sind auf Dornisch, auch als Altelfisch bekannt. Ein Charakter, der in modernem Elfisch geübt ist, kann die Beschriftungen mit einem erfolgreichen Intelligenzwurf gegen SG 13 lesen. Die Beschriftungen identifizieren die Apparaturen als „*Himmlischer Sextant*“ und „*Dornisches Nokturnal*“. Die dritte lautet „*Agua-Sintellum*“.

Wenn eine Sanduhr umgedreht wird, löst dies eine Illusion aus. Während der Sand in das untere Glas fällt, wird das dazugehörige Modell langsam unsichtbar. Wenn das Glas erneut umgedreht wird, wird das unsichtbare Modell langsam wieder sichtbar. Wird das Glas auf die Seite gedreht, passiert nichts. Die „Modelle“ sind physisch nicht real; es sind nur Trugbilder.

Das „fehlende“ Modell bei der Beschriftung *Agua-Sintellum* kann sichtbar gemacht werden, indem man die zugehörige Sanduhr umdreht. Es sieht genau wie die Kugel aus, die die Charaktere im Lagerhaus erbeutet haben, mit einem Unterschied: Diese Version sieht aus, als sei die Kugel in einer Gabel an einem Zepter oder einem Stab befestigt.

9. WANDTEPPICH DER ZEIT

Abgesehen von der Wendeltreppe ist das auffälligste Merkmal dieses Bereichs ein Wandteppich an der Südwand. Der Wandteppich ist vollkommen blau, aber auch offensichtlich magisch. Als ihr zuschaut, bewegt sich eine Gruppe Elfen vom linken Rand ins Bild. Die Elfen befinden sich in einer sitzenden Position, als würden sie auf unsichtbaren Bänken sitzen. Sie bewegen sich von links nach rechts über den Wandteppich, werden langsamer, als sie sich über eine Falte im Tuch bewegen und werden wieder schneller, als sie nach oben gleiten wie ein Boot auf einer wellengepeitschten See. Drei der Elfen halten Apparaturen in den Händen, die Navigationsgeräte sein könnten. Als sie sich der rechten Seite des Wandteppichs nähern, scheinen sie sorglos über den Rand eines Wasserfalls zu segeln. Einen Augenblick später tauchen sie wieder am linken Rand auf, und die Szene wiederholt sich genau wie zuvor.

Die Illusion auf dem Wandteppich wiederholt sich unentwegt. Ein Elf streckt einen *Himmlischen Sextanten* empor, ein weiterer das *Dornische Nokturnal*, und ein dritter einen Stab mit einer leuchtenden Kugel. Der Ausgang aus diesem Raum ist eine steile Treppe, die 3 m nach oben zu einer schmalen Plattform mit einer Tür in Bereich 10 führt.

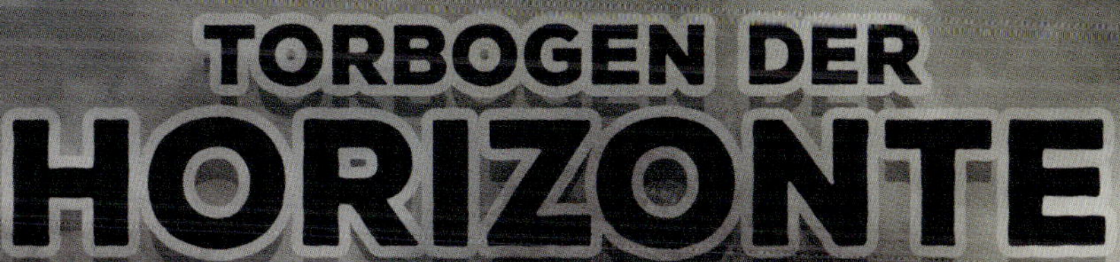
TORBOGEN DER
HORIZONTE

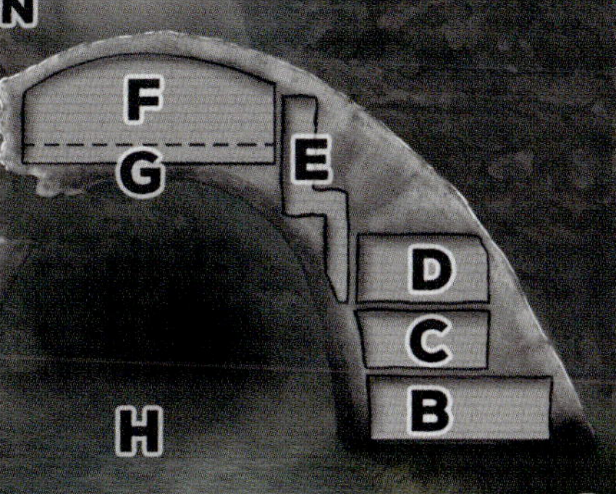
A. WEG ZUM TORBOGEN
B. ERDGESCHOSS
C. 1. STOCK
D. 2. STOCK
E. TREPPENSCHACHT
F. SCHEITELGEWÖLBE
G. DOPPELTER BODEN
H. NEBENFLUSS
F
G
E
D
C
B
H
A
N
1 FELD = 1,50 M

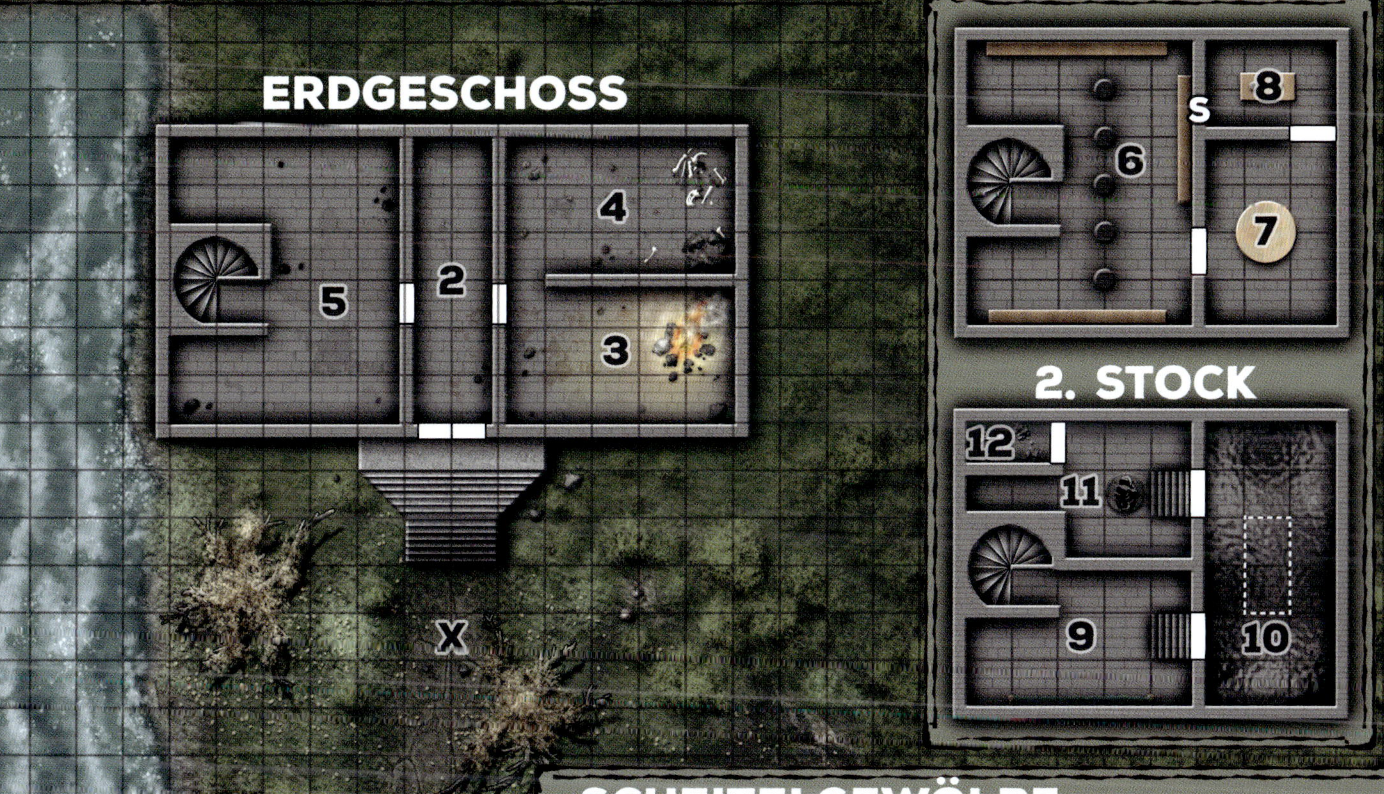
ERDGESCHOSS
1. STOCK
2. STOCK
1
2
3
4
5
6
7
8
9
10
11
12
S
X

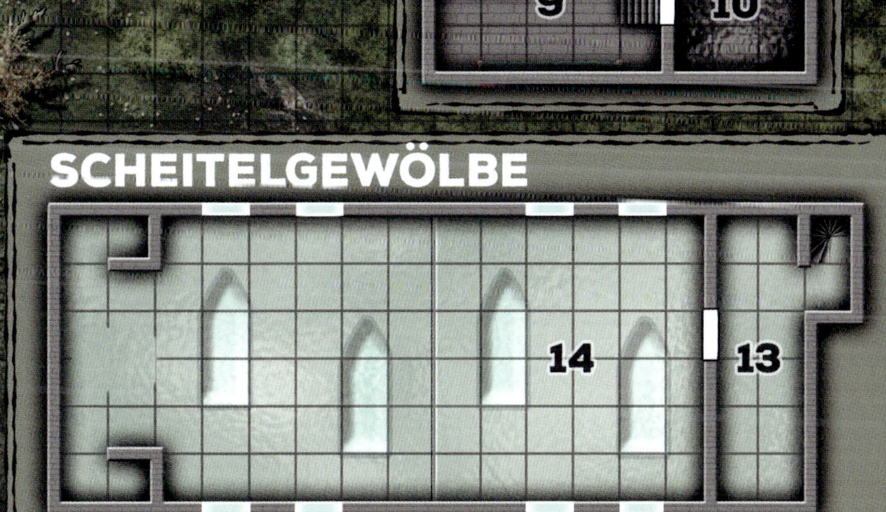
SCHEITELGEWÖLBE
13
14

10. GROSSE REISE

Der Raum ist düster. Die Wände sind schwarz gestrichen, und der Boden besteht aus durchsichtigem, schwarzem Obsidian. Unter dem Glas befindet sich ein 3 m tiefer Tank, der mit einer Flüssigkeit gefüllt ist, die ihr gegen die Wände plätschern hört. Eine dicke Schicht aus Schimmel und Algen wächst entlang der Fuge zwischen dem Boden und der Wand.

Eine oberflächliche Durchsuchung des Raumes offenbart ein ovales Loch im Boden, ungefähr 3 auf 1,50 m groß, in der Mitte des Raumes. Es ist vom Eingang aus nicht sichtbar, doch jeder, der den Raum betritt, bemerkt es, ehe er hineintritt.

Der mit Flüssigkeit gefüllte Tank unter dem Boden hat die gleichen horizontalen Ausmaße wie der Raum und ist 3 m tief. Dies ist in der natürlichen Welt unmöglich; die Charaktere wissen, wenn sie die Bereiche 7 und 8 erkundet haben, dass es keinen Platz für einen solchen Tank unter diesem Raum gibt. Charaktere haben keine Möglichkeit, herauszufinden, was genau dieser Raum ist, aber es lässt sich nicht leugnen, dass er real ist.

Ein schwarzer Stab liegt am Boden des Tanks. Der Zauber *Magie entdecken* findet ihn automatisch. Ansonsten kann er mit einem erfolgreichen Wurf auf Weisheit (Wahrnehmung) gegen SG 13 bemerkt werden, wenn man in den Tank blickt. Dies ist die Halterung, mit der die *Kugel von Agua-Sintellum* funktioniert.

Wenn sich die Charaktere auf das Glas bewegen, lies Folgendes vor:

Aus dem Wasser blinzeln euch gelbe Augenpare durch das Glas an

Im Tank lebt eine Gemeinschaft von fünfzehn korrumpierten (rechtschaffen bösen) aquatischen Flumphs. Sie sind aggressiv und territorial. Jeder, der den Tank betritt, wird angegriffen. Der Gestank, den die Flumphs versprühen, lässt sich nicht mit Wasser abwaschen. Sie können ihn nicht aus dem Tank heraussprühen. Sie meiden Positionen, an denen sie vom Rand des Lochs aus angegriffen werden können, außer um gemeinsam jeden anzugreifen, der den Stab in Händen hält.

Der Stab kann mit dem Zauber *Magierhand* von oberhalb des Tanks relativ sicher und mühelos geborgen werden.

Ein Charakter, der die Kugel offen in der Hand hält, muss einen Stärkerettungswurf gegen SG 15 schaffen, sonst springt sie aus seiner Hand, hüpft durch das Loch und befestigt sich selbst am Stab.

Schätze. Ein Stab, der als Halterung für die *Kugel von Agua-Sintellum* dient.

11. SOCKEL DES WÄCHTERS

Über der nach unten führende Treppe ragt das Standbild eines furchterregenden, uralten Elfen in Priesterrobe, der unvorstellbar alt zu sein scheint. Der Sockel des Standbilds ist mit dornischen Schriftzeichen beschriftet. Eine Wendeltreppe in der nordöstlichen Ecke des Raumes ist eingestürzt.

Die Inschrift am Sockel der Statue besagt „Wächter" auf Altelfisch. Die Statue ist weder magisch noch gefährlich.

12. EINGESTÜRZTE TREPPE

Der unterste Absatz der Wendeltreppe ist voll von verdrehtem, rostigem Eisen, den Überresten einer Wendeltreppe.

Das Treppenhaus führt 10,50 m nach oben zu einem kleinen Absatz, dann weitere 6 m zu einem weiteren Absatz vor Raum 13, dem Eingang zum Scheitelgewölbe.

Es ist genug von den Wandbolzen und Stützen der Treppe übrig, dass ein geschickter Kletterer den Schacht erklimmen kann. Die Kletterpartie erfordert einen Wurf auf Stärke (Athletik) gegen SG 15. Wer es nach oben schafft, kann ein Seil herunterlassen. Charaktere, die das Seil emporklettern wollen, schaffen dies mit einem Wurf gegen SG 8.

Einfallsreiche Charaktere könnten andere Möglichkeiten finden, um den Schacht hinaufzukommen. In den meisten Fällen ist SG 15 eine gute Schwierigkeit für notwendige Würfe, angepasst nach oben oder unten, je nachdem, wie umsetzbar die Idee ist. Magie (*Fliegen, Schweben*) kann einen solchen Wurf unnötig machen.

13. VORRAUM DER ZEIT

Abgesehen von dem Schacht, den ihr gerade emporgeklettert seid, ist der einzige andere Ausgang aus diesem Raum eine Steintür in der Westwand. In der Mitte des Raums befindet sich ein uralter, elfisch aussehender Mechanismus von atemberaubender Schönheit und Komplexität.

Von dem Mechanismus führen Hunderte von geraden und geschwungenen Linien zu Wänden, Decke und Fußboden. Sie kreuzen sich in komplexen Kombinationen an sechs Punkten, die scheinbar zufällig über den Raum verteilt sind. Der Effekt erinnert an die Navigationslinien, die man auf einer Seekarte finden würde, doch nichts anderes in diesem Raum erinnert an eine Karte.

Die einzigen anderen Markierungen im Raum sind siebenstellige Zahlen auf Dornisch, die entlang einiger der längeren Linien geschrieben stehen.

Ein Charakter, der das Muster studiert und einen Wurf auf Intelligenz (Arkane Kunde) gegen SG 15 schafft, erkennt es als abstrakte Abbildung von Ley-Linien. Ohne Referenzpunkt ist es allerdings unmöglich, herauszufinden, wie sich diese Abbildung von Ley-Linien zur echten Welt verhält. Sobald Charaktere begreifen, was die Linien abbilden, verstehen sie auch, dass es sich vermutlich nicht um eine genaue Karte, sondern um eine stilisierte Repräsentation von Ley-Verbindungen handelt.

Der Verriegelungsmechanismus ist mit der *Kugel von Agua-Sintellum* verknüpft. Die Kugel allein reicht aus, um den Mechanismus zu öffnen. Aber der Stab muss befestigt sein, um die zeitverzerrenden Auswirkungen zu unterbinden, wenn man Raum 14 betritt. Wenn der Stab nicht angebracht ist, treffen die Charaktere den Wächter nicht in Echtzeit.

Als Schlüssel muss die Kugel nur gegen den Verriegelungsmechanismus gelegt werden. Sie muss nicht im Mechanismus verbleiben.

Wenn Charaktere den Stab noch nicht aus Bereich 10 geholt und mit der Kugel vereint haben, ehe sie diesen Raum betreten, wirf einen W6 und schaue in die Tabelle „Zeitverzerrungseffekt", um zu sehen, was geschieht, wenn jemand zum ersten Mal den Raum betritt.

Diese zeitverzerrenden Effekte haben in einem einmaligen Abenteuer wenig Bedeutung, doch wenn die Charaktere danach weiter auf Abenteuer ausziehen, könnte der Effekt dramatisch sein. Ihr erster Hinweis darauf, dass etwas nicht stimmt, ist die Ankunft von Devinshire und seinen Schergen; irgendwann erwähnt der Professor, wie er aufgehalten wurde, vielleicht für viele Jahre (durch Kriege, Naturkatastrophen und alles andere, mit dem du deine Spieler erschrecken willst), oder er bringt sein Staunen darüber zum Ausdruck, wie alt die Charaktere geworden sind.

Wenn die Charaktere die Kugel und den Stab vereint haben, findet die Begegnung in diesem Raum in Echtzeit statt. Wenn der Professor und seine Schergen eintreffen, erklären sie, dass sie nur Schritte hinter den Charakteren gewesen sein müssen.

14. KAMMER DES VIELFACHEN MORGENS

Dieser Raum hat eine Gewölbedecke; auch der Boden ist gewölbt. Ihr müsst den Bogen über dem Nebenfluss erreicht haben. Bullaugengroße Fenster sind an den Nord- und Südwänden aufgereiht, so dass ein Blick nach draußen möglich ist.

Euch gegenüber sitzen prachtvoll auf einem Steinthron an der Westwand die sterblichen Überreste einer Kreatur, die an die Statue erinnert, die ihr im Raum am Fuß der eingestürzten Wendeltreppe gesehen habt. Ihre leeren elfischen Augen, eingefallenen Wangen, zottigen Haare und knotigen Fingernägel zeigen, dass sie schon lange tot ist.

Der Lärm des starken Regens ist durch das Steindach zu hören und wird regelmäßig von Donner unterbrochen. Lichtblitze durch die Bullaugen werfen unheimliche Schatten auf die Wände und die dahinfaulenden Überreste auf dem Thron.

Ein besonders heller Blitz zeigt, dass der Boden durchsichtig ist wie streifiges Glas. Ihr könnt das sprudelnde Wasser des Flusses Dorn dreißig Meter unter euch sehen.

Auch unter dem Boden, scheinbar in der Luft schwebend, befindet sich etwas, das ihr nur als Boote bezeichnen könnt – vier Stück, die aus dem gleichen durchsichtigen Material wie der Boden bestehen. Ihre Buge zeigen nach Norden. Über zwei von den Booten befinden sich zwei steinerne „Sockel", die über dem Boden schweben. Objekte, die an die Navigationsinstrumente erinnern, die ihr zuvor gesehen habt, liegen auf den Sockeln.

Die Gegenstände sind eindeutig der *Himmlische Sextant* und das *Dornische Nokturnal*.

W6	ZEITVERZERRUNGSEFFEKT
1	Die Zeit verlangsamt sich; jede Stunde in diesem Raum entspricht einem Monat in der Außenwelt.
2	Die Zeit verlangsamt sich; jede Stunde in diesem Raum entspricht einem Jahr in der Außenwelt.
3	Die Zeit verlangsamt sich; jede Stunde in diesem Raum entspricht zehn Jahren in der Außenwelt.
4	Die Zeit beschleunigt sich; jede Stunde, die der Charakter in diesem Raum verlebt, lässt ihn um einen Monat altern.
5	Die Zeit beschleunigt sich; jede Stunde, die der Charakter in diesem Raum verlebt, lässt ihn um ein Jahr altern.
6	Die Zeit beschleunigt sich; jede Stunde, die der Charakter in diesem Raum verlebt, lässt ihn um zehn Jahre altern.

Nachdem die Charaktere einige Augenblicke hatten, um alles wahrzunehmen und vielleicht einige Fragen zur Klarstellung gestellt haben, spricht die Kreatur auf dem Thron zu ihnen.

„Ihr seid nicht von echtem Blut. Ihr dürft beobachten und Euch an diesem Ort sammeln, so wie es viele vor Euch getan haben, wie es ein einsamer Zwerg in den vergangenen acht Tagen getan hat. Aber berührt nichts! Nehmt nichts an Euch! Die Brausende Flottille ist für jene, die von echtem Blut sind, und für niemand sonst. Wenn Ihr diese Warnungen missachtet, werdet Ihr ewigen Zorn auf Euch ziehen!"

Dies ist natürlich der Zeitpunkt, an dem Professor Devinshire (**Magus**; siehe „Ein illegaler Austausch" für die Anpassungen seiner Spielwerte) und seine Schergen (4 **Kundschafter**) hinter den Charakteren eintreffen. Devinshire tritt vor und verkündet: „Wir suchen seit einem Jahrzehnt/Jahr/Monat nach diesem Ort", oder: „Ich habe euch vor einer Woche gesehen, aber ihr seht aus, als wäret ihr einen Monat/ein Jahr/jahrelang hier gewesen", oder „Den Weg über die Schattenstraße zu nehmen, hat sich gelohnt! Wir waren die ganze Zeit direkt auf euren Fersen!"

Devinshire hat die Warnung des Wächters nicht gehört oder glaubt sie nicht. Er greift sofort nach dem nächsten Gegenstand, dem *Himmlischen Sextanten*. Selbst wenn ein Charakter eingreift, um ihn daran zu hindern, schafft es Devinshire, ihn zu berühren. Dies bringt den Wächter in Rage.

„Narr!", ruft der Wächter aus. „Unwürdiger Narr! Ihr habt den Großen Rückzug losgetreten!"

Im Hintergrund kann man einen elfischen Chor singen hören. Wer Elfisch spricht, kann es verstehen. Das Lied ist ein melodisches Zählen rückwärts: „15 … 14 … 13 … 12 … 11 …", usw. Der Gesang verklingt am Ende der dritten Kampfrunde, wenn die Null erreicht ist.

Der Wächter unterscheidet nicht zwischen guten und bösen Eindringlingen. Es sind alles Feinde. Er greift wahllos an, normalerweise das Ziel, das ihm am nächsten ist. Der Wächter verwendet die Spielwerte eines **Todesalben**, doch beträgt seine Bewegungsweite 9 m und er kann nicht fliegen.

Devinshires Schergen mischen sich ebenfalls ein.

Wenn der Kampf beginnt, können die Charaktere auch ein Surren wahrnehmen. Zu Beginn der zweiten Kampfrunde fühlen sie, dass der Boden unter ihren Füßen vibriert. Mit einem erfolgreichen Wurf auf Weisheit (Wahrnehmung) gegen SG 15 kann ein Charakter bemerken, dass der Boden dünner und weniger greifbar wird. Am Ende der dritten Runde hört der Boden einfach auf zu existieren, und alles im Raum – die Charaktere, Devinshire und seine Schergen, der Wächter, die Navigationsinstrumente – und die vier brausenden Boote, die unter dem Fußboden schweben, fallen in den wilden Fluss. Ein gewaltiger Wirbelwind erfasst alle, die sich gerade noch in dem Raum aufgehalten haben. Fahre fort mit Teil 4 und passe die Position der Charaktere wie angegeben an.

TEIL 4: AUF ALTEN SCHIFFEN LERNT MAN SEGELN

In dieser Begegnung wird zufällig jeder aus dem Scheitelgewölbe einem der Boote zugewiesen, als diese im Wasser aufschlagen und den tosenden Fluss hinabgespült werden. Die Magie des Raumes versetzt jeden in ein Boot, doch auf unerwartete Weise.

Es gibt vier Boote, von 1 bis 4 durchnummeriert. Wirf 1W4 für jeden Charakter, jeden NSC, jedes Monster und jedes Navigationsgerät. Die Kreaturen und Objekte landen in dem Boot mit der gewürfelten Zahl.

Der Fluss fließt schnell von Süden nach Norden. Die Boote landen in einer Rautenformation im Wasser, wobei Boot 1 an der Spitze ist (Norden), Boot 4 am Ende (Süden), und Boote 2 und 3 die Flanken bilden (Osten und Westen). Zwischen zwei Booten befindet sich je eine Lücke von 3 m.

Da die Charaktere, Devinshire, seine Schergen und der Wächter über die Boote verteilt sind, sollte es auf den meisten der Boote einen Grund für einen Kampf geben. Devinshire und seine Leute wollen die Charaktere töten und die *Kugel von Agua-Sintellum* an sich nehmen. Die Charaktere wollen Devinshire töten oder vertreiben und die Kugel und die anderen beiden Navigationsgeräte retten. Der Wächter will alle umbringen, damit er die Boote und Artefakte in das vor der Zeit geschützte Heiligtum des Torbogens zurückbringen kann.

Betone den hämmernden Regen, die Blitze, den heulenden Wind und das heftige Schaukeln der Boote. Kommunikation zwischen den Booten ist nur dann möglich, wenn die Person, die einem anderen Boot etwas zurufen möchte, eine Aktion dafür verwendet, und jemand auf dem anderen Boot einen erfolgreichen Wurf auf Weisheit (Wahrnehmung) gegen SG 15 ablegt.

HINDERNISSE UND BEGEGNUNGEN

W20	Effekt
1	Eine besonders heftige Woge trifft das hintere (südliche) Boot. Alle Kreaturen im Boot müssen einen Wurf auf Geschicklichkeit (Akrobatik) gegen SG 10 ablegen, um nicht über Bord zu gehen. Kreaturen, die liegen oder sitzen, erhalten einen Vorteil auf den Wurf.
2	Das östliche Boot kollidiert mit einem Baumstamm im Wasser. Alle Kreaturen im Boot müssen einen Wurf auf Geschicklichkeit (Akrobatik) gegen SG 15 ablegen, um nicht über Bord zu gehen. Kreaturen, die liegen oder sitzen, erhalten einen Vorteil auf den Wurf.
3	Ein Krokodil springt über an Bord des nördlichen Bootes und greift eine zufällig bestimmte Kreatur in dem Boot an.
4	Eine Riesenwürgeschlange wird von einer Welle in ein zufälliges Boot geworfen. Sie hat Angst und greift willkürlich an.
5	Zwei Echsenmenschen in einem Kanu, die gegen die Strömung kämpfen, werden von der Brausenden Flottille überholt. Das Kanu gleitet in die Mitte der Formation der vier Boote. Die Echsenmenschen sind mehr daran interessiert, den Sturm zu überleben, als in die Kämpfe auf den Booten verwickelt zu werden, aber sie könnten jeden angreifen, der sich im Wasser befindet, nicht untergetaucht ist und nicht von der Bordwand eines Boots hängt.
6	Eine leichtsinnige Gruppe von vier Kuo-toa springt aus dem Fluss; einer landet in jedem Boot und greift jemanden an.
7	Eine große Welle spült über das westliche Boot. Alle Kreaturen im Boot müssen einen Wurf auf Geschicklichkeit (Akrobatik) gegen SG 10 schaffen, um nicht über Bord zu gehen. Kreaturen, die liegen oder sitzen, erhalten einen Vorteil auf den Wurf.
8	Ein Baumhirte, der in den Fluss gefallen ist, wirbelt vorbei und ruft: „Zu Hilfe! Helft mir!" Er ist viel zu groß, um in ein Boot gezogen zu werden, kann aber längsseits angebunden werden. Der Baumhirte schwimmt, kann seine Bewegungen im Wasser aber nicht kontrollieren.
9	Ein Sahuagin klettert in das nördliche Boot und versucht, jemanden über Bord zu schubsen oder zu ziehen, um seine beiden Riffhaie zu füttern, die in der Nähe lauern.
10–20	Kein Zwischenfall in dieser Runde.

POSITIONSWECHSEL UND ZWISCHENFÄLLE

Zu Beginn jeder Runde nach der ersten wirf einen W6, um zu bestimmen, wie sich die Position der Boote verändert. Sie enden immer in einer Rautenformation, doch die einzelnen Boote verändern ihre Position.

W6	POSITIONSWECHSEL DER BOOTE
1	Tausch: N & O tauschen, W & S tauschen.
2	Rotation im Uhrzeigersinn: Alle Boote rücken 1 Position im Uhrzeigersinn.
3	Tausch: N & W tauschen, O & S tauschen.
4	Rotation gegen den Uhrzeigersinn: Alle Boote rücken 1 Position gegen den Uhrzeigersinn.
5	Umdrehen: N & S tauschen, W & O tauschen.
6	Wiederhole die letzte Veränderung (oder würfle noch einmal).

Die Boote könnten im Fluss auf Hindernisse stoßen. Nachdem du die Positionswechsel er Boote bestimmt hast, wirf einen W20 und prüfe die Tabelle „Hindernisse und Begegnungen", um zu ermitteln, ob ein Boot gegen etwas prallt oder einen anderen Zwischenfall erleidet. Wenn etwas ein zufälliges Boot betrifft, wirf einen W4, um zu ermitteln, welches es ist.

VON BOOT ZU BOOT SPRINGEN

Alle Kampfteilnehmer können von Boot zu Boot springen. Charaktere nicht 3 m Anlauf für einen Weitsprung nehmen; sie können nur aus dem Stand springen, mit einer Reichweite gleich dem Stärkewert des Charakters x 15 cm.

Ein Charakter mit Stärke 20 kann einen Sprung von 3 m direkt auf ein anderes Boot machen.

Charaktere mit Stärke unter 20 könnten weit genug springen, um sich an der Bordwand eines anderen Bootes festzuhalten und sich hineinzuziehen. Der Charakter muss einen Wurf auf Stärke (Athletik) gegen SG 15 ablegen. Bei Erfolg greift er die Bordwand und zieht sich ins Boot, doch kann er in diesem Zug keine weitere Aktion oder Bewegung ausführen. Wenn der Wurf misslingt, landet der Charakter im Wasser und hält sich an der Bordwand des Bootes fest, kann sich in diesem Zug aber nicht hineinziehen. Er kann sich im nächsten Zug hineinziehen, oder jemand anderes im Boot kann eine Aktion verwenden, um den Charakter hineinzuziehen. Feinde im Boot können ihn angreifen. Wenn der Wurf um 5 oder mehr Punkte misslingt (Ergebnis = 10 oder weniger), landet der Charakter im Wasser und kann die Bordwand nicht greifen.

Der untote Wächter (Todesalb) kann sich als Aktion zu einem beliebigen anderen Boot begeben, ohne einen Stärkewurf ablegen zu müssen.

CHARAKTER ÜBER BORD!

Jeder, der eine 10 oder weniger bei einem Sprungversuch würfelt oder aus einem anderen Grund über Bord geht (weil er beispielsweise gestoßen wird), wird im brausenden Wasser mitgespült. Die Kreatur im Wasser ist irgendwo in der Mitte zwischen den Booten, doch ihre genaue Position ändert sich die ganze Zeit. Wenn du Miniaturen oder Marker verwendest, platziere den Charakter irgendwo im Wasser, doch erkläre, dass die Miniatur nicht die wirkliche Position des Charakters abbildet; sie ist nur eine Erinnerung, dass der Charakter irgendwo im Wasser ist. Ein Charakter, der seinen Zug im Wasser beginnt, muss einen Wurf auf Stärke (Athletik) ablegen. Das Ergebnis bestimmt sein unmittelbares Schicksal, entsprechend der folgenden Tabelle.

Stärkewurf	Effekt
20 oder höher	Die Kreatur packt die Bordwand eines zufällig bestimmten Bootes und kann im nächsten Zug hineinklettern, oder eine Kreatur auf dem Boot kann eine Aktion verwenden, um sie hineinzuziehen. Kreaturen im Boot können die Kreatur im Wasser angreifen.
15–19	Die Kreatur schwimmt neben einem zufällig bestimmten Boot. In ihrem nächsten Zug erhält sie einen Vorteil auf den Stärkewurf. Eine Kreatur im Boot kann ihre Aktion verwenden, um den nächsten Stärkewurf des Charakters zu unterstützen, oder kann den Charakter weiter wegstoßen und den Vorteil für den nächsten Wurf aufheben.
10–14	Die Kreatur hält den Kopf über Wasser; sie macht einen erneuten Wurf zu Beginn des nächsten Zuges.
9 oder weniger	Die Kreatur wird unter Wasser gerissen, aber hält den Atem an; der nächste Stärkewurf wird mit Nachteil abgelegt.

DEN KAMPF AUF DEM FLUSS BEENDEN

Der Kampf geht weiter, bis eine der drei Seiten den Sieg erringt.

Der Sturm geht weiter, bis die Boote den Fluss hinab bis zum Meer gespült worden sind. Wie lange das dauert, ist deine Entscheidung; alles von einer Stunde bis zu einem Tag könnte passen. Sobald die Boote das Meer erreichen, lösen sie eine magische Sicherung aus, die ihre elfischen Erbauer in sie eingebaut haben. Sobald sie die Flussmündung verlassen, werden die Boote vom Sturm ungefähr eine Meile aufs Meer gespült, setzen sich dann aber aktiv gegen die Strömung zur Wehr und gelangen zurück zum Ufer, wo sie eine geschutzte Bucht finden und sanft auf Strand laufen.

Die Boote haben Ruder und Segel, die unter den Bänken verstaut sind. Sie können als sehr alte, aber ansonsten recht normale elfische Boote gerudert oder gesegelt werden.

Ihren wahren Daseinszweck hat der Wächter angedeutet. Sie wurden gebaut, um Elfen zum Sammelpunkt des „Großen Rückzugs" zu bringen, dem Auszug der Elfen zur anderen Seite der Mythgart-Scheibe. Dieser Sammelpunkt ist auf keiner Schifffahrtskarte angegeben und könnte unter Umständen nur durch Boote der Brausenden Flottille erreichbar sein. Selbst diese Boote erreichen das Ziel nicht automatisch; die Passagiere müssen den Booten die richtigen Anweisungen geben.

Der Große Rückzug ist aber nicht der einzige Zweck der Boote. Wie erwähnt können sie als normale Boote verwendet werden, sie können Passagiere zum Versammlungspunkt des Großen Rückzugs bringen, oder sie können durch die drei Navigationsgeräte aus dem Scheitelgewölbe magisch gesteuert werden: dem *Dornischen Nokturnal*, dem *Himmlischen Sextanten* und der *Kugel von Agua-Sintellum*. Der volle Nutzen dieser Geräte ist in Anhang 2 erläutert.

ABSCHLUSS

Wenn die Charaktere den Kampf auf dem Fluss gewinnen, können sie entscheiden, ob sie die Boote zurück nach Reywald bringen und der Heiligen Herrin präsentieren wollen, sie für sich selbst behalten (sie sind extrem nützlich, um Ziele in der Nähe von Wasser zu erreichen) oder herausfinden wollen, wie sie zur Unterseite von Mythgart reisen können. All diese Abenteuer können Teil einer erweiterten Kampagne sein. Was genau auf der Unterseite von Mythgart liegt, ist ein Mysterium; niemand auf der Welt kann den Spielern sagen, was sie auf einer solchen Reise finden, wie lange sie dauert, welche Gefahren und Wunder sie erwarten, und ob sie zur „Oberseite" der Welt zurückkehren können, wenn sie erst einmal zur Unterseite gewechselt sind. Das einzig Sichere ist, dass sie die ewige Feindschaft der Heiligen Herrin verdienen, wenn sie nicht zumindest zu ihr zurückkehren und Bericht erstatten, was in Dorn passiert ist.

Wenn die Gruppe nach Reywald zurückkehrt, belohnt die Heilige Herrin die Charaktere mit +1 Status in ihrer Region, und der Graf gewährt ihnen +1 Status im Großherzogtum Dornig. Sie erhalten außerdem einen ungewöhnlichen magischen Gegenstand; die Charaktere können ihn nicht auswählen, es sollte aber etwas sein, das ihnen wirklich nützt.

Die Kugel und der Stab werden sicher verstaut, während Eschenmantel versucht, die beste Methode zu finden, um ihre Magie zu nutzen und mehr über ihr Ziel herauszufinden. Sie erlaubt den Charakteren sogar, eines der vier elfischen Boote zu behalten. Ohne alle drei Navigationsgeräte können sie noch immer als normale, aber außergewöhnlich schöne, elegante und robuste Boote genutzt werden.

Wenn Devinshire mit der Kugel, den Booten oder anderen Navigationsgeräten entkommt, bringt er seine Beute mit zu Haus Aldous-Donner. Die Charaktere sind jetzt seine Erzfeinde, und er wird alles tun, um sie zu ruinieren oder zu töten. Glücklicherweise basiert sein Interesse an der Kugel auf fehlerhaften Informationen; er glaubt, dass sie dazu dient, die Zeit zu manipulieren, nicht zum Navigieren und Reisen.

Wenn der Wächter erfolgreich ist, bringt er die Boote und Navigationsgeräte zum Torbogen zurück. Wenn die Kugel und der Stab wieder vereint sind, kann sich der Todesalb in drei perfekte Kopien seiner Selbst aufteilen, wenn er die Gegenstände beschützt, so dass es weitaus gefährlicher wird, die Gegenstände wieder zurückzuerlangen.

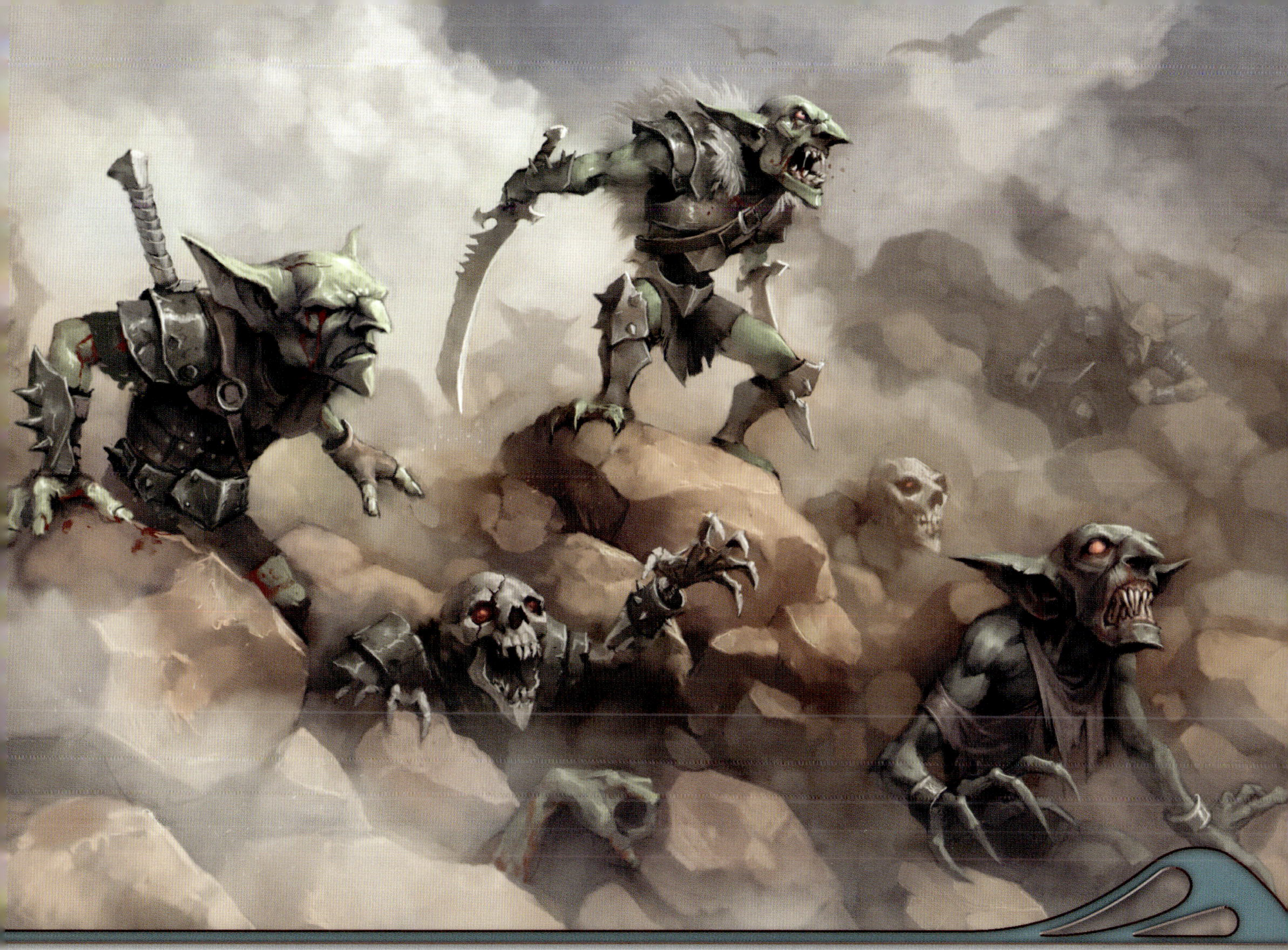

ERWECKEN DES KRIEGES

Ein Abenteuer für die 5. Edition, ausgelegt für Charaktere der 7. Stufe

Von Kelly Pawlik

Der Weg über den Gebirgspass, der zum Sitz von Mavros führt, ist seit Wochen leer. Hat etwas Tödliches die Kontrolle über den gefährlichen Bergpfad übernommen?

Das westliche Herzland von Mythgart war einst reich, dicht bevölkert und wunderschön. Es ist eine Tragödie, dass die Bewohner hier Krieg gegeneinander führen mussten und die mächtigen Magierkönige, die die Region regierten, das Land magisch verwüsteten. Jetzt lebt hier im wüsten Ödland wenig außer verzweifelten Staubgoblins, die ums Überleben kämpfen.

Hier findet man aber auch den Sitz von Mavros, wo der Gott des Krieges zuerst den Boden Mythgarts betrat und den Menschen zeigte, wie man Feuer und Stahl nutzte. Der ausgedehnte Festungsschrein ist das Ziel zahlloser Pilger aus den Sieben Städten und darüber hinaus, und das Hauptquartier des Ordens des Mavros: einem Ritterorden aus Paladinen und gläubigen Kriegern, die den Verwüsteten Westen patrouillieren, um reisende Pilger zu schützen.

ZUSAMMENFASSUNG

In diesem Abenteuer sind die Spielercharaktere entweder respektierte Verbündete oder halbwegs erfolgreiche Mitglieder des Ordens, die am Sitz von Mavros stationiert sind. Die Pilgerfahrt zum Festungsschrein und der Siedlung ist immer schwierig, doch ein plötzlicher Rückgang an Pilgern hat den Orden in Unruhe versetzt. Die SC werden beauftragt, zur Stadt

Savoyne zu reisen, einem der beliebtesten Ausgangspunkte für Pilgerfahrten, um herauszufinden, wo das Problem liegt.

Während die Charaktere den leblosen, verlassenen Gebirgspass überqueren, werden sie von Staubgoblins angegriffen, die in einem Außenposten an einer Klippe stationiert sind. Sie erfahren von einer Zeltstadt in der Nähe, die von hunderten Mitgliedern rivalisierender Staubgoblinstämme bewohnt wird, die sich zusammengetan haben, um etwas zu wecken, das sie für eine unglaublich mächtige uralte Wesenheit halten – tatsächlich ein Engel des Krieges namens Ylia.

Was als einfache Nachforschung beginnt, wird zu einem Wettlauf gegen die Zeit, um Gefangene zu retten, einen Stamm von Staubgoblins aufzuhalten, die sich der wachsenden Horde anschließen wollen, und die Kontrolle über das Ritual zu übernehmen, das den Engel des Krieges erwecken soll.

Wenn die Helden nicht erfolgreich sind, werden zahllose Seelen umkommen: durch die wachsende Armee von Staubgoblins unter der Führung von Karbekul Vierfinger sowie durch den Engel des Krieges. Der Sitz von Mavros, die Stadt Savoyne und die umgebenden Siedlungen werden zerstört werden.

AUFHÄNGER

Die Gruppe könnte das Abenteuer in folgenden Rollen beginnen:

- Pilger, die auf der Straße von den Goblins überfallen und dann von Paladinen gerettet wurden, die vom Sitz von Mavros aus auf Patrouille ausgezogen sind. Jetzt, wo sie sich erholt haben, wollen sie Buße für das Scheitern ihrer Pilgerfahrt leisten, indem sie den Orden unterstützen.
- Wachen, die dem Sitz von Mavros zugeteilt sind. Sie melden sich freiwillig für diesen gefährlichen Auftrag, weil sie auf eine Beförderung hoffen.
- Angeworbene Söldner, die mit einer Karawane oder anderen bewaffneten Gruppe am Sitz von Mavros eingetroffen sind. Jetzt suchen sie nach weiterer Arbeit als Söldner, und der Orden bietet ihnen diese Mission gegen Bezahlung an.

Welchen Aufhänger du auch wählst, die Charaktere reiten nach einer kurzen Einweisung durch einen Offizier des Ordens aus, um herauszufinden, was die Probleme auf der Pilgerroute verursacht.

ÖRTLICHKEITEN AM SITZ VON MAVROS

Diese Örtlichkeiten spielen im Abenteuer eine wichtige Rolle. Sie sind in den Abschnitten, die ihnen gewidmet sind, näher beschrieben. Diese kurzen Beschreibungen dienen nur zur Referenz und enthalten Informationen, die die meisten Charaktere aus Gerüchten, Geschichten und ihren eigenen Reisen bekannt sind.

DER AUSSENPOSTEN UND DER AUSSICHTSPUNKT

Nach mehreren Reisetagen trifft die Gruppe an einem Außenposten am Beginn des Passes ein, wo sie feststellen, dass Goblins die Kontrolle übernommen haben.

PFADE AM PASS

Hohe Berge ragen an beiden Seiten des Passes empor, doch ab und zu offenbaren Lücken in den einschüchternden Felswänden schmale Gebirgspfade. Diese Pfade sind tückisch wegen der Staubgoblins und Tiere, die im Ödland leben und sich gelegentlich darauf bewegen.

Ein bestimmter Pfad, der vom Geistergoblin-Stamm der Staubgoblins aus Szene 2 benutzt wird, biegt in der Nähe des Passes einige Male scharf ab, um gewaltige Steinhaufen am Fuß des Berges zu umgehen.

Ein Netzwerk aus kleineren Pfaden führt kreuz und quer tiefer in den Berg, was eine (langsame) Weiterreise möglich macht, wenn der Zugang zum größeren Pfad jemals blockiert werden sollte. Wo sich einige dieser kleineren Pfade vereinen, gibt es einen relativ flachen Bereich mit etwa 12 m Durchmesser. Der Boden ist mit Felsen und Steinen übersät. Lose Felsen, die auf größeren Felszungen liegen, sind vielleicht in unsicherem Gleichgewicht.

DAS STAUBGOBLIN-LAGER

Ein bunter Haufen aus Zelten, von denen manche mit viel zu vielen oder viel zu wenigen Stützen gebaut zu sein scheinen, sind in einem chaotischen Wirrwarr auf dem Boden des Tals verstreut. Zwischen den Zelten bewegen sich Hunderte von Staubgoblins. Zerschlissene Banner, die überall im Lager aufgestellt sind, zeigen mindestens drei unterschiedliche Stammeszeichen. Trotz der Größe und zahlreichen Bewohner scheint es einen leeren Bereich zu geben, der für zusätzliche Staubgoblins reserviert ist.

Ein improvisierter Schrein in der Mitte des Lagers trägt die Überreste von Opfergaben an die Großen Alten: Pilger, die ein vorzeitiges Ende gefunden haben. In einem großen Pferch nahe der Mitte des Lagers haust ein Dutzend Gefangene. Wachen bestreifen den Umkreis des Tals.

SCHREIN DER YLIA

Ein großer Felsbrocken lehnt an der Seite des Berges. Es ist offensichtlich, dass der Stein mit großer Mühe mithilfe von Seilen und Hebeln bewegt wurde, um eine improvisiert Tür zu offenbaren, die in die Felswand dahinter geschlagen wurde. Der dunkle Durchgang führt in einen langen, schmalen Korridor zu einer kleinen Kaverne, die 6 m breit und 12 m lang ist. In der Nähe der gegenüberliegenden Wand steht ein großer, flacher Stein, auf dem einst die *Rute des Untergangs* lag.

Die Kaverne wurde offensichtlich liebevoll in den Stein geschlagen und dann mit Höhlengemälden verziert, die ein großes geflügeltes Wesen an der Spitze einer Armee zeigen, das Säulen aus Feuer auf eine feindliche Armee herniederruft. Jetzt sind die Wände mit neuem und altem Blut beschmiert.

Vor Hunderten von Jahren kämpften zwei Gruppierungen um die Kontrolle über die *Rute des Untergangs*. Eine Gruppe hielt Ylia, Engel des Krieges, für eine Bedrohung für die Welt. Sie waren es, die verzweifelt die Tür zu diesem kleinen Schrein im Berg versiegelt und dabei ihre Gegner und einige Verbündete im Schrein eingeschlossen haben. Viele von jenen, die eingesperrt wurden, kämpften bis zum Tod weiter. Die Überlebenden verdursteten qualvoll. Im Lauf von Jahrhunderten wurden ihre ruhelosen Geister zum Verwesungswind.

DIE RITUALSTÄTTE

Inmitten der Berge liegt eine rätselhafte, karge, schwer erreichbare Senke. Der Boden ist von Kies und Schiefer bedeckt, so dass kaum eine Pflanze in der grauen Landschaft überlebt. Diese flache Bergschlucht ist 24 m auf 36 m groß, gerade groß genug für hundert oder mehr Staubgoblins. Sie ist auch der Ort, an dem Karbekul Vierfinger die Herrschaft über seinen Stamm erlangte, indem er den vorherigen Häuptling der Verstümmelten erschlug. Wegen dieses Zwischenfalls wurde der Ort als Ritualstätte auserwählt.

Ein grober Kreis mit ungefähr 15 m Durchmesser wurde mit primitiven Runen, abgelegten Rüstungsstücken und zerbrochenen Waffen markiert. Er liegt in der Mitte der Schlucht, und zahlreiche Staubgoblins knien und singen um ihn herum.

Die Luft hier ist seltsam schwer, und das unaufhörliche, arrhythmische Schlagen der Trommeln der Staubgoblins sorgt für eine noch erdrückendere Atmosphäre.

SZENE 0: DER SITZ VON MAVROS

Das Abenteuer beginnt mit der Annahme, dass die Gruppe zugestimmt hat, sich mit Leutnant Tonia Halbwut zu treffen, einer stellvertretenden Kommandantin im Orden von Mavros.

Halbwut schaut aus dem Fenster und hält einen Moment inne. Sie kneift die Augen zusammen, als würde sie einen Pilger sehen, der sich nähert, doch ist es nur eine optische Täuschung: eine Wolke, die die Sonne verdunkelt. Sie wendet sich euch zu und spricht mit sorgenvoller Miene: „Zu dieser Zeit des Jahres treffen hier jede Woche normalerweise mindestens zwei Gruppen von Pilgern ein, doch seit fast drei Wochen hat sich kein neues Gesicht in den Hallen der heiligen Stätte gezeigt.

Wir haben mehrere Truppen auf Patrouille auf den beliebtesten Pilgerwegen geschickt. Ihr müsst für uns die Südstraße auskundschaften.

Dies ist von höchster Wichtigkeit für den Orden. Wir legen viel Vertrauen in euch." Sie schaut noch einmal aus dem Fenster, dann wieder zu euch.

„Bitte, seid so gründlich wie möglich. Findet heraus, so viel ihr könnt, ehe ihr zurückkehrt. Pilger, die zum Sitz von Mavros kommen, sind nicht nur Gläubige, die meisten sind auch fähige, erfahrene Krieger. Sie würden sich nicht von einem einfachen Hindernis aufhalten lassen. Wir müssen erfahren, was ihnen zugestoßen ist."

Leutnant Halbwut kann auf Nachfrage die folgenden zusätzlichen Informationen geben.

- Es sind seit drei Wochen keine Pilger eingetroffen. Die Charaktere gehörten zu einer der letzten Gruppen, die den Schrein erreichten.
- Es sind auch keine Karawanen mit Vorräten eingetroffen, und die Gemeinschaft hat begonnen, die Lager für Notfälle zu verwenden. Die Vorräte werden allerdings nicht länger als einige Wochen halten, auch bei sorgfältiger Rationierung.
- Es gibt Anzeichen von vermehrter Goblin-Aktivität in der Umgebung, doch kein Stamm hat den Orden direkt angegriffen.

Sie bietet der Gruppe die folgende Ausrüstung an.

- Nahrung, Wasser, Kletterausrüstung, Lagerausrüstung und andere alltägliche Vorräte.
- 1 *Heiltrank* pro Person.
- Eine ungefähre Karte, die sie entlang der Verrayne-Straße führen wird, dem Weg, der vom Sitz von Mavros nach Verrayne führt. Die Karte zeigt den Sitz von Mavros, den Außenposten drei Tagesreisen im Süden, und den Melano-Pass. Die Straße ist klar eingezeichnet, doch zeigt die Karte keine anderen Landmarken.
- Halbwut hat keine Pferde oder anderen Reittiere übrig; sie werden alle zur Verteidigung benötigt, sollte dies das Vorspiel für einen Angriff sein.

Die Charaktere haben einen Tag, um ihre Vorräte zu sammeln und Vorbereitungen zu treffen, ehe sie auf ihre Mission aufbrechen müssen.

Wenn sie der Straße drei Tage lang nach Süden folgen, kommen die Charaktere an den Nordrand des Passes. Sie sollten den alten Außenposten zur Mittagszeit des dritten Tages erreichen. Sie finden auf dem Weg keine Anzeichen für Reisende, die vor weniger als drei Wochen hier durchkamen.

Wenn die Charaktere den Außenposten erreichen, fahre fort mit Szene 1.

RHYTHMUS

Die SC brauchen natürlich ihre Zeit, um sich von einem Ort zum nächsten zu bewegen, aber es ist am besten, wenn sie sich beeilen. Die Zeit drängt, wenn die wachsende Armee von Staubgoblins und ihre Pläne zerschlagen werden sollen. Die Charaktere sollten nicht einfach lange Rasten machen können, wann immer sie wollen. Das Abenteuer wird viele Tage dauern, allein weil die Entfernungen so groß sind. Versuche, die Charaktere in Bewegung zu halten, bis der Tag endet, anstatt nach jedem entscheidenden Kampf eine lange Rast einzulegen. Du kannst unnötige lange Rasten mit zufälligen Angriffen auf die schlafenden Charaktere unterbrechen, oder du kannst die Charaktere eine große Staubwolke hinter sich sehen lassen, was andeutet, dass eine beträchtliche Truppe an Goblins in die gleiche Richtung unterwegs ist wie die Charaktere, und das weniger als eine Stunde hinter ihnen. Mach, was nötig ist, um deine Spieler anzutreiben, damit sie vorangehen und die Handlung im Gange halten.

SZENE 1: AUSSENPOSTEN

Auf einem kleinen Plateau in der Felswand, sechs Meter über dem Pass, befindet sich ein alter Außenposten. Vier grobschlächtige Behausungen aus genähten Häuten sind dort aufgeschlagen. Gerade so ist ein Staubgoblin zu sehen, der auf einer Felszunge über dem Pass kauert und das Gebiet unter sich im Auge behält.

Auf eine Entfernung von 120 m oder mehr ist es nicht möglich, mehr als die oben beschriebenen Informationen zu erhalten. Die Zelte stehen vor einem abgeriegelten Pferch, der gegen die steile Wand des Berghangs gebaut ist.

Der Außenposten wird von 7 **Staubgoblin-Kriegern**, 2 **Staubgoblins** und 1 **Todeshund** bewohnt. Die Gruppe wartet auf die bevorstehende Ankunft des Geistergoblin-Stammes, und hat Anweisungen, hier einige Gefangene zu bewachen. Sobald die Horde eintrifft, werden die Gefangenen zur Ritualstätte gebracht.

Eine Felszunge 15 m im Norden dient als Ausguck. Sie erhebt sich 24 m über den Pass. Ein steiler, gefährlicher Pfad führt vom Außenposten dorthin. Die Felswand über dem Pass kann mit einem erfolgreichen Wurf auf Stärke (Athletik) gegen SG 15 erklommen werden. Die Felszunge hat eine flache Spitze und bietet für hundert Meter in beide Richtungen gute Sicht auf den Pass. Die Staubgoblins, die hier postiert sind, sind sich sicher, dass sie die Geistergoblins schon lange hören werden, ehe sie sie sehen, bleiben aber trotzdem wachsam.

Drei Staubgoblins bewachen den Pferch, wo die vier Gefangenen eingesperrt sind, während zwei weitere Staubgoblins auf der Felszunge Wache halten. Ein Staubgoblin ruht sich am abbrennenden Feuer aus, während sein Todeshund-Reittier auf einem Brocken nicht identifizierbaren Fleischs herumkaut. Die verbleibenden drei Goblins würfeln in einem der Zelte. Alle Goblins, egal ob sie im Einsatz sind oder nicht, sind wachsam und bereit zu handeln.

Die zwei Staubgoblins, die über dem Pass Wache halten, könnten bemerken, dass sich die SC nähern. Lege Würfe auf Weisheit (Wahrnehmung) für die Staubgoblins ab (−1), und Gruppenwürfe auf Geschicklichkeit (Heimlichkeit) für die Charaktere.

Die Charaktere werden bemerkt, wenn nicht mindestens die Hälfte ihrer Heimlichkeitswürfe höhere Ergebnisse erzielen als die Wahrnehmungswürfe beider Goblins. Wenn eine der Wachen die Gruppe bemerkt, alarmieren sie ihre Gefährten mit Vogelrufen. Ein Charakter, der in Naturkunde geübt ist, erkennt, dass die Rufe nachgeahmt sind.

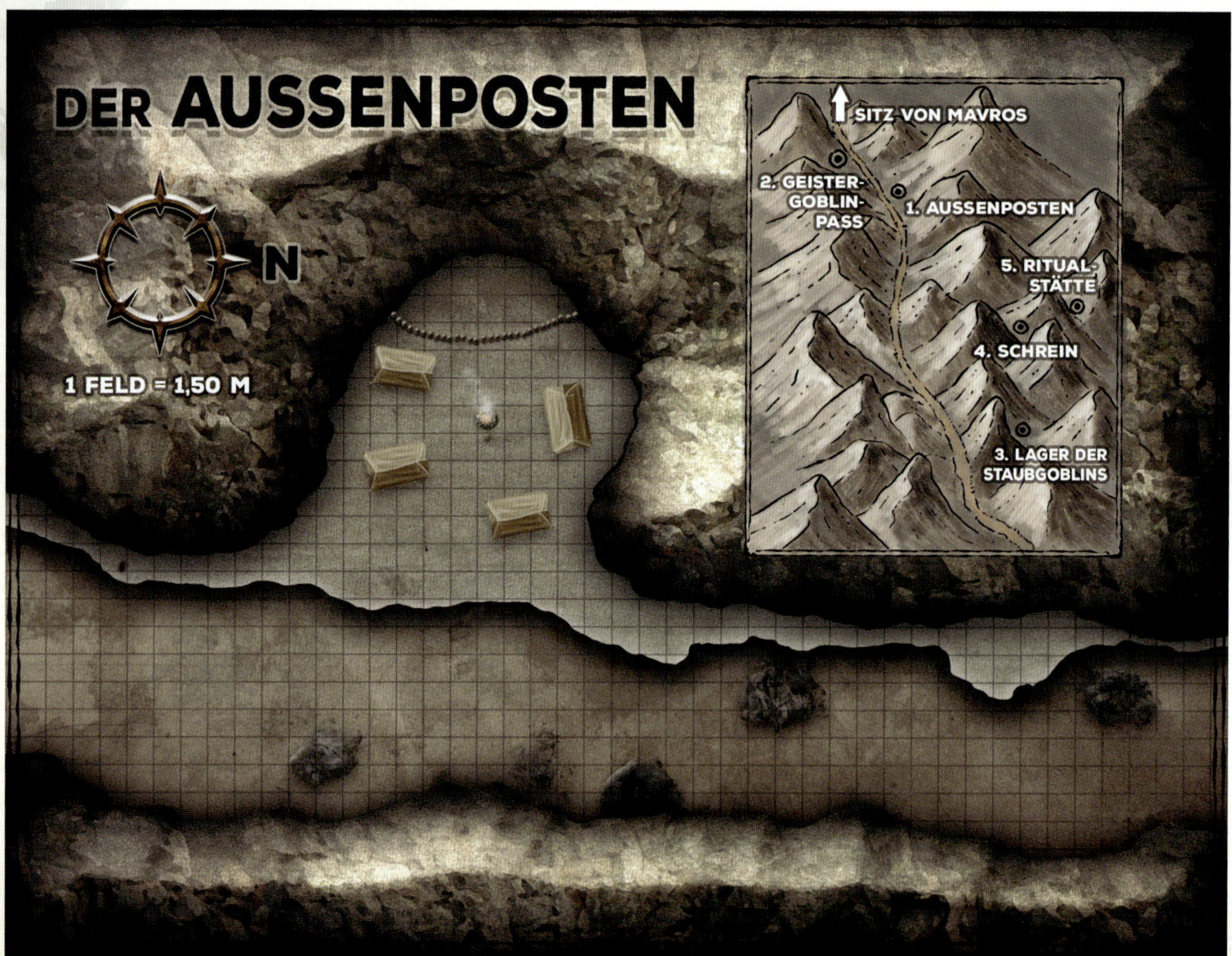

Wenn die Gruppe nicht bemerkt wird, reagieren die Goblins chaotisch, wenn sie angegriffen werden. Wenn die Charaktere bemerkt werden und die Goblins gewarnt sind, eilt ein Staubgoblin, gekleidet in die gestohlene Kleidung eines Pilgers, zum Gebirgspass, um die Charaktere unvorsichtig zu machen. Lies in diesem Fall Folgendes vor:

Nach tagelanger Reise auf dem kargen und leeren Pass durch das Melano-Gebirge wird die trostlose Monotonie unterbrochen, als eine kleine Gestalt, gehüllt in zerlumpte Kleidung, den Pfad herab in eure Richtung halb läuft, halb stolpert. Die Gestalt winkt hektisch mit den Armen, ehe sie zusammenbricht.

Wenn sich die Charaktere dem verkleideten Staubgoblin nähern, zieht er eine leichte Armbrust aus seiner Kleidung und schießt. Dann greifen die übrigen Staubgoblins aus ihren Verstecken an. Vor dem ersten Angriff muss jeder Charakter einen Wurf auf Weisheit (Motiv erkennen) gegen SG 15 ablegen. Charaktere, die den Wurf nicht schaffen, sind überrascht. Vergiss nicht, dass die Staubgoblins das Merkmal Verdreht haben: Charaktere, die von verborgenen Staubgoblins angegriffen werden, müssen Weisheitsrettungswürfe gegen SG 10 ablegen, um nicht verängstigt zu werden.

Nach einigen Kampfrunden, vorausgesetzt die Goblins verlieren, versucht ein Staubgoblin-Krieger auf dem Todeshund den Pass entlang in Richtung Norden zu fliehen, die Richtung, aus der die Charaktere gekommen sind. Alle anderen Staubgoblins kämpfen bis zum Tod.

Beweise. Eine kleine Truppe von Staubgoblins auf dem Pfad ist ungewöhnlich, doch kaum genug, um Pilger wochenlang daran zu hindern, ihr Ziel zu erreichen. Es kommt vor, dass Staubgoblins kleinere Überfälle am Weg durchführen, und das hat die Pilger noch nie aufgehalten.

Den Außenposten erkunden. Wenn die Staubgoblins ausgeschaltet sind, kann die Gruppe den Außenposten erkunden. Das Staubgoblin-Lager ist um ein schwach brennendes Feuer errichtet, das von weggeworfenen Knochensplittern umgeben ist. Die Zelte sind voll von dreckigen Fetzen von Bettzeug, und in einem liegt ein abgenutztes Kartenspiel.

Vier gefangene Pilger sind im Pferch eingesperrt. Sie sind unterernährt und dehydriert. Der Großteil ihrer Kleider und alle Wertgegenstände und Waffen, die sie hatten, wurden von den Staubgoblins genommen. Die Gefangenen wurden vor sieben Tagen von dieser Gruppe Staubgoblins erwischt. Einer von ihnen versteht genug von der Sprache der Staubgoblins, dass er aufschnappen konnte, dass diese Goblins eine große Gruppe vom Geistergoblin-Stamm erwartet haben, die die Gefangenen tiefer in die Berge bringen sollten. Dort sollten sie einer mächtigen, uralten Wesenheit geopfert werden.

Obwohl die befreiten Gefangenen erschöpft und unterernährt sind, sind sie bereit, alleine weiter zum Sitz von Mavros zu reisen. Tatsächlich erklären sie, dass sie nicht mehr von den Charakteren wollen als die Unterstützung, die sie bereits erhalten haben, denn der Sinn ihrer Pilgerfahrt ist es, Mavros ihre Stärke und ihren Wert zu beweisen. Sie werden den Orden vor der Staubgoblinhorde warnen.

Im unwahrscheinlichen Fall, dass ein Spielercharakter während dieser Begegnung getötet wurde, kann der Spieler einen der geretteten Pilger als neuen Charakter übernehmen, die allesamt fähige Kämpfer sind.

Staubgoblins verhören. Wenn Staubgoblins lebend gefangen wurden und verhört werden können, erzählen sie die gleiche Geschichte wie die Gefangenen: eine Kriegsschar von über hundert Geistergoblins soll kommen, um die Gefangenen abzuholen und zu einer viel größeren Stammesversammlung zu bringen, wo die Gefangenen geopfert werden. Wenn dies geschieht, wird die Horde der Staubgoblins im Süden unaufhaltsam sein.

Die Kriegsschar soll innerhalb der nächsten ein oder zwei Tage eintreffen. Der Staubgoblin, der flüchten wollte, wurde losgeschickt, um die Geistergoblins vor den Charakteren zu warnen. Die Kriegsschar, angeführt von Marlik dem Furchtlosen, soll durch einen Pass eine halbe Tagesreise weiter im Norden kommen, dann nach Süden entlang der Hauptstraße an diesem Außenposten vorbei reisen, um sich der wachsenden Horde anzuschließen, die vom fürchterlichen Karbekul Vierfinger angeführt wird. Die Gefangenen bestätigen, gehört zu haben, wie die Goblins untereinander dieselbe Geschichte erzählten. Die Staubgoblins gackern vor Freude, wenn sie von der erwarteten Kriegsschar und der wachsenden Staubgoblinhorde sprechen.

Wenn die Charaktere kampflos an diesem Außenposten vorbeigekommen sind, können sie dennoch einer Patrouille begegnen, die in diese Richtung unterwegs ist, und dieselben Informationen erhalten.

Weiter. Wenn die Charaktere den flüchtenden Staubgoblin nicht aufhalten konnten, können sie ihn einfangen, ehe er zur vorrückenden Kriegsschar stößt, wenn sie sofort nach dem Kampf aufbrechen. Fahre mit Szene 2a fort, wenn die Gruppe den flüchtigen Goblin einfangen will, oder mit Szene 2b, wenn die Gruppe die Kriegsschar im schmalen Pass angreifen möchte. Wenn die Gruppe der Passstraße weiter nach Süden folgt, gelangt sie zu Szene 3.

SZENE 2A: REISSAUS

Die Charaktere müssen zum Gebirgspass eilen, der eine halbe Tagesreise im Norden liegt, um den flüchtenden Staubgoblin daran zu hindern, der Kriegsschar seine Warnung zu überbringen. Wenn die SC nicht zögern, sollten sie keine Probleme damit haben, den Goblin und den Todeshund zu fangen und zu besiegen.

Die Charaktere müssen sich schnell bewegen, um den berittenen Staubgoblin einzuholen. Für je angefangene 10 Minuten, die der Goblin Vorsprung hat, müssen die Charaktere ihn eine weitere Stunde verfolgen, ehe sie ihn einholen. Pro Stunde, die die Verfolgungsjagd andauert, muss jeder Charakter einen Konstitutionsrettungswurf gegen SG 10 ablegen, um nicht eine Stufe Erschöpfung zu erleiden.

Am Ende der Verfolgungsjagd müssen die Charaktere einen Wurf auf Weisheit (Überleben) gegen SG 13 ablegen, um die Fährte des Todeshundes zu bemerken, die sich vom Pfad in den Schutz der Felsen entfernt. Wenn der Wurf misslingt, reisen sie eine weitere Stunde weiter, ehe sie bemerken, dass sie die Fährte des Goblins verloren haben. Wenn der Überlebenswurf misslingt, kann ein Wurf auf Weisheit (Wahrnehmung) gegen SG 15 nachgelegt werden. Ein Charakter, der diesen Wurf schafft, bemerkt den Staubgoblin, der um einen Felsen herum linst. Ansonsten müssen die Charaktere das ganze Gebiet absuchen, ehe sie die Verfolgten finden. Siehe die Karte „Pfade am Pass" für Details über die Szene.

Den Staubgoblin verhören. Wenn der Goblin (Lukat) lebendig gefangen wird, kann er die Informationen liefern, die die Charaktere am Außenposten vielleicht nicht erhalten haben. Nach einem erfolgreichen Wurf auf Charisma (Einschüchtern) gegen SG 15 oder Charisma (Überzeugen) gegen SG 18 kann Lukat sogar die Position des Staubgoblin-Lagers im Süden verraten. Lukat weiß ungefähr, wo das Ritual stattfinden soll, aber nicht die genaue Position der heiligen Stätte, so dass er die Charaktere nicht dorthin führen kann.

Wenn Lukat den Charakteren entkommen kann, findet er die Geistergoblins und warnt sie vor den Charakteren. Wenn die Helden nicht vorsichtig sind, könnten sie zwischen der Kriegsschar und den Goblins im Lager eingekesselt werden. Wenn die Geistergoblins die SC bemerken, greifen sie unbarmherzig an. Ihr Ziel ist es, die Charaktere lebend zu fangen und zum Staubgoblin-Lager zu bringen, wo sie gefoltert und geopfert werden sollen.

Weiter. Sobald der flüchtige Staubgoblin ausgeschaltet ist, können die Charaktere einen Hinterhalt für die vorrückende Kriegsschar vorbereiten, wenn sie das wollen. In diesem Fall fahre fort mit Szene 2B. Wenn die Gruppe zurückkehrt und nach Süden weiterzieht, fahre fort mit Szene 3.

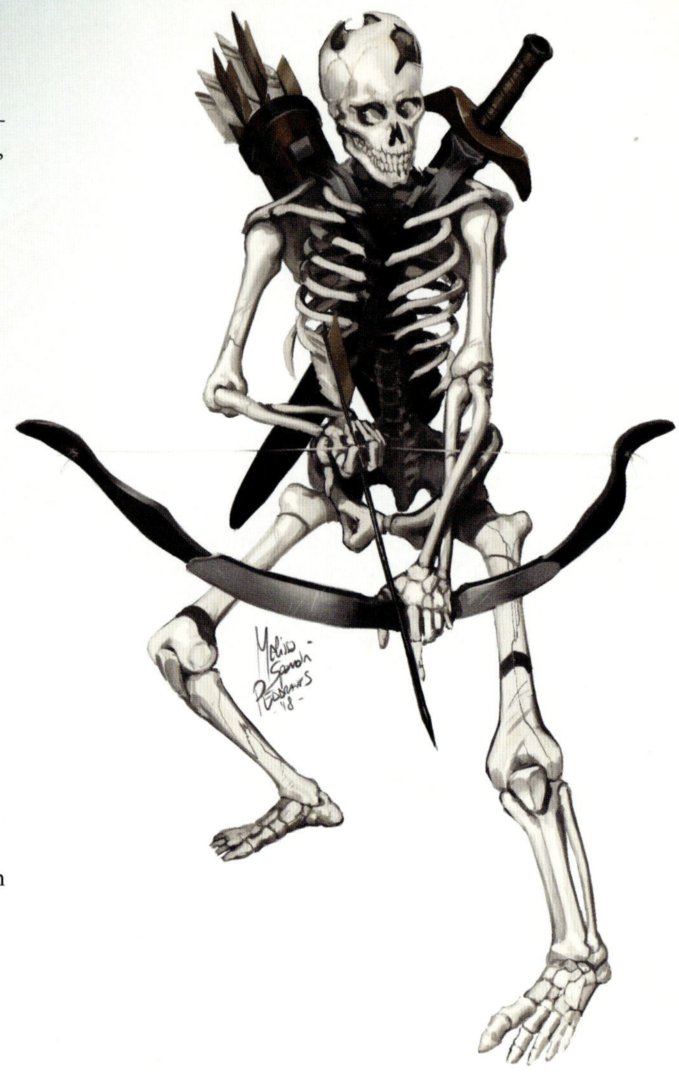

SZENE 2B: HINTERHALT!

Die vorrückende Kriegsschar der Geistergoblins muss sich durch einen schmalen Hohlweg nördlich des Außenpostens bewegen (zwischen dem Außenposten und dem Sitz von Mavros). Wenn die Charaktere nach möglichen Orten für einen Überfall suchen, bemerken sie einen Abschnitt, wo die über 20 Meter hohen Klippen von schmalen Simsen gesäumt sind, wo sich große, lose Felsen gesammelt haben (siehe Karte Pfade am Pass). Einer dieser Simse ist groß genug, dass zwei Charaktere auf ihm stehen und die Felsen hinabstoßen können. Zum Sims zu klettern, erfordert einen erfolgreichen Wurf auf Stärke (Athletik) gegen SG 10, mit Vorteil, wenn die Charaktere Kletterausrüstung haben.

Die Felsen können auf die Geistergoblins hinabgerollt werden, wenn sie den Pass hinauf marschieren, oder sie können vorher hinabgeworfen werden, um den Pfad zu blockieren. Nur eine der Möglichkeiten kann gewählt werden.

Die Geistergoblins treffen 1W10 x 10 Minuten nach den Charakteren ein. Wenn sie ankommen, lies Folgendes vor:

Wie ein Heuschreckenschwarm strömt eine Kolonne von Staubgoblins durch den Gebirgspass. Im Gegensatz zu den Goblins, die ihr am Außenposten gesehen habt, sind einige dieser Goblins kaum mehr aus ausgemergelte Skelette. Bei anderen ist die ohnehin ungesund aussehende Haut merkwürdig bleich. Der Gestank des Todes umgibt sie, als sie schweigend den Weg entlangmarschieren.

Den Steinschlag auf die Goblins auszulösen, erfordert einen Wurf auf Stärke (Athletik) gegen SG 16. Ein Charakter kann einen anderen bei diesem Versuch unterstützen. Wenn der Versuch erfolgreich ist, fallen die Felsen die Wand hinab und lösen einen kleinen Steinschlag aus, der den Sims mit allem, was darauf liegt, die Klippe hinabstürzen lässt. Charaktere auf dem Sims müssen einen Wurf auf Stärke (Athletik) schaffen, um eine Baumwurzel zu packen und nicht mit dem Schutt abzustürzen. Sie können die Klippe dann auf demselben Weg hinabklettern, auf dem sie heraufgekommen sind. Alternativ erlaubt ein erfolgreicher Wurf auf Geschicklichkeit (Akrobatik) gegen SG 16 den Charakteren, innerhalb einer Runde den mit Schiefer bedeckten Hang hinab zu rutschen, ohne

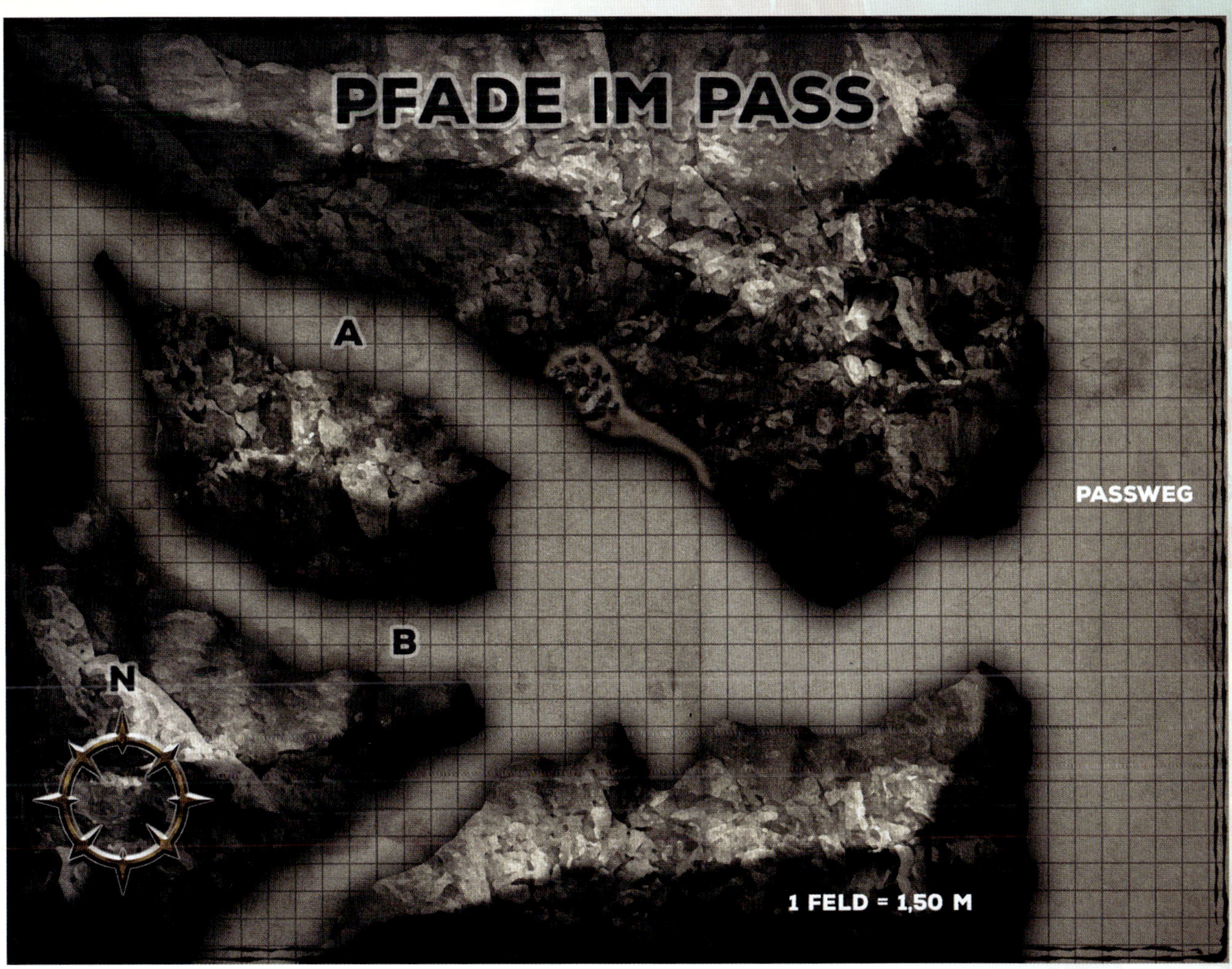

PFADE IM PASS

A

PASSWEG

B

N

1 FELD = 1,50 M

Schaden zu erleiden. Wenn ein Wurf misslingt, egal welcher, stürzt der Charakter mit dem Steinschlag hinab und erleidet für jeden Punkt, um den der Wurf gescheitert ist, 1W3 Wuchtschaden.

Alle Charaktere auf dem Boden des Passes innerhalb von 6 m um den Einschlagspunkt müssen einen Geschicklichkeitsrettungswurf gegen SG 14 ablegen, um nicht 2W6 Wuchtschaden zu erleiden. Der Steinschlag blockiert außerdem den Pfad, was für 12 m in beide Richtungen schwieriges Gelände erzeugt.

Geistergoblin-Kriegsschar. Die Kriegsschar besteht aus 11 **Staubgoblins**, 8 **Staubgoblin-Kriegern**, 10 **Geisterstamm-Ghulen**, 20 **Geisterstamm-Skeletten** und **Marlik dem Furchtlosen**. Wenn der Steinschlag über ihnen ausgelöst wurde, tötet er 6 Staubgoblins, 6 Staubgoblin-Krieger, 6 Ghule und 12 Skelette. Die Überlebenden sind auf Rache aus. Sie greifen in Wellen an: Gerade, wenn die Charaktere die letzten Gegner aus einer Welle töten, schwärmen die nächsten über das Geröll. Die Zusammenstellung der Wellen findest du im Kasten „Welle um Welle am Gebirgspass".

Die untoten Goblins haben sich Ritualen unterzogen, um Ghule oder Skelettkrieger zu werden. Wie alle Untoten fürchten Sie weder Tod noch Schmerz,.

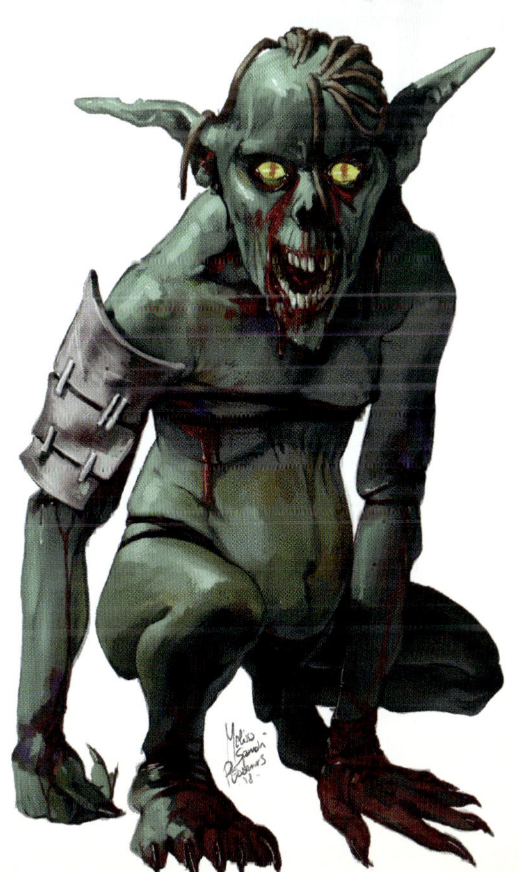

Setze die Charaktere mit weiteren Wellen unter Druck. Wenn eine Runde jemals mit nur einem Stammesmitglied der Geistergoblins im Kampf beginnt, trifft sofort die nächste Welle ein. Überfordere aber eine kleine oder schwache Gruppe nicht. Diese Begegnung soll aufregend sein, nicht endgültig tödlich.

Wenn der Pfad von einem Steinschlag blockiert war, verwenden einige Staubgoblins den mit B markierten Weg, wie in „Welle um Welle im Gebirgspass" angegeben.

Wenn die Charaktere nicht die Felsen auf die vorrückende Armee einbrechen lassen oder den Weg blockiert haben, weist Marlik der Furchtlose den Großteil seiner Schergen (diejenigen, die im Steinschlag getötet worden wären) an, zum Staubgoblin-Lager weiterzuziehen. Er ist überzeugt, dass die Hälfte seiner Truppe die Eindringlinge mühelos vernichten könne. Der Rest bleibt zurück, um die Charaktere in Wellen anzugreifen.

Schätze. Marlik der Furchtlose trägt eine Tasche bei sich, die einen *Trank der mächtigen Heilung*, vier *Heiltränke*, 40 GM, 5 Ein-Pfund-Silberbarren im Wert von je 5 GM, zwei Käseräder und eine Karte mit dem Weg zum Staubgoblin-Lager enthält. Zusätzliche 21 GM, 103 SM und ein aufwendig geschnitztes heiliges Symbol des Mavros (im Wert von 10 GM) können an den Leichen der anderen Staubgoblins gefunden werden, die nicht vom Steinschlag begraben oder zum Außenposten vorgeschickt wurden.

Welle um Welle am Gebirgspass

1. ***Welle 1***. Zwei Staubgoblin-Krieger, begleitet von 2 Staubgoblins, bewegen sich schnell über den mit A markierten Pfad auf die Charaktere zu.
2. ***Welle 2***. Wenn die Staubgoblins sterben, fallen 4 Staubgoblin-Ghule über den mit A markierten Pfad über die Charaktere her.
3. ***Welle 3***. Sobald die Staubgoblin-Krieger oder die Ghule gefallen sind, klettern 6 Staubgoblin-Skelette auf die SC zu. Sie verwenden den mit B markierten Pfad, falls der Steinschlag auf dem mit A markierten Pfad ausgelöst wurde.
4. ***Welle 4***. 3 Staubgoblins und 2 Staubgoblin-Skelette verwenden den mit A markierten Pfad, um sich durch die Überreste des Steinschlags zu bewegen, und stürmen auf die Charaktere zu.
5. ***Welle 5***. Eine Runde nach Welle 4 stürmt Marlik auf die Gruppe zu, zornig, weil seine Schergen außerstande waren, die Störenfriede zu vernichten. Er erscheint auf dem Pfad, der mit B markiert ist.

Wann kommt die nächste Welle?

Der Staubgoblin-Angriff ist in Wellen und nicht in Runden beschrieben, damit die SC nicht von mehr Gegnern überrannt werden, als sie bewältigen können, aber auch, damit es keine Unterbrechung im Kampf gibt. Wenn eine Runde jemals mit nur einem Staubgoblin als Gegner beginnt, sollte sofort die nächste Welle eintreffen.

Weiter. Es ist ein zweitägiger Marsch zum Staubgoblin-Lager im Süden. Der Großteil der Reise kann auf dem Hauptpassweg zurückgelegt werden, doch befindet sich das Lager leicht östlich der Straße. Alle überlebenden Staubgoblins sind immun gegen Erschöpfung und marschieren die Nacht durch. Sie halten gerade lange genug am Außenposten an, um alle Pilger zu töten, die nicht sofort zum Sitz von Mavros aufgebrochen sind.

Wenn Spielercharaktere im Kampf gegen die Kriegsschar des Geisterstammes getötet werden, können die SC noch einmal auf die gerade befreiten Pilger stoßen. Sie geben gute Ersatzcharaktere ab.

Wenn die Geistergoblins auf den Hauptgebirgspass marschieren und ihn verwenden konnten, begegnen sie den Pilgern und schlachten sie ab. Die Charaktere sollten später über die grausige Szenerie stolpern.

Fahre fort mit Szene 3, wenn die Gruppe ihre Reise nach Süden fortsetzt.

Optionale Szene 2C: Plünderer

Wenn die SC kurzen Prozess mit den Geistergoblins machen, den Kampf komplett vermeiden oder nicht herausfinden, wo das Lager ist, kannst du einen Plünderertrupp der Staubgoblins auftauchen lassen, der die fehlenden Informationen durch eine zusätzliche Kampfbegegnung liefern kann. Der Trupp ist vom Lager aufgebrochen, um den Weg durch das Melano-Gebirge zu bestreifen, nach Pilgern zu suchen und Tiere zu jagen.

Man kann die Plünderer auch abseits der Wege im Gebirge treffen, wenn das nötig ist, so dass du diese Begegnung zu einem späteren Zeitpunkt oder sogar mehrere Male einbinden kannst, wenn nötig. Die Staubgoblins langweilen sich und freuen sich, auf eine Gruppe von Abenteurern zu stoßen, die auf einen Kampf aus sind. Die Gruppe von Goblins kann jede Größe haben, doch 2 **Staubgoblins** und 4 **Staubgoblin-Krieger** sind ein guter Startpunkt.

Alternativ könnten die Charaktere auf eine Gruppe von Gnoll-Plünderern stoßen. Diese Barbaren sind sich der Präsenz der Staubgoblins bewusst und auch auf einen Kampf aus, nachdem sie von den Staubgoblins aus ihrem alten Territorium verdrängt wurden. Die Gnolle können auf dem Pfad durch das Melano-Gebirge oder abseits der Pfade in den Bergen angetroffen werden. Die Gruppe kann eine beliebige Größe haben, um die Charaktere herauszufordern, doch 1 **Gnoll-Rudelfürst**, 2 **Gnoll-Chaosstürmer** und 5 **Gnolle** sind eine gute Größe für den Anfang.

Staubgoblins verraten beim Verhör schnell die Position ihres Lagers. Gefangene Gnolle teilen bereitwillig Informationen über die wachsende Goblinhorde, weil sie hoffen, dass die Charaktere ihre Aufmerksamkeit auf diese Feinde der Gnolle richten werden. Sie sind weit weniger mitteilsam über andere Gnolle in der Gegend, doch sollte es sehr schnell klar werden, dass die Gnolle die Pilgerstraße meiden und nicht das Problem sind.

Informationen von Gefangenen. Beide Gruppen können die SC auf die ungefähre Position des Lagers hinweisen und können offenbaren, dass sich dort Hunderte von Staubgoblins versammelt haben und dass vor kurzer Zeit eine große Gruppe das Lager verlassen hat, um zu einem anderen Ort aufzubrechen.

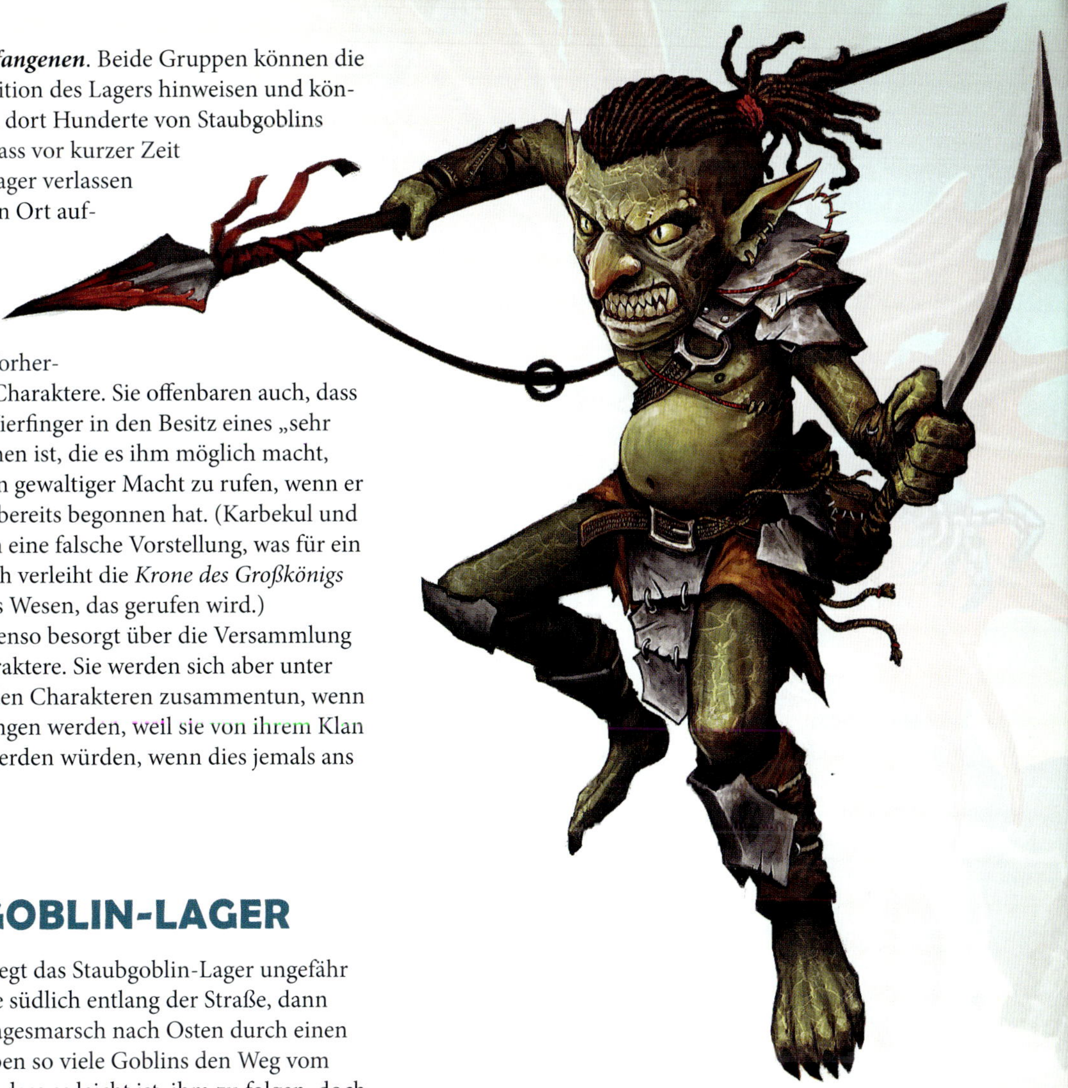

Staubgoblins berichten dies mit Hohn in der Stimme, mit vielen Drohungen und Vorhersagen über den Tod der Charaktere. Sie offenbaren auch, dass ihr Anführer Karbekul Vierfinger in den Besitz eines „sehr wichtigen Huts" gekommen ist, die es ihm möglich macht, eine uralte Wesenheit von gewaltiger Macht zu rufen, wenn er ein Ritual vollendet, das bereits begonnen hat. (Karbekul und seine Staubgoblins haben eine falsche Vorstellung, was für ein Wesen gerufen wird, doch verleiht die *Krone des Großkönigs* Karbekul Macht über das Wesen, das gerufen wird.)

Die Gnolle sind fast ebenso besorgt über die Versammlung der Goblins wie die Charaktere. Sie werden sich aber unter keinen Umständen mit den Charakteren zusammentun, wenn sie nicht magisch gezwungen werden, weil sie von ihrem Klan verstoßen oder getötet werden würden, wenn dies jemals ans Licht käme.

SZENE 3: DAS STAUBGOBLIN-LAGER

Vom Außenposten aus liegt das Staubgoblin-Lager ungefähr eineinhalb Tagesmärsche südlich entlang der Straße, dann einen weiteren halben Tagesmarsch nach Osten durch einen felsigen Hohlweg. Es haben so viele Goblins den Weg vom Pfad zum Lager benutzt, dass es leicht ist, ihm zu folgen, doch ist es keineswegs ein leichter Marsch. Der Pfad kreuzt mehrere brausende Ströme, unwegsame Geröllfelder und steile Hänge, die mit losem Geröll bedeckt sind, das sich tückisch unter den Füßen von kletternden Charakteren bewegt. Schließlich erreicht der Weg seinen höchsten Punkt an einem Kamm, der gute Sicht auf das Staubgoblin-Lager erlaubt. Wenn die Charaktere nicht ungewöhnlich unvorsichtig sind, riechen sie Rauch und hören die Geräusche eines großen Lagers, lange bevor sie den Kamm überqueren. So können sie Vorkehrungen treffen, damit sie nicht blindlings hineinstolpern.

Wenn sie sich auf dem Kamm verstecken und das Lager beobachten, lies Folgendes vor:

Von eurem Aussichtspunkt aus seht ihr ein ausgedehntes Lager. Hunderte von Staubgoblins in ihrer markanten Gewandung haben Zelte aufgeschlagen, die ein großes, ebenes Bergtal füllen. Die Kreaturen schlafen, essen, spielen und streiten. Zerfetzte Banner zeigen die Symbole von mindestens drei verschiedenen Stämmen überall im Lager. Das Lager zeigt wenige Anzeichen von Organisation: Zelte, Kochfeuer, zweirädrige Wagen und Vorratslager sind chaotisch zusammengedrängt. Aber die bloße Größe dieser Ansammlung ist schon beunruhigend.

In der Mitte des Lagers steht in der Nähe eines großen Schreins ein improvisierter Pferch, in dem Pilger gefangen gehalten werden.

Einige **Staubgoblin**-Wachen patrouillieren die Umgebung des Lagers, doch sie glauben, dass das Lager sicher ist, und sind nicht sehr aufmerksam. Die Charaktere können ihnen leicht aus dem Weg gehen. Es gibt im Lager keine organisierte Sicherheitsmaßnahmen, doch jeder, der kein Goblin ist und sich frei im Lager bewegt, löst Alarm aus.

Optional: Die Wachen orten. Wenn deine Spieler Freude daran haben, an Wachposten vorbeischleichen oder sich auf tödlichere Weise um sie kümmern, kannst du die Staubgoblin-Wachen zu einem größeren Hindernis machen.

Um den Umkreis des Lagers bewegen sich Wachtrupps, die aus je 2 **Staubgoblin-Kriegern** bestehen, die auf 2 **Todeshunden** reiten. Sie sind ein wenig selbstgefällig geworden, seit das Lager so groß geworden ist, aber sie reiten noch immer pflichtbewusst um das Lager, patrouillieren manchmal in den Bergen der Umgebung und behalten den Pfad, der vom Hauptweg abzweigt, im Auge.

Wenn die Charaktere nicht versuchen, sich zu verbergen, während sie sich innerhalb einer halben Meile um das Lager aufhalten, bemerkt ein Wachtrupp sie automatisch und greift sie aus der Deckung mit leichten Armbrüsten an. Wenn die Goblins am Ende der dritten Kampfrunde noch immer kämpfen, rufen sie in der folgenden Runde um Hilfe. Es besteht nur eine Wahrscheinlichkeit von 25 %, dass jemand im Lager sie hört. Wenn sie gehört werden, schließt sich zwei Runden später eine Verstärkung von 2W4 **Staubgoblins** dem Kampf an.

Wenn die Charaktere flüchten, verfolgen die Wachen sie nur über kurze Entfernung, ehe diese zum Schluss kommen, dass die Charaktere nur Pilger sind, die vom Weg abgebkommen sind, und zu ihrer Patrouille zurückkehren.

Einen Versorgungswagen erbeuten. Wenn die Charaktere das Lager 15 Minuten oder länger beobachten, sehen sie eine Gruppe von Staubgoblins, die einen zweirädrigen Wagen für den Transport vorbereiten. Innerhalb kurzer Zeit wird der Wagen mit Essen beladen, an zwei Maultiere gehängt und in Richtung Nordosten davongefahren. Er wird von 2 **Staubgoblins**, 4 **Staubgoblin-Maschinisten** und einem **Staubgoblin-Leererufer** begleitet. Für die Charaktere sehen sie alle einfach wie Staubgoblins aus, doch es ist erkennbar, dass die vier Maschinisten sich ruckartig bewegen und ungewöhnliche, komplex aussehende Waffen tragen (Vril-Gewehre).

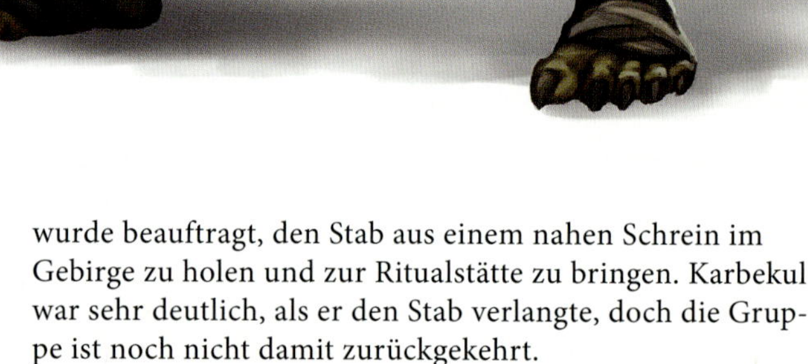

Der Versorgungswagen wird zur Ritualstätte gebracht. Die Staubgoblins, die ihn begleiten, wissen, wo genau sie liegt. Die Lebensmittel auf dem Wagen sind für Menschen nicht wirklich genießbar, doch viel davon wäre am Sitz von Mavros trotzdem willkommen, weil dort die Vorräte ausgehen.

Wenn der Versorgungswagen nicht aufgehalten wird, trifft er vor den SC an der Ritualstätte ein. Die Staubgoblin-Eskorte schließt sich den Goblins an, die bereits dort versammelt sind, um die Stätte zu verteidigen und das Ritual zu vollenden.

Mitglieder der Eskorte, die verhört werden, drücken ihr Vertrauen in den Plan ihres Anführers aus und verkünden, dass die SC ihn nicht aufhalten können. Einer von ihnen verrät, dass Karbekul Vierfinger und sein „sehr wichtiger Hut" zusammen mit „Tintenfischgesicht" und einer Schar Staubgoblins nach Osten gereist seien, um ein Ritual zu beginnen. Karbekul erwähnte das Ritual zum ersten Mal, nachdem er die *Krone des Großkönigs* gefunden hatte (die Goblins beschreiben sie nie mit diesen Worten), und jetzt schwört er, dass bald ein Wesen von unglaublicher Macht erwachen und an der Seite der Staubgoblins kämpfen werde, um die Region zu erobern. Sie kichern nur über Fragen, was die Identität oder Herkunft von „Tintenfischgesicht" angeht.

Wenn jemand die Goblins mit einem erfolgreichen Wurf auf Weisheit (Einschüchtern) gegen SG 15 verhört oder ein Goblin bezaubert wird, erfahren die Charaktere auch, dass Karbekul die *Rute des Untergangs* („den Stab der Scheußlichkeit") sucht, um seinen Status in den Augen des mächtigen Wesens abzusichern. Eine Gruppe von Staubgoblins wurde beauftragt, den Stab aus einem nahen Schrein im Gebirge zu holen und zur Ritualstätte zu bringen. Karbekul war sehr deutlich, als er den Stab verlangte, doch die Gruppe ist noch nicht damit zurückgekehrt.

Karbekul und seine Staubgoblin-Schergen haben eine wirklich falsche Vorstellung, was für ein Wesen gerufen werden wird, doch wird die *Krone des Großkönigs* Karbekul Macht über das Wesen verleihen, wenn es eintrifft.

Wenn Lukat (der Goblin-Kurier aus Szene 2) immer noch bei den Charakteren ist, wartet er ab und unterstützt sie, wo er kann, weil er glaubt, dass sie seine beste Chance sind, zur Ritualstätte zu gelangen.

Schätze. Die Eskorte des Wagens trägt 4 Vril-Gewehre (jedes mit 1W6 verbleibenden Schuss), 35 GM, 63 SM, 6 *Heiltränke*, 2 *Tränke der mächtigen Heilung* und eine *Schriftrolle des Unsichtbares sehen* bei sich. Der Wagen ist mit der Art von Lebensmitteln beladen, wie Goblins sie mögen.

Weiter. Wenn die Charaktere entscheiden, die Gruppe abzufangen, die auf dem Weg zur Rute ist, fahre mit Szene 4 fort. Wenn sie die Goblingruppe, die auf dem Weg zur Rute ist, ignorieren wollen, fahre stattdessen mit Szene 5 fort. Die Goblins bringen die Rute dann eineinhalb Tage später zu Karbekul.

SZENE 4: SCHREIN DER YLIA

Charaktere, die am Tag in der Umgebung des Lagers suchen, finden die Spuren vieler Staubgoblins, die aus dem Lager durch die Berge nach Norden unterwegs sind. In der Nacht ist ein Wurf auf Weisheit (Überleben) gegen SG 13 notwendig, um die Spuren zu bemerken. Wenn man den Spuren sechs Stunden nach Norden folgt, führen sie zu einem uralten Schrein, in dem die *Rute des Untergangs* aufbewahrt wird.

Über ein Dutzend Goblinleichen liegen vor einer Öffnung im Berg. Die Öffnung war mit einer Steintür verschlossen und mit Gips versiegelt, doch der Gips und die Tür liegen in Trümmern auf dem Boden. Eine feine Staubschicht bedeckt die Goblinleichen und den Felsboden der Umgebung.

Hinter dem schmalen Eingang liegt ein breiter, dunkler Korridor.

Der Eingang zum Schrein ist in der Nacht nur von den Sternen und dem Mond beleuchtet, oder bei Tag von einem Streifen Sonnenlicht, der zwischen den steilen Felswänden hindurch fällt. Hinter dem Eingang weitet sich der Durchgang zu einem Tunnel, der 4,50 m breit und 15 m lang ist und gerade in den Berg führt, ehe er 6 m nach unten über Treppen in einem quadratischen Raum mit 7,50 m Seitenlänge endet. Es wird auf eine Karte dieses Orts verzichtet, weil er so simpel ist: ein gerader Korridor, eine Treppe und ein quadratischer Raum, der aus dem natürlichen Stein geschlagen ist.

Ein Zwerg erkennt sofort, dass die Steinmetzarbeiten nicht von Goblins durchgeführt worden sind, hat aber keine Ahnung, von wem. Die geschwungenen, seltsam ineinander übergehenden geometrischen Formen, die in den Stein gehauen sind (und mittlerweile fast von der Zeit unkenntlich gemacht wurden), entsprechen nicht den Steinbearbeitungs- oder Dekorationsarten der Völker, mit denen die Charaktere vertraut sind. Ein Charakter, der einen erfolgreichen Wurf auf Intelligenz (Geschichte) gegen SG 15 ablegt, kommt zum Schluss, dass der Ort älter als die bekannte Geschichte ist und vielleicht von einem Volk erbaut wurde, das nicht mehr existiert.

Die Staubgoblins, die entsandt worden, um die *Rute des Untergangs* zu holen, wurden vom Verwesungswind getötet, sobald sie die Siegel um den Eingang zum Schrein aufgebrochen hatten. Die Steintüren zerbarsten, und die uralte Kreatur griff sofort an. In der ganzen Verwirrung gelang es einigen mutigen Staubgoblins, am rachsüchtigen Verwesungswind vorbeizukommen, in den Schrein einzudringen und die *Rute des Untergangs* zu greifen.

Weiter kamen sie nicht, denn der Verwesungswind folgte ihnen und tötete sie am Fuß der Treppe. Wenn die Charaktere den Schrein erkunden, finden sie die Leichen von drei Staubgoblins, die in Posen der Qual am Fuß der Treppe liegen und vom gleichen Staub bedeckt sind wie die Leichen draußen. Der Goblin, der am weitesten gekommen ist, hält die *Rute des Untergangs* umklammert.

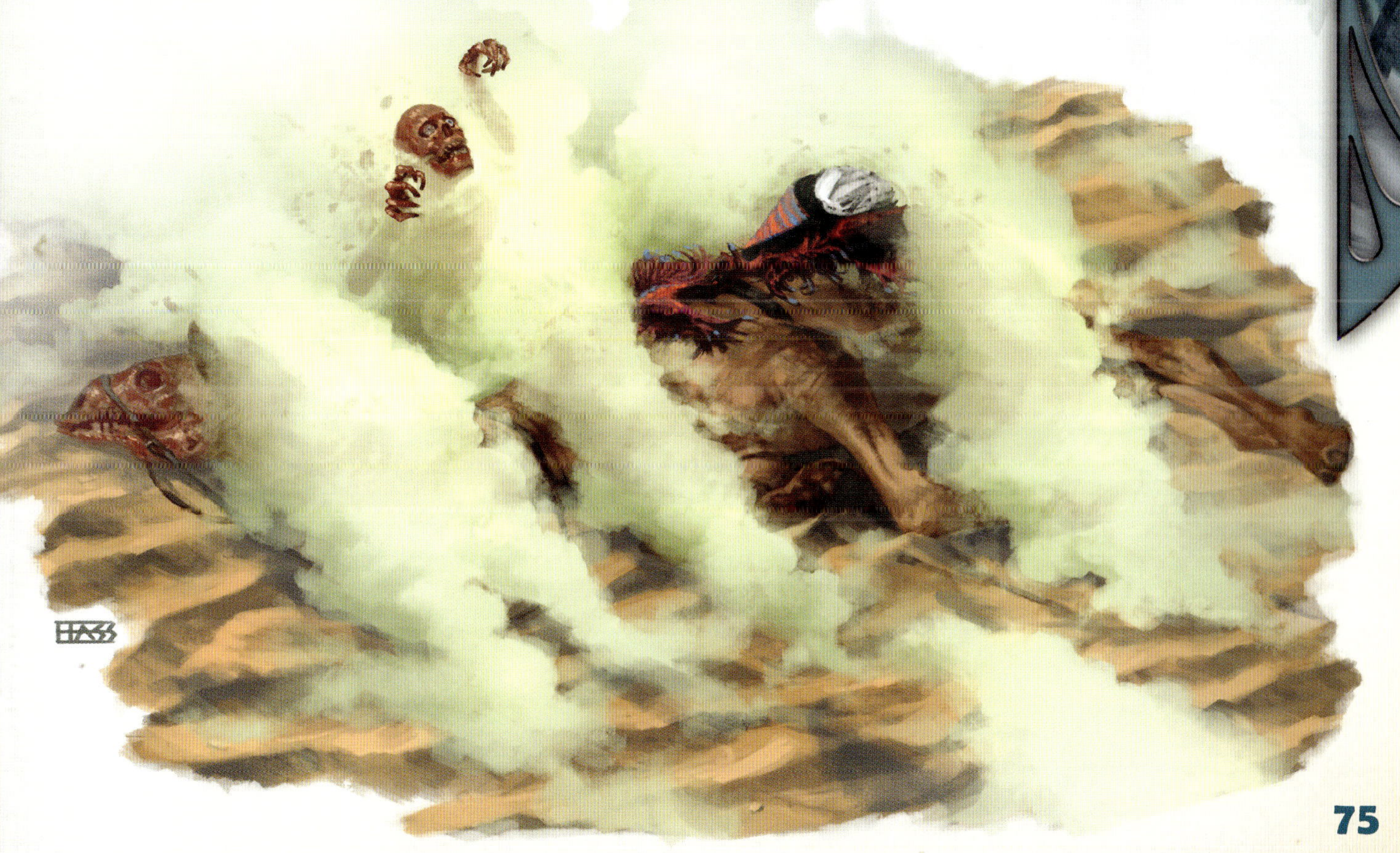

Der **Verwesungswind** ist noch immer hier. Er ist unsichtbar und wartet auf Eindringlinge. Sobald jemand die *Rute des Untergangs* berührt oder mit ihr interagiert, greift der Verwesungswind an. Er verfolgt die Rute, entfernt sich aber nicht weiter als 60 Meter vom Schrein. Wenn Charaktere lange genug überleben, um sich aus dieser Entfernung zu bewegen, sind sie vor dem Verwesungswind sicher. Wenn der Charakter, der die *Rute des Untergangs* trägt, sie fallen lässt, hebt der Verwesungswind sie auf und fliegt zurück in seine Kammer im Berg.

Wenn deine Charaktere zäh genug sind, kannst du die Begegnung herausfordernder machen, indem du **Skelette** oder **Zombies** hinzufügst, die aus den Leichen der gefallenen Goblins entstehen. Es kann sich um die Leichen in der Kammer handeln, oder um die vor der Kammer, die die Charaktere angreifen, sobald diese den Schrein verlassen.

Sobald der Schrein frei von Feinden ist, können die Charaktere die seltsamen Steinbilder und Dekorationen im Inneren genauer untersuchen. Der Stil der Steinbilder ist ihnen nicht vertraut, und es ist unklar, welches Volk sie erschaffen hat, doch zeigen sie wiederkehrende Bilder einer engelhaften Frau, deren Hände auf dem Knauf eines Langschwertes ruhen und die vor einem Mann mit einer seltsamen Krone kniet, deren Zacken an große, schartige Zähne erinnern. Ein erfolgreicher Wurf auf Intelligenz (Religion oder Geschichte) gegen SG 15 offenbart, dass es sich bei der knieenden Frau um einen Engel des Todes handelt und dass die Gestalt mit der Krone fast sicher Mavros zeigt, den Gott des Krieges und der Stürme. Charaktere, die diese Würfe schaffen, erinnern sich an Geschichten über einen Engel des Krieges namens Ylia und ihren tödlichen Kriegsgesang. Dieser bestimmte Engel des Krieges kommt ihnen in den Sinn, weil Ylia in den Geschichten mit einer magischen Rute zu tun hatte, deren Träger gegen ihren tödlichen Gesang immun war.

Schätze. Die *Rute des Untergangs*, 27 GM, 53 SM, 217 KM, ein heiliges Symbol von Ylia dem Engel des Krieges (im Wert von 112 GM) und eine Karte des Wegs zur Ritualstätte. Siehe Anhang 2 für die Beschreibung der *Rute des Untergangs*.

Weiter. Mit der *Rute des Untergangs* sicher in Händen und einer Karte des Wegs zur Ritualstätte kann die Gruppe versuchen, Karbekul Vierfinger und seine Staubgoblinarmee daran zu hindern, das Ritual zu vollenden. Fahre fort mit Szene 5.

Szene 5: Beschwörungsritual

Das Ritual ist schon im Gange, als die Helden an der Opferstätte im Tal ankommen. Schau dir dazu die Karte „Ritualstätte“ an.

Zwei Dutzend Staubgoblins, von denen die meisten die Kleidung und Fetische des Verstümmelten-Stammes tragen, verbeugen sich und singen um einen großen Ritualkreis. Mehrere weitere Staubgoblins stehen in der Nähe und schlagen einen ungleichmäßigen Rhythmus auf gewaltigen Trommeln. Ein Dutzend weitere Staubgoblins treibt sich am Boden des Tals herum. Sie schärfen ihre Waffen, singen und bereiten Essen und Trinken zu.

Die Luft ist von Trommelschlägen erfüllt. Zahlreiche Sprechchöre singende Staubgoblins knien um einen großen Kreis, der aus Knochen, zerbrochenen Waffen und zerstörten Rüstungsstücken besteht, während Dutzende weitere sich in der kargen Senke herumtreiben. Im Süden des Ritualkreises steht ein

Wenn der Tod ruft

Wenn alle Kämpfer, die in dieser Szene anwesend sind, auf einmal angreifen, haben sie eine gute Chance, die Charaktere zu überwältigen oder so zu schwächen, dass diese keine Chance mehr gegen den Engel des Krieges haben. Der Kampf eskaliert wie unten beschrieben. Die Schwierigkeitswerte gehen davon aus, dass die Charaktere auf Stufe 6 sind.

Runde	Kämpfer	Schwierigkeit
1	6 Staubgoblin-Krieger, 1 Leererufer	Mittel
2	alles Obige + Ungeheurer Hundemaulwurf	Schwer
4	alles Obige + Karbekul + 60-TP-Schub	Tödlich

Am gefährlichsten wird es zu Beginn der 4. Runde. Wenn die Staubgoblin-Krieger dann schon tot sind, hat der 60-TP-Schub keinen Effekt, und die Charaktere sind vermutlich in der Lage, sich um Karbekul und Tintenfischgesicht zu kümmern. Wenn einige der Staubgoblin-Krieger noch kämpfen und die Charaktere unter Druck sind, kannst du Karbekuls Einstieg in den Kampf und den TP-Schub bis zur 5., 6. oder einer noch späteren Runde hinauszögern, bis sich die Charaktere um die Staubgoblin-Krieger gekümmert haben und der Ungeheure Hundemaulwurf fast besiegt ist. Beachte, dass immer nur ein Leererufer von sich aus in den Kampf eingreift. Der andere ist auf das Ritual konzentriert und kämpft nur, wenn er angegriffen wird.

Wenn die Charaktere irgendwie noch immer gegen Karbekul kämpfen, wenn das Ritual vollendet wird und Ylia erscheint, sind sie wahrscheinlich verloren. Dieses Ergebnis ist sehr unwahrscheinlich, es sei denn, die Spieler gehen den Kampf extrem ungeschickt an, und dann verdienen sie vermutlich, was sie bekommen.

großer, muskulöser Staubgoblin, der einen Kopfschmuck aus Leder trägt, an dem nach oben zeigende Echsenzähne befestigt sind, so dass er wie eine grobschlächtige, furchterregende Krone aussieht. Neben ihm hockt eine gewaltige, stachelbedeckte Monstrosität, um deren Maul sich Tentakel winden.

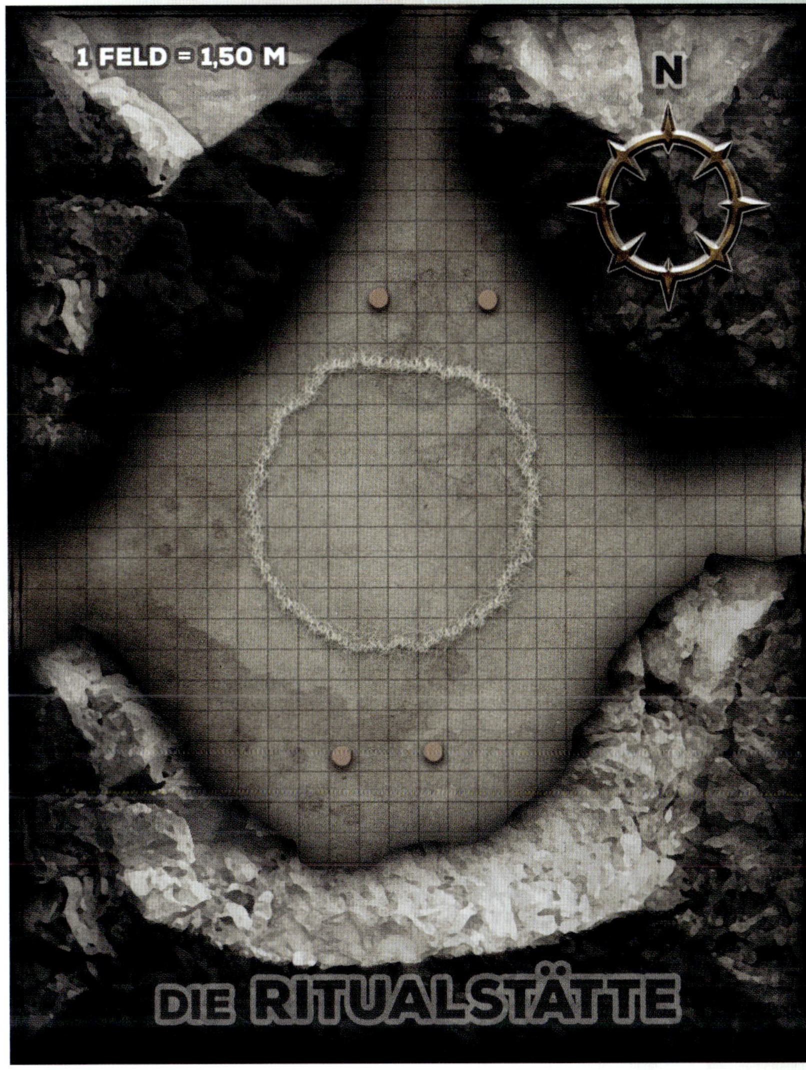

In diesem Bereich sind 6 **Staubgoblin-Krieger** postiert, die Wache halten, 2 **Staubgoblin-Leererufer**, 40 Staubgoblin-Nichtkämpfer und alle Goblins vom Versorgungswagen aus Szene 3, die nicht erschlagen oder gefangengenommen wurden. Die Gestalt, die südlich des Ritualkreises steht, ist **Karbekul Vierfinger** von den Verstümmelten, und die grässliche Kreatur, die neben ihm kauert, ist sein Haustier Tintenfischgesicht, ein **Ungeheuerlicher Hundemaulwurf**. Karbekul hält keine Waffen in Händen, ist aber ganz klar an seinen verstümmelten Händen zu erkennen: seine rechte Hand hat nur Daumen, Ringfinger und kleinen Finger, die rechte Hand nur den Daumen, Zeigefinger und kleinen Finger. Die Staubgoblins, die am Ritual teilnehmen, sind allesamt Nichtkämpfer.

Entdeckung. Es ist nur eine Frage der Zeit, bis die Präsenz der Charaktere am Ritualkreis bemerkt wird. Wenn die Charaktere sofort beginnen, einen Angriff zu planen, gib ihnen ein paar Minuten, ihren Plan zu formulieren und durchzuführen. Wenn sie die Szene länger als einige Minuten beobachten oder anfangen zu diskutieren, wie es weitergehen soll, werden sie von einem Staubgoblin auf einem nahen Grat bemerkt. Wenn Lukat (aus Szene 2) oder ein anderer gefangener Staubgoblin noch bei den SC ist, befreit er sich von einem etwaigen Knebel, um Karbekul eine Warnung zuzurufen.

Sobald die Eindringlinge bemerkt wurden, befiehlt Karbekul den Staubgoblin-Kriegern, anzugreifen, während das Ritual fortgesetzt wird. „Ihr seid zu spät!“, brüllt er den Helden zu. „Die Beschwörung ist fast komplett!“

Die 6 **Staubgoblin-Krieger** stürmen auf die SC zu, unterstützt von einem **Leererufer**, der auf Abstand bleibt. Zu Beginn der zweiten Runde nickt Karbekul mit dem Kopf, woraufhin sein **Ungeheurer Hundemaulwurf** in den Kampf donnert. Es ist wichtig, wie genau du diesen Kampf inszenierst; im Kasten kannst du Hinweise lesen, wie du den Kampf für die Charaktere spannend, aber überlebbar gestaltest.

Das Ritual. In der Zwischenzeit setzen 24 Staubgoblins das Singen und Trommeln fort, wobei sie von einem Staubgoblin-Leererufer angeführt werden. Die verbleibenden 16 Staubgoblins stehen bereit, um Sänger oder Trommler zu ersetzen, die von den Spielercharakteren ausgeschaltet werden.

Vier Staubgoblins schlagen auf die zwei Trommeln ein. Solange vier Trommler hörbar an den Trommeln zugange sind, erhalten alle Feinde der Charaktere in diesem Kampf einen Vorteil auf ihre Angriffswürfe.

Lies am Ende der dritten Kampfrunde Folgendes vor:

Karbekul Vierfinger knackt mit den Knöcheln, tritt einen Schritt auf den Ritualkreis zu und brüllt: „Es ist fast soweit! Schlagt die Trommeln! Sprecht den alten Gesang!“

Das Trommeln spitzt sich zu, und der Himmel verdunkelt sich. Ein plötzlicher Wind zieht auf, fegt durch die finsteren Wolken, und Funken tanzen über die Zähne von Karbekuls Krone.

Die überlebenden Staubgoblin-Krieger werden an diesem Punkt mit neuer Zuversicht erfüllt, als 60 temporäre Trefferpunkte so gleichmäßig wie möglich auf sie verteilt werden.

Karbekul greift in der vierten Runde in den Kampf ein und kämpft an der Seite seines Ungeheuren Hundemaulwurfs, wenn das möglich ist. Wenn Karbekul getötet wird, fällt die Krone von seinem Kopf und kullert über den Boden, bis sie einige Meter entfernt zum Liegen kommt.

Sein Tod löst Tintenfischgesichts Wurmkiller-Wut aus, wenn er noch lebt, doch das Ritual wird mit oder ohne Karbekul fortgesetzt.

Das Ritual kann weitergehen, solange mindestens 16 Staubgoblins am Leben sind, um es in Gang zu halten (12 Sänger, 4 Trommler). Ein Staubgoblin-Leererufer kann eine beliebige Anzahl an gefallenen Staubgoblins ersetzen. Das Ritual scheitert also nur, wenn mehr als 24 Nichtkämpfer-Staubgoblins und beide Leererufer getötet werden. Das Ritual erreicht seinen Abschluss am Ende der zehnten Kampfrunde, wenn es nicht zuvor gestoppt wird. Wenn es so weit ist, fahre fort mit Szene 6.

Schätze. *Krone des Großkönigs*, 2 *Heiltränke*, 1 *Trank der Mächtigen Heilung*, 112 GM, 133 SM, 257 KM.

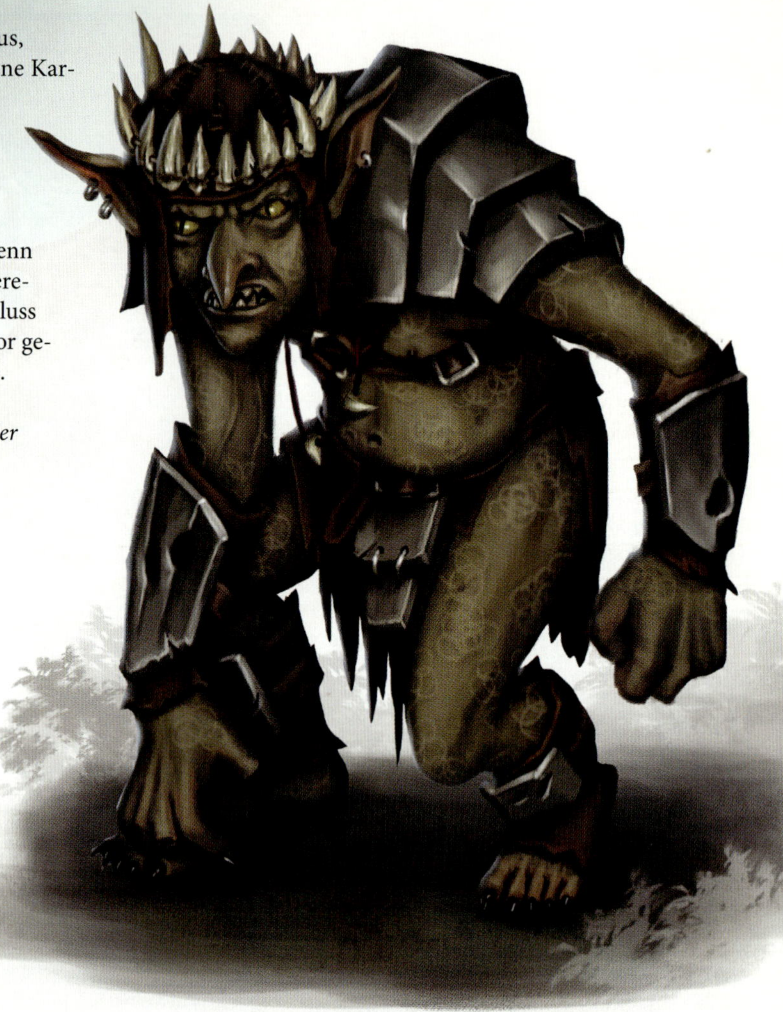

SZENE 6: ENGEL DES KRIEGES

Wenn das Ritual ohne Unterbrechung 10 Kampfrunden lang durchgeführt wird, lies Folgendes vor.

Das Singen, Trommeln, die Blitze und der heulende Wind erreichen ein Crescendo. Dann lässt euch ein ohrenbetäubender Donnerschlag für einen Augenblick die Ohren klingeln, und ein greller Lichtblitz blendet eure Augen. Als eure Sicht und euer Gehör zurückkehren, wird euch klar, dass die Trommeln und Kriegsschreie verstummt sind.

Eine engelsgleiche Frau schwebt über der Mitte des Ritualkreises. Ihr langes, blondes Haar fällt in Wellen über ihre gepanzerten Schultern, ihre Augen sind durchdringend und unheimlich blau. Ihr rechter Arm hebt ein prachtvolles Langschwert hoch über ihren Kopf, und sie inspiziert das Schlachtfeld mit auffälligem Gleichmut.

Ylia ist verpflichtet, dem eingestimmten Träger der *Krone des Großkönigs* zu dienen. Die Krone wurde für einen ihrer mythischen Anhänger in der fernen Vergangenheit aus Zähnen Großer Wyrme gefertigt, die in Ylias Namen erschlagen wurden. Nach dem Tod dieses Kriegers wechselte die *Krone des Großkönigs* viele Male den Besitzer, und wenige von ihnen waren wahre Anhänger von Ylia oder Mavros, was sie sehr frustriert. Jetzt bereut sie, dass die Krone jemals gefertigt wurde.

Ylia genießt Blutvergießen und Konflikt; sie schaut nur zu gerne dabei zu, wie sich Charaktere und Staubgoblins gegenseitig abschlachten. Was sie wirklich will ist, die *Krone des Großkönigs* in die Finger zu bekommen und sie mit sich zu nehmen, um nicht mehr von Ungläubigen und Tyrannen befehligt beherrscht werden zu können, die nur sich selbst und nicht dem Ruhme von Mavros dienen. Wenn der Kampf schlecht für die Charaktere läuft, könnte sie für sie eingreifen, wenn man ihr dafür die Krone anbietet. Wenn Karbekul aber noch am Leben ist und die Krone trägt, hat Ylia keine Wahl, als seinen Befehlen zu gehorchen.

Es ist zu beachten, dass das Aufsetzen der Krone allein nicht ausreicht, um Ylias Gehorsam zu erzwingen; der Träger muss sich auf die Krone einstimmen, was eine Stunde dauert. Die Charaktere haben nicht so viel Zeit. Ylia nimmt sich einfach die Krone, wenn jemand närrisch genug ist, sie in ihrer Anwesenheit zu tragen, ohne eingestimmt zu sein. Möglicherweise tut sie dies, indem sie den gekrönten Kopf von seinen Schultern schlägt.

Wie zuvor erwähnt haben die Charaktere in einem Kampf gegen Ylia eigentlich keine Chance. Ein solcher Kampf könnte auf zwei Weisen eintreten: wenn Karbekul noch lebt und die Krone trägt, als Ylia erscheint, oder wenn die Charaktere Karbekul töten, dann aber dumm genug sind, Ylia anzugreifen oder sie verächtlich oder respektlos zu behandeln. Wenn sie keine anderen Befehle hat, steht es ihr frei, jeden zu töten, den sie nicht mag.

Wenn Karbekul Vierfinger lebt und die Krone trägt, wenn sich Ylia materialisiert, grüßt sie ihn (mit einer gewissen Verachtung im Gesicht) und fragt, wie sie den Träger der Krone unterstützen kann. Karbekul ist offensichtlich verwirrt; er erwartete, dass sich ein uralter Schrecken aus dem Fernen Reich materialisieren würde, kein prachtvolles himmlisches

Wesen. Er fängt sich aber schnell und weist Ylia an, die Spielercharaktere anzugreifen. Jegliche Unklarheit in seinen Anweisungen wird von Ylia auf eine Weise gedeutet, die ihrer extremen Abneigung dagegen entspricht, von einem Goblin befehligt zu werden. Du kannst dies nutzen, um die SC auf subtile Weise zu unterstützen, wenn sie in Schwierigkeiten sind – was sie natürlich sind, wenn es so weit gekommen ist. Beispielsweise könnte Karbekul Ylia befehlen, „meine Feinde zu töten", ohne zu wissen, dass einer der Leererufer plante, ihn nach dem Ritual zu stürzen und die *Krone des Großkönigs* zu rauben. Die Charaktere könnten so einige Runden Ruhe bekommen, während Ylia lachend den Leererufer erschlägt und Karbekul versucht zu verstehen, was vor sich geht.

Wenn Ylia beschworen wird, aber Karbekul ist tot oder trägt die Krone nicht mehr, kann Ylia tun, was sie will. Karbekul könnte immer noch wirkungslose Befehle brüllen, um sie unter Kontrolle zu bekommen, doch wirft ihm Ylia nur einen verächtlichen Blick zu und stimmt ihren Kriegsgesang an. Eine Kreatur, die die *Rute des Untergangs* trägt und die Verbündeten dieser Kreatur innerhalb von 30 m sind gegen die Auswirkungen von Ylias Kriegsgesang immun. Sobald sie 1W4 Runden lang gesungen hat (oder sobald alle Staubgoblins durch Schallschaden getötet wurden, wenn du das vorziehst), greift sich Ylia die *Krone des Großkönigs*, steigt zum Himmel auf und fliegt in eine zufällige Richtung davon. Sie kann tun, was sie will, und die Zeit wird zeigen, ob sie eine Gefahr für die Welt darstellt.

Wenn ein SC im Besitz der Krone des Großkönigs ist, wenn sich Ylia manifestiert (aber nicht auf sie eingestimmt ist), kann der Charakter einen Wurf auf Charisma (Überzeugen) gegen SG 20 versuchen. Der Charakter erhält einen Vorteil auf den Wurf, wenn er ein heiliges Symbol von Ylia oder Mavros trägt. Wenn der Wurf erfolgreich ist, bietet Ylia dem Charakter eine Gabe für die Rückgabe der Krone an. Andernfalls nimmt sie sie mit Gewalt und gewährt niemandem irgendwelche Gefallen.

Im unwahrscheinlichen Fall, dass ein SC auf die *Krone des Großkönigs* eingestimmt ist, wenn sich der Engel des Krieges manifestiert, grüßt sie den Charakter und fragt nach Befehlen. Selbst dies ist eine gefährliche Situation, da Ylia niemandem, der kein überzeugter Anhänger von Mavros ist, freiwillig dient. Sie sucht jede Gelegenheit, die Krone zu ergreifen und die materielle Welt zu verlassen (wenn sie gut behandelt wurde) oder sich an den Sterblichen zu rächen (wenn sie von jemandem beherrscht wurde, der sie nicht respektierte, oder Befehle erhalten hat, die sie lieber nicht ausführen wollte).

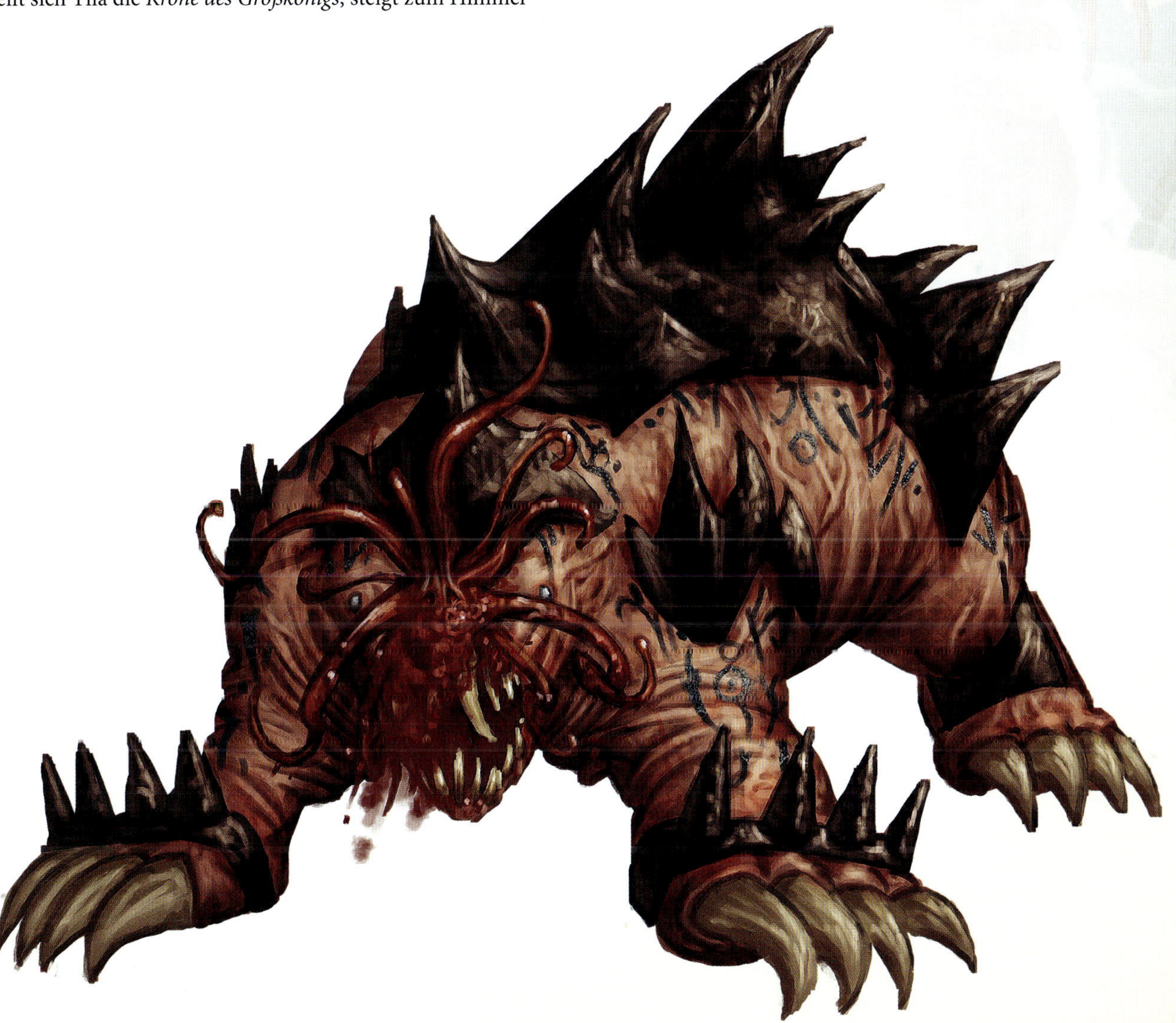

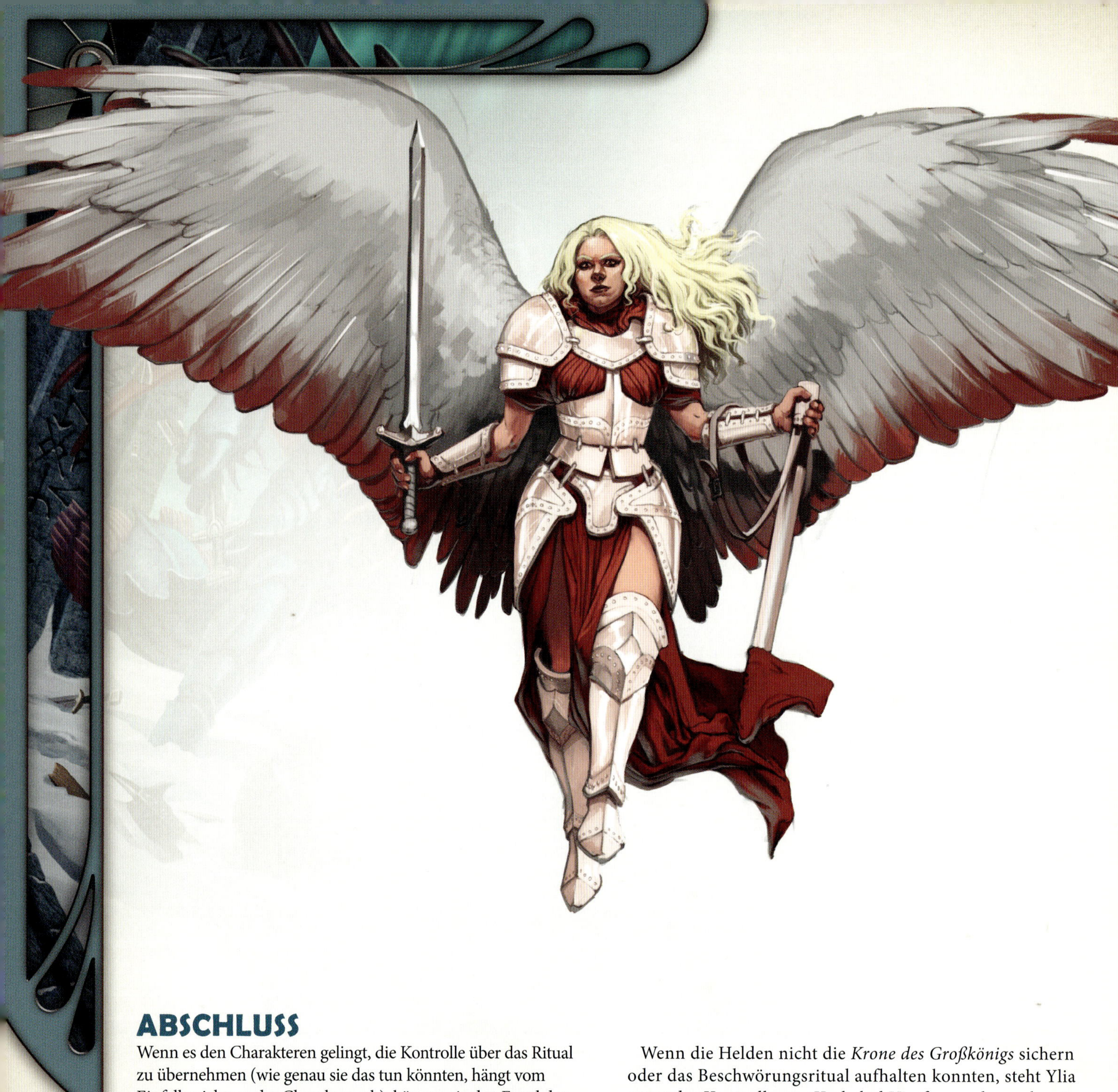

ABSCHLUSS

Wenn es den Charakteren gelingt, die Kontrolle über das Ritual zu übernehmen (wie genau sie das tun könnten, hängt vom Einfallsreichtum der Charaktere ab), können sie den Engel des Krieges um einen Gefallen bitten, zum Beispiel die Goblinstämme gegeneinander aufzubringen. Jegliche Auseinandersetzungen zwischen den Goblinstämmen beendet das brüchige Bündnis, das zurzeit herrscht, und die Staubgoblins werden wieder eine kleine, handhabbare Bedrohung, wie sie es immer gewesen sind.

Der Sitz von Mavros ist dankbar, dass der Gebirgspass wieder für Pilger offen steht, und Mitglieder des Ordens von Mavros sind stolz auf die Charaktere für alles, was sie erreicht haben. Die Namen der Charaktere werden auf der Tafel der Legenden verzeichnet, neben anderen Helden des Sitzes von Mavros.

Wenn die Helden nicht die *Krone des Großkönigs* sichern oder das Beschwörungsritual aufhalten konnten, steht Ylia unter der Kontrolle von Karbekul Vierfinger, der verlangt, dass sie in den bevorstehenden Schlachten an seiner Seite kämpft. Die Goblinarmee marschiert schnell in Richtung Savoyne und zerstört alles auf ihrem Pfad. Nur die Zeit wird zeigen, ob es zu spät ist, das Bündnis der Staubgoblins zu brechen und die Horde zu besiegen, die schnell mächtiger wird, oder ob es den wachsenden Heerscharen gelingt, Verrayne und seine Hauptstadt zu verwüsten. Karbekul zu töten oder ihm die Krone zu stehlen wäre sicher ein guter Anfang.

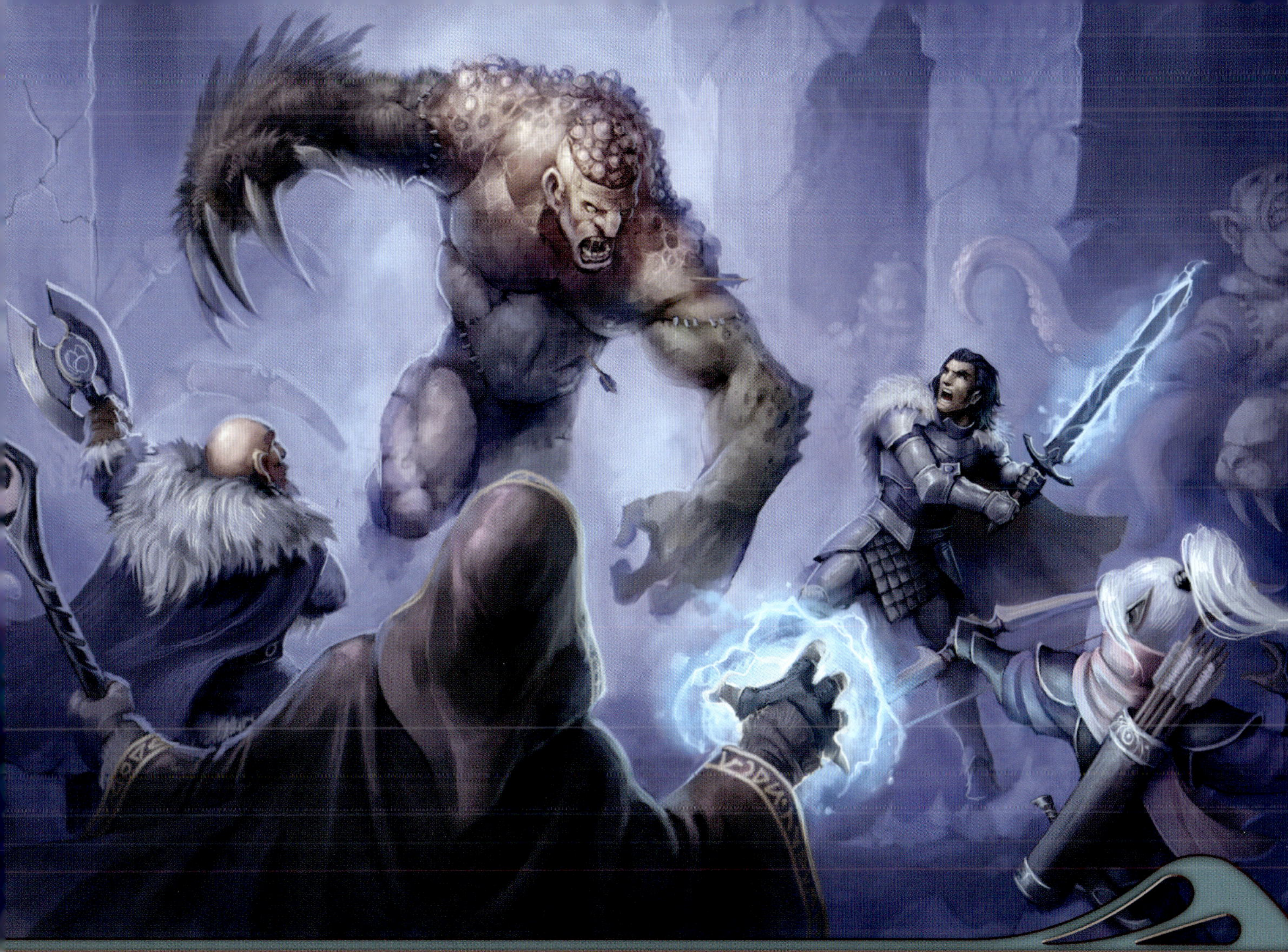

BLUT DES GEFALLENEN STERNS

Ein Abenteuer für die 5. Edition, ausgelegt für Charaktere der 8. Stufe

Von Dan Dillon und Robert Fairbanks mit Jaye Sonia, Brian Suskind und Ben McFarland

Mythgarts Nordlande stellen selbst die härtesten Abenteurer mit grimmigen Wintern, die den Zorn von Boreas mit sich bringen, brutalen Riesen, furchterregenden Trollblütigen und verkommenen Kulten dunkler Götter in den tiefen Wäldern auf die Probe. Vor einer Weile ist eine weitere, noch größere Bedrohung in diese schneebedeckten Gipfel gefallen.

Blood des Gefallenen Sterns ist ein Abenteuer für die 5. Edition, das in der Nordland-Region der Mythgart-Spielwelt stattfindet. Es ist für vier Charaktere der 8. Stufe ausgelegt, oder eine größere Gruppe von Charakteren einer niedrigeren Stufe. Das Abenteuer geht davon aus, dass einer der Charaktere ein Schlächterzwerg ist oder enge Bindungen zu der Schlächterzwerge-Siedlung in der Geschichte hat. Eine solche Beziehung ist zwar nicht absolut notwendig, doch hilft sie, die Spielercharaktere in die Geschichte zu ziehen.

ZUSAMMENFASSUNG

Mythgarts Sterne haben eine mystische Bedeutung für seine Kinder, bieten Blicke in zukünftige Ereignisse, gewähren magische Wege zur Macht oder prophezeien den Willen und die Weisheit des Kosmos. Eines der bedeutsamsten astronomischen Ereignisse ist eine Sternschnuppe. Den Legenden nach sind fallende Sterne tatsächlich mächtige Wesenheiten, die mit undurchschaubaren Aufträgen nach Mythgart reisen und oft Sterbliche mit sich nehmen, wenn sie in den Himmel zurückkehren.

Vor etwas über einem Monat stürzte ein solcher Stern in die Berge westlich von Wolfheim. Ein großer Felsbrocken schoss lodernd über den Himmel, ehe er sich tief in den Berghang grub. Als dieser „Stein“ aufbrach, ließ er Passagiere aus der äußeren Dunkelheit frei: außerirdische Sporen, die in die Höhlennetzwerke der Berge sickerten. Die Sporen entwickelten sich schnell zu Mi-go: grauenvollen, insektenartigen, intelligenten außerirdischen Pilzkreaturen.

Die Mi-go machten sich sofort an die Arbeit. Sie fertigten Waffen und Werkzeuge aus dem seltsamen Metall in dem Meteor, der sie nach Mythgart gebracht hatte. Es dauerte nicht lange, bis sie einen Bau aus dem Berg gegraben hatten und in fremdartigen Gärten, bewässert von Quellen, ihre Sporen kultivierten. Die Pilzgärten breiteten sich aus, so dass mehr Sporen in den Strom abgegeben wurden, der zu einer nahen Siedlung von Schlächterzwergen floss.

Vorstaag ist eine wohlhabende Siedlung, die seit sieben Generationen die Heimat des Vors-Klans ist. Die Vors-Schlächter wurden von ihren Feinden gefürchtet, ihren Freunden geehrt und waren für ihre erfolgreiche und stabile Gemeinschaft bekannt. All dies endete auf grauenvolle Weise, als die Sporen im Strom Vorstaags Trinkwasser infizierten und von allen Bürgern getrunken wurden. Einer nach dem anderen erlagen die Vors, Alt wie Jung, den Sporen. Die Zwerge wurden von seltsamen Visionen und Zwängen ergriffen. Das Leben in Vorstaag wurde unberechenbar: Irrsinn, Krankheit und Wahnvorstellungen waren allgegenwärtig, und bald würde das Dorf sich selbst in Stücke reißen.

Gundren Steinherz, Häuptling des Vors-Klans, versuchte verzweifelt, die Quelle für das Leid seiner Sippe zu finden. Nachdem er die Mystiker der Vors befragt hatte, brach Steinherz mit seinen Kriegern auf. Sie folgten dem Strom, dessen Ufer von unweltlichen, violetten Pilzen gesäumt waren, bis zu einer Höhle in den Bergen, wo sie die schreckliche Antwort fanden, die die Mystiker vorhergesehen hatten. Die Mi-go konnten die Krieger mühelos überwältigen, die von den Sporen in ihren Leibern und Gehirnen geschwächt waren. Versklavt von den außerirdischen Invasoren, kehrten Steinherz und seine Krieger nach Vorstaag zurück, um ihre Familien und Freunde zu den Mi-go zu bringen.

Viele der Vors waren bereits dem Wahn der Sporen erlegen und stolperten oder krochen über den Berg wie kaputte Marionetten. Diejenigen, denen genug Intelligenz geblieben war, um das Grauen zu begreifen, widersetzten sich nach Kräften, ehe sie ermordet oder überwältigt und zu den Mi-go gebracht wurden. Einige entkamen dieser „Ernte“ von Vorstaag, indem sie sich auf Dachböden, in Kartoffelkellern oder zwischen den Toten versteckten. Doch auch sie konnten dem Grauen nicht entkommen; alle verloren letztendlich den Verstand. Jetzt suchen sie Vorstaag heim und wandern phantasierend wie lebende Geister durch die Ruinen.

Teil 1 beginnt fern von Vorstaag, in der nordländischen Siedlung Beryksheim. Die meisten Krieger sind auf See und werden erst in einigen Tagen zurückerwartet. In ihrer Abwesenheit sind Trolle zum Problem geworden, und die Schlächter bieten den Charakteren eine Belohnung an, wenn sie sich schnell um die Bedrohung kümmern.

Sobald die Charaktere die Spur der Trolle verfolgt und diese vernichtet haben, heißen die Beryksheimer sie als Freunde willkommen, und ein Festmahl zu ihren Ehren wird veranstaltet. Als Häuptling Falgred und ihre Krieger von ihrer Fahrt zurückkehren, kommt es zu einer doppelt ausgelassenen Feier, sowohl zu Ehren des erfolgreichen Raubzugs als auch zum Dank an die Charaktere.

Beim nächsten Tagesanbruch greifen Plünderer aus Vorstaag Beryksheim ohne Vorwarnung gnadenlos an. Die Charaktere werden von Todesschreien geweckt und müssen sich und das Dorf gegen die brutalen Eindringlinge verteidigen.

Der Angriff ist verheerend, und viele Beryksheimer Bürger werden getötet oder entführt. Die Dorfbewohner flehen die Charaktere an, den Sohn und Erben von Häuptling Falgred aus den Händen der Plünderer zu retten.

In **Teil 2** reisen die Charaktere nach Vorstaag, wobei sie wenig mehr wissen als die ungefähre Lage der Siedlung. Sie können subtile Anzeichen der Sporeninfektion sehen, was Hinweise auf die drohenden Schrecken bieten kann. Auf dem Weg können die Charaktere infizierte Tiere treffen, die durch die Krankheit wahnsinnig geworden sind.

Die Sporeninfektionen werden bald schlimmer. Die SC könnten ebenfalls infiziert werden und verstörende Symptome zeigen. Es wird klar, dass die Situation im Umland ebenso schlimm ist. Jagdwild ist selten, und alle Tiere, die man trifft, sind nervös, aggressiv und sehen nicht gesund aus.

Teil 3 beginnt, wenn die Charaktere die Ruinen von Vorstaag entdecken. Das Dorf wurde zerstört. Viele Gebäude sind niedergebrannt oder geplündert, und an Leichen, die auf den Straßen modern, scheinen sich natürliche wie unnatürliche Aasfresser gelabt zu haben. Ein Rudel Darakhul, das der Gestank des Todes angelockt hat, stöbert nach Leichen und jagt Überlebende in den Ruinen. Die Überlebenden könnten noch genug Fetzen von Vernunft und Identität bewahrt haben, um einige der Fragen der Charaktere über die Geschehnisse zu beantworten.

Kleine, nicht identifizierbare Pilze wachsen überall in der Verwüstung und führen die Charaktere zum Strom. Dessen Ufer sind dicht mit fremdartigen Pilzen bewachsen, die größer und kraftvoller wirken, je weiter die Charaktere dem Strom zu seiner Quelle folgen.

Der Strom führt die Charaktere den Berg hinauf, zu den letzten Vors-Plünderern, die außerhalb der von den Mi-go besetzten Höhlen leben. In der Höhle müssen sich die Abenteurer dem ultimativen Bösen der fremdartigen Mi-go stellen.

AUFHÄNGER

Blut des Gefallenen Sterns kann auf mehrere Arten beginnen. Letztendlich ist es deine Entscheidung, wie die Charaktere nach Beryksheim kommen. Es folgen einige empfohlene Aufhänger für den SL und Spieler, die plausible Verbindungen zu einer größeren Geschichte bauen wollen.

Sturmgeplagte Vorladung. Die Charaktere werden von Wolfheim nach Vorstaag geschickt, um eine wichtige Vorladung zu überbringen, doch ein heftiger Sturm zwingt sie, in Beryksheim im Süden Schutz zu suchen. Charaktere erhalten Zuflucht vor dem Sturm, müssen aber das Vertrauen der Schlächter gewinnen, indem sie zwei Trolle töten, die die Dorfbewohner plagen.

Willkommene Pause. Auch wenn die meisten Außenstehenden die Schlächter als gnadenlose und gewalttätige Plünderer kennen, die mit Rufen nach Blut und Donner in die Schlacht stürmen, erzählen doch einige Barden von ihren gleichermaßen wilden Feiern. Außenstehende, die zu einer solchen Feier geladen werden wollen, müssen die Köpfe von mindestens zwei Trollen aus der Region als Tribut mitbringen.

Boreas ruft. Gerüchte gehen um, dass der Stürzende Wall immer schneller an Boden verliert. Aus Sorge, dass sich die Lebenden Gletscher mit zunehmenden Tempo in südlichere Regionen bewegen, hat man die Charaktere entsandt, um einen einheimischen Entdecker namens Augustus De Marquise zu treffen, seine Berichte entgegenzunehmen und ihn nach Süden zu eskortieren. Wenn die Charaktere Augustus treffen, ist er aufgewühlt und vollkommen derangiert. Er erklärt schnell, dass er von Trollen aufgehalten wurde, und dass die Charaktere seine Besitztümer zurückholen müssen.

BRÄUCHE DER NORDLANDE

Blut des Gefallenen Sterns nutzt bestimmte Elemente, um die Welt der Nordlande und die wachsende, fremdartige Präsenz im Land (und möglicherweise in den Charakteren selbst) zu präsentieren. Einige Bräuche der Nordlande sind für Südländer merkwürdig. Schau sie dir im Vorfeld an, damit du in Sachen Stimmung und Effekt am meisten aus ihnen rausholen kannst. (Genaueres über die Kultur der Nordlande findest du im *Mythgart-Weltenbuch*.)

Harte Arbeit. Ein vereinendes Merkmal ist einfache, praktische, harte Arbeit. Jeder vom König bis zum Sklaven muss arbeiten, um in der rauen Umgebung zu überleben.

Ehre und Reputation. Ihr Ruf bedeutet Nordländern alles. Geschichten über große Heldentaten und tückischen Verrat klingen durch die Zeitalter; jeder will, dass die Geschichte sich an ihn erinnert. Ehre kann im Norden schwierig sein, da sie nicht direkt einem guten Wesen entspricht. Böse Personen können ehrenwert sein, wenn sie im Kampf furchtlos sind, Gastfreundschaft zeigen und mutig und entschlossen handeln. „Bosheit" kann auch Gerechtigkeit oder sogar Anständigkeit umfassen.

Jemandes Ehre zu beleidigen, ist eine schwere Beleidigung. Wer dafür zur Rede gestellt wird, von dem wird erwartet, dass er entweder seinen Irrtum zugibt und sich entschuldigt oder kämpft, um seine Behauptung zu verteidigen oder zu beweisen. Von jedem wird erwartet, zu einem Duell bereit zu sein, um den eigenen guten Namen zu verteidigen. Wenn der Aussprecher der Beleidigung sich aufrichtig entschuldigt, endet die Sache. Wenn nicht, sollte er besser willens sein, seine Worte mit Stahl zu unterstützen. Duelle bestehen aus Zweikämpfen, die enden, wenn eine Seite stirbt, sich zurückzieht oder sich ergibt und entschuldigt. Die Position des Verlierers wird dann als falsch betrachtet.

Schlächter. Diebstahl ist ehrlos und zerstört den guten Namen eines Kriegers, doch das Schlächterhandwerk (Plünderungen) wird anders betrachtet. Eine Schlächterschar besteht aus einer Truppe Krieger, die aufbricht, um andere Siedlungen anzugreifen und Vorräte, Schätze und Sklaven gewaltsam zu rauben. Wenn sie reicher in Besitztümern und Mut zurückkehren, war der Raubzug ein Erfolg. Dies wird, auch wenn es kultivierteren Vorstellungen nicht entspricht, weithin als ehrenwerte, fast schon sportliche Betätigung betrachtet.

Ankunft des Winters. Das Abenteuer spielt im späten Herbst. Arktische Temperaturen und Witterung sind die Norm, auch wenn der wirklich starke Schneefall noch nicht angefangen hat.

Mit Ausnahme der Höhlen in Teil 3 ist es im gesamten Abenteuer extrem kalt. Eine Kreatur, die der Kälte ausgesetzt ist, muss alle 3 bis 4 Stunden einen Konstitutionsrettungswurf gegen SG 10 schaffen, um nicht eine Stufe Erschöpfung zu erleiden. Kreaturen, die an kalte Umgebungen gewöhnt sind, Resistenz oder Immunität gegen Kälteschaden haben oder passende Kleidung für kaltes Wetter tragen, schaffen den Rettungswurf automatisch.

EINE BERÜHRUNG DER LEERE

Die Zielsetzung der Mi-go in Mythgart ist Kolonialisierung. Sie sind hier, um einen Brückenkopf zur Assimilation des hiesigen intelligenten Lebens zu errichten. Diese fremdartigen Wesen dienen einer gewaltigen, unbegreifbaren Intelligenz, die in der äußeren Dunkelheit existiert und sie leitet, indem sie ihnen ihren unergründlichen Willen zuflüstert.

Das Werkzeug, mit dem die Mi-go Mythgart übernehmen wollen, sind ihre Sporen. Diese infizieren Kreaturen durch Einnahme oder Einatmen und wachsen dann im ganzen Körper der Kreatur, bis sie das Gehirn erreichen.

Die Symptome entwickeln sich langsam, so dass infizierte Kreaturen nur schrittweise bemerken, dass sie überhaupt infiziert sind. Eine infizierte Kreatur muss alle 3 (oder, wenn du es vorziehst, 1W4) Tage einen Konstitutionsrettungswurf gegen SG 15 ablegen. Wenn der Rettungswurf misslingt, schreitet die Infektion zur nächsten Stufe fort. Ein Opfer könnte die nächste Stufe früher erreichen, wenn es von einer mutierten oder starken neuen Infektionsquelle betroffen wird, die einen weiteren Rettungswurf erforderlich macht.

Stufe 0 (Inkubation). Unmittelbar nach der Infektion (kein Rettungswurf) beginnen die Sporen zu wachsen und winzige Tentakel durch den Körper des Wirts auszubreiten. Es gibt auf Stufe 0 keine Symptome, doch von diesem Punkt an (auf

Prophetische Wucherung (organische Technologie der Mi-go)

Für jeden außer Mi-go scheint dieser 3 m große, knollige Bogen, der mit pilzartigen Knötchen bedeckt ist, ein freistehender, organischer Tumor zu sein, kein komplexes Gerät zur Verstärkung von Telepathie. Wenn eine Kreatur im Bogen steht, fahren sich schwammige Tentakel aus den Knötchen über dem Ziel aus und verbinden sich über Ohren, Mund und Nasenlöcher mit seinem Nervensystem. Die Apparatur erlaubt es Mi-go außerdem, die Reichweite ihrer Leeresporen-Verbindung auf 100 Meilen auszuweiten.

Eine Kreatur (die kein Mi-go ist), die unter dem Bogen steht, muss einen Geschicklichkeitsrettungswurf gegen SG 15 schaffen, um nicht 7 (2W6) Stichschaden und 7 (2W6) psychischen Schaden durch die Filamente zu erleiden, die in den Kopf gleiten und sich in Richtung Hirn graben. In folgenden Runden kann sich die Kreatur von den Tentakeln losreißen, wenn sie einen Stärkewurf gegen SG 15 schafft. Dies verursacht außerdem 3 (1W6) Blitzschaden, wenn der Wurf misslingt, oder 7 (2W6) Blitzschaden, wenn er gelingt.

Solange eine Kreatur über die Tentakel mit der Mi-go-Apparatur verbunden ist, kann sie eine Aktion verwenden, um Mi-go-Knechte in der Umgebung zu beeinflussen. Die Kreatur muss einen erfolgreichen Intelligenzwurf gegen SG 20 ablegen, sonst scheitert der Versuch. Wenn der Intelligenzwurf gelingt, kann die Kreatur 1W8 Knechten innerhalb von 30 m um die Apparatur einen *Befehl* (wie der Zauber) geben, oder *Einflüsterung* (wie der Zauber) auf einen Knecht innerhalb von 150 km verwenden.

Die Technologie der Mi-go fordert einen zunehmenden Tribut von jenen, die sie verwenden. Eine Kreatur, die versucht, eine Prophetische Wucherung zu verwenden, um Knechte zu beeinflussen, erleidet einen kumulativen Abzug von –2 auf ihre Rettungswürfe, und der Schaden steigt um 1W6 für jedes vorherige Mal, dass die Kreatur mit einer beliebigen Prophetischen Wucherung verbunden war.

jeder Stufe) muss das Opfer alle drei Tage einen erfolgreichen Konstitutionsrettungswurf ablegen, um nicht die nächste Stufe zu erreichen.

Stufe 1. Die Glieder des Opfers kribbeln leicht, und es beginnt leicht zu husten. Es hat auch isolierte, seltsame Gedanken und gibt gelegentlich zusammenhanglose Kommentare von sich. Der Zauber *Schwache Genesung* oder vergleichbare Magie tötet die Sporen und stellt die Gesundheit des Opfers wieder her.

Stufe 2. Wenn Kreaturen Stufe 2 erreichen, entwickeln sich die Sporen zu Pilzrhizomen, die ins Gehirn der Kreatur eindringen. Die Symptome werden stärker: Opfer erleben akustische und visuelle Halluzinationen und reagieren auf Fragen, die niemand gestellt hat oder sprechen mit niemandem.

Die physischen Symptome umfassen Gesichtszuckungen, Muskelkrämpfe und violetten Ausschlag. Die Mi-go können Suggestionen im Verstand des Opfers einpflanzen (entsprechend des Zaubers *Einflüsterung*; siehe Kasten), wenn

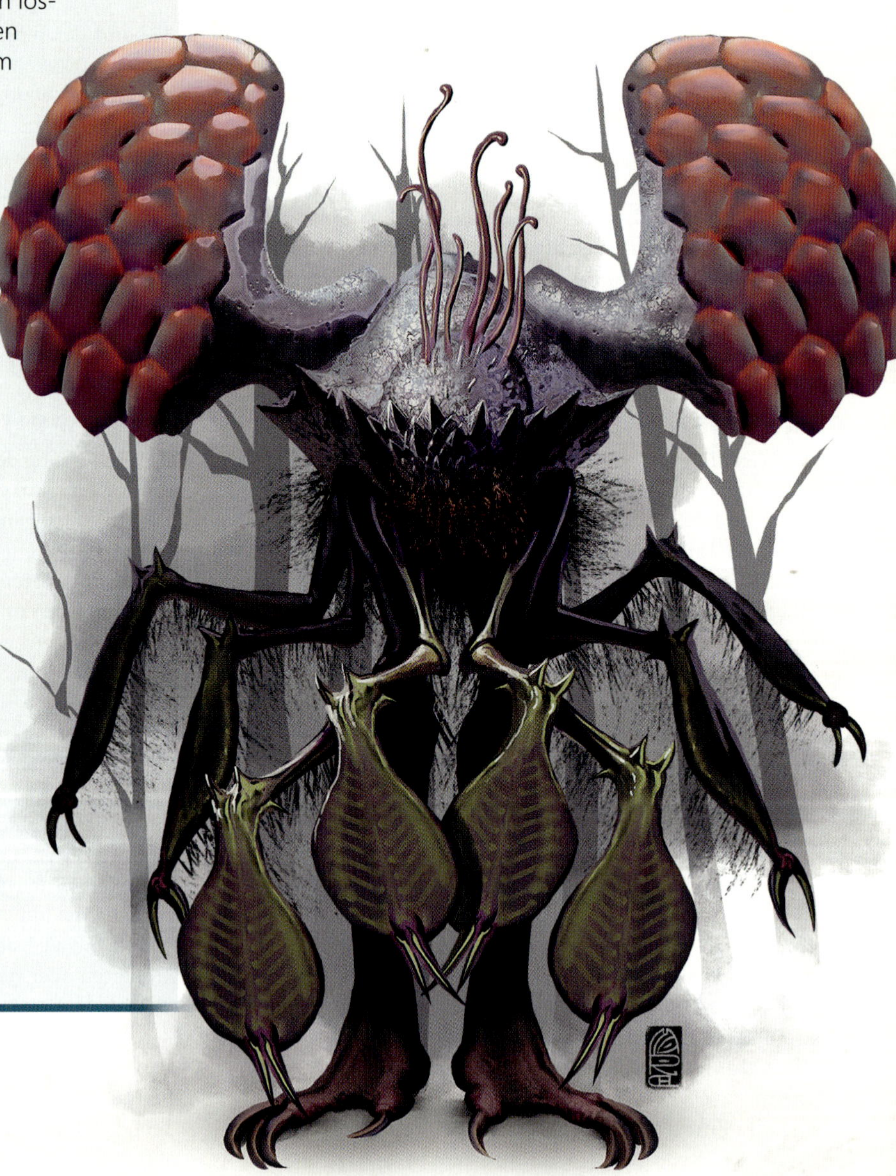

dem Opfer kein Weisheitsrettungswurf gegen SG 20 gelingt, den es täglich wiederholen muss.

Wenn eine betroffene Kreatur eine lange Rast abschließt, muss sie einen Weisheitsrettungswurf gegen SG 13 schaffen, um nicht die Auswirkungen von langfristigem Wahnsinn zu erleiden.

Auf dieser Stufe können *Schwache Genesung* und vergleichbare Magie den langfristigen Wahnsinn heilen und die schwächeren Symptome lindern, doch kann der Befall nur mit *Vollständige Genesung* oder vergleichbarer Magie geheilt werden.

Stufe 3. Auf Stufe 3 kann man die Auswirkungen der Sporen nicht mehr übersehen oder ignorieren. Befallene Kreaturen erleiden häufig schmerzhafte Muskelzuckungen sowie unwillkürliche Bewegungen und Rede. Kreaturen könnten zeitweilig das Bewusstsein verlieren, zufällige, marionettenartige Handlungen ausführen oder ruckweise in Richtung der Berge marschieren. Später, wenn sie wieder zu sich kommen, haben sie keine Erinnerungen an Ereignisse aus dieser oder späteren Stufen.

Opfer auf Stufe 3 können eine *Einflüsterung* (wie der Zauber) pro Tag erhalten, wie Opfer auf Stufe 2, doch steigt der SG des Weisheitsrettungswurfs auf 25. Für die Reichweite gilt die gleiche Einschränkung.

Zusätzlich zu langfristigem Wahnsinn (wie in Stufe 2) muss die Kreatur außerdem nach jedem aufreibenden Ereignis, wie schwerem geistigen oder körperlichen Schock oder Verletzungen, einen Weisheitsrettungswurf gegen SG 15 ablegen (du hast das letzte Wort, welche Situationen dies erfordern). Wenn der Rettungswurf misslingt, erleidet die Kreatur einen Anfall von kurzfristigem Wahnsinn. Eine Kreatur sollte nicht mehr als ein oder zwei Anfälle von kurzfristigem Wahnsinn pro Tag erleiden.

Stufe 4. Auf der letzten Stufe wird die Kreatur ein Knecht der Mi-go ohne eigenen Willen. Ihre Intelligenz sinkt um 5 (Minimum 3), und die Kreatur wird immun gegen den Zustand Verängstigt. Jeder Mi-go kann Knechte innerhalb von 30 m telepathisch befehligen und mit ihnen kommunizieren. Knechte gehorchen, ohne zu hinterfragen, allen Befehlen, die sie von Mi-go erhalten. Spielercharaktere, die Stufe 4 erreichen, werden NSC, bis sie sich erholen, und nichts Geringeres als ein *Wunsch* oder vergleichbare Magie kann Opfer der Stufe 4 heilen.

TEIL 1: BERYKSHEIM

Das Dorf Beryksheim, das vor über einem Jahrhundert von Häuptling Barbörd Torman und Klan Beryksheim aus dem Permafrost und Stein gehauen wurde, wurde von zähen, praktisch veranlagten Leuten besiedelt, die das meiste an dem guten Fischfang und der reichen, dunklen Erde herausholten – auch wenn der Boden das halbe Jahr gefroren war. Es dauerte fast drei Jahrzehnte, doch schließlich verwandelte Häuptling Barbörd Torman das kleine Dorf in ein Hauptquartier für seine Schlächter.

Häuptling Barbörds Tochter Falgred erbte den Klan und das Dorf vor zwanzig Jahren, nachdem Torman bei einem Frühjahrsraubzug fiel. Auch wenn der Verlust sie verbittert hat, schaffte es Falgred, ihre Trauer in praktisches Denken zu verwandeln. Heute ist Beryksheim ein reiches Dorf von Schlächterzwergen an der Küste auf der anderen Seite des Kanals, westlich von Wolfheim.

Die Beryk-Schlächter sind typisch für ihre Art. Sie haben sich Familie und Klan treu verschrieben und leben von Jagd, Fischerei und Landwirtschaft, doch stammt der Großteil ihres Vermögens und ihrer Lebensfreude aus Raubzügen. Beryksheims Schlächter sind begeisterte Anhänger dieser Tradition, während ihre Vettern aus dem Süden davon zurückweichen.

Beryksheim ist eine Ansammlung von gedrungenen, robusten Langhäusern, umgeben von einem großen Wall aus Stein und Erde sowie einer eisenbeschlagenen Holzpalisade. Mit Armbrüsten bewaffnete Zwerge patrouillieren auf der Mauer und den vielen Wachtürmen, die über den Wall ragen. Im Osten der Stadt liegt der Hafen, dahinter das Meer. Wenn die Schlächter an Land sind, vertäuen sie ihre Schiffe hier am langen Dock.

Egal wie die Charaktere nach Beryksheim kommen, lies Folgendes vor, wenn sie eintreffen: (Wenn die Charaktere schon einmal in Beryksheim gewesen sind, kannst du die Beschreibung anpassen oder überspringen, damit sie zu deiner größeren Geschichte passt.)

Die Bewohner von Beryksheim plündern schon seit Generationen die Siedlungen und Gehöfte der Umgebung, und diese Jahreszeit ist keine Ausnahme. Als ihr euch dem Zwergendorf nähert, weht der Geruch der Siedlung – eine Mischung aus kalter Erde und heißem Eisen, Vieh und der Ebbe – landeinwärts, um euch zu grüßen.

WEG ÜBER LAND

Hohe Erdwälle, gekrönt von Wachtürmen und gestützt von einer starken Holzpalisade, deuten darauf hin, dass hier gewisse Verteidigungsmaßnahmen unumgänglich sind. Ein junger, sauertöpfischer Zwerg blickt von einem nahen Wachturm auf euch herab, als ihr euch den robusten Toren nähert.

WEG ÜBER SEE

Als euer Schiff längsseits zum Pier geht, fällt euch auf, wie wenig Leute hier sind. Es sieht aus, als ob Häuptling Falgred und ihr Gefolge auf einen Raubzug ausgefahren sind. Als ihr von Bord geht, macht euch das Gelächter junger Zwerge auf eine wachsende Menge aufmerksam.

SCHLÄCHTER-FORTS

Schlächtersiedlungen sind recht dunkel, abgesehen vom Leuchten von Kochfeuern, das manchmal aus den irdenen Behausungen dringt. Während Menschen das Licht schätzen, haben Schlächter ihm entsagt. Fackeln und Laternen sind in Beryksheim so gut wie nicht vorhanden. Die meisten Gebäude werden im Inneren schwach von Herdfeuern beleuchtet, die sie auch relativ warm halten.

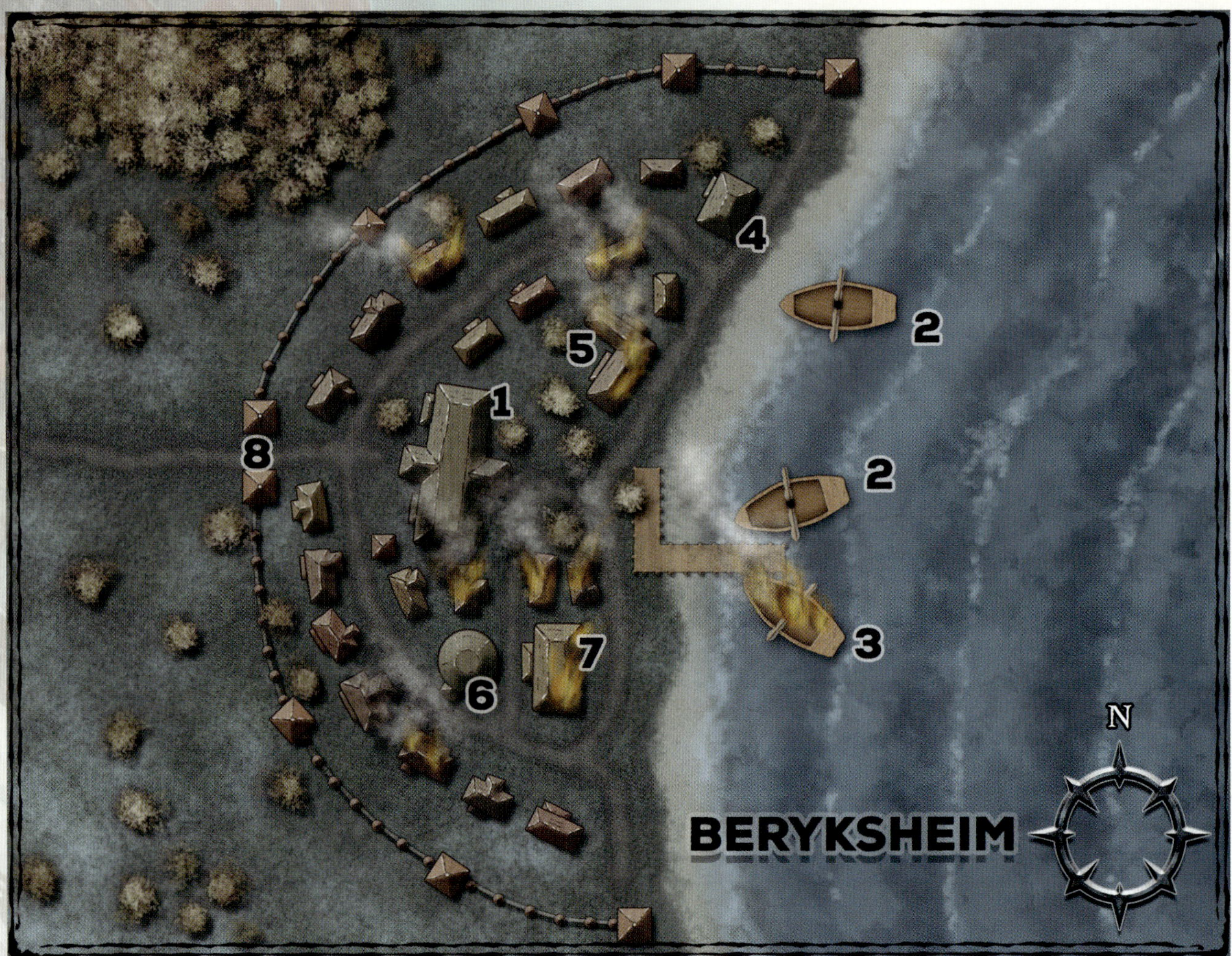

EIN BLICAUF BERYKSHEIM

Beryksheim ist eine kleine, gut organisierte Schlächtersiedlung, die die felsige Küste und das vielfältige Gelände gut ausnutzt. Sie ist von allen Seiten gut zu verteidigen. Die zwergischen Scharfschützen mit ihren scharfen Augen schalten feindliche Kundschafter, Patrouillen und Kuriere früh aus, oft durch Angriffe aus verborgenen Schützennestern, Schützenlöchern und Überfallstellen.

Die im Folgenden beschriebenen Örtlichkeiten sind auf der Karte von Beryksheim markiert.

1. LANGHAUS VON HÄUPTLING FALGRED

Dieses lange, niedrige Bauwerk, das zu den größten in Beryksheim gehört, ist Häuptling Falgreds Langhaus. Hier leben sie, Yrngar und ihre Leibwächter. Feiern finden auf dem großen Dorfplatz vor der Halle statt.

2. PLÜNDERER-LANGSCHIFF

Dies sind das Langschiff des Häuptlings sowie das Vors-Schiff, das für den Überfall auf die Siedlung verwendet wird.

3. LANGSCHIFF

Dies ist ein weiteres Langschiff, das für Überfälle, Handel und Erkundungen verwendet wird.

4. RÄUCHEREI

Dieses kleine Gebäude, warm und mit dichtem Rauch erfüllt, enthält etliche Ständer voller gesalzenem Fisch, getrocknetem Rentierfleisch und Wild aller Art.

5. STALLUNGEN

In diesem offenen Gehege werden allerlei Tiere gehalten. Es ist an die Stallungen angeschlossen. Die Tiere sammeln sich blökend und meckernd um Feuerschalen, um sich warm zu halten. Zwei lange, hölzerne Gebäude bieten größeren Tieren Schutz.

6. TEMPEL DES THOR

Diese schwarz gedeckte, kuppelartige Bauwerk, das sich trotzig über den Schnee erhebt, ist Thors Tempel. Er steht den Starken und jenen, die Thors Stärke und Weisheit in allen Dingen suchen, immer offen.

7. LAGERHAUS

Das höchste Gebäude in der Siedlung (abgesehen von den Wachtürmen) ist das Lagerhaus, in dem die Beute aus Raubzügen aufbewahrt wird. Mehrere Käfige im hinteren Bereich des Gebäudes sind leer, aber eindeutig für Gefangene und Sklaven gedacht. Skrupellose Charaktere, die in das Lagerhaus schleichen und einen erfolgreichen Wurf auf Intelligenz (Nachforschungen) gegen SG 15 ablegen, entdecken ein vergessenes Lager von Otter-, Nerz- und Hermelinpelzen im Wert von 90, 250 und 450 GM.

8. HAUPTTOR

Zwei robuste, verstärkte Türme flankieren die schweren, hölzernen Tore am westlichen Rand von Beryksheim. Jeder Turm ist von vier Zwergen bemannt. Ein dritter Trupp bewacht das Tor, und ein vierter patrouilliert auf der Palisade. Während Feierlichkeiten haben die Trupps nur die halbe Stärke.

DIE BERYKSHEIM-SCHLÄCHTER

Auch wenn Falgred Wert auf die Ratschläge ihrer Krieger legt, hört sie auch den Ratschlägen ihrer Verwandten zu. In bestimmten Angelegenheiten beherzigt sie auch die manchmal naiven und impulsiven Ratschläge ihres jungen Erben Yrngar Steinhand.

Häuptling Falgred Tomasdottir. Falgred ist ruhig und still. Sie hat den Kopf auf beiden Seiten rasiert und die Haare an der Oberseite zu einem schmerzhaft strammen Zopf geflochten. Sie ist stets für den Kampf gewappnet und wird immer von drei ihrer loyalsten Zwerge begleitet.

Guldark Olufsen. Huscarl und Schildbruder Guldark Olufsen ist in Falgreds Abwesenheit ihr Stellvertreter, doch seine einzige Verantwortung ist es, das Dorf und Falgred zu schützen. Guldarks Wort reicht aus, um innerhalb von zwei Tagen fast zweihundert Zwerge zusammenzurufen, und so spricht er mit einer Autorität, die nur wenige ignorieren können.

Herrga Wotansdottir. Die Schildmaid des Tempels ist eine stolze und hingebungsvolle Dienerin der spirituellen Bedürfnisse der Gemeinschaft und der Dorfbevölkerung. Sie sieht sich als Kernbestandteil des Dorfes und arbeitet hart dafür, dass es lebendig bleibt und wächst. Sie flechtet ihr blondes Haar zu dutzenden kleinen Zöpfe.

Rolstav Arneson. Rostav, der bei seiner Geburt Thor verschrieben wurde, liest seit Generationen die Blutomen, bringt die Opfer dar und deutet den göttlichen Willen des Donnerers für sein Volk. Der Ringmagier ist ein Meister der Runengeheimnisse, der Häuptling Falgred mit Weissagungen und Rat zu spirituellen, schamanistischen Themen unterstützt.

Yrngar Steinhand. Der erste Sohn von Beryksheim ist ein stolzer, emotional unterentwickelter und aggressiver Zwerg mit einem Bart von kaum sechzehn Sommern. Der renitente junge Krieger ist ein doppelt so großer Angeber wie sein Vater und besitzt nicht den halben Verstand seiner Mutter. Der hitzköpfige Yrngar hat normalerweise gute Absichten, doch ist er leicht zu beleidigen. Wenn er Respektlosigkeit (absichtlich oder nicht) gegenüber ihm oder seinem Klan wahrnimmt, fordert er den Schuldigen sofort heraus und verlangt sein Ehrenrecht auf ein öffentliches Duell. Unabhängig von seinem emotionalem Zustand gehorcht Yrngar seiner Mutter, ohne sie hinterfragen, und befolgt ihre Befehle (wenn auch widerwillig) buchstabengetreu. Er ist nicht in der Siedlung, wenn die Charaktere eintreffen, weil er mit Gefolgsleuten und einigen Zwergen aus Vorstaag auf eine Jagdexpedition ausgezogen ist. (Letztere haben ihn zu dieser Gelegenheit für die Mi-go gefangengenommen, doch niemand in Beryksheim weiß das bis dato).

ÄRGER MIT TROLLEN

Unabhängig von ihren anfänglichen Absichten stellen die Charaktere schnell fest, dass die Bewohner von Beryksheim dringend jemanden benötigen, der zwei Trolle tötet oder vertreibt, die die Dorfbewohner und ihre Herden plagen. Ansonsten steht dieses Wissen durch Rolstav, den örtlichen Priester Thors, zur Verfügung (siehe oben).

Nach der nötigen Vorstellerei, einer Mahlzeit und etwas zu trinken erklärt Rolstav, dass die zwei Trolle seine Jäger, Hirten und Goldsucher zur schlimmstmöglichen Zeit plagen, und dass er dringend die Unterstützung der Helden benötigt. Er will Jäger aussenden, um mehrere Rentiere für ein lokales Fest zu jagen, also wäre es ihm lieb, wenn die Charaktere sich während der Jagd um die Trolle kümmern. Wenn alles nach Plan verläuft, werden die Charaktere die Trollbedrohung eliminieren, und die Jäger werden das Fleisch zur gleichen Zeit heranschaffen, als Häuptling Falgred an Land geht. Wenn dann alle gleichzeitig eintreffen, kann die große Feier beginnen.

DIE TROLLE FINDEN

Was die Zwerge für zwei Trolle halten, ist in Wirklichkeit ein Trio von Wintertrollen namens Giartharr, Grani und Sótr. Die drei haben die örtlichen Zwerge jahrelang gemieden, wurden aber vom Omen des fallenden Sterns ermutigt, das sie als göttliche Genehmigung ihres Wunsches deuteten, wieder damit anzufangen, die örtlichen Zwerge zu töten und zu opfern.

Die Berührung des Boreas der Trolle verrät sie: Ihre vereisten Spuren sind selbst in kältester Umgebung erkennbar, was die Schwierigkeit, sie zu verfolgen, von SG 20 auf SG 10 verringert. Drei erfolgreiche Würfe (wobei jeder ungefähr 90 Minuten Reise darstellt) reichen aus, um die Charaktere zum Hort der Trolle zu führen. Wenn ein Wurf misslingt, haben die Charaktere drei Chancen, die Fährte wieder zu finden, indem ihnen ein Wurf auf Weisheit (Überleben) gegen SG 15 gelingt. Wenn alle drei Würfe scheitern, verlieren die Charaktere die Fährte und können sie nur wieder finden, indem sie nach Beryksheim zurückkehren und es am nächsten Tag noch einmal versuchen.

Waldläufer, die Urtümliche Wahrnehmung verwenden, bemerken das ungewöhnliche (elementare) Wesen der Trolle.

DAS TROLLHAUS

Der Hort der Trolle liegt in einer Höhle, die von einem Hain aus eng stehenden Tannen verborgen ist. Mehrere erfrierende, verhungernde Schafe blöken schwach in der Nähe. Alle vier Schafe sind mit Lederbändern an einen Eisenring gebunden, der an der Steinmauer direkt hinter einer Höhlenöffnung befestigt ist.

EISMAUL

Charaktere, die nach Fallen suchen und einen Wurf auf Weisheit (Wahrnehmung) oder Intelligenz (Nachforschungen) gegen SG 15 schaffen, bemerken lange, scharfe Eiszapfen, die wie Zähne vom Rand und der Decke der Höhle ragen. Sie stehen eng beieinander und sind weniger stabil, als sie auf den ersten Blick aussehen. Den regenerierenden Trollen ist es egal, ob sie ab und zu von einem Eiszapfen durchbohrt werden.

Eine Kreatur, die versucht, durch die Eiszapfen zu schlüpfen, muss einen Wurf auf Geschicklichkeit (Akrobatik oder Heimlichkeit) gegen SG 16 schaffen. Kleine Kreaturen erhalten einen Vorteil auf den Wurf, große und größere Kreaturen erleiden einen Nachteil. Wenn der Wurf misslingt, fällt ein Eiszapfen auf die Kreatur und verursacht 10 (3W6) Stichschaden plus 5 (1W10) Kälteschaden.

Alternativ kann ein Charakter den Weg durch die Eiszapfen auch einfach freischlagen. Dies dauert mit Wuchtwaffen zwei und mit Hiebwaffen vier Runden. Alle drei Trolle werden dann sofort auf die Gefahr aufmerksam.

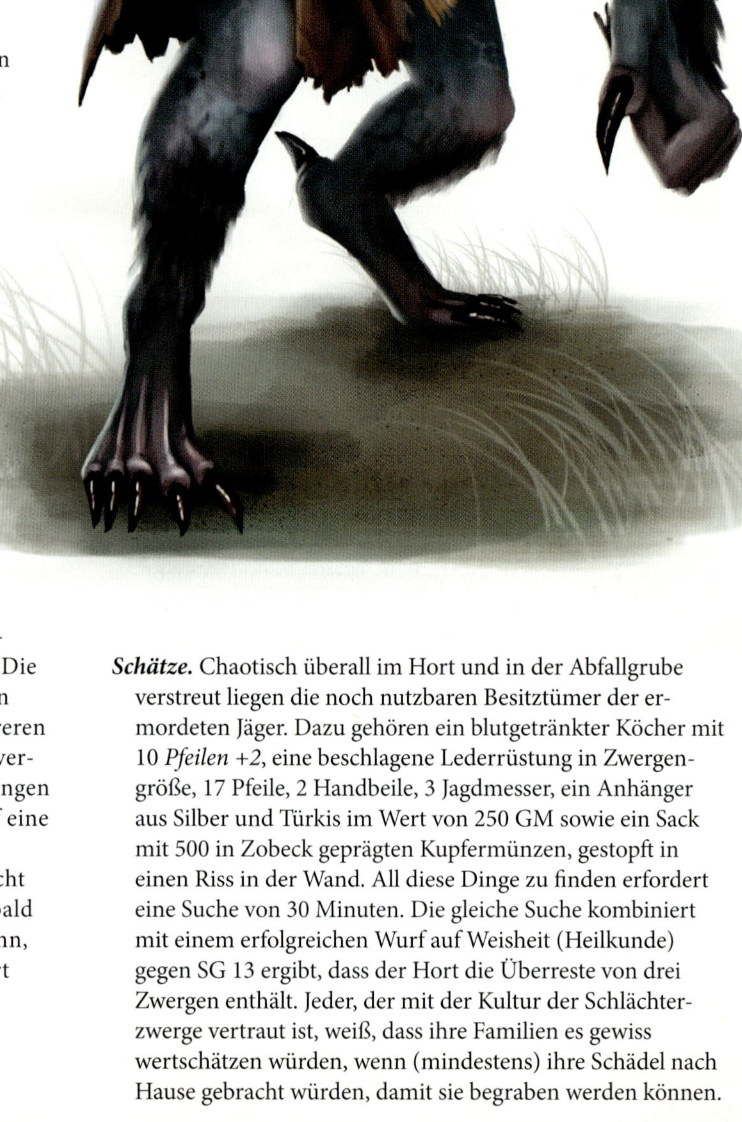

WINTERLICHE GESCHWISTER

Die Trolle leben in einem kleinen, flachen Bau am Ende eines abfallenden, verschlungenen Tunnels, der sich 15 m weit in den Hügel erstreckt und dabei 6 m in die Tiefe führt. Der Bau am Ende des Durchgangs ist ein klammer, dunkler, eisiger Bereich mit ungefähr 9 m Durchmesser und einer Deckenhöhe von 4,50 m. Das einzige wirkliche Merkmal hier ist eine Abfallgrube (1,50 m Durchmesser) in der Mitte des Raums. Die Grube ist fast randvoll mit den gefrorenen, abgenagten Überresten von Bären, Elchen, Riesenebern und mehreren zwergischen Jägern. Alle Überreste sind miteinander vermischt und unterschiedlich stark zerstückelt, verschlungen und verwest. (Wegen dieses simplen Aufbaus wird auf eine Karte des Horts verzichtet.)

Tagsüber sind 1W3 Trolle wach. Zwischen Mitternacht und Sonnenaufgang sind 1W3–1 von ihnen wach. Sobald einer der Trolle die Charaktere sehen oder riechen kann, brüllt er eine Warnung, und die anderen werden sofort aufmerksam.

Schätze. Chaotisch überall im Hort und in der Abfallgrube verstreut liegen die noch nutzbaren Besitztümer der ermordeten Jäger. Dazu gehören ein blutgetränkter Köcher mit 10 *Pfeilen +2*, eine beschlagene Lederrüstung in Zwergengröße, 17 Pfeile, 2 Handbeile, 3 Jagdmesser, ein Anhänger aus Silber und Türkis im Wert von 250 GM sowie ein Sack mit 500 in Zobeck geprägten Kupfermünzen, gestopft in einen Riss in der Wand. All diese Dinge zu finden erfordert eine Suche von 30 Minuten. Die gleiche Suche kombiniert mit einem erfolgreichen Wurf auf Weisheit (Heilkunde) gegen SG 13 ergibt, dass der Hort die Überreste von drei Zwergen enthält. Jeder, der mit der Kultur der Schlächterzwerge vertraut ist, weiß, dass ihre Familien es gewiss wertschätzen würden, wenn (mindestens) ihre Schädel nach Hause gebracht würden, damit sie begraben werden können.

TRIUMPHALE RÜCKKEHR

Wenn die Charaktere zurückkehren, bereitet das Dorf bereits die große Feier vor. Kundschafter berichten von ankommenden Schlächterschiffen, die die Flagge von Häuptling Falgred tragen und tief im Wasser liegen, weil sie mit Bündeln, Fässern und Sklaven beladen sind. Bei Anbruch der Nacht legen die Schiffe am Hafen an, und die ansonsten so nüchterne Gemeinschaft verfällt in eine wilde, fast schon gefährliche Feier. Prüfungen der Stärke, der Tapferkeit und des Könnens, Streiche im Suff, Spiele und Tanz treiben die Dorfbewohner wie im Fieber durch die Nacht.

Während dieser Feierlichkeiten können die Charaktere an einer Reihe von sportlichen Herausforderungen, Trinkspielen, Prüfungen der Stärke, des Könnens und der Sangeskunst und sogar Webewettbewerben teilnehmen. Wenn die Charaktere solche Herausforderungen bestehen, sammeln sie Ansehen bei den Schlächtern. Je mehr Herausforderungen ein Charakter gewinnt oder bei denen er einem Schlächter zum Sieg verhilft, umso mehr Ansehen und Gunst kann er beim Klan sammeln.

WETTBEWERBE DER EHRE, DES KÖNNENS UND DER AUSSCHWEIFUNG

Irgendwann in der Nacht versammelt Rolstav die Charaktere, damit sie Häuptling Falgred bei einer Ansprache zuhören können. Während die Charaktere im Publikum sitzen, erzählt sie, wie ihr letztes Ziel – Vløss „Trollblut" Brunn, ein rivalisierender zwergischer Schlächter-Häuptling – von seinen irdischen Fesseln befreit (sie wischt eine imaginäre Träne weg) und „durch meine eigene sanfte Hand der Gnade der Götter überantwortet" wurde.

Häuptling Falgred lächelt über das überzeugend wilde Gelächter und fährt fort.

„Und er war nur ein Stück von mir weg – ungefähr da, wo du gerade stehst. Oder die da." Sie deutet auf [einen der Charaktere]. „Und dann springt er in Richtung seiner Klinge. Aber ich war schneller. Ich habe das Eisen meines Stiefels auf den Griff gestellt, ehe er danach greifen konnte. Dann hab ich meine Axt hoch erhoben und …"

Sie hält inne, schaut von Gesicht zu Gesicht und fragt: „Was hättest du getan, oder du, oder du?"

Sie erwartet Antworten von allen Spielercharakteren. Jeder, der sagt, dass er Gnade gezeigt hatte, erhält einen weißen W6. Alle anderen erhalten einen schwarzen W6.

Zu einem beliebigen Zeitpunkt während der nächsten 24 Stunden kann ein Charakter seinen Würfel verwenden, um einen Wurf mit einem W20 anzupassen, ähnlich wie bei Bardischer Inspiration. Ein weißer Würfel kann nur verwendet werden, um einen Wurf zu verbessern, den der Charakter oder einer seiner Verbündeten ausführt. Ein schwarzer Würfel kann nur genutzt werden, um das Wurfergebnis eines Gegners zu verringern. Mehrere Spieler können denselben Wurf beeinflussen, und die Effekte ihrer Würfel sind kumulativ.

Die Charaktere könnten die Gelegenheit auch nutzen, um sich Häuptling Falgred vorzustellen, oder, besser noch, irgendwie eine Verbundenheit zu diesen Zwergen aufzubauen.

TRINKWETTBEWERBE

Charaktere, die als Helden zurückkehren oder regelmäßig in der Gesellschaft des Häuptlings gesehen werden, werden von den Schlächtern irgendwann akzeptiert, aber wenig mehr. Wirklich die Gunst eines Schlächters zu gewinnen, oder sogar seinen Respekt, ist für viele zivilisierte Personen ein eher unerfreuliches Unterfangen. Unter den Schlächtern von Beryksheim findet soziale Initiation über die Teilnahme an einem Wetttrinken statt. Die Schlächter stellen eine zähe, stinkende, berauschende Brühe aus fermentierter Buttermilch und Frischkäse her, die sie „Wolfsmuttermilch" nennen.

Um durch das Trinken von Wolfsmuttermilch die handfeste Kameradschaft der Schlächter zu gewinnen, müssen einem Charakter vier Konstitutionsrettungswürfe gegen SG 14, 15, 16 und 16 gelingen, während sein Beryksheimer Gegner dasselbe tut. Der NSC hat einen Bonus von +7 auf diese Rettungswürfe. Nach drei misslungenen Rettungswürfen ist eine Kreatur für 1W4 Stunden vergiftet. Wer mehr Rettungswürfe schafft, gewinnt den Wettstreit. Wenn der Wettbewerb nach vier Runden in einem Gleichstand endet, findet eine weitere Runde mit SG 16 statt.

Der Gewinner eines Wetttrinkens erhält einen Statusbonus von +1 in den Nordlanden (bis zu einem Maximum von 8) und den Beinamen „Eisenmagen", vorausgesetzt, die Gemeinschaft von Beryksheim überlebt, um die Geschichte der Trinkfreudigkeit des Charakters in die Welt zu tragen.

AXTWURF-WETTKAMPF

Körperliche Wettkämpfe aller Art sind in Beryksheim beliebt, doch die Beryks sind (neben ihren Plünderungen) in zwei Bereichen besonders kompetent: Axtwurf und Schlittenfahren. Die Beryksheim-Schlächter rühmen sich nicht nur ihres Mutes, sondern auch des Einsatzes ihrer Fähigkeiten im Krieg, im Frieden und beim Plündern.

Unter den Wegen zum Status eines Schlächters ist die Darbietung kämpferischen Könnens mit der Lieblingswaffe der Schlächter, dem Handbeil, am beliebtesten. Ein Axtwurf-Wettbewerb wird in zwei Runden mit je drei Würfen pro Teilnehmer durchgeführt. Jeder Wurf geht gegen ein anderes Ziel, wobei die Schwierigkeit (RK) der Ziele langsam steigt.

Die Ziele in der ersten Runde haben RK 15, 15 und 16, die Ziele in der zweiten Runde haben RK 17, 17 und 18. Wenn ein Wurf das Ziel trifft, erzielt der Werfer Punkte entsprechend dem angepassten Wurf mit dem W20; so wurde ein Wurf von 18 gegen ein Ziel mit RK 15 beispielsweise 18 Punkte einbringen. Ein Fehlwurf bringt 0 Punkte. Ein kritischer Treffer (eine natürliche 20) bringt den angepassten Wurf plus 5. Die Teilnehmer dürfen nur gewöhnliche Handbeile verwenden, die sie aus demselben Fass auswählen.

Wenn der Wettkampf nach sechs Würfen einen Gleichstand ergibt, gewinnt der Teilnehmer, der das Ziel mit der höchsten RK getroffen hat, dann der mit dem zweithöchsten, dann dem dritthöchsten Ziel und so weiter. Wenn das den Gleichstand nicht auflöst, werfen beide Teilnehmer abwechselnd eine Axt auf ein Ziel mit R15, bis einer von ihnen verfehlt.

Der Gewinner erhält einen von Statusbonus von +1 in den Nordlanden (bis zu einem Maximum von 8) und den Beinamen „Klingenhand“, vorausgesetzt, die Gemeinschaft von Beryksheim überlebt, um die Geschichte der Kampfeskraft des Charakters in die Welt zu tragen.

SCHLITTENWETTBEWERB

Ein Schlittenwettbewerb besteht aus drei Geschicklichkeitswürfen, während die Teilnehmer auf einem Holzschild einen steilen Hang mit Hindernissen und Sprungschanzen hinunterbrettert. Die Würfe sind

1. Geschicklichkeit (Akrobatik) gegen SG 12
2. Geschicklichkeit (Akrobatik) gegen SG 14; vor diesem Wurf kann ein optionaler Wurf auf Stärke (Athletik) gegen SG 12 abgelegt werden, der bei Erfolg einen Bonus von +2 auf den Geschicklichkeitswurf bringt, oder –2 Abzug wenn er misslingt.
3. Stärke (Athletik) gegen SG 14, gefolgt von einem Wurf auf Geschicklichkeit (Akrobatik) gegen SG 16; beide müssen erfolgreich abgelegt werden, um Punkte für diesen Teil zu erhalten.

Jede erfolgreiche Stufe bringt dem Teilnehmer 5 Punkte. Bei einer natürlichen 20 bei einem Wurf auf Geschicklichkeit (nicht Stärke) kommt es zu einer spektakulären Landung, die ebenfalls 5 Punkte bringt.

Der aktuelle Champion von Beryksheim schafft seinen ersten Wurf automatisch und hat einen Bonus von +6 für alle weiteren Würfe.

Der Gewinner erhält einen Statusbonus von +1 in den Nordlanden (bis zu einem Maximum von 8) und den Beinamen „Otterkind“, vorausgesetzt, die Gemeinschaft von Beryksheim überlebt, um die Geschichte des Könnens des Charakters in die Welt zu tragen.

GESCHICHTEN UND ERZÄHLUNGEN

Auch wenn sie gegenüber Neuankömmlingen abweisend und kalt sind, sind die Dorfbewohner von Beryksheim nicht weniger gierig auf eine große Geschichte oder ein gutes Lied als jeder andere Nordländer. Charaktere, die bereit sind, eine Geschichte oder ein Lied zu teilen, können sich den Respekt der Schlächter verdienen, indem sie erfolgreiche Charismawürfe ablegen.

Irgendwann während der Darbietung eines der Charaktere steht ein breitschultriger Beryksheimer Skalde namens Lork auf und fordert den Charakter zu einem Erzählwettbewerb heraus. Die Geschichten werden in drei Runden erzählt. Pro Runde legt jeder Teilnehmer einen Charismawurf ab, jeweils mit Auftreten (Runde 1), Täuschen (Runde 2) und Einschüchtern (Runde 3). Lork hat einen Bonus von +7 auf all diese Würfe, und er erzählt eine Geschichte über eine Gruppe von Zwergen, die einer Gruppe Riesen ein legendäres Schwert stehlen, das diese verwendeten, um Bäume zu lustigen Formen zu schneiden. Die Würfe haben keinen SG; wer höher würfelt, gewinnt die Runde. Wer die meisten Runden gewinnt, wird von der Menge gelobt und gewinnt den Wettstreit.

Ein Charakter, der Lork in einer Prüfung bardischen Witzes und Talents besiegt, erlangt den Respekt aller anwesenden Klanmitglieder. Der Gewinner erhält einen Statusbonus von +1 in den Nordlanden (bis zu einem Maximum von 8) und den Beinamen „Ruhmweber“, vorausgesetzt, die Gemeinschaft von Beryksheim überlebt, um die Geschichte der unterhaltsamen Erzählungen des Charakters in die Welt zu tragen.

LANGER ABEND, TÖDLICHER MORGEN!

In den frühen Morgenstunden, wenn in Beryksheim alle die Feiern der vorherigen Nacht ausschlafen und das Meer in dichten Nebel gehüllt ist, gleiten Vors-Plünderer lautlos bis zum Hafen und in die Stadt. Die Plünderer greifen gleichzeitig den Hafen von Beryksheim und die Halle des Häuptlings an. Sie verbrennen die Langschiffe am Hafen (auch das Schiff der Charaktere, wenn es dort anlegt). Ungefähr 30 Sekunden nach Beginn des Überfalls alarmiert der Rauch der brennenden Schiffe die Wachen der Schlächter, die Alarm schlagen. Mit einem Brüllen erwacht das Lager zu einem brutalen (wenn auch verkaterten) Kampf.

ÜBERFALL-EREIGNIS 1: ERNTE DER HOFFNUNG

Dieses Ereignis findet unmittelbar nach Beginn des Angriffs statt, wenn du es verwenden willst. Du kannst es überspringen, wenn die Charaktere bereits im Kampf gegen die Angreifer verstrickt sind, oder es später verwenden. Es findet in dem Gebäude statt, in dem die Charaktere die Nacht verbracht haben. Dies könnte das Haus des Häuptlings sein, wenn sie den Respekt von Häuptling Falgred Tomasdottir erlangt haben, oder jede andere nicht gekennzeichnete Hütte in der Siedlung.

Ein Kriegshorn ertönt, wird aber schnell mit einem hörbaren Gurgeln abgewürgt. Der Geruch von Rauch steigt euch in die Nase und ihr reißt die Augen auf. Die Geräusche von Panik und Gewalt schallen durch das Lager.

Die Charaktere haben nur einige Minuten, um ihre Rüstungen anzulegen, ihre Waffen zu holen, die Türen zu verbarrikadieren, Fallen zu legen und so weiter, ehe 4 **Vorsgo-Plünderer** das Haus angreifen. Sie versuchen alles, um hineinzugelangen. Der Angriff kommt so schnell, dass die Charaktere das Gebäude wahrscheinlich nicht vollständig gegen den Ansturm sichern können werden. Wenn sie die Tür verbarrikadieren, hacken die Vors-go-Plünderer mit ihren Äxten durch die Fensterläden und Wände. Wenn es den Charakteren gelingt, einige Plünderer zu töten, ehe sie hineingelangen, treffen weitere Plünderer ein, um die Angreifer zu unterstützen, damit der Kampf herausfordernd bleibt.

Als sich der Kampf dem Ende neigt, erscheint Guldark mit drei Beryk-Kriegern aus der Dunkelheit des frühen Morgens. Er teilt den Charakteren mit, dass weitere Plünderer die Stadt infiltrieren. Er ist zum Ufer unterwegs, um die Werft zu sichern, und Falgred will die Methalle verbarrikadieren. Er schickt die Charaktere zum Tempel, um die Schildmaid Herrga zu unterstützen. Fahre fort mit Ereignis 2.

ÜBERFALL-EREIGNIS 2: THORS FALL

Weil die Anführer der Vors-go-Plünderer an Geschichten über die göttlich inspirierte Stärke und Wildheit der Beryksheim-Schlächter glauben, haben sie einen speziellen Trupp abgestellt, um den Beryksheimer Tempel des Thor anzugreifen. Ein Trupp von 2 **Vors-go-Anführern** und 2 **Vors-go-Kriegswölfen** versuchen, in den Tempel einzudringen. Die Tempeltore sind verbarrikadiert, und die Charaktere können nicht hinein, bis sie sich um die Angreifer draußen gekümmert haben. Sobald die unmittelbare Bedrohung ausgeschaltet ist, werden die Türen geöffnet. Im Inneren befindet sich ein kleiner Trupp, der aus **Schildmaid Herrga**, 2 zwergischen **Wächtern**, einem zwergischen **Priester**, 2 zwergischen **Akolythen** und einem Dutzend zwergischer und menschlicher **Gemeiner** besteht.

Da der Tempel jetzt sicher ist (zumindest für den Augenblick), weist Schildmaid Herrga ihre NSC an, die Barrikaden des Tempels zu reparieren und zu verstärken. Sie blickt die Spielercharaktere an, wirft ihnen einen Beutel mit Tränken zu (siehe „Schätze", unten) und sagt: „Worauf wartet ihr? Die Methalle braucht Hilfe!" Wenn die Charaktere Unterstützung fordern, weist sie einen der überlebenden Wachen an, sie zu begleiten, aber mit einem fast schon hörbaren Verdrehen der Augen. Vergiss nicht, die notwendigen Würfe bezüglich Infektionen abzulegen, und fahre fort mit Ereignis 3.

Schätze. Der Beutel, den Schildmaid Herrga den Charakteren zuwirft, enthält 2 *Tränke der mächtigen Heilung* und 3 *Heiltränke*. Diese haben keinen Effekt auf eine Sporeninfektion.

ÜBERFALL-EREIGNIS 3: EIN HÄUPTLING FÄLLT

Während die Charaktere durch den chaotischen Nebel des Krieges waten, erreichen sie irgendwann die Haupthalle, wo sie sehen, wie Asgren, der abscheuliche Kriegsführer der Vors-go, Häuptling Falgred im Zweikampf niederstreckt. Während sich die neu gruppierenden Vors-Plünderer darauf vorbereiten, die jetzt demoralisierten Beryks abzuschlachten, sehe die Charaktere eine Gelegenheit: Sie müssen jetzt handeln!

Der Trupp des Kriegsführers besteht aus **Asgren**, 2 **Vors-go-Plünderern** und 2 **Vors-go-Kriegswölfen**. Solange Asgren nicht kampfunfähig ist, können die Mitglieder seines Kriegstrupps nicht verängstigt werden.

Häuptling Falgred hat 0 Trefferpunkte und einen misslungenen Todesrettungswurf. Die überlebenden Mitglieder ihres Klans sind 17 **Gemeine**, ein verwundeter **Ringmagier** (8 Trefferpunkte, 2 Zauberplätze des 1. Grades übrig), 2 **Wolfsreißer-Zwerge** (je 5 Trefferpunkte) und einige Schlächterzwerge, die so schwer verwundet und erschöpft sind, dass sie nicht kämpfen können.

Wenn die Charaktere nicht versuchen, sich vor Asgren zu verbergen, wendet er ihnen sofort seine Aufmerksamkeit zu, wenn sie die Szene betreten, und ordnet den Angriff an. Die anderen Dorfbewohner schließen sich dem Kampf nur dann an, wenn einer der Charaktere auf 0 Trefferpunkte fällt; ansonsten bilden sie einen Ring um Falgred und beschützen sie. Wenn sie angreifen, verbringen die Monster ihre nächste Aktion damit, einen der NSC-Verteidiger

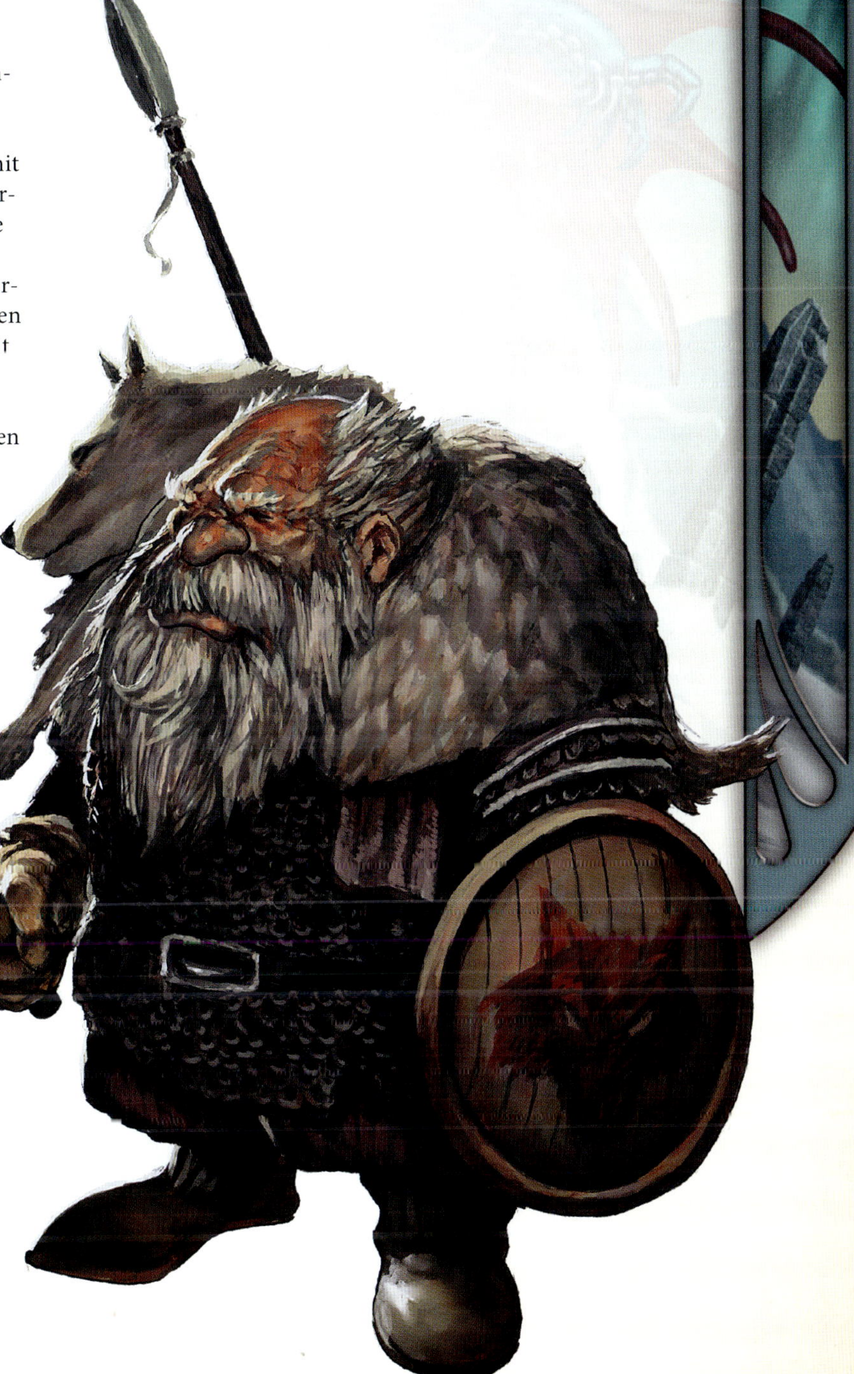

anzugreifen, entweder den Ringmagier oder die Schlächter. Wenn jemand Falgred heilt, bringen die restlichen Zwerge sie in die Methalle und verstärken die Barrikade, so dass die Charaktere den Kampf beenden können, ohne mehr Todesopfer unter den Beryksheimern zu riskieren.

Nach dem Kampf. Wenn die Charaktere Häuptling Falgred retten, gewährt sie ihnen auf der Stelle Titel, Belohnungen und Status und fährt unmittelbar mit der flehenden Bitte fort, ihren Sohn Yrngar zu finden und ihn (oder seine Leiche) zurück nach Beryksheim zu bringen; sie muss bleiben und für ihr Volk sorgen. Sie bietet den Charakteren alle Dinge an, die als Schätze und Belohnungen genannt sind, wenn die Charaktere sofort aufbrechen.

Falgred hat erkannt, dass die Angreifer Schlächter aus Vorsheim waren, wohin ihr Sohn gegangen ist, um mit jemanden, den sie für einen Verbündeten hielt, an einer Jagd teilzunehmen. Jetzt scheint es, als ob dies eine Falle oder List gewesen sei, und sie kann nur hoffen, dass er als Geisel gehalten wird.

Falls Häuptling Falgred nicht überlebt hat, springt Schildmaid Herrga ein, spricht kurz mit dem verwundeten, aber lebendigen Guldark, bietet den Charakteren die angegebenen Schätze als Belohnung an, und bittet sie, sie den Erben des Klans zu finden. Der Junge muss gefunden werden, damit die Blutlinie des Häuptlings nicht durchtrennt wird.

Weiter. Der Beryksheim-Klan wird seine übrigen Boote nicht hergeben, weil er sie in den kommenden Tagen dringender brauchen wird denn je. Wenn die Charaktere per Schiff hierhergekommen sind, ist ihr Schiff von einem Fungus befallen, der rasend schnell Trockenfäule verursacht. Die Plünderer haben damit den Kiel sabotiert. Nur wenige Schiffe von Beryksheim sind nicht befallen. Die Bootsbauer von Beryksheim werden das Schiff der Charaktere gratis reparieren, solange diese unterwegs sind.

Die Charaktere können aus der Räucherei Vorräte für ihre Reise mitnehmen. Es sind auch mehr als genügend warme Felle verfügbar. Die Reise über Land dauert ungefähr fünf Tage, und der Morgen bricht gerade an. Es gilt, keine Zeit zu vergeuden.

Charaktere, die in der Schlacht von Beryksheim gekämpft haben, erhalten +1 Status bei anderen Dorfbewohnern in der Region, vorausgesetzt, die Gemeinschaft von Beryksheim überlebt, um die Geschichte zu verbreiten. Sie können außerdem den Beinamen „der/die Unerschrockene" hinter ihre Namen stellen.

Vergiss nicht, die notwendigen Würfe bezüglich Infektionen abzulegen, und fahre fort mit Teil 2.

Schätze. Häuptling Falgred besitzt eine Schuppenrüstung aus den Schuppen eines weißen Drachen, in deren Bänder die Blutlinie ihres Klans geätzt wurde. Die Rüstung war ursprünglich für ihren Sohn gedacht, doch tauscht sie sie gerne für seine Sicherheit ein.

TEIL 2. WEG DER SORGEN

Die Reise nach Vorstaag dauert zu Fuß ungefähr fünf Tage. Auf dem Weg ist der Wald unheimlich leise. Normalerweise sanftmütige Tiere sind feindselig, und Raubtiere regelrecht blutrünstig. Fürs Erste sind diese sporenverseuchten Tiere noch nicht ansteckend.

Alle drei Tage musst du würfeln, ob infizierte Charaktere die nächste Stufe erreichen und sich schlimmer werdende Symptome zeigen.

ZORN DES WINTERS

Die prozentuelle Chance für zufällige Begegnungen entspricht der Anzahl von Kreaturen in der Reisegruppe der Charaktere x 10. Charaktere und Kreaturen mit Übung in entweder Heimlichkeit oder Überleben zählen dabei nicht. Lege den Wurf einmal pro Tag ab. Wenn es zu einer Begegnung kommt, findet sie zu 20 % am Tag und zu 80 % in der Nacht statt.

Wirf 1W8, um zu bestimmen, was angreift.

1W8	Begegnung	Herausforderungsgrad
1	Nachtgarm*	6
2	Eulenbär (2)	3
3	Bereginyas* (2)	4
4	Frostschleier* (2)	4
5	Worgrudel (5W4)	1/2
6	Weinender Baumhirte*	6
7	Rieseneber (1W4)	2
8	Darakhul* (1W4)	3

* Siehe *Buch der Bestien*

LAUTLOSES VORSTAAG

Jenseits des Waldrands breitet sich Vorstaag aus wie ein gestrandeter Wal. Ein großer Teil der Stadt ist großflächig von Trockenfäule überzogen, und viele Gebäude sind eingestürzt. In der Entfernung kann man sehen, wie das Vorgebirge zum Meer hinabführt und eine nahe Bucht schützt, wo zwei Langschiffe liegen, die sanft in den Gezeiten schaukeln. Ein unvertrauter Geruch, süß und leicht blumig, liegt auf dem Wind, doch überdeckt er nicht den Verwesungsgestank, der von der Stadt ausgeht.

Flecken von kleinen, fremdartig aussehenden Pilze wachsen auf den wenigen schimmelnden Leichen, die auf der Straße oder in mehltauüberzogenen Gebäuden liegen. Ein Charakter mit Übung in Heilkunde, der zwei oder mehr Leichen untersucht, stellt fest, dass von den Leichen gefressen wurde, kann aber nicht sagen, ob es das Werk von Ghulen oder etwas anderem ist; es waren definitiv keine Tiere. Infizierte Charaktere, die die Stadt betreten, müssen sofort würfeln, ob es zu einer Verschlimmerung kommt, egal wie viele Tage seit dem letzten Wurf vergangen sind.

UNTERBROCHENES ABENDESSEN

Ein Rudel Darakhul, die in den Ruinen nach Körpern suchen (lebend oder tot), die sie fressen können, finden das letzte Anzeichen von Leben in dieser grausigen Geisterstadt. Charaktere mit passiver Wahrnehmung 12 oder höher hören oder riechen die Darakhul, während sie an einer Schuttbarrikade herumgraben und kratzen, die im Eingang eines robusten Bauwerk aus Baumstämmen liegt. Wenn die Charaktere die Ghule überraschen wollen, beträgt die passive Wahrnehmung der Darakhul 11. Wenn die Charaktere während der Erkundung der Stadt genug Lärm gemacht haben, um von den Darakhul bemerkt zu werden, legen die Kreaturen einen Hinterhalt. Dabei platzieren sie eine abgetrennte Hand mit mehreren juwelenbesetzten Ringen als Köder. Die abgetrennte Hand ist tatsächlich eine krabbelnde Klaue.

Das Rudel besteht aus 2 **Darakhul**, 2 **Grulen,** 3 **Bettlerghulen** und einer **krabbelnden Klaue**.

Wenn die Charaktere die Ghule besiegen oder weglocken, können sie den letzten überlebenden Vors retten und sich seine Geschichte anhören. Ansonsten hören sie die grauenvollen Schreie eines wehrlosen Zwergs, der lebendig von Ghulen gefressen wird.

Wenn die Charaktere die Ghule besiegen oder weglocken, können sie den letzten überlebenden Vors retten und sich seine Geschichte anhören. Ansonsten hören sie die grauenvollen Schreie eines wehrlosen Zwergs, der lebendig von Ghulen gefressen wird.

Der Überlebende ist Logar Hammerfast, ein zwergischer Ringmagier mit RK 10, 15 Trefferpunkten, keinen verbleibenden Zauberplätzen und keinen Besitztümern von Wert. Er hat die 3. Stufe der Infektion erreicht und leidet unter unkontrollierbaren Krämpfen (langfristiger Wahnsinn), die ihn effektiv lähmen. Nur Vollständige Genesung oder vergleichbare Magie kann ihn heilen. Schwache Genesung, Wunden heilen oder ein erfolgreicher Wurf auf Weisheit (Heilkunde) gegen SG 15 mit Kräuterkundeausrüstung kann seine Symptome abschwächen und ihn lange genug zu Sinnen bringen, dass er seine Geschichte erzählen kann.

Hammerfast kennt grob die Ereignisse aus dem Abenteuerhintergrund. Ganz Vorstaag sah den fallenden Stern als Omen des Ruhms. Sie hätten sich nicht mehr

Alarm-Rhizome

Mi-go brauchen keine Beleuchtung, um zu sehen. Charaktere, die in diesen unterirdischen, fremdartigen Außenposten vordringen, müssen ihr eigenes Licht mitbringen, wenn sie nicht im Dunkeln sehen können.

Mehrere Bereiche in den Höhlen sind mit Alarm-Rhizomen ausgestattet: dünnen, rankenartigen Tentakeln, die an den Wänden und am Fußboden wachsen. Wenn die Rhizome berührt werden, geben sie ein schwaches violettes Licht ab (das jeder mit einer passiven Wahrnehmung von 15 oder höher bemerken kann), das die gesamte Länge des Rhizoms, das sich in die Höhlen dahinter erstreckt, entlang pulsiert. Kreaturen können es vermeiden, auf die Rhizome zu treten, indem sie sich mit halber Bewegungsrate bewegen, vorausgesetzt, sie können sehen. Eine Kreatur, die sich mit normaler Bewegungsrate bewegt, muss jede Runde einen Geschicklichkeitsrettungswurf gegen SG 10 schaffen, um nicht auf die Rhizome zu treten. In beiden Fällen müssen die Charaktere sich bewusst darauf konzentrieren, vorsichtig zu gehen; Charaktere, die sich des Risikos nicht bewusst sind oder denen es egal ist, treten automatisch auf die Rhizome.

Sobald ein Rhizom ausgelöst wird, pulsieren die Blitze durch den gesamten Höhlenkomplex und erreichen innerhalb von sechs Sekunden Bereich 7. Das allein reicht nicht aus, um die Mi-go zu alarmieren; kleine Tiere lösen die Rhizome oft aus. Wenn zwei Charaktere in der gleichen Runde auf die Rhizome treten, deuten die Mi-go das als Anzeichen von Gefahr und verstecken sich, um Eindringlinge anzugreifen, die an der Teleportationsplatte eintreffen.

täuschen können. Er weiß nicht speziell von den Mi-go, doch behauptet er ein kehliges, flüsterndes Lied zu hören, das ihn aus den Bergen ruft.

Er hört es so klar, dass er aufgeregt wird, wenn die Charaktere sagen, dass sie es nicht hören können. Als es klarer wurde und häufiger ertönte, fürchtete Hammerfast, dass er seinen Forderungen nachgeben würde (die er nicht definieren kann, er weiß nur, dass es will, dass er etwas tut). Aus Angst vor dem Lied nutzte er den letzten Rest seiner versagenden körperlichen Fähigkeiten, um sich in seinem Haus zu verbarrikadieren. Er wollte damit nicht die Ghule draußen halten, sondern sich selbst einsperren. Er hat begriffen, dass der Strom die Seuche in die Stadt gebracht hat, und er weiß, dass der Strom in den Höhlen im Gebirge entspringt.

Er kann den Charakteren mitteilen, wie sie das Höhlensystem finden können („folgt dem Strom"). Ehe er wieder in den Wahnsinn zurückfällt, kann der Zwerg ein rituelles Haruspizium durchführen, um Omen aus den Eingeweiden der gefallenen Ghule zu lesen. Die Omen sind nicht gut: Mit verdrehten Augen und wieder unkontrollierbar zuckenden Gliedern verkündet er: „Der Wahnsinn erwartet euch in der Dunkelheit! Die Toten haben Glück!"

Schätze. Zwei juwelenbesetzte Goldringe (Alexandrit und Peridot, je 600 GM) und ein *Ring des Widerstands* (psychisch, Jade) werden von der krabbelnden Klaue getragen.

RACHE IST SÜSS

Die Vors-Plünderer wüteten schon den ganzen Monat, ehe sie auf ihrer Suche nach lebenden Leibern für ihre Mi-go-Meister bis nach Beryksheim gelangt sind. Eine Siedlung, die geplündert wurde, war Kaashgar, eine Kolonie von Trollblütigen an der Küste. Die wenigen überlebenden trollblütigen Jäger, die nun nur noch Zorn und Trauer im Herzen tragen, haben blutige Rache gegen die Vors geschworen. Unglücklicherweise erkennen sie keinen Unterschied zwischen den eigentlichen Schuldigen und einer weiteren Gruppe von Menschen und Humanoiden, die ebenfalls diese Schuldigen verfolgen. Sie werden nicht verhandeln, res sei denn, die Charaktere nehmen ein Risiko in Kauf, um ein Gespräch zu beginnen.

Wenn die Charaktere nicht heimlich reisen (langsames Tempo, 3 km/h) werden sie von einem Trupp von 3 **Trollblut-Schlächtern** entdeckt, die in einem lichteren Abschnitt des Waldes, wo es viele Felsformationen gibt, einen Hinterhalt legen.

Wenn die Trollblütigen angreifen, beschreibe die Truppe als ganz anders als alle anderen Trollblütigen, die die Charaktere je gesehen haben. (Auch wenn die Charaktere noch nie direkt gegen Trollblütige gekämpft oder mit ihnen interagiert haben, haben sie zweifelsohne genug auf Märkten und in Gasthäusern gesehen, um zu wissen, was sie erwarten können.) Diese Trollblütigen haben Frauenkleider um ihre Schilder gewickelt, Spielzeuge von Kindern unter die Riemen ihrer Rüstung geklemmt, tragen Kriegsbemalung, die an Tränen erinnert, die ihr Gesicht hinabrinnen, und nutzen Schlachtrufe wie „Vergeltung!", „Jetzt werdet ihr bezahlen!" und „Wie tapfer seid ihr, wenn es nicht gegen Kinder geht?".

Wenn die Charaktere sich zusammenreißen und versuchen, den Kampf in ein Gespräch übergehen zu lassen, muss jemand seine Aktion verwenden, um einen erfolgreichen Wurf auf Charisma (Überzeugen) gegen SG 17 abzulegen. Dann lassen die Trollblütigen ab (bleiben aber wachsam) und erklären, was mit ihrer Siedlung passiert ist: Sie wurde von Zwergen angegriffen, während die Gruppe selbst jagen war, und die Überlebenden wurden von einer Infektion erfasst und von Wahnsinn überkommen. Nur wenn die Charaktere erklären, dass sie die gleichen Mörder jagen wie die Trollblütigen, senken sie ihre Waffen.

Der Anführer der Trollblütigen trägt den Namen Vjolgar. Er lebte jahrelang zurückgezogen und verlor immer mehr den Kontakt zur physischen Welt, um in größeren Einklang mit den Geistern seiner Ahnen zu kommen. Den unlängst gefallenen Stern deutete er als Omen des Verderbens für seinen Stamm. Aber er kehrte zu spät mit der Warnung zurück und will jetzt nur noch ruhmreich in seinem Rachefeldzug sterben.

Die Trollblütigen bestätigen, was Logar Hammerfast den Charakteren über den Ursprung des Stroms sagen konnte. Wenn die Charaktere die aktuellen Ereignisse schildern, prophezeit der Trollbütige düster, dass Beryksheim von Infektion und Wahnsinn zugrunde gerichtet sein wird, ehe die Charaktere ihre Mission werden erfüllen können. Ein erfolgreicher Wurf auf Charisma (Überzeugen) gegen SG 15 bringt die Trollblütigen dazu, nach Beryksheim zu gehen und den Zwergen zu helfen, gegen die Seuche zu kämpfen, indem sie jene einsperren, die wahnsinnig werden, damit sie nicht noch mehr Schaden anrichten können. Sie würden lieber die Charaktere begleiten, aber es sollte klar werden, dass sie eher eine Belastung als eine Hilfe wären. Ihr einziges Interesse ist es, sich selbstmörderisch auf ihren Feind zu werfen. Die Charaktere würden jede Gelegenheit für Heimlichkeit oder Aufklärung verlieren, wenn sie mit diesen Trollblütigen reisen.

TEIL 3. FREMDARTIGE WUCHERUNGEN

Wenn es infizierte Charaktere gibt, sollten sie würfeln, ob sich die Krankheit verschlimmert, während sie dem Strom zu seiner Quelle folgen. Charaktere, die noch nicht infiziert sind, müssen einen Konstitutionsrettungswurf gegen SG 15 schaffen, sonst werden sie während der Reise infiziert (Stufe 1).

Immer größere werden Pilzwucherungen wachsen am Ufer des Stroms. Das mag unerfreulich sein, stellt aber eine perfekte Fährte dar, der die Charaktere folgen können. Es ist offensichtlich, dass der Pilz der Ursprung des süßlichen, moschusartigen Geruchs ist, den die Charaktere zuvor bemerkt haben. Kreaturen, die sich einem der Pilze auf 4,50 m annähern, müssen einen Konstitutionsrettungswurf gegen SG 12 schaffen, um nicht von Mi-go-Sporen infiziert zu werden. Ein erfolgreicher Rettungswurf bietet 24 Stunden lang Immunität gegen die Sporen. (Dies gilt zusätzlich zum einmal pro Reise anfallenden Rettungswurf gegen SG 15, der im letzten Absatz erwähnt wurde.)

In der Höhle verbreitert sich der Strom zu einem 1,50 m tiefen Tümpel. Der einzige Weg, um von Höhleneinang in Bereich 6 zu gelangen, ist durch den infizierten Strom zu schwimmen, über ihn hinwegzufliegen oder ein kleines Boot zu verwenden. Ein Floß schützt Charaktere nicht dafür, durchnässt zu werden.

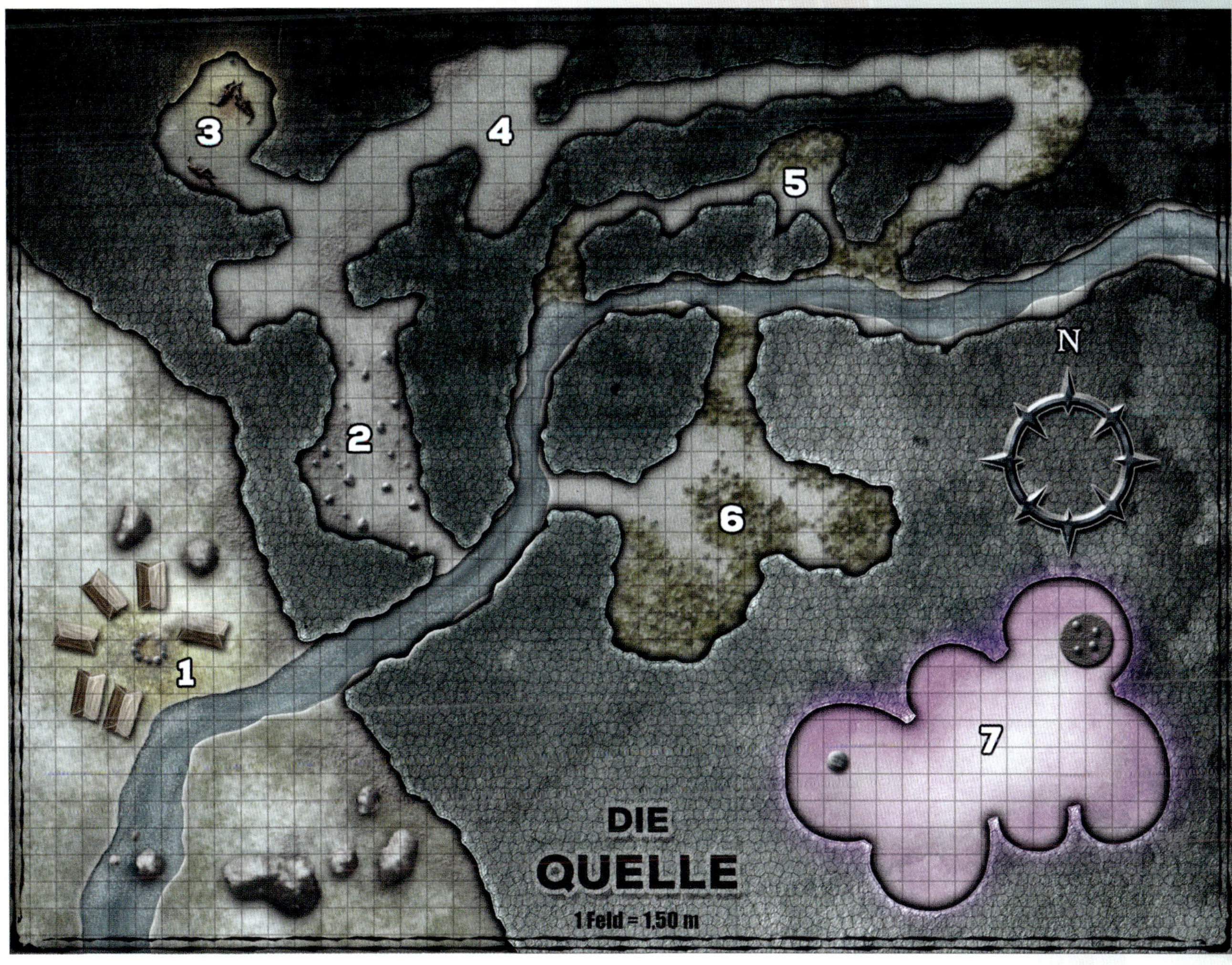

DIE QUELLE

Die Mi-go bewohnen ein Höhlensystem, das sich tief in den Berg erstreckt. Dunkelheit, Wärme und Feuchtigkeit durch den unterirdischen Strom stellen ideale Bedingungen für das Wachstum der Pilze dar.

1. DAS LAGER

Gundren Steinherz, der ehemalige Kriegsanführer von Vorstaag, und seine wenigen verbleibenden Krieger (6 **Zombies**) lagern hier. Alle schimmeln in den letzten Stufen der Sporeninfektion. Sie sind nicht mehr zu retten, und Pilze wachsen aus ihren Augen und Köpfen. Sie kämpfen nicht auf koordinierte Weise.

2. RHIZOM-HÖHLE

Innerhalb von 4,50 m zum Eingang dieses Höhlensystems beginnen die Alarm-Rhizome. Die Rhizome sind frisch gewachsen und haben sich noch nicht mit Bereich 7 verbunden. Die Tentakel in diesem Bereich zu berühren, erzeugt die Lichtblitze, die im Kasten beschrieben sind, alarmiert aber nicht die Mi-go. Hinter diesem Bereich funktionieren die Alarm-Rhizome normal.

3. DER ABFALLHAUFEN

Die Leichen von gescheiterten Mi-go-Experimenten werden hier entsorgt. Der Gestank, der aus dieser Höhle dringt, ist überwältigend und ekelhaft, und summende Wolken von Fliegen sind schon aus 4,50 m Entfernung zu hören. Viele der pilzbedeckten Leichen haben keine Schädeldecke und kein Gehirn mehr; ein Charakter mit Übung in Heilkunde kann herausfinden, dass es sich nicht um Kampfverletzungen oder das Werk von Raubtieren oder Aasfressern handelt; die Schädel wurden mit großer Präzision geöffnet und die Gehirne entfernt. Aus mehreren der Schädelöffnungen wachsen nun schwach leuchtende, kreisförmige, fremdartige Pilze.

Sechs dieser Leichen sind Pilzzombies, die vom Mi-go-Fungus animiert werden. Behandle sie als 6 **Oger-Zombies** mit den folgenden Anpassungen: Größe ist Mittel, Typ ist Pflanze, Untote Widerstandskraft wird von nekrotischem Schaden und nicht von gleißendem Schaden überwunden, und der Morgenstern-Angriff wird mit den Fäusten des Zombies durchgeführt und erfordert einen Konstitutionsrettungswurf gegen SG 15, um sich nicht Stufe 1 der Sporeninfektion zuzuziehen. Laute Geräusche im Kampf, etwa der Zauber *Donner-*

woge, sind für den Mi-go-Wächter in Bereich 6 hörbar, der dann seine Kameraden in Bereich 7 informiert.

Ein Vors-Schlächterzwerg hat überlebt. Nach dem Kampf können die Charaktere sein erbarmungswürdiges Schluchzen hören. Eine schnelle Suche im Raum stößt auf den unglückseligen Zwerg, der fast vollständig von einem dicken Teppich aus Pilzen verborgen ist, der seinen ganzen Körper bedeckt. Die Sporen, die sein Hirn auffressen, haben ihn vollkommen wahnsinnig gemacht. Der Zwerg spricht leise im Delirium über Moder, Schimmel, Dunkelheit und den lebenden Pilz, der gekommen ist, um alle zu den Sternen zu bringen.

Unter den Toten befinden sich auch Leichen von NSC, die die Charaktere aus ihrer Zeit in Beryksheim kennen, doch der Häuptling Falgreds Erbe ist nicht unter ihnen. Sie tragen die Farben des Erben, was vermuten lässt, dass sie zu seinem Gefolge gehören, doch alle sind zu alt, um der Erbe zu sein.

4. Sporenzucht

Die Luft hier ist so sehr von dem vertrauten, übelkeitserregend süßlichen Geruch erfüllt, dass es fast erstickend ist, weil der Pilz hier stärker wächst als überall sonst. Er gedeiht in relativ ordentlichen, erhöhten Beeten aus Erde an beiden Seiten des Tunnels, und es ist klar, dass hier ein Garten angelegt wurde. Knollige Pilz-„Ballons" schweben über diesen „Beeten" und hängen an Ranken, die zwischen 90 cm und 4 m lang sind. Eine genauere Untersuchung zeigt, dass die Beete tatsächlich verwesende Leichen sind, aber keine trägt die Farben des Beryksheimer Adelshauses. Die schwebenden Knollen haben Durchmesser zwischen 30 cm und 1,50 m, und die größeren Kugeln pulsieren und brummen leise. Die vier größten Kugeln sind reife **Sporenknollen**. Sie verwenden die Spielwerte von Gassporen, aber mit den folgenden Anpassungen: ersetze Todesexplosion, Unheimliche Ähnlichkeit und den Berührungsangriff der Gasspore durch folgendes:

- ***Gute Vibrationen.*** Eine humanoide Kreatur, die ihren Zug innerhalb von 3 m um die Knolle beginnt, erhält durch das resonante Summen des unweltlichen Pilzes 1W6 temporäre Trefferpunkte. Wenn die Kreatur für eine komplette Runde innerhalb von 3 m um die Sporenknolle bleibt, treibt diese zur Kreatur und stellt zu Beginn des nächsten Zugs der Kreatur Körperkontakt her, was einen Berührungsangriff auslöst.
- ***Berührung***. *Nahkampf-Waffenangriff:* +0 zum Treffen, Reichweite 1,50 m, eine Kreatur, die nicht untot ist. *Treffer:* 5 (2d4) Giftschaden, und die Zielkreatur und alle Kreaturen innerhalb von 3 m um sie müssen einen Konstitutionsrettungswurf gegen SG 14 schaffen, um sich nicht eine Sporeninfektion der Stufe 2 zuzuziehen.

5. Raum des falschen Sonnenlichts

Entlang der Nordwand dieses Raums wölbt sich eine Reihe hoher, dünner Pilzwucherungen, die wie leblose Schösslinge aussehen. Jeder dieser vier „Fungusbäume" trägt an der Spitze eine kleine Knolle mit ungefähr 7,50 cm Durchmesser. Wenn sich Kreaturen dem Fungusbaum auf 3 m annähern, strahlt diese Knolle ein dämmriges lavendelfarbenes Licht aus. Nähert sich eine Kreatur auf 1,50 m an, wird das Licht in einem Radius von 3 m hell.

Diese Organismen sind außerirdische Sonnenlichtgeneratoren, die die Mi-go mit den erforderlichen Nährstoffen versorgen. Weil diese Kreaturen nur kurze Perioden in ihrem heimischen Sonnenlicht brauchen, besteht eine Wahrscheinlichkeit von 20 %, dass sich hier ein Mi-go aufhält, wenn die Charaktere eintreffen. Wenn einer anwesend ist, ermittle zufällig, ob er aus Bereich 6 oder 8 kommt.

Schätze. Die Leuchtknollen an der Spitze der Sonnenlichtgeneratoren sind vollkommen ungefährlich, auch wenn sie merkwürdig aussehen. Die Stiele können auf eine Länge von bis zu 2,40 m gekürzt werden. Für je 30 cm Stiel, die an der Knolle gelassen werden, leuchtet die Knolle für eine

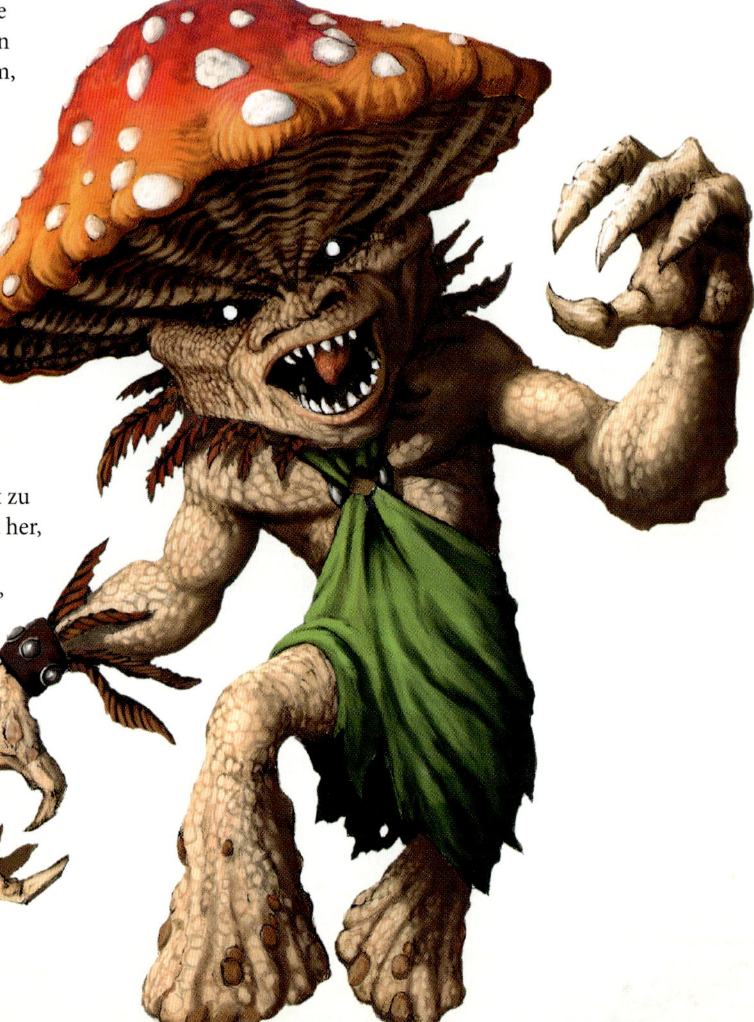

Woche weiter. Man kann die Lichtstufe anpassen, indem man sanft den Stiel drückt: kein Licht, dämmriges Licht in einem Radius von bis zu 6 m, helles Licht in einem Radius von bis zu 6 m, oder einen blendenden Lichtblitz (1/Tag) in einem 9-m-Kegel. Wenn der Lichtblitz ausgelöst wird, sind alle Kreaturen im Kegel, die Sicht verwenden, für eine Anzahl von Runden gleich 1W4 – Geschicklichkeitsmodifikator der Kreatur (Minimum 1 Runde) blind.

6. FUNGUSGARTEN

Der Raum ist voll von leuchtenden, pulsierenden, summenden, sanft schwankenden Pilzen in jeder vorstellbaren Größe, Farbe und Form, von Kugeln über Spiralen und gewölbte Baldachine bis hin zu krugähnlichen Schalen. Sie stehen überall im Raum, haften an Wänden und Decke und drängen in das ölige Wasser des Stroms.

Der Raum wird von 2 **Mi-go** und 2 **Todeskappen-Myconiden** bewacht. Ein Charakter kann die Kreaturen entdecken, wenn er das Gebiet von einem der Eingänge aus absucht und einen erfolgreichen Wurf auf Weisheit (Wahrnehmung) gegen SG 17 ablegt. In dem Moment, in dem ein Mi-go die Eindringlinge bemerkt, tippt er gegen die Alarm-Rhizome, um die Mi-go in Bereich 7 zu warnen. Diese Wachen sind mit Neuralen Marterern bewaffnet (siehe Anhang 2).

Kreaturen, die nicht bereits von Mi-go-Sporen infiziert sind, müssen einen Konstitutionsrettungswurf gegen SG 16 schaffen, wenn sie das erste Mal ihren Zug in diesem Raum beginnen, oder werden infiziert.

Die Todeskappen-Myconiden stürzen sich nicht einfach in den Kampf, sondern suchen eine Gelegenheit, sich gegen einen Charakter zusammenzutun, der sich isoliert aus dem Kampf heraushält. Die Myconiden und die Mi-go sind nicht verbündet; tatsächlich scheinen sie einander nicht zu bemerken oder füreinander zu interessieren.

Unter den Pilzen im östlichen Teil des Raums ist eine in den Boden eingesetzte Mi-go-Teleportationsapparatur versteckt, eine fleischige, silberne Scheibe. Man kann sie mit einer sorgfältigen Durchsuchung des Raums (10 Minuten) finden, mit einer schnellen Suche und einem erfolgreichen Wurf auf Weisheit (Wahrnehmung) gegen SG 20 oder mit dem Zauber *Magie entdecken*. Die Scheibe hat einen Durchmesser von 3 m, und fremdartige Hieroglyphen sind hineingraviert, die in schwachem, lavendelfarbigem Licht strahlen. Eine Metallarmatur mit vier geometrischen Knöpfen befindet sich, anscheinend frei schwebend, am Rand der Scheibe.

Dieses Bedienfeld ist leicht zu benutzen, selbst für Kreaturen, die es nicht verstehen. Drei der Knöpfe auf dem schwebenden Feld (Dreieck, Rechteck, Stern) haben keinen Effekt. Wenn der kreisförmige Knopf gedrückt wird, wird das blasse, lavendelfarbene Licht langsam heller. Sechs Sekunden später, wenn das Licht sehr hell ist, werden alle Kreaturen auf der Scheibe zur zugehörigen Scheibe in Bereich 7 teleportiert, und das Licht wird wieder kaum sichtbar.

7. MI-GO-BAU

Der Bau wurde mittels unbegreiflicher Mi-go-Technologie in den Berg gegraben. Mehrere sich überschneidende, halbkugelförmige Bereiche des soliden Felsens wurden desintegriert, um eine große, unregelmäßige Öffnung mit 22,50 m Länge, 10,50 m Breite und einer Höhe zwischen 4,50 m und 9 m. Der ganze Bereich ist schwieriges Gelände (die Mi-go fliegen hier einfach herum) und wird von dem verstörenden violetten Licht der der leuchtenden Pilze dämmrig erleuchtet.

Die Teleporterscheibe (nahe des westlichen Randes) befindet sich auf einer von zwei ebenen Flächen. Der Teleporter kann verwendet werden, um zu Bereich 6 zurückzukehren (Dreieck-Knopf), um sich zum anderen ebenen Bereich im nordöstlichen Teil des Raumes zu teleportieren (Rechteck-Knopf) oder zur schwebenden Metallschreibe, die weiter unten beschrieben ist.

Der Bereich im Nordosten ist der zweite ebene Bereich. Hier kennzeichnet ein Fußboden aus Metall einen Laborbereich, der viele seltsame und beunruhigende Apparaturen enthält. Das Kernstück ist ein Metalltisch, über dem insektenartige Gliedmaßen positioniert sind. Jedes artikulierte Glied endet in einer Nadel, einer Säge, einem Bohrer oder einem anderen nicht identifizierbaren Werkzeug. Auf dem Tisch liegt der Körper eines Zwergs: der Erbe von Beryksheim. Seine Schädeldecke ist abgetrennt und seine Schädelöffnung leer. Der Leichnam strahlt nekromantische Magie aus; er ist von Mi-go-Technologie konserviert, die den Zauber *Sanfte Ruhe* nachahmt, für den Fall, dass sie das Gehirn wieder in den Schädel einsetzen (oder das Gehirn einer anderen Kreatur transplantieren) wollen. In einem Metallgestell in der Nähe liegen Dutzende von Kristallzylindern, von denen sechzehn Gehirne enthalten, die noch am Leben zu sein scheinen.

Eine 1,20 m breite Scheibe aus nicht identifizierbarem Metall schwebt nahe der Decke über dem Labor, ebenfalls mit einem schwebenden Bedienfeld, das die vier bekannten geometrischen Knöpfe trägt.

Es halten sich drei **Mi-go** in diesem Raum auf. Alle sind mit Neuralen Marterern ausgestattet (siehe Anhang 2). Zwei verbergen sich zwischen den Pilzen im südöstlichen Teil des Raumes, der dritte hält sich auf der schwebenden Plattform auf. Der Mi-go auf der Plattform kann dank der Bedienelemente auf der Plattform Hortaktionen durchführen. Auf Initiative 20 (wobei er alle Initiative-Gleichstände verliert) führt der Mi-go eine Hortaktion durch, um einen der folgenden Effekte zu erzielen.

- Pilze im Raum fahren greifende Ranken aus. Alle Kreaturen auf dem Boden müssen einen Stärkerettungswurf gegen SG 14 schaffen, um nicht 3 m in eine Richtung nach Wahl des Mi-go gezogen zu werden, den Zustand Liegend zu erleiden und gepackt zu werden (SG zum Entkommen 14), bis Initiative 20 der nächsten Runde. Der Mi-go kann diese Hortaktion nicht zweimal in Folge verwenden.
- Der Mi-go wählt eine beliebige Anzahl von Kreaturen aus, die er sehen kann. Jede Kreatur muss einen Weisheitsrettungswurf gegen SG 14 schaffen, um nicht verwirrt zu werden (entsprechend des Zaubers *Verwirrung*), bis Initiative 20 der nächsten Runde. Der Mi-go kann diese Hortaktion nicht zweimal in Folge verwenden.

- Der Mi-go feuert Blitze auf eine beliebige Anzahl von Kreaturen, die er sehen kann. Jedes Ziel erleidet 7 (2W6) Blitzschaden. Der Mi-go kann diese Hortaktion in mehreren Runden in Folge verwenden.

Für eine größere Herausforderung kann sich ein vierter Mi-go in der Initiative der Mi-go in Runde 3 dazuteleportieren.

Das Mi-go-Labor verwenden. Sobald die Mi-go besiegt worden sind, können Charaktere, die eine Stunde damit verbringen, die Maschinen im Labor zu untersuchen, einen Wurf auf Intelligenz (Arkane Kunde) ablegen, um die Laborausrüstung zu enträtseln. Sage den Spielern nicht, ob ihre Würfe erfolgreich sind oder nicht; sag ihnen nur: je höher ihr Wurfergebnis, umso besser verstehen sie die Maschinen. Nachdem sie ihre Würfe gesehen haben, müssen sie selbst entscheiden, ob sie das Risiko eingehen wollen, die Maschinen zu aktivieren, um Yrngars Gehirn zurück in seinen Körper zu transplantieren. Wenn sie es tun, wird kein weiterer Wurf abgelegt; das Ergebnis hängt von diesem Wurf ab.

Ein Ergebnis von 19 oder höher beim Wurf auf Arkane Kunde bedeutet, dass der Charakter die Maschinen gut genug versteht, dass er sie richtig aktivieren kann. Diese wählen Yrngars Gehirn aus dem Ständer mit Zylindern aus, setzen es zurück in die Schädelöffnung, schließen den Schädel und erwecken den Zwerg zum Leben. Er erwacht mit 1 Trefferpunkt und 4 Stufen Erschöpfung aus der Starre, aber er erinnert sich verschwommen an alles. Er berichtet von einem verzerrten, traumartigen Bewusstseinszustand und einer langen, erschöpfenden Befragung durch körperlose Stimmen, doch von keinen anderen Empfindungen aus seiner Zeit als Gehirn im Glas. Für den Rest seines Lebens wird er eine hässliche Narbe haben, die seinen Kopf umrundet und von seinem Haar nie ganz verborgen wird, doch ist dies der einzige bleibende Effekt.

Wenn die Maschinen mit einem Wurf auf Arkane Kunde zwischen 15 und 18 aktiviert werden, wird ein falsches Gehirn in den Körper transplantiert. Die anderen fünfzehn Gehirne gehören Vors-Schlächtern (einige bei klarem Verstand, andere nicht) sowie zwei Trollblütigen, einem Darakhul, einer Nachtgarm, einem Eulenbären und einem Rieseneber. Wähle eines davon zufällig aus! Wenn die Maschine mit einem Ergebnis von 14 oder niedriger aktiviert wird, zersägt und zerhackt sie Körper und Gehirn zu einer grausigen Sauerei.

Die Leichen der verbleibenden Opfer sind tot. Sie dienen entweder als Nahrung für Pilze oder wurden in Pilzzombies verwandelt. Dies stellt ein Problem für die Charaktere dar, da die Gehirne im Ständer – und somit die Personen – noch am Leben sind. Theoretisch könnten die Leichen von Zwergen, die während des Überfalls umgekommen sind (oder in der Zukunft sterben), ins Labor gebracht werden, damit ihre toten Gehirne entfernt und die lebenden Gehirne von Überlebenden eingesetzt werden können, um ihnen ein neues Leben zu schenken. Natürlich könnten die Spielercharaktere auch ihre eigenen Gehirne in andere Körper einsetzen, wenn sie das wollten. Ob all dies funktioniert, entscheidest du als SL. Auf jeden Fall sind die Mi-go-Maschinen empfindlich und müssen ständig gewartet werden, was die Charaktere aber nicht leisten können. Die Apparatur versagt garantiert eher früher als später, und es ist unmöglich, sie ohne yuggothische Technologie zu reparieren.

Im Falle, dass die Charaktere von den Mi-go besiegt worden sind, könnten sie erwachen und feststellen, dass sie nun in Kristallkapseln eingeschlossene Gehirne sind. Sie befinden sich in vollständiger sensorischer Deprivation, außer dann, wenn die Mi-go sie befragen oder Experimente mit ihnen durchführen. Die Mi-go sind nicht absichtlich grausam – tatsächlich interessieren sie sich für alles, was die Charaktere ihnen beibringen können –, doch behandeln sie die Gehirne in ihrer Sammlung mit derselben Anteilnahme, wie wir Würmer oder Fruchtfliegen in einem Labor behandeln würden. Schließlich werden die Gehirne durch den Weltraum nach Yuggoth transportiert werden, wo sie für Äonen albtraumhaften Tests unterzogen werden.

ABSCHLUSS

Wenn die Mi-go besiegt sind, kann die Gruppe nach Beryksheim zurückkehren, um zu berichten, was geschehen ist. Das beste Ergebnis ist es, mit einem wiederhergestellten Yrngar Steinhand zurückzukehren. Häuptling Falgred Tomasdottir bat darum, dass sie zumindest seinen Leichnam zurückbringen. Wenn sie den Körper lebend, aber mit dem falschen Gehirn zurückbringen, wird Häuptling Falgred (wenn sie den Überfall überlebt hat) weder verständnisvoll noch gnädig reagieren. In diesem Fall werden die Charakter eingesperrt, bis Falgred entscheidet, was sie mit ihnen tun soll. Das Beste, auf das sie hoffen können, ist als vogelfrei gebrandmarkt und für immer aus dem Land der Zwerge verbannt werden.

Wenn die Mission erfolgreich war, sind die Beryk-Schlächter wirklich dankbar und werden die Charaktere für immer Freunde nennen. Sie sind schockiert und voller Trauer, wenn sie vom grausigen Schicksal erfahren, das ihre Brüder erlitten haben. Die Charaktere werden mit zwei magischen Gegenständen deiner Wahl belohnt und werden in Beryksheim immer freie Kost und Logis erhalten, solange sie weiterhin mit Begeisterung die Geschichte über ihre Heldentaten im „Pilzkrieg" berichten.

Überlebende Charaktere können den Beinamen „Beryksfreund" zu ihrem Namen hinzufügen, und erhalten einen Statusbonus von +1 in den Nordlanden, vorausgesetzt, die Gemeinschaft von Beryksheim überlebt, um von ihren Taten zu berichten. Diese Steigerung kann den Status über 8 anheben, aber nur unter Zwergen.

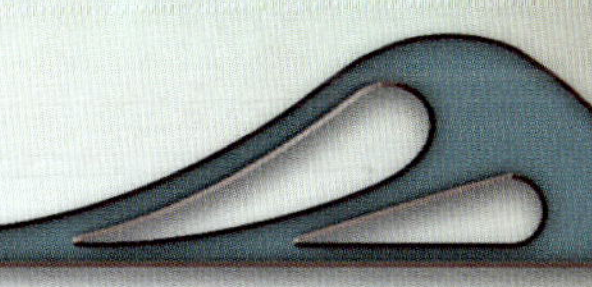

ANHANG 1: MONSTER

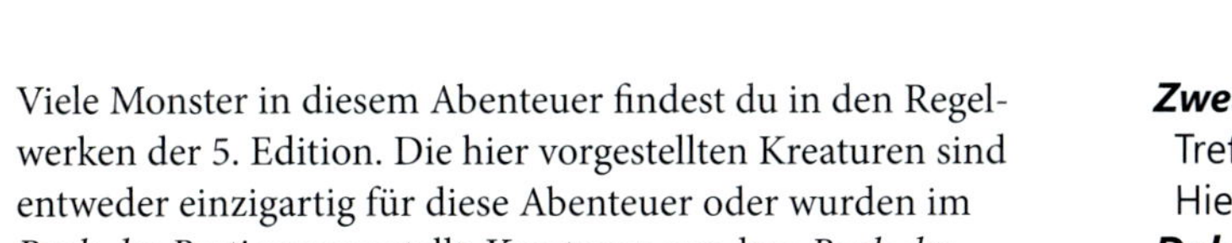

Viele Monster in diesem Abenteuer findest du in den Regelwerken der 5. Edition. Die hier vorgestellten Kreaturen sind entweder einzigartig für diese Abenteuer oder wurden im *Buch der Bestien* vorgestellt. Kreaturen aus dem *Buch der Bestien* sind mit „BdB" gekennzeichnet.

ASGREN DER INFIZIERTE

Asgren ist der Kriegsführer der Vors-go-Zwerge. Ehe er von Mi-go-Sporen infiziert wurde, war er nicht anders als andere Schlächterzwerge; ein wenig mutiger und ein bisschen blutrünstiger vielleicht, wie es einem Kriegsführer angemessen ist. Die Sporen haben einen Schalter in seinem Gehirn umgelegt und Asgren in eine hasserfüllte Kreatur verwandelt, die sich an Grausamkeit ergötzt.

Asgren der Infizierte

Mittelgroßer Humanoider (Zwerg), chaotisch böse

Rüstungsklasse 18 (Brustplatte, Schild)
Trefferpunkte 97 (15+W8 + 30)
Bewegungsrate 7,50 m

STR	GES	KON	INT	WEI	CHA
16 (+3)	15 (+2)	14 (+2)	8 (–1)	11 (+0)	7 (–2)

Rettungswürfe Stärke +6, Geschicklichkeit +5, Konstitution +5
Fertigkeiten Athletik +6, Einschüchtern +4, Heimlichkeit +5, Täuschen +1
Sinne Dunkelsicht 18 m, passive Wahrnehmung 10
Sprachen Zwergisch, Gemeinsprache
Herausforderungsgrad 6 (2.300 EP)

Rudeltaktik. Asgren erhält einen Vorteil auf Angriffswürfe, wenn sich mindestens einer seiner Verbündeten innerhalb von 1,50 m um sein Ziel aufhält und nicht kampfunfähig ist.

Sporenkraft. Wenn Schaden Asgren auf 0 Trefferpunkte bringt, führt er sofort drei Angriffe mit Zweihandschwert oder Dolch aus. Nach den drei Angriffen stirbt Asgren.

AKTIONEN

Mehrfachangriff. Asgren führt drei Nahkampf- oder Fernkampfangriffe aus.

Zweihandschwert. *Nahkampf-Waffenangriff:* +6 zum Treffen, Reichweite 1,50 m, ein Ziel. *Treffer:* 10 (2W6 + 3) Hiebschaden.

Dolch. *Nahkampf- oder Fernkampf-Waffenangriff:* +6 zum Treffen, Reichweite 1,50 m oder 6/18 m, ein Ziel. *Treffer:* 5 (1W4 + 3) Stichschaden.

Asgrens Kommando (Aufladung nach einer kurzen oder langen Rast). Für 1 Minute kann Asgren ein Kommando oder eine Warnung geben, wann immer eine nicht-feindliche Kreatur innerhalb von 9 m, die er sehen kann, einen Angriffswurf oder Rettungswurf ablegt. Die Kreatur kann 1W6 auf den Wurf addieren, wenn sie Asgren hören und verstehen kann. Eine Kreatur kann nur einen solchen Bonus auf einmal erhalten. Dieser Effekt endet, wenn Asgren kampfunfähig wird.

BAUMHIRTE, WEINENDER

Das knotige Gesicht dieses gekrümmten Baumes besteht aus gesprungener, schwarzer Rinde, die grob humanoide Gesichtszüge angenommen hat. Dicke Tränen aus Harz laufen von seinen Augen hinab. Weinende Baumhirten sind offensichtlich mit anderen Baumhirten verwandt, aber sie sind kleiner als die normale Variante. Sie sind von Natur aus misstrauisch, besonders gegenüber allem, was nicht Teil der natürlichen Welt oder der Schattenwelt ist, und sie sind bemerkenswert schwer zu belügen oder zu täuschen.

Weinender Baumhirte

Riesige Pflanze, neutral

Rüstungsklasse 17 (natürliche Rüstung)
Trefferpunkte 105 (10W12 + 40)
Bewegungsrate 9 m

STR	GES	KON	INT	WEI	CHA
21 (+5)	8 (–1)	18 (+4)	12 (+1)	16 (+3)	11 (+0)

Schadensresistenzen Stich- und Wuchtschaden
Schadensverwundbarkeiten Feuer
Sinne Dunkelsicht 18 m, passive Wahrnehmung 13
Sprachen Gemeinsprache, Druidisch, Elfisch, Sylval
Herausforderungsgrad 6 (2.300 EP)

Belagerungsmonster. Der Baumhirte verursacht doppelten Schaden gegen Objekte und Bauwerke.

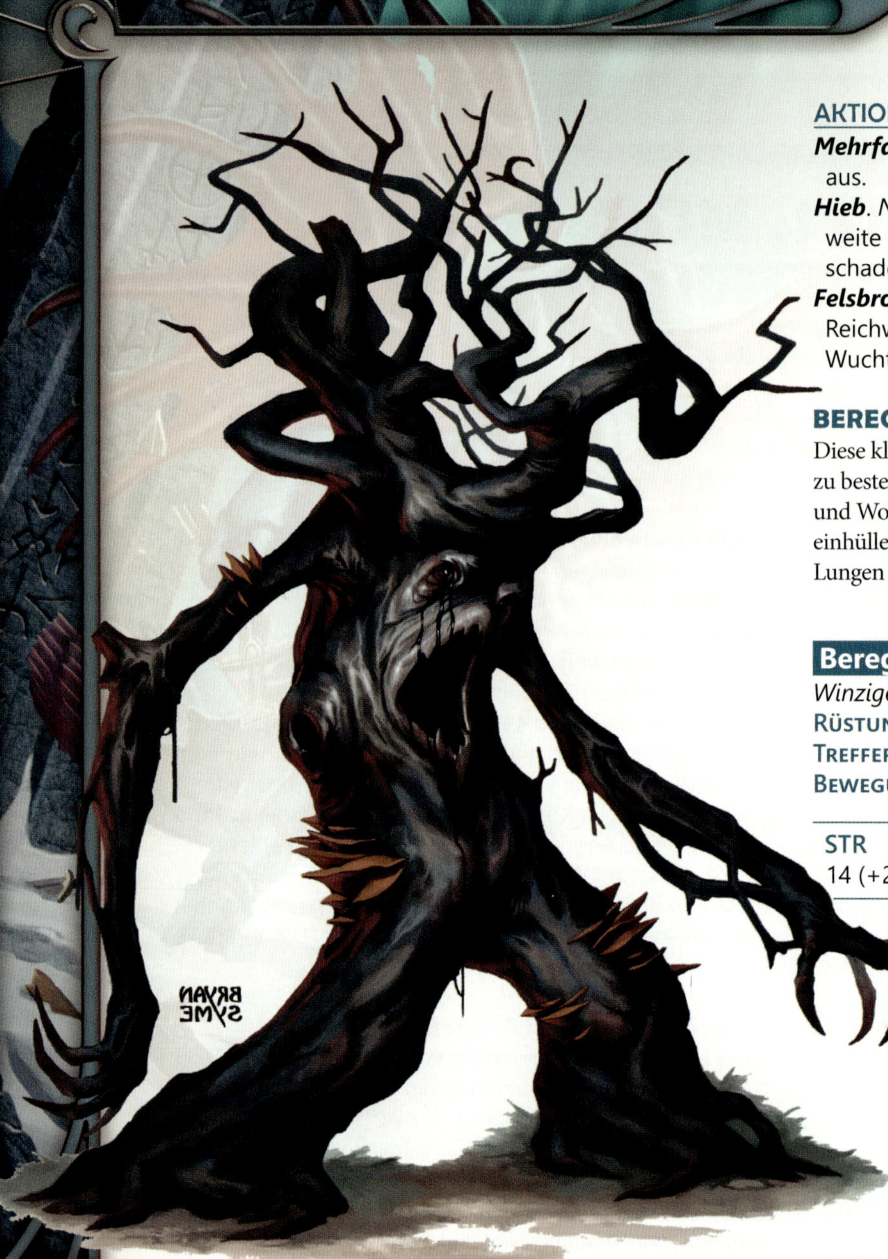

Baumsprache. Ein weinender Baumhirte kann mit Pflanzen sprechen, und die meisten Pflanzen begegnen ihm freundlich und hilfsbereit.

Säuretränen. Dicke Tränen aus dunklem Harz laufen das Gesicht und den Stamm des Baumhirten hinab. Diese Tränen sind extrem ätzend. Jeder, der den Baumhirten aus einer Entfernung von 1,50 m oder weniger angreift, muss einen Geschicklichkeitsrettungswurf gegen SG 15 schaffen, um nicht 6 (1W12) Säureschaden durch die spritzenden Tränen zu erleiden. Die säurehaltige Flüssigkeit verursacht weitere 6 (1W12) Säureschaden zu Beginn eines jeden Zugs der Kreatur, bis sie oder ein angrenzender Verbündeter eine Aktion verwendet, um die Tränen abzuwischen, oder bis drei Runden verstrichen sind.

AKTIONEN

Mehrfachangriff. Der Baumhirte führt drei Hieb-Angriffe aus.

Hieb. *Nahkampf-Waffenangriff:* +8 zum Treffen, Reichweite 1,50 m, ein Ziel. *Treffer:* 15 (3W6 + 5) Wuchtschaden.

Felsbrocken. *Fernkampf-Waffenangriff:* +8 zum Treffen, Reichweite 18/54 m, ein Ziel. *Treffer:* 21 (3W10 + 5) Wuchtschaden.

BEREGINYAS

Diese kleinen, geflügelten Feenwesen scheinen aus grauem Nebel zu bestehen und können sich vollständig in den Nebelbänken und Wolken verbergen, die ihre Behausungen in den Bergen einhüllen. Bereginyas überwältigen ihre Opfer, indem sie in ihre Lungen sickern und sie mit ihrer fauligen Essenz ersticken.

Bereginyas

Winziges Feenwesen, neutral böse

Rüstungsklasse 15

Trefferpunkte 70 (20W4 + 20)

Bewegungsrate 6 m, Fliegen 18 m

STR	GES	KON	INT	WEI	CHA
14 (+2)	20 (+5)	12 (+1)	13 (+1)	12 (+1)	11 (+0)

Rettungswürfe Ges +7

Fertigkeiten Heimlichkeit +9, Wahrnehmung +5

Schadensimmunitäten Wucht

Sinne Dunkelsicht 18 m, passive Wahrnehmung 15

Sprachen Gemeinsprache, Elfisch, Sylvanisch

Herausforderungsgrad 4 (1.100 EP)

AKTIONEN

Mehrfachangriff. Der Bereginyas führt zwei Klauenangriffe aus. Wenn beide Angriffe dasselbe Ziel treffen, ist das Ziel gepackt (SG zum Entkommen 12), und der Bereginyas nutzt sofort als Bonusaktion Ersticken gegen das Ziel.

Klaue. *Nahkampf-Waffenangriff:* +7 zum Treffen, Reichweite 1,50 m, ein Ziel. *Treffer:* 9 (1W8 + 5) Hiebschaden.

Ersticken. Wenn der Bereginyas einen Gegner packt, streckt er als Bonusaktion einen halbfesten Tentakel in die Kehle des Opfers. Das Ziel muss einen Stärkerettungswurf gegen SG 14 ablegen, sonst ist es sofort außer Atem und beginnt zu ersticken. Das Ersticken endet, wenn der Haltegriff beendet oder der Bereginyas getötet wird.

FROSTSCHLEIER

Diese lautlos gleitenden, wunderschönen Mörder werden von Schneestürmen durch die Luft gepeitscht und erinnern an Spinnennetze, von denen zierliche Eiskristalle hängen. Sie sind halbintelligente Pflanzen, die an die gnadenlose Kälte des Nordens angepasst sind. Flache Knoten, die wie große Schneeflocken geformt sind, verbinden ihre netzartigen Körper, die einen Schweif aus transparenten Fäden hinter sich herziehen. Baumelnde, spinnwebartige Tentakel sind bereit, alle warmblütigen Kreaturen zu packen, die sie wahrnehmen können.

Frostschleier

Mittelgroße Pflanze, gesinnungslos

Rüstungsklasse 16

Trefferpunkte 67 (9W8 + 27)

Bewegungsrate 3 m, Fliegen (variabel; siehe Windgetragen)

STR	GES	KON	INT	WEI	CHA
20 (+5)	20 (+5)	16 (+3)	1 (–5)	11 (+0)	1 (–5)

Fertigkeiten Heimlichkeit +7

Schadensempfindlichkeiten Feuer

Schadensresistenzen Hieb-, Stich- und Wuchtschaden durch nicht-magische Waffen

Schadensimmunitäten Kälte

Zustandsimmunitäten Bezaubert, Blind, Liegend, Taub, Verängstigt

Sinne Blindsicht 30 m, passive Wahrnehmung 10

Sprachen –

Herausforderungsgrad 4 (1.100 EP)

Eisige Säure. Der gefrorene Säurenebel eines Frostschleiers zersetzt Fleisch und organische Materie, um sie in nutzbare Nährstoffe zu verwandeln. Kreaturen, die den Frostschleier mit einer Nahkampfwaffe mit einer Reichweite von 1,50 m oder weniger oder einem waffenlosen Angriff treffen, erleiden 4 (1W8) Säureschaden.

Falsches Erscheinungsbild. Solange der Frostschleier reglos bleibt, ist er nicht von einem Gebilde aus Frost und Eis zu unterscheiden.

Windgetragen. Der Frostschleier kann mit dem Wind mit einer Bewegungsrate von 9 m fliegen. Bei starkem Wind steigt die Bewegungsrate auf 18 m.

AKTIONEN

Mehrfachangriff. Der Frostschleier führt drei Tentakel-Angriffe aus.

Tentakel. *Nahkampf-Waffenangriff:* +7 zum Treffen, Reichweite 1,50 m, ein Ziel. *Treffer:* 14 (2W8 + 5) Wuchtschaden. Wenn zwei Tentakel im gleichen Zug dasselbe Ziel treffen, wird das Ziel umhüllt.

Umhüllen. Wenn sich ein Frostschleier um eine mittelgroße oder kleinere Kreatur schlingt, erleidet das Ziel 14 (2W8 + 5) Wuchtschaden plus 13 (3W8) Säureschaden und ist gepackt (SG 15 zum Entkommen). Das Ziel erleidet weitere 9 (2W8) Wuchtschaden plus 13 (3W8) Säureschaden am Ende eines jeden seiner Züge, solange es vom Frostschleier gepackt ist. Ein Frostschleier kann nicht angreifen, während er eine Kreatur umhüllt hat. Schaden von Angriffen auf den Frostschleier wird gleichmäßig auf den Frostschleier und die umhüllte Kreatur aufgeteilt; die einzigen Ausnahmen sind Hiebschaden und psychischer Schaden, die nur den Frostschleier betreffen.

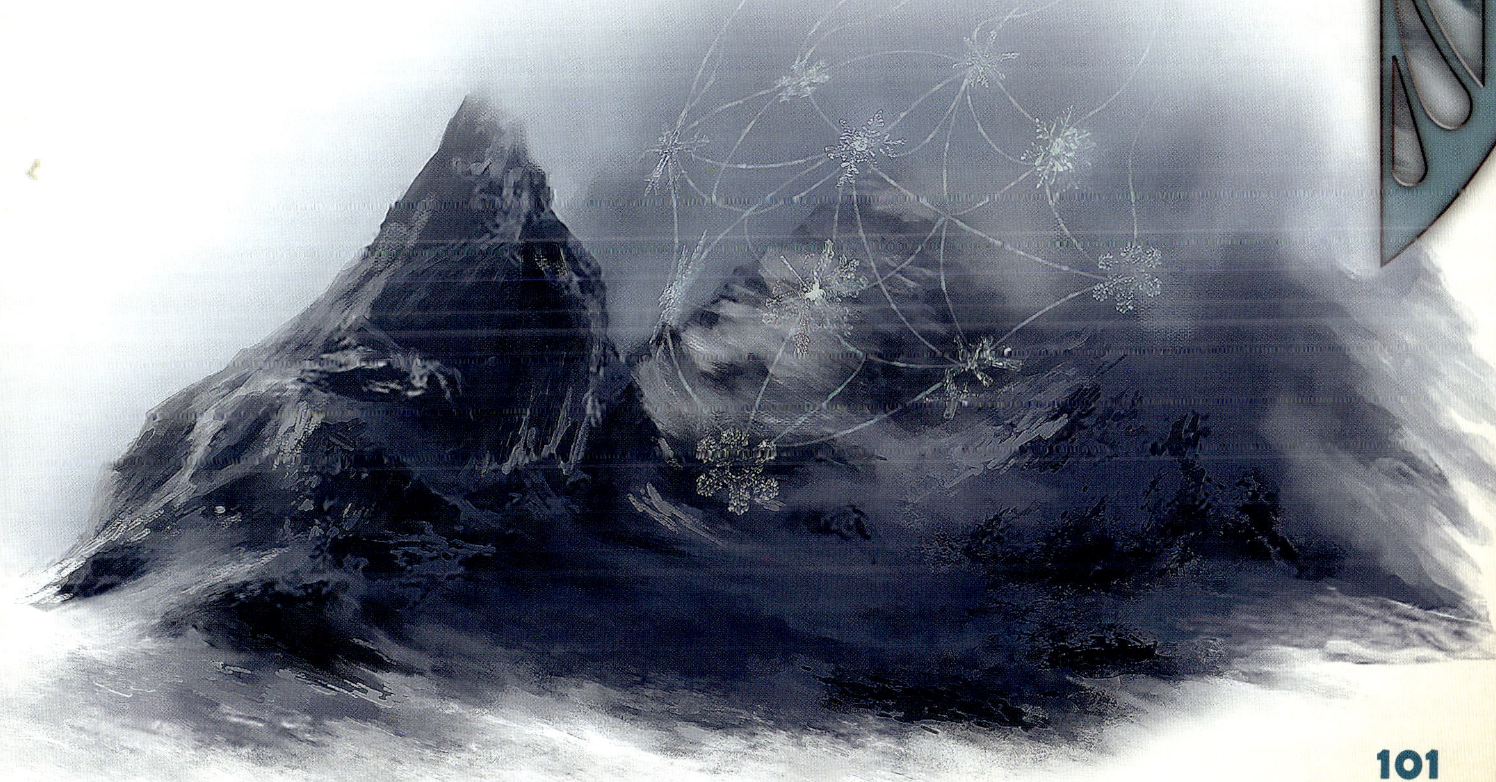

Geistersporen (Aufladung 6). In Bedrängnis geben Frostschleier psychotrope Sporen in einer Wolke mit 3 m Radius um sich selbst ab. Kreaturen in der Sporenwolke müssen einen Konstitutionsrettungswurf gegen SG 13 (Gift) schaffen, um keine Halluzinationen zu erleiden, die dem Effekt des Zaubers *Verwirrung* entsprechen und 1W3 Runden anhalten.

GEISTERSTAMM-GHUL

Nicht wenige Mitglieder des Geistergoblin-Stammes haben finstere Rituale durchlaufen, um zu Untoten zu werden. Diese unglückseligen Kreaturen ähneln Staubgoblins, doch ihre Haut ist bleicher und ihre Finger enden in langen Klauen.

Geisterstamm-Ghul

Kleiner Untoter, neutral böse

Rüstungsklasse 12
Trefferpunkte 21 (6W6)
Bewegungsrate 9 m

STR	GES	KON	INT	WEI	CHA
13 (+1)	15 (+2)	10 (+0)	8 (–1)	10 (+0)	6 (–2)

Schadensimmunitäten Gift
Zustandsimmunitäten Bezaubert, Erschöpft, Vergiftet
Sinne Dunkelsicht 18 m, passive Wahrnehmung 10
Sprachen Goblinisch, Gemeinsprache
Herausforderungsgrad 1/2 (100 EP)

AKTIONEN

Biss. *Nahkampf-Waffenangriff:* +4 zum Treffen, Reichweite 1,50 m, eine Kreatur. *Treffer:* 9 (2W6 + 2) Stichschaden.

Klauen. *Nahkampf-Waffenangriff:* +4 zum Treffen, Reichweite 1,50 m, ein Ziel. *Treffer:* 7 (2W4 + 2) Hiebschaden. Wenn das Ziel eine Kreatur und kein Untoter ist, muss es einen Konstitutionsrettungswurf gegen SG 10 ablegen, um nicht für 1 Minute vergiftet zu sein. Vergiftete Kreaturen wiederholen den Rettungswurf am Ende eines jeden ihrer Züge und beenden den Effekt bei einem Erfolg.

GEISTERSTAMM-SKELETT

Nicht wenige Mitglieder des Geistergoblin-Stammes haben finstere Rituale durchlaufen, um zu Untoten zu werden. Obwohl diese Skelette viel weniger anmutig sind als ihre lebenden Zeitgenossen, marschieren sie an der Seite ihrer Geistergoblin-Brüder und tragen die Kleidung ihres Stammes voller Stolz.

Geisterstamm-Skelett

Kleiner Untoter, neutral böse

Rüstungsklasse 13 (Rüstungsfetzen)
Trefferpunkte 13 (3W6 + 6)
Bewegungsrate 9 m

STR	GES	KON	INT	WEI	CHA
10 (+0)	14 (+2)	15 (+2)	8 (–1)	8 (–1)	5 (–3)

Schadensimmunitäten Gift
Zustandsimmunitäten Bezaubert, Erschöpft, Vergiftet
Sinne Dunkelsicht 18 m, passive Wahrnehmung 9
Sprachen Goblinisch, Gemeinsprache
Herausforderungsgrad 1/8 (25 EP)

AKTIONEN

Kurzschwert. *Nahkampf-Waffenangriff:* +4 zum Treffen, Reichweite 1,50 m, ein Ziel. *Treffer:* 5 (1W6 + 2) Stichschaden.

Kurzbogen. *Fernkampf-Waffenangriff:* +4 zum Treffen, Reichweite 24/96 m, ein Ziel. *Treffer:* 5 (1W6 + 2) Stichschaden.

GHUL, BETTLERGHUL[BDB]

Die meisten Bürger des Ghulimperiums sind keine Darakhul, sondern niedere Arten von Ghulen und Grulen. Bettlerghule sind bei weitem die schwächste Unterart. Sie führen ein elendes Leben, indem sie nahe der Oberfläche Nahrung sammeln oder in den Ghulstädten betteln. Bettlerghule sind selbst für Untote dünn und ausgemergelt, wie vertrocknete Versionen ihrer normalen Vettern. Sie sind kaum mehr als mit Fleisch überzogene Skelette.

Bettlerghul

Mittelgroßer Untoter, chaotisch böse

Rüstungsklasse 12
Trefferpunkte 13 (3W8)
Bewegungsrate 9 m

STR	GES	KON	INT	WEI	CHA
10 (+0)	15 (+2)	10 (+0)	12 (+1)	11 (+0)	14 (+2)

Schadensimmunitäten Gift
Zustandsimmunitäten Bezaubert, Erschöpft, Vergiftet
Sinne Dunkelsicht 18 m, passive Wahrnehmung 10
Sprachen Gemeinsprache der Unterreiche
Herausforderungsgrad 1/2 (100 EP)

Rudeltaktik. Der Bettlerghul erhält einen Vorteil auf Angriffswürfe, wenn sich mindestens einer der Verbündeten des Bettlerghuls innerhalb von 1,50 m um das Ziel aufhält und nicht kampfunfähig ist.

Wilder Hunger. Ein Bettlerghul, der mit seinem Biss-Angriff eine Kreatur trifft, die in diesem Kampf noch nicht gehandelt hat, erzielt einen kritischen Treffer.

AKTIONEN

Biss. *Nahkampf-Waffenangriff:* +4 zum Treffen, Reichweite 1,50 m, ein Ziel. *Treffer:* 9 (2W6 + 2) Stichschaden.

Klauen. *Nahkampf-Waffenangriff:* +4 zum Treffen, Reichweite 1,50 m, ein Ziel. *Treffer:* 7 (2W4 + 2) Hiebschaden. Wenn das Ziel eine Kreatur und kein Elf oder Untoter ist, muss es einen Konstitutionsrettungswurf gegen SG 10 ablegen, um nicht für 1 Minute gelähmt zu werden. Gelähmte Kreaturen wiederholen den Rettungswurf am Ende eines jeden ihrer Züge und beenden den Effekt bei einem Erfolg.

GHUL, DARAKHUL[BDB]

In den lichtlosen Tiefen unter der Erde wächst ein Imperium der verzehrenden Ambition, das intrigiert und träumt. Angehörige des Imperiums nennen sich das Volk, aber die Bewohner der Oberfläche nennen sie die Fürsten unter Tage, das Ghulimperium oder einfach das Reich der Ghule. Ihre Städte liegen außer Sicht, ihre Agenten infiltrieren die Unterwelten zahlreicher Städte, und ihre Ziele kennen keine Grenzen. Wenn es nach ihnen geht und du nicht zum Volk gehörst, bist du nur Nahrung.

Darakhul

Mittelgroßer Untoter, neutral böse

Rüstungsklasse 16 (Schuppenrüstung; 18 mit Schild)

Trefferpunkte 78 (12W8 + 24)

Bewegungsrate 9 m

STR	GES	KON	INT	WEI	CHA
16 (+3)	17 (+3)	14 (+2)	14 (+2)	12 (+1)	12 (+1)

Fertigkeiten Heimlichkeit +5, Täuschen +3

Schadensresistenzen Nekrotisch

Schadensimmunitäten Gift

Zustandsimmunitäten Bezaubert, Erschöpft, Vergiftet

Sinne Dunkelsicht 18 m, passive Wahrnehmung 11

Sprachen Darakhul, Gemeinsprache

Herausforderungsgrad 3 (700 EP)

Meister der Verkleidung. Ein Darakhul in einer vorbereiteten Verkleidung hat einen Vorteil auf Charismawürfe (Täuschen), um sich als lebende Kreatur auszugeben. Während der Darakhul diese Fähigkeit verwendet, verliert er seinen Gestank.

Gestank. Alle Kreaturen, die ihren Zug innerhalb von 1,50 m um den Darakhul beginnen, müssen einen Konstitutionsrettungswurf gegen SG 12 ablegen, um nicht bis zum Beginn des nächsten Zuges vergiftet zu sein. Ein erfolgreicher Rettungswurf macht die Kreatur für 24 Stunden immun gegen den Gestank des Darakhul. Ein Darakhul, der diese Fähigkeit verwendet, kann nicht gleichzeitig Meister der Verkleidung nutzen.

Empfindlich gegenüber Sonnenlicht. Der Darakhul erhält einen Nachteil auf Würfe Weisheitswürfe (Wahrnehmung), die auf Sicht basieren, und auf Angriffswürfe, solange er oder das Ziel, das er sehen oder angreifen will, sich in direktem Sonnenlicht befinden.

Dem Vertreiben trotzen. Der Darakhul und andere Ghule innerhalb von 9 m um ihn haben einen Vorteil auf Rettungswürfe gegen Effekte, die Untote vertreiben.

AKTIONEN

Mehrfachangriff. Der Darakhul führt einen Biss-Angriff, einen Klauen-Angriff und einen Angriff mit seiner Kriegshacke aus. Wenn der Darakhul einen Schild verwendet, kann er entweder mit seiner Klaue oder Kriegshacke angreifen, aber nicht beides.

Biss. *Nahkampf-Waffenangriff:* +5 zum Treffen, Reichweite 1,50 m, ein Ziel. *Treffer:* 12 (2W8 + 3) Stichschaden, und wenn die Zielkreatur humanoid ist, muss sie einen Konstitutionsrettungswurf gegen SG 11 schaffen, um sich nicht mit Darakhul-Fieber anzustecken.

Klaue. *Nahkampf-Waffenangriff:* +5 zum Treffen, Reichweite 1,50 m, ein Ziel. *Treffer:* 10 (2W6 + 3) Hiebschaden. Wenn das Ziel eine Kreatur und kein Untoter ist, muss es einen Konstitutionsrettungswurf gegen SG 12 ablegen, um nicht für 1 Minute gelähmt zu werden. Gelähmte Kreaturen wiederholen den Rettungswurf am Ende eines jeden ihrer Züge und beenden den Effekt bei einem Erfolg. Wenn eine humanoide Kreatur für 2 oder mehr Runden gelähmt ist (dem Opfer mindestens 2 Rettungswürfe misslingen), egal ob in Folge oder nicht, steckt sie sich mit Darakhul-Fieber an.

Kriegshacke. *Nahkampf-Waffenangriff:* +5 zum Treffen, Reichweite 1,50 m, ein Ziel. *Treffer:* 7 (1W8 + 3) Stichschaden.

GNOLL, CHAOSSTÜRMER[BDB]

Chaosstürmer sind wie verheerende Stürme auf den Handelsrouten, die das Territorium ihres Stammes durchziehen. Wie alle Gnolle sind sie tödlich im Kampf. Chaosstürmer verfügen über eine weitere Eigenschaft, für die sie viele Plünderer beneiden: Sie können auf einen Blick erkennen, welche Beutestücke auf einem beladenen Kamel oder Wagen am wertvollsten sind, ohne wühlen, abwiegen oder schätzen zu müssen. Ihre Fähigkeit, in eine Karawane vorzustoßen, die besten Gegenstände an sich zu reißen und sich schnell zurückzuziehen, ist unübertroffen.

Gnoll-Chaosstürmer

Mittelgroßer Humanoider (Gnoll), chaotisch neutral

Rüstungsklasse 15 (Kettenhemd)

Trefferpunkte 58 (9W8 + 18)

Bewegungsrate 9 m

STR	GES	KON	INT	WEI	CHA
16 (+3)	14 (+2)	14 (+2)	8 (–1)	12 (+1)	9 (–1)

Fertigkeiten Athletik +5, Wahrnehmung +5

Sinne Dunkelsicht 18 m, passive Wahrnehmung 15

Sprachen Gnollisch

Herausforderungsgrad 3 (700 EP)

Hetzende Angriffe. Wenn der Gnoll zwei Kreaturen im gleichen Zug angreift, erleidet das erste Ziel bis zum Ende seines nächsten Zuges einen Nachteil auf Angriffswürfe.

Blitzschneller Konter. Der Gnoll kann Spurten oder Rückzug als Bonusaktion verwenden.

Rudeltaktik. Der Gnoll erhält einen Vorteil auf Angriffswürfe, wenn sich mindestens einer der Verbündeten des Gnolls innerhalb von 1,50 m um das Ziel aufhält und nicht kampfunfähig ist.

AKTIONEN

Mehrfachangriff. Der Gnoll führt einen Biss-Angriff und zwei Kriegsbeil-Angriffe aus.

Kriegsbeil. *Nahkampf-Waffenangriff:* +5 zum Treffen, Reichweite 1,50 m, ein Ziel. *Treffer:* 7 (1W8 + 3) Hiebschaden oder 8 (1W10 + 3) Hiebschaden, wenn die Waffe mit beiden Händen verwendet wird.

Biss. *Nahkampf-Waffenangriff:* + 5 zum Treffen, Reichweite 1,50 m, ein Ziel. *Treffer:* 6 (1W6 + 3) Stichschaden.

HAUPTFRAU LUCIA RAKELL

Hauptfrau Lucia Rakell leitet das 3. Schwert, das in den Sieben Städten stationiert ist. Ihr Auftreten ist auffällig unmilitärisch; sie trägt enganliegende, mit Halbedelsteinen verzierte Lederkleidung, mit Elementen, die ihre halbelfischen Züge betonen. Das verführerische Funkeln in ihren Augen ist allerdings verstörend grausam. Sie kann charmant und freundlich sein, doch auch manipulativ und ehrgeizig. Hauptfrau Lucia liebt es, kompromittierende Informationen über ihre Rivalen auszugraben und sie gegen sie zu verwenden. Sie glaubt, dass sie es sich durch ihre inspirierende Führung verdient hat, das Kommando über die Kompanie zu übernehmen.

Hauptfrau Lucia Rakell

Mittelgroße Humanoide (Halbelfe), neutral

Rüstungsklasse 15 (beschlagenes Leder)
Trefferpunkte 27 (6W8)
Bewegungsrate 9 m

STR	GES	KON	INT	WEI	CHA
12 (+1)	16 (+3)	10 (+0)	14 (+2)	10 (+0)	16 (+3)

Rettungswürfe Stärke +4, Konstitution +3
Fertigkeiten Akrobatik +5, Athletik +5, Einschüchtern +5, Überzeugen +5, Wahrnehmung +2
Sinne Dunkelsicht 18 m, passive Wahrnehmung 12
Sprachen Elfisch, Goblinisch, Gemeinsprache
Herausforderungsgrad 2 (450 EP)

Tatendrang (1/Tag). In ihrem Zug kann Hauptfrau Lucia eine zusätzliche Aktion ausführen. Sie muss eine kurze oder lange Rast beenden, ehe sie dieses Merkmal wieder verwenden kann.

Raffinierte Aktion. Hauptfrau Lucia kann als Bonusaktion in ihrem Zug Spurt, Rückzug oder Verstecken nutzen.

Durchschnaufen. In ihrem Zug kann Hauptfrau Lucia eine Bonusaktion verwenden, um 1W10 + 4 Trefferpunkte zurückzuerhalten. Sie muss eine kurze oder lange Rast nutzen, ehe sie dieses Merkmal wieder verwenden kann.

Hinterhältiger Angriff (1/Zug). Hauptfrau Lucia verursacht zusätzliche 3 (1W6) Schaden, wenn sie ein Ziel mit einem Waffenangriff trifft und Vorteil beim Angriffswurf hat, oder wenn sich das Ziel innerhalb von 1,50 m um einen Verbündeten von Hauptfrau Lucia befindet, der nicht kampfunfähig ist, solange Hauptfrau Lucia keinen Nachteil auf den Angriffswurf erleidet.

AKTIONEN

Rapier. *Nahkampf-Waffenangriff:* +5 zum Treffen, Reichweite 1,50 m, ein Ziel. *Treffer:* 7 (1W8 + 3) Stichschaden.

AUSRÜSTUNG

Rapier, beschlagenes Leder, *Ring des Schutzes, Heiltrank*, Gegengift, Tinte, Federkiel, ledernes Tagebuch, edle Kleidung, fellgefütterter Umhang, 132 GM

HAUPTMANN HAKAR

Hauptmann Hakar al-Atam, Hauptmann des 4. Schwertes, das nahe der Grenze zwischen Magdar und Mharoti stationiert ist, ist ein Drachenblütiger. Er beansprucht das Recht, die Kompanie zu führen, weil er ein so guter Kämpfer ist. Seine roten und goldenen Schuppen akzentuieren eine lange Narbe durch sein Gesicht, vom Auge bis zum Kinn. Hauptmann Hakar ist extrem stolz, sogar arrogant, und streitlustig, wenn man ihm in die Quere kommt oder ihn frustriert. Er kaut zwanghaft Stücke von getrocknetem Fleisch, eine Gewohnheit, die ihm einen schrecklichen Mundgeruch eingebracht hat.

Hauptmann Hakar al-Atam

Mittelgroßer Humanoider (Drachenblütiger), chaotisch neutral

Rüstungsklasse 15 (Schuppenrüstung)
Trefferpunkte 39 (6W8 + 12)
Bewegungsrate 9 m

STR	GES	KON	INT	WEI	CHA
18 (+4)	12 (+1)	15 (+2)	10 (+0)	13 (+1)	9 (–1)

Rettungswürfe Str +6, Kon +4
Fertigkeiten Athletik +6, Einschüchtern +1
Schadensresistenzen Feuer
Sinne passive Wahrnehmung 11
Sprachen Drakonisch, Gemeinsprache
Herausforderungsgrad 2 (450 EP)

Tatendrang (1/Tag). In seinem Zug kann Hauptmann Hakar eine zusätzliche Aktion ausführen. Er muss eine kurze oder lange Rast nutzen, ehe er dieses Merkmal wieder verwenden kann.

Kampf mit großen Waffen. Wenn Hauptmann Hakar eine 1 oder 2 mit einem Schadenswürfel für einen Angriff mit einer mit zwei Händen geführten Nahkampfwaffe erzielt, kann er den Würfel noch einmal werfen. Er muss das neue Ergebnis verwenden. Die Waffe muss das Merkmal Zweihändig oder Vielseitig haben, um diesen Vorteil zu erlauben.

Verbesserter kritischer Treffer. Hauptmann Hakar erzielt einen kritischen Treffer bei einem Angriffswurf, der eine natürliche 19 oder 20 ergibt.

Durchschnaufen. In seinem Zug kann Hauptmann Hakar eine Bonusaktion verwenden, um 1W10 + 4 Trefferpunkte zurückzuerhalten. Er muss eine kurze oder lange Rast beenden, ehe er dieses Merkmal wieder verwenden kann.

AKTIONEN

Knochenbrecher. *Nahkampf-Waffenangriff:* +7 zum Treffen, Reichweite 1,50 m, ein Ziel. *Treffer:* 12 (2W6 + 5) Wuchtschaden.

Feuerodem. Hauptmann Hakar speit Flammen in einem 4,50-m-Kegel. Jede Kreatur im Kegel erleidet 7 (2W6) Feuerschaden, oder halb so viel nach einem erfolgreichen Geschicklichkeitsrettungswurf gegen SG 12. Hauptmann Hakar muss eine kurze oder lange Rast beenden, ehe er dieses Merkmal wieder verwenden kann.

AUSRÜSTUNG

Knochenbrecher (*Zweihandhammer +1*), Schuppenrüstung, getrocknetes Fleisch, Würfel, Weinschlauch, 85 GM

HAUPTMANN KLINGMARK

Hauptmann Klingmark ist ein dunkelhaariger, doch kahl werdender Gnom mit grausamem Grinsen, das seine sorgfältig angespitzten Zähne zeigt. Er begann seine militärische Laufbahn als Zeugmeister, doch seine Grausamkeit hat ihn in den Kommandostab aufsteigen lassen, und schließlich wurde der zum Hauptmann des 2. Schwertes befördert, das an der Grenze von Krakova stationiert ist. Er glaubt, dass ihm das Kommando über die Kompanie wegen seiner Überlegenheit und langen Dienstzeit zusteht. Er ist geheimnistuerisch, verschlagen, streitsüchtig und immer misstrauisch gegenüber jedem außerhalb seines unmittelbaren Kreises von Unterstützern.

Hauptmann Klingmark

Kleiner Humanoider (Gnom), rechtschaffen böse
Rüstungsklasse 15 (*beschlagenes Leder +1*)
Trefferpunkte 27 (6W6 + 6)
Bewegungsrate 7,50 m

STR	GES	KON	INT	WEI	CHA
12 (+1)	14 (+2)	13 (+1)	15 (+2)	10 (+0)	13 (+1)

Fertigkeiten Fingerfertigkeit +4, Heimlichkeit +4, Täuschen +5, Überzeugen +5
Rettungswürfe Ges +4, Int +4
Sinne Dunkelsicht 18 m, passive Wahrnehmung 10
Sprachen Drakonisch, Gnomisch, Gemeinsprache
Herausforderungsgrad 2 (450 EP)

Magieresistenz. Hauptmann Klingmark erhält einen Vorteil auf Rettungswürfe gegen Zauber und andere magische Effekte.

Zauberwirken. Hauptmann Klingmark ist ein Zauberwirker der 2. Stufe. Sein Attribut zum Zauberwirken ist Charisma (Zauberrettungswurf-SG 11, +3 zum Treffen mit Zauberangriffen, 2 Zaubereipunkte). Er hat die folgenden Zauber der Zaubererliste vorbereitet:

Zaubertricks (beliebig oft): *Botschaft, Einfache Illusion, Magierhand, Taschenspielerei*

1. Grad (3 Zauberplätze): *Lautloses Trugbild, Magisches Geschoss, Selbstverkleidung*

Raffinierte Aktion. Hauptmann Klingmark kann als Bonusaktion in seinem Zug Spurt, Rückzug oder Verstecken nutzen.

Hinterhältiger Angriff (1/Zug). Hauptmann Klingmark verursacht zusätzliche 3 (1W6) Schaden, wenn er ein Ziel mit einem Waffenangriff trifft und Vorteil beim Angriffswurf hat, oder wenn sich das Ziel innerhalb von 1,50 m um einen Verbündeten von Hauptmann Klingmark befindet, der nicht kampfunfähig ist, solange Hauptmann Klingmark keinen Nachteil auf den Angriffswurf erleidet.

AKTIONEN

Kurzschwert. *Nahkampf-Waffenangriff:* +4 zum Treffen, Reichweite 1,50 m, ein Ziel. *Treffer:* 5 (1W6 + 2) Stichschaden.

AUSRÜSTUNG

Kurzschwert, *beschlagenes Leder +1*, Schlangengift, Giftmischerausrüstung, Gegengift, 215 GM

HOSTESS

Die meisten männlichen und weiblichen Hostessen, die in der Lounge des Tausendfachen Flüsterns arbeiten, sind ausgebildete Barden mit der Fähigkeit, Zauber zu wirken. Die Bardenausbildung erlaubt es ihnen, die Gäste der Lounge besser zu unterhalten; das Zaubern ermöglicht es ihnen, sich und das Etablissement gegen wilde Feierlustige zu verteidigen.

Hostess

Mittelgroßer Humanoider (Mensch), chaotisch neutral
Rüstungsklasse 11
Trefferpunkte 36 (8W8)
Bewegungsrate 9 m

STR	GES	KON	INT	WEI	CHA
10 (+0)	12 (+1)	10 (+0)	13 (+1)	12 (+1)	16 (+3)

Fertigkeiten Motiv erkennen +3, Täuschen +5, Überzeugen +5, Wahrnehmung +3
Sinne passive Wahrnehmung 13
Sprachen Südländisch
Herausforderungsgrad 1/2 (100 EP)

Zauberwirken. Die Hostess ist eine Zauberwirkerin der 3. Stufe. Ihr Attribut zum Zauberwirken ist Charisma (Zauberrettungswurf-SG 13, +5 zum Treffen mit Zauberangriffen). Die Hostess beherrscht die folgenden Bardenzauber:

Zaubertricks (beliebig oft): *Ausbessern, Taschenspielerei*

1. Grad (4 Zauberplätze): *Person bezaubern, Schlaf, Sprachen verstehen, Unsichtbarer Diener*
2. Grad (2 Zauberplätze): *Emotionen besänftigen, Person festhalten*

AKTIONEN

Mehrfachangriff. Die Hostess führt zwei Nahkampfangriffe mit ihrem Dolch aus.

Dolch. *Nahkampf- oder Fernkampf-Waffenangriff:* +4 zum Treffen, Reichweite 1,50 m oder 6/18 m, ein Ziel. *Treffer:* 3 (1W4 + 1) Stichschaden.

KARBEKUL VIERFINGER

Karbekul ist für einen Goblin gewaltig (wenn auch immer noch Klein), doch lässt er sich besser als hart und drahtig beschreiben denn als muskelbepackt. Er ist von sich kreuzenden Spiralen aus Narben bedeckt, der Folge von Jahren der rituellen Selbstverletzung. Sein Beiname „Vierfinger" bezieht sich darauf, dass er sich zwei Finger an jeder Hand rituell amputiert hat.

Man sieht diesen bedrohlichen Goblin fast nie ohne die *Krone des Großkönigs* oder seinen treuen Gefährten, einen Ungeheuren Hundemaulwurf. Die *Krone des Großkönigs* ist eine Kopfbedeckung aus Leder, die mit einem Ring aus nach oben ragenden Echsenzähnen verziert ist. Damit sieht Karbekul so aus, als würde er gleichzeitig eine grobschlächtige Krone und ein fürchterliches Maul auf dem Kopf tragen.

Karbekul Vierfinger

Kleiner Humanoider (Goblinoider), neutral böse

Rüstungsklasse 17 (Plattenpanzer)
Trefferpunkte 75 (10W6 + 40)
Bewegungsrate 18 m

STR	GES	KON	INT	WEI	CHA
9 (–1)	18 (+4)	18 (+4)	7 (–2)	8 (–1)	16 (+3)

Rettungswürfe Ges +7, Kon +7
Schadensresistenzen Wucht, Hieb, Stich
Zustandsimmunitäten Bezaubert, Verängstigt
Fertigkeiten Akrobatik +7, Einschüchtern +6
Sinne passive Wahrnehmung 9
Sprachen Goblinisch, Gemeinsprache
Herausforderungsgrad 8 (3.900 EP)

Tyrannische Präsenz. Staubgoblins innerhalb von 30 m um Karbekul ziehen sich nicht aus Kämpfen zurück und sind immun gegen den Zustand Verängstigt. Dieses Merkmal funktioniert nicht mehr, wenn Karbekul bewusstlos oder tot ist.

Persönlicher Freiraum. Als Bonusaktion kann Karbekul eine Kreatur, die er gerade mit einem waffenlosen Angriff getroffen hat, entweder den Zustand Liegend erleiden lassen oder sie 3 m von sich wegschieben, wenn der betroffenen Kreatur kein Geschicklichkeitsrettungswurf gegen SG 15 gelingt.

Verdreht. Wenn Karbekul eine Kreatur aus einem Versteck heraus angreift, muss das Ziel einen Weisheitsrettungswurf gegen SG 10 ablegen, um nicht bis zum Ende seines nächsten Zuges verängstigt zu sein.

AKTIONEN

Mehrfachangriff. Karbekul führt drei Angriffe aus, eine beliebige Kombination aus Nahkampf- und Fernkampfangriffen.

Waffenloser Angriff. *Nahkampf-Waffenangriff:* +7 zum Treffen, Reichweite 1,50 m, ein Ziel. *Treffer:* 7 (1W6 + 4) Wuchtschaden.

Luftschlag. *Fernkampf-Waffenangriff:* +7 zum Treffen, Reichweite 6/18 m, ein Ziel. *Treffer:* 7 (1W6 + 4) Wuchtschaden.

REAKTIONEN

Geschosse abwehren. Karbekul kann ein Geschoss abwehren, wenn er Ziel eines Fernkampf-Waffenangriffs ist, was den Schaden für ihn um 19 (1W10 + 14) verringert.

MARLIDER FURCHTLOSE

Marlik ist ein Elite-Staubgoblinkrieger, der durch seine legendäre Furchtlosigkeit eine Führungsposition in seinem Stamm errungen hat. Kein Feind schüchtert Marlik ein, und er hat Kämpfe gegen Gegner überlebt, denen sich die meisten Goblins nicht freiwillig stellen würden. Sein Überleben hat vermutlich ebenso viel mit Glück zu tun wie mit Kampfgeschick, denn er hat nicht all diese Kämpfe gewonnen – aber er hat sie alle ausgetragen, bis er nicht mehr kämpfen konnte, und das hat ihm die Bewunderung von Feinden und den Ruf eingebracht, ein Musterexemplar eines Goblins zu sein.

Marlik der Furchtlose

Kleiner Humanoider (Goblinoider), neutral böse

Rüstungsklasse 16 (beschlagenes Leder)
Trefferpunkte 78 (12W6 + 36)
Bewegungsrate 12 m

STR	GES	KON	INT	WEI	CHA
8 (–1)	18 (+4)	16 (+3)	10 (+0)	8 (–1)	13 (+1)

Schadensresistenzen Nekrotisch
Zustandsimmunitäten Bezaubert, Verängstigt
Fertigkeiten Einschüchtern +3, Heimlichkeit +6, Überleben +1
Sinne Dunkelsicht 18 m, passive Wahrnehmung 9
Sprachen Goblinisch, Gemeinsprache
Herausforderungsgrad 4 (1100 EP)

Verdreht. Wenn der Staubgoblin eine Kreatur aus einem Versteck heraus angreift, muss das Ziel einen Weisheitsrettungswurf gegen SG 10 ablegen, um nicht bis zum Ende seines nächsten Zuges verängstigt zu sein.

Zorn. Marlik der Furchtlose verursacht zusätzliche 3 (1W6) Schaden, wenn er mit einem Kurzschwertangriff trifft (in den Angriff bereits eingerechnet).

Durchschnaufen. Marlik kann eine Bonusaktion verwenden, um 17 (1W10 + 12) Trefferpunkte zurückzuerlangen. Er muss eine kurze oder lange Rast nutzen, ehe er dieses Merkmal wieder verwenden kann.

AKTIONEN

Mehrfachangriff. Marlik der Furchtlose führt zwei Angriffe mit seinem Kurzschwert und einen mit seinem Dolch aus.

Kurzschwert. *Nahkampf-Waffenangriff:* +6 zum Treffen, Reichweite 1,50 m, eine Kreatur. *Treffer:* 11 (2W6 + 4) Stichschaden.

Dolch. *Nahkampf-Waffenangriff:* +6 zum Treffen, Reichweite 1,50 m oder 6/18 m, eine Kreatur. *Treffer:* 6 (1W4 + 4) Stichschaden.

MI-GO[BDB]

Die Mi-go sind ein Volk von Weltraumreisenden von großem Können und gewaltiger Bösartigkeit. Sie reisen in großer Zahl zwischen den Welten hin und her, wobei sie irgendwie den Raum falten, um astronomische Entfernungen innerhalb von Monaten anstelle von Jahrzehnten zurückzulegen. Mi-go werden als „vage insektenartig" beschrieben, doch die Betonung liegt auf „vage".

Ihre Technologien umfassen die Herrschaft über lebende Dinge, mächtige Techniken, um Mi-go-Elemente und sogar Bewusstseine in fremde Körper zu verpflanzen (oder sie zu extrahieren), und eine unvergleichliche Meisterschaft über lebendes Gewebe von Pflanzen und Tieren. Während sie ihre eigenen Geheimnisse und Ziele haben, dienen sie auch uralten Mächten zwischen den Sternen und führen eine interstellare Mission der Eroberung und der Ausbreitung ihrer Spezies aus.

Mi-go

Mittelgroße Pflanze, neutral böse

Rüstungsklasse 17 (natürliche Rüstung)
Trefferpunkte 76 (8W8 + 40)
Bewegungsrate 9 m, Fliegen 18 m

STR	GES	KON	INT	WEI	CHA
16 (+3)	19 (+4)	21 (+5)	25 (+7)	15 (+2)	13 (+1)

Rettungswürfe Str +6, Kon +8, Cha +4
Fertigkeiten Arkane Kunde +10, Täuschen +7, Heilkunde +5, Wahrnehmung +5, Heimlichkeit +7
Schadensresistenzen Gleißend, Kälte
Sinne Blindsicht 9 m, Dunkelsicht 72 m, passive Wahrnehmung 15
Sprachen Mi-go, Gemeinsprache, Leeresprache
Herausforderungsgrad 5 (1.800 EP)

Astralreisende. Mi-go brauchen keine Luft oder Wärme, um zu überleben, nur Sonnenlicht (und davon sehr wenig). Sie können eine Sporenform annehmen, in der sie Reisen durch die Leere überleben können, bis die äußeren Umstände wieder passend sind und sie wieder zu Bewusstsein kommen.

Hinterhältiger Angriff (1/Zug). Der Mi-go verursacht zusätzliche 7 (2W6) Schaden, wenn er ein Ziel mit einem Klauenangriff trifft und Vorteil beim Angriffswurf hat, oder wenn sich das Ziel innerhalb von 1,50 m um einen Verbündeten des Mi-go befindet, der nicht kampfunfähig ist, solange der Mi-go keinen Nachteil auf den Angriffswurf erleidet.

Verstörende Technologie. Die Mi-go sind ein sehr fortschrittliches Volk und können mächtige technologische Gegenstände bei sich haben. Die Technologie der Mi-go kann mit den Regeln für magische Gegenstände simuliert werden, doch ist ihre Funktion sehr schwer zu ermitteln. *Identifizieren* ist nutzlos, doch ein Studium eines Gegenstands von einer Stunde und ein erfolgreicher Wurf auf Intelligenz (Arkane Kunde) gegen SG 19 kann den Zweck und die Bedienungsweise eines Gegenstands der Mi-go ermitteln.

Aktionen

Mehrfachangriff. Der Mi-go führt zwei Angriffe mit seinen Zangen aus.

Zangen. *Nahkampf-Waffenangriff:* +7 zum Treffen, Reichweite 1,50 m, ein Ziel. *Treffer:* 14 (3W6 + 4) Hiebschaden, und das Ziel ist gepackt (SG 13 zum Entkommen). Wenn beide Zangen dasselbe Ziel in einem Zug treffen, erleidet das Ziel zusätzliche 13 (2W12) psychischen Schaden.

Reaktionen

Sporenwolke. Wenn ein Mi-go stirbt, setzt er seine verbleibenden Sporen frei. Alle lebenden Kreaturen innerhalb von 3 m erleiden 14 (2W8 + 5) Giftschaden und werden vergiftet; ein erfolgreicher Konstitutionsrettungswurf gegen SG 16 halbiert den Schaden und verhindert die Vergiftung. Vergiftete Kreaturen wiederholen den Rettungswurf am Ende eines jeden ihrer Züge und beenden den Effekt bei einem Erfolg.

MYCONIDE, TODESKAPPE

Diese intelligenten Pilzwesen kümmern sich um die weißen Pilzwälder in der Unterwelt und sind Verbündete der Darakhul. Trotz ihres unheilvollen Namens sind Todeskappen-Myconide vor allem Bauern. Sie kultivieren Dutzende von Pilzarten, überall in der Unterwelt, wo sie Wasser, Dung und ein bisschen Erde oder Schleim zur Verfügung haben. Deshalb greifen andere Völker sie nur selten an. Die Ghule essen sie nicht, und sie können nicht in Darakhul verwandelt werden.

Todeskappen-Myconide

Mittelgroße Pflanze, neutral böse

Rüstungsklasse 15 (natürliche Rüstung)
Trefferpunkte 90 (12W8 + 36)
Bewegungsrate 6 m

STR	GES	KON	INT	WEI	CHA
12 (+1)	10 (+0)	16 (+3)	10 (+0)	11 (+0)	9 (–1)

Sinne Dunkelsicht 18 m, passive Wahrnehmung 10
Sprachen –
Herausforderungsgrad 4 (1.100 EP)

Sporen des Unbehagens. Wenn ein Todeskappen-Myconide Schaden erleidet, spüren alle anderen Myconiden innerhalb von 72 m seinen Schmerz.

Sonnenübelkeit. Wenn er sich im Sonnenlicht befindet, hat der Myconide einen Nachteil auf Attributswürfe, Angriffswürfe und Rettungswürfe. Der Myconide stirbt, wenn er mehr als 1 Stunde in direktem Sonnenlicht verbringt.

Aktionen

Mehrfachangriff. Der Myconide verwendet entweder seine Todeskappen-Sporen oder seine Schlummersporen und führt dann einen Faust-Angriff aus.

Faust. *Nahkampf-Waffenangriff:* +3 zum Treffen, Reichweite 1,50 m, ein Ziel. *Treffer:* 11 (4W4 + 1) Wuchtschaden plus 10 (4W4) Giftschaden.

Todeskappen-Sporen (3/Tag). Der Myconide schleudert Sporen auf eine Kreatur innerhalb von 1,50 m, die er sehen kann. Das Ziel muss einen Konstitutionsrettungswurf gegen SG 13 schaffen, um nicht für 3 Runden vergiftet zu werden. Solange das Ziel auf diese Weise vergiftet ist, erleidet es 10 (4W4) Giftschaden zu Beginn eines jeden seiner Züge. Das Ziel wiederholt den Rettungswurf am Ende eines jeden seiner Züge und beendet den Effekt bei sich selbst bei einem Erfolg.

Schlummersporen (3/Tag). Der Myconide schleudert Sporen auf eine Kreatur innerhalb von 1,50 m, die er sehen kann. Dem Ziel muss ein Konstitutionsrettungswurf gegen SG 13 gelingen, um nicht für 1 Minute vergiftet und bewusstlos zu werden. Eine Kreatur erwacht, wenn sie Schaden erleidet, oder wenn eine andere Kreatur ihre Aktion verwendet, um sie wachzurütteln.

NACHTGARM

Diese humanoiden Kreaturen arbeiten mit ihrer Wolfsmutter und ihren Brüdern und Schwestern, den Worgen und Winterwölfen, zusammen, um menschliche und zwergische Siedlungen zu zerstören. Alle Nachtgarme sind weiblich, und sie sind loyale Anhänger des Fenris. Sie können Gegenstände in ihren Vorderpfoten führen und auf den Hinterbeinen laufen, wenn es nötig ist. Eine Nachtgarm kann die Kiefer weit öffnen, um Gegenstände zu verschlucken, die größer sind als sie selbst; ein Zaubertrick, der nur Sekunden dauert.

Nachtgarm

Große Monstrosität, chaotisch böse

Rüstungsklasse 15 (natürliche Rüstung)

Trefferpunkte 114 (12W10 + 48)

Bewegungsrate 6 m (auf zwei Beinen), 12 m (auf vier Beinen)

STR	GES	KON	INT	WEI	CHA
20 (+5)	14 (+2)	18 (+4)	10 (+0)	15 (+2)	16 (+3)

Fertigkeiten Wahrnehmung +5, Heimlichkeit +5

Schadensempfindlichkeiten gleißend; versilberte Waffen

Schadensresistenzen Blitz, Schall; Hieb-, Stich- und Wuchtwaffen durch nicht-magische Waffen, die nicht versilbert sind

Sinne Dunkelsicht 18 m, passive Wahrnehmung 15

Sprachen Gemeinsprache, Riesisch, Goblinisch, Telepathie 60 m (nur mit Nachgebildeten)

Herausforderungsgrad 6 (2.300 EP)

Nachgebildete erschaffen. Wenn eine Nachtgarm eine ganze Runde damit verbringt, eine humanoide Leiche zu verschlingen, wird sie sofort schwanger. Neun Stunden später bringt sie ein Duplikat der verschlungenen Kreatur zur Welt. Diese Duplikate sind als Nachgebildete bekannt und haben alle Erinnerungen und Eigenschaften des Originals, dienen aber ihrer Mutter, vergleichbar mit der Beziehung eines Magiers zu seinem Vertrauten. Eine Nachtgarm kann bis zu 14 Nachgebildete auf einmal unter ihrer Kontrolle haben. Eine Nachtgarm kann auf Entfernungen von bis zu 60 m telepathisch mit ihren Nachgebildeten kommunizieren. Details zu den Nachgebildeten findest du im Buch der Bestien.

Ausdehnender Schlund. Wie Schlangen können Nachtgarme ihre Münder weiter als andere Kreaturen ähnlicher Größe öffnen. Diese Fähigkeit gibt ihnen eindrucksvolle Bisskraft und erlaubt es ihnen, Kreaturen von bis zu mittlerer Größe zu verschlucken.

Abergläubisch. Eine Nachtgarm muss sich mindestens 1,50 m von einem gezückten heiligen Symbol oder einem brennendem Eisenhutzweig fernhalten, und kann keine Nahkampfangriffe gegen Kreaturen ausführen, die einen solchen Gegenstand in Händen halten. Nach 1 Runde kann die Nachtgarm zu Beginn eines jeden ihrer Züge einen Charismarettungswurf gegen SG 15 ablegen; wenn der Rettungswurf erfolgreich ist, überwindet die Nachtgarm kurzfristig ihren Aberglauben, und diese Beschränkungen werden bis zum Beginn des nächsten Zugs der Nachtgarm aufgehoben.

Angeborenes Zauberwirken. Das Attribut zum Wirken angeborener Zauber für die Nachtgarm ist Charisma (Zauberrettungswurf-SG 14). Sie kann angeboren die folgenden Zauber wirken, wobei sie keine Materialkomponenten benötigt.

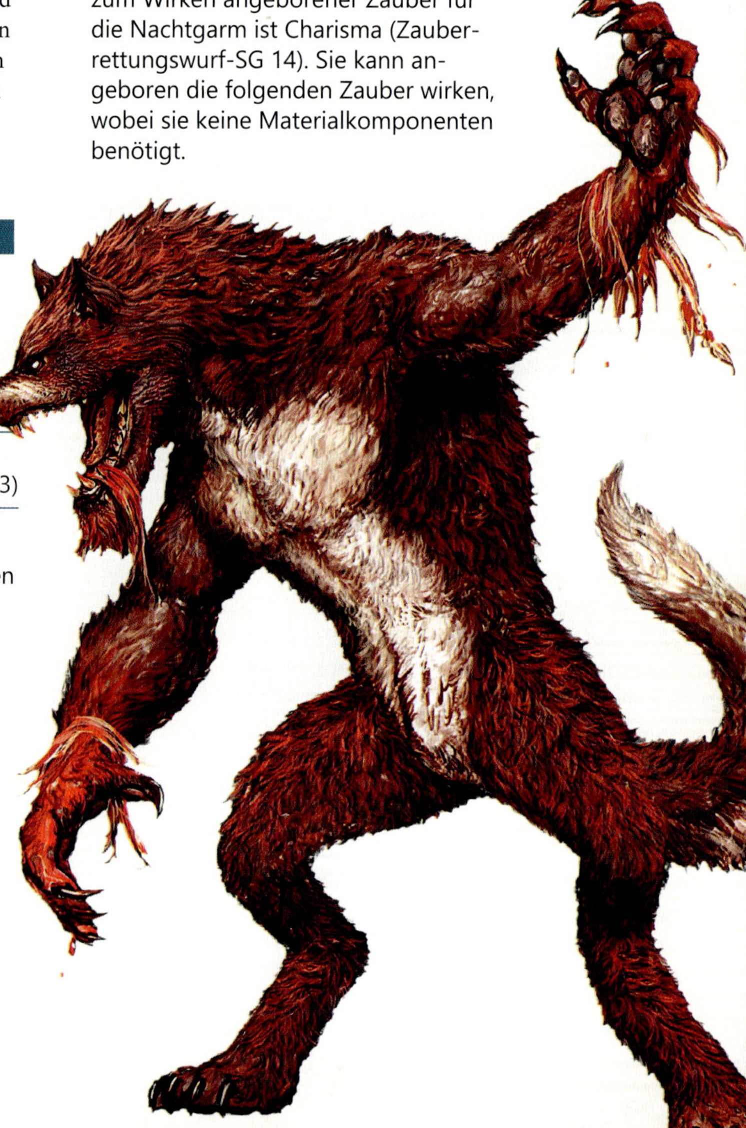

Je 3/Tag: *Dunkelheit, Dissonantes Flüstern, Person festhalten*
Je 1/Tag: *Wesen des Waldes beschwören* (nur Wölfe), *Dimensionstür, Ausspähung* (wirkt nur auf Nachgebildete)

AKTIONEN

Biss. *Nahkampf-Waffenangriff:* +8 zum Treffen, Reichweite 1,50 m, ein Ziel. *Treffer:* 27 (4W10 + 5) Stichschaden, und ein Mittelgroßes oder kleineres Ziel muss einen Stärkerettungswurf gegen SG 15 schaffen, um nicht am Stück verschluckt zu werden. Eine verschluckte Kreatur ist blind und festgesetzt und hat volle Deckung gegen Angriffe und andere Effekte von außerhalb der Nachtgarm. Sie erleidet 21 (6W6) Säureschaden zu Beginn eines jeden Zuges der Nachtgarm. Eine Nachtgarm kann nur eine Kreatur auf einmal verschluckt haben. Wenn die Nachtgarm in einem Zug durch eine verschluckte Kreatur 25 oder mehr Schaden erleidet, muss sie am Ende des Zuges einen Konstitutionsrettungswurf gegen SG 14 schaffen, um die Kreatur nicht hochzuwürgen, die dann liegend innerhalb von 1,50 m um die Nachtgarm landet. Wenn die Nachtgarm stirbt, ist eine verschluckte Kreatur nicht mehr von ihr festgesetzt und kann aus dem Leichnam entkommen, indem sie 3 m Bewegungsweite verwendet, wobei sie liegend landet.

NADI UD'AAH

Nadi Ud'aah ist ein Geschäftsmann – ein verschlagener und halsabschneiderischer Geschäftsmann, doch seine Methoden sind zweitranging hinter seinem Ziel, den besten Freudenpalast in Mhalmet zu leiten. Wenn er Beamte bestechen, Verbrecher anwerben und ehrliche Konkurrenten ruinieren muss, um sein Ziel zu erreichen, dann wird er genau das tun.

Ud'aah ist kein besonders junger Mann, doch ist er jung für jemand so Erfolgreichen. Er trägt modische, maßgeschneiderte Kleidung, ist perfekt frisiert sowie manikürt und trägt Schminke und Lidstriche im modernsten Stil (aber immer geschmackvoll, egal wie der aktuelle Trend ist). Er ist ein hingebungsvoller Gastgeber für seine Kunden, doch ist er jähzornig im Umgang mit Angestellten, die seine beträchtlichen Ansprüche nicht erfüllen.

Nadi Ud'aah

Mittelgroßer Humanoider (Mensch), chaotisch neutral

Rüstungsklasse 15 (*Armschienen der Verteidigung, Ring des Schutzes*)
Trefferpunkte 91 (14W8 + 28)
Bewegungsrate 9 m

STR	GES	KON	INT	WEI	CHA
16 (+3)	15 (+2)	14 (+2)	14 (+2)	11 (+0)	14 (+2)

Rettungswürfe Geschicklichkeit +6, Konstitution +6, Weisheit +4
Fertigkeiten Einschüchtern +5, Motiv erkennen +3, Täuschen +5
Sinne passive Wahrnehmung 10
Sprachen Südländisch, Gemeinsprache
Herausforderungsgrad 8 (3.900 EP)

Tatendrang (1/Tag). Nadi Ud'aah kann eine zusätzliche Aktion über seine normale Aktion und möglicherweise Bonusaktion hinaus durchführen.

Gelenkter Schlag. Als Bonusaktion gibt Nadi Ud'aah einem Verbündeten innerhalb von 9 m einen Befehl. Dieser Verbündete führt einen Nahkampfangriff gegen ein Ziel nach Nadi Ud'aahs Wahl durch.

Rudeltaktik. Nadi Ud'aah erhält einen Vorteil auf Angriffswürfe, wenn sich mindestens einer der Verbündeten von Nadi Ud'aah innerhalb von 1,50 m um das Ziel aufhält und nicht kampfunfähig ist.

Durchschnaufen (1/Tag). Nadi Ud'aah erhält 1W10 + 16 Trefferpunkte zurück.

Hinterhältiger Angriff. Einmal pro Zug kann Nadi Ud'aah einer Kreatur, die er mit einem Angriff trifft, zusätzliche 11 (3W6) Schaden zufügen, wenn er einen Vorteil auf den Angriffswurf hat, oder wenn sich ein weiterer Feind des Ziels innerhalb von 1,50 um das Ziel befindet, wenn dieser Feind nicht kampfunfähig ist und Nadi keinen Nachteil auf den Angriffswurf erleidet.

AKTIONEN

Mehrfachangriff. Nadi Ud'aah führt drei Nahkampf- oder Fernkampfangriffe aus.

Zweihandschwert. *Nahkampf-Waffenangriff:* +6 zum Treffen, Reichweite 1,50 m, ein Ziel, *Treffer:* 10 (2W6 + 3) Hiebschaden.

Dolch. *Nahkampf- oder Fernkampf-Waffenangriff:* +6 zum Treffen, Reichweite 1,50 m oder 6/18 m, ein Ziel. *Treffer:* 5 (1W4 + 3) Stichschaden.

Führungsqualitäten. Für 1 Minute kann Nadi Ud'aah jedes Mal ein Kommando oder eine Warnung geben, wenn eine nicht-feindliche Kreatur innerhalb von 9 m, die er sehen kann, einen Angriffswurf oder Rettungswurf ablegt. Die Kreatur kann 1W4 auf den Wurf addieren, wenn sie Nadi Ud'aah hören und verstehen kann. Eine Kreatur kann nur einen solchen Bonus auf einmal erhalten. Dieser Effekt endet, wenn Nadi Ud'aah kampfunfähig wird. Nachdem er dieses Merkmal für 1 Minute verwendet hat, muss er eine kurze oder lange Rast nutzen, ehe er es wieder verwenden kann.

REAKTIONEN

Parade. Nadi Ud'aah addiert +2 auf seine RK gegen einen Nahkampfangriff, der ihn treffen würde. Dazu muss Nadi Ud'aah den Angreifer sehen können und eine Waffe führen.

Attacke umlenken. Wenn eine Kreatur, die Nadi Ud'aah sehen kann, ihn mit einem Angriff trifft, kann Nadi Ud'aah einen Verbündeten innerhalb von 1,50 m um sich auswählen. Nadi Ud'aah und der Verbündete tauschen den Platz, und der ausgewählte Verbündete wird stattdessen das Ziel.

BESITZTÜMER

Armschienen der Verteidigung, Ring des Schutzes +1, Ring der Gedankenabschirmung, Anhänger des Giftschutzes, Zweihandschwert (er hat es normalerweise nicht bei sich, wenn er nicht mit Gefahr im Verzug rechnet; ansonsten ist es in seiner Nähe), 3 Dolche, Anstecker in Form eines offenen Auges aus Platin, edle Kleidung, Schlüssel, Beutel mit 50 PM.

RATTERICH-SCHURKE[BDB]

Ratteriche sind gerissene Überlebenskünstler, Schurken und Trickser. Ihre starken Familienbande machen es ihnen leicht, kriminelle Gesellschaften zu gründen oder sich ihnen anzuschließen – doch manche dienen als meisterliche Kundschafter und Saboteure, die Heerlager, Kanalisationen und sogar Burgkerker mühelos infiltrieren können.

Ratterich-Schurke

Mittelgroßer Humanoider (Ratterich), neutral

Rüstungsklasse 15 (beschlagene Lederrüstung)
Trefferpunkte 18 (4W6 + 4)
Bewegungsrate 7,50 m

STR	GES	KON	INT	WEI	CHA
7 (–2)	16 (+3)	12 (+1)	14 (+2)	10 (+0)	10 (+0)

Fertigkeiten Akrobatik +5, Wahrnehmung +2, Heimlichkeit +7
Sinne Dunkelsicht 18 m, passive Wahrnehmung 12
Sprachen Südländisch, Diebessprache
Herausforderungsgrad 1 (200 EP)

Raffinierte Aktion. Ein Ratterich-Schurke kann als Bonusaktion in seinem Zug Spurt, Rückzug oder Verstecken nutzen.

Gewandtheit. Ein Ratterich-Schurke kann sich durch den Bereich einer Mittelgroßen oder größeren Kreatur bewegen.

Rudeltaktik. Ein Ratterich-Schurke erhält einen Vorteil auf Angriffswürfe, wenn sich mindestens einer der Verbündeten des Ratterich-Schurken innerhalb von 1,50 m um das Ziel aufhält und nicht kampfunfähig ist.

Hinterhältiger Angriff (1/Zug). Ein Ratterich-Schurke verursacht zusätzliche 3 (1W6) Schaden, wenn er ein Ziel mit einem Waffenangriff trifft und Vorteil beim Angriffswurf hat, oder wenn sich das Ziel innerhalb von 1,50 m um einen Verbündeten des Ratterich-Schurken befindet, der nicht kampfunfähig ist, solange der Ratterich-Schurke keinen Nachteil auf den Angriffswurf erleidet.

AKTIONEN

Dolch. *Nahkampf-Waffenangriff:* +5 zum Treffen, Reichweite 1,50 m, ein Ziel. *Treffer:* 5 (1W4 + 3) Stichschaden.

Leichte Armbrust. *Fernkampf-Waffenangriff:* +5 zum Treffen, Reichweite 24/96 m, ein Ziel. *Treffer:* 7 (1W8 + 3) Stichschaden.

Rattendolch-Klingenhagel. *Fernkampf-Waffenangriff:* +5 zum Treffen, Reichweite 6/18 m, ein Ziel. *Treffer:* 7 (1W4 + 3) Stichschaden.

STAUBGOBLIN[BDB]

Staubgoblins sind sehr unterschiedlich in Größe und Aussehen, doch sind sie allesamt dürr, knochig und schlaksig. Sie sind verdrehte Kreaturen, befleckt von Generationen des Lebens im Ödland. Die Überbleibsel magischer Energie, die das Ödland erfüllen, das ihre Heimat ist, zusammen mit den rauen Bedingungen, in denen sie überleben müssen, haben den Verstand aller Staubgoblins verdreht. Ihre Denkweise ist fremdartig und für die meisten Kreaturen unergründlich. Während die meisten Goblins feige sind, scheinen Staubgoblins keine Furcht zu kennen.

Staubgoblin

Kleiner Humanoider (Goblinoider), neutral böse

Rüstungsklasse 14 (Lederrüstung)
Trefferpunkte 5 (1W6 + 2)
Bewegungsrate 12 m

STR	GES	KON	INT	WEI	CHA
8 (–1)	16 (+3)	14 (+2)	10 (+0)	8 (–1)	8 (–1)

Fertigkeiten Heimlichkeit +7
Zustandsimmunitäten Bezaubert, Verängstigt
Sinne Dunkelsicht 36 m, passive Wahrnehmung 9
Sprachen Goblinisch, Gemeinsprache
Herausforderungsgrad 1/4 (50 EP)

Verdreht. Wenn der Goblin eine Kreatur aus einem Versteck heraus angreift, muss das Ziel einen Weisheitsrettungswurf gegen SG 10 ablegen, um nicht bis zum Ende seines nächsten Zuges verängstigt zu sein.

AKTIONEN

Kurzschwert. *Nahkampf-Waffenangriff:* +5 zum Treffen, Reichweite 1,50 m, ein Ziel. *Treffer:* 6 (1W6 + 3) Stichschaden.

Leichte Armbrust. *Fernkampf-Waffenangriff:* +5 zum Treffen, Reichweite 24/96 m, ein Ziel. *Treffer:* 6 (1W6 + 3) Stichschaden.

STAUBGOBLIN-KRIEGER

Die größten, grausamsten Staubgoblins sind die Mitglieder des Stammes, die am meisten Bewunderung genießen. Um ihren Ehrenplatz zu bewahren, müssen sie an vorderster Front eines jeden Kampfes stehen.

Staubgoblin-Krieger

Kleiner Humanoider (Goblinoider), neutral böse

Rüstungsklasse 15 (beschlagenes Leder)
Trefferpunkte 55 (10W6 + 20)
Bewegungsrate 12 m

STR	GES	KON	INT	WEI	CHA
8 (–1)	16 (+3)	14 (+2)	10 (+0)	8 (–1)	8 (–1)

Fertigkeiten Heimlichkeit +5
Zustandsimmunitäten Bezaubert, Krank, Verängstigt, Vergiftet
Sinne Dunkelsicht 18 m, passive Wahrnehmung 9
Sprachen Goblinisch, Gemeinsprache
Herausforderungsgrad 3 (700 EP)

Verdreht. Wenn der Staubgoblin-Krieger eine Kreatur aus einem Versteck heraus angreift, muss das Ziel einen Weisheitsrettungswurf gegen SG 10 ablegen, um nicht bis zum Ende ihres nächsten Zuges verängstigt zu werden.

Kämpferischer Vorteil. Einmal pro Zug kann der Staubgoblin-Krieger einer Kreatur, die er mit einem Waffenangriff trifft, zusätzliche 3 (1W6) Schaden bei zufügen, wenn sich diese Kreatur innerhalb von 1,50 m um einen Verbündeten des Staubgoblin-Kriegers aufhält, der nicht kampfunfähig ist.

AKTIONEN

Mehrfachangriff. Der Staubgoblin-Krieger führt zwei Nahkampfangriffe mit seinem Handbeil aus.

Handbeil. *Nahkampf- oder Fernkampf-Waffenangriff:* +5 zum Treffen, Reichweite 1,50 m oder 6/18 m, ein Ziel. *Treffer:* 6 (1W6 + 3) Hiebschaden.

Leichte Armbrust. *Fernkampf-Waffenangriff:* +5 zum Treffen, Reichweite 24/96 m, ein Ziel. *Treffer:* 7 (1W8 + 3) Stichschaden.

STAUBGOBLIN-LEERERUFER

Einige Staubgoblin-Schamanen beschäftigen sich mit Leeremagie und werden irgendwann zu Leererufern. Sie werden von den Feinden ihres Stammes gefürchtet, noch mehr aber von ihrem Stamm selbst.

Staubgoblin-Leererufer

Kleiner Humanoider (Goblinoider), neutral böse

Rüstungsklasse 14 (Fellrüstung; 16 mit *Rindenhaut*)
Trefferpunkte 38 (7W6 + 14)
Bewegungsrate 12 m

STR	GES	KON	INT	WEI	CHA
8 (–1)	14 (+2)	14 (+2)	10 (+0)	16 (+3)	12 (+1)

Rettungswürfe Wei +5
Zustandsimmunitäten Bezaubert, Verängstigt
Fertigkeiten Religion +2, Überleben + 5
Sinne passive Wahrnehmung 13
Sprachen Goblinisch, Gemeinsprache, Leeresprache
Herausforderungsgrad 3 (700 EP)

Verdreht. Wenn der Staubgoblin-Leererufer eine Kreatur aus einem Versteck heraus angreift, muss das Ziel einen Weisheitsrettungswurf gegen SG 10 ablegen, um nicht bis zum Ende seines nächsten Zuges verängstigt zu sein.

Flüstern der Leere. Wenn der Leererufer einen Zauber wirkt, kann er als Bonusaktion einige Worte in der Leeresprache sprechen und dunkle Magie in den Zauber weben. Das Ziel eines derartig verdorbenen Zaubers erleidet einen Nachteil beim nächsten Angriffswurf oder Attributswurf, den es bis zum Beginn des nächsten Zugs des Leererufers ablegt. Der Leererufer kann diese Fähigkeit nicht verwenden, wenn er nicht sprechen kann.

Zauberwirken. Der Staubgoblin-Leererufer ist ein Zauberwirker der 7. Stufe. Sein Attribut zum Zauberwirken ist Weisheit (Zauberrettungswurf-SG 13, +5 zum Treffen mit Zauberangriffen). Der Leererufer hat die folgenden Druidenzauber vorbereitet:

Zaubertricks (beliebig oft): *Zermalmender Fluch*, Gift versprühen, Worte des Unglücks**
1. Grad (4 Zauberplätze): *Verstricken, Feenfeuer, Donnerwoge*
2. Grad (3 Zauberplätze): *Rindenhaut, Zerstörerische Resonanz*, Stachelwachstum*
3. Grad (3 Zauberplätze): *Magie bannen, Leereschlag*, Windwall*
4. Grad (1 Zauberplatz): *Dürre*

* Siehe Anhang 2.

AKTIONEN

Krummsäbel. *Nahkampf-Waffenangriff:* +5 zum Treffen, Reichweite 1,50 m, ein Ziel. *Treffer:* 5 (1W6 + 2) Hiebschaden.

REAKTIONEN

Tadel aus dem Jenseits (3/Tag). Wenn der Leererufer von einer Kreatur innerhalb von 18 m verletzt wird, kann er seine Reaktion verwenden, um ein zerstörerisches Wort in der Leeresprache zu brüllen. Wenn die Kreatur den Leererufer hören kann, erleidet sie 6 nekrotischen Schaden. Der Leererufer kann diese Fähigkeit nicht verwenden, wenn er nicht sprechen kann.

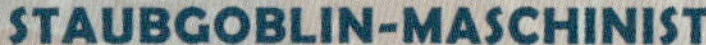

Staubgoblin-Maschinist

Auch wenn diese Kreaturen stark an andere Staubgoblins erinnern, erhalten einige Mitglieder des Staubgräber-Stammes durch ihr beträchtliches Können mit technologisch fortschrittlichen Werkzeugen und Waffen fast mechanische Züge in ihrem Aussehen und ihrer Physiologie. Sie müssen nicht mehr schlafen, doch verbringen sie vier Stunden jeden Tag damit, ihre Uhrwerk-Implantate zu warten. Ansonsten erleiden sie eine Stufe Erschöpfung für je 24 Stunden Aktivität ohne Wartung.

Staubgoblin-Maschinist

Kleiner Humanoider (Goblinoider), neutral böse

Rüstungsklasse 15 (beschlagenes Leder)

Trefferpunkte 33 (6W6 + 12)

Bewegungsrate 9 m

STR	GES	KON	INT	WEI	CHA
8 (–1)	16 (+3)	14 (+2)	10 (+0)	8 (–1)	8 (–1)

Schadensimmunitäten Gift

Zustandsimmunitäten Bezaubert, Krank, Verängstigt, Vergiftet

Schadensanfälligkeiten Blitz

Fertigkeiten Heimlichkeit +5

Sinne passive Wahrnehmung 9

Sprachen Goblinisch, Gemeinsprache

Herausforderungsgrad 1 (200 EP)

Verdreht. Wenn der Goblin eine Kreatur aus einem Versteck heraus angreift, muss das Ziel einen Weisheitsrettungswurf gegen SG 10 ablegen, um nicht bis zum Ende seines nächsten Zuges verängstigt zu sein.

Mechanischer Verstand. Der Staubgoblin-Maschinist muss nicht schlafen, aber vier Stunden jeden Tag damit verbringen, seine Uhrwerk-Implantate zu warten.

Aktionen

Vril-Gewehr. *Fernkampf-Waffenangriff:* +5 zum Treffen, Reichweite 12/48 m, ein Ziel. *Treffer:* 16 (3W10) Energieschaden.

Kurzschwert. *Nahkampf-Waffenangriff:* +5 zum Treffen, Reichweite 1,50 m, ein Ziel. *Treffer:* 6 (1W6 + 3) Stichschaden.

Teufel, Tintenteufel[BDB]

Tintenteufel haben kleine, geschürzte Münder und lange, dünne Knochenfinger. Ihre Nägel erinnern an Schreibfedern. Ihre Köpfe sind oft kahl oder in einer Mönchstonsur geschoren, und sie haben zwei kleine Hörner, nicht länger als eine Eichel. Sie sind oft in Roben gekleidet und tragen kleine Schriftrollenbehälter bei sich. Man kann ihnen nicht trauen, und sie haben Freude daran, für ihr eigenes Amüsement oder im Auftrag ihres Meisters Dokumente zu verändern.

Tintenteufel

Kleiner Unhold (Teufel), rechtschaffen böse

Rüstungsklasse 14

Trefferpunkte 54 (12W6 + 12)

Bewegungsrate 9 m

STR	GES	KON	INT	WEI	CHA
12 (+1)	18 (+4)	12 (+1)	20 (+5)	8 (–1)	18 (+4)

Rettungswürfe Ges +6

Fertigkeiten Arkane Kunde +9, Geschichte +9, Heimlichkeit +8, Täuschen +8

Schadensresistenzen Kälte; Hieb-, Stich- und Wuchtschaden durch nicht-magische Waffen, die nicht versilbert sind

Schadensimmunitäten Feuer, Gift

Zustandsimmunitäten Vergiftet

Sinne Dunkelsicht 36 m, passive Wahrnehmung 9

Sprachen Himmlisch, Drakonisch, Infernalisch, Gemeinsprache; Telepathie 36 m

Herausforderungsgrad 2 (450 EP)

Teufelssicht. Magische Dunkelheit schränkt die Sicht des Teufels nicht ein.

Konzentration brechen. Ihre scharfen, schrillen Stimmen und noch schärferen Krallen machen Tintenteufel lästiger, als ihre Kampfkraft es vermuten ließe. Als Bonusaktion kann ein Tintenteufel einen Feind innerhalb von 9 um sich zwingen, einen Weisheitsrettungswurf gegen SG 13 abzulegen, um nicht bis zum Beginn des nächsten Zugs des Ziels die Konzentration zu verlieren.

Magieresistenz. Der Teufel erhält einen Vorteil auf Rettungswürfe gegen Zauber und andere magische Effekte.

Angeborenes Zauberwirken. Das Attribut zum Zauberwirken für den Tintenteufel ist Charisma (Zauberrettungswurf-SG 14). Der Tintenteufel kann die folgenden Zauber wirken, wobei er keine Materialkomponenten benötigt:

Beliebig oft: *Illusionsschrift, Magie entdecken, Teleportation* (nur selbst plus 50 Pfund an Objekten), *Unsichtbarkeit*

Je 1/Tag: *Glyphe des Schutzes, Verbündeter aus den Ebenen* (1W4 + 1 Lemuren 75%, oder 1 Tintenteufel 25%)

Aktionen

Biss. *Nahkampf-Waffenangriff:* +6 zum Treffen, Reichweite 1,50 m, ein Ziel. *Treffer:* 11 (2W6 + 4) Stichschaden.

Klaue. *Nahkampf-Waffenangriff:* +6 zum Treffen, Reichweite 1,50 m, ein Ziel. *Treffer:* 14 (3W6 + 4) Hiebschaden.

Schriftrolle korrumpieren. Ein Tintenteufel kann die Magie auf einer Schriftrolle mit einer Berührung korrumpieren. Jede derartig korrumpierte Schriftrolle kann nur mit einem Intelligenzrettungswurf gegen SG 13 erfolgreich verwendet werden. Wenn der Wurf misslingt,

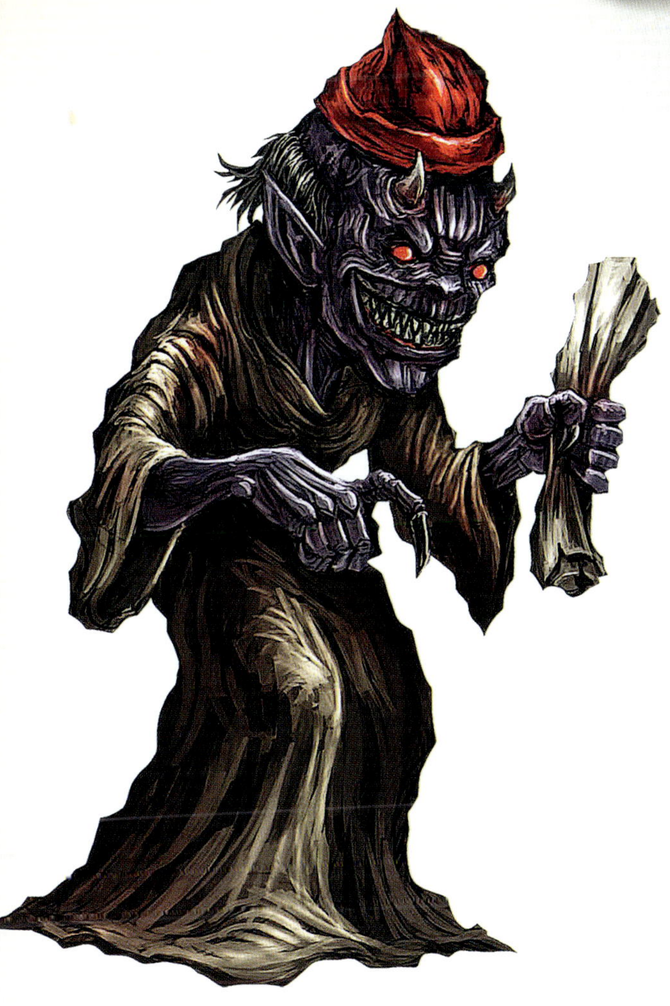

beeinflusst der Zauber auf der Schriftrolle den Wirker, wenn es sich um einen offensiven Zauber handelt, oder den nächsten Teufel, wenn es sich um einen zuträglichen Zauber handelt.

Teufelszeichen. Tintenteufel können aus ihren Fingerspitzen Tinte auf ein Ziel innerhalb von 4,50 m schleudern. Das Ziel muss einen Geschicklichkeitsrettungswurf (SG 13) schaffen, sonst erhält die betroffene Kreatur ein Teufelszeichen – eine schwarze, rote oder violette Tätowierung in der Form des persönlichen Siegels eines Erzherzogs der Neun Höllen (meistens Mammon oder Totivillus, doch manchmal Arbeyach, Asmodeus, Beelzebub, Dispater oder andere). Alle Teufel erhalten einen Vorteil auf Zauberangriffe gegen die Kreatur mit dem Teufelszeichen, und die Kreatur erleidet einen Nachteil auf Rettungswürfe gegen Zauber und Fähigkeiten von Teufeln. Das Zeichen kann nur mit *Fluch brechen* oder vergleichbarer Magie gebannt werden. Außerdem wird das Zeichen als schwach böse wahrgenommen und wechselt oft die Position auf dem Körper. Paladine, Hexenjäger und einige Kleriker könnten ein solches Mal als Beweis werten, dass eine Kreatur einen Pakt mit einem Teufel geschlossen hat.

TROLL, WINTERTROLL

Diese großen, blauhäutigen Humanoiden sehen fremdartig, fast asymmetrisch aus. Sie führen gewaltige, schwere Schilde, die aus den Totem-Galionsfiguren von erbeuteten Schlächterzwergen-Schiffen gefertigt werden. Sie nutzen sie zum Schutz, und um ihren mörderischen Hass auf die Zwerge zu zeigen.

Wintertroll

Großer Humanoider (Riese), chaotisch böse

Rüstungsklasse 17 (natürliche Rüstung, Schild)
Trefferpunkte 84 (8W10 + 40)
Bewegungsrate 9 m

STR	GES	KON	INT	WEI	CHA
18 (+4)	13 (+1)	20 (+5)	7 (–2)	9 (–1)	7 (–2)

Rettungswürfe Konstitution +5
Schadensimmunitäten Kälte, Gift
Zustandsimmunitäten Vergiftet
Fertigkeiten Wahrnehmung +2
Sinne Dunkelsicht 18 m, passive Wahrnehmung 12
Sprachen Riesisch
Herausforderungsgrad 6 (2300 EP)

Mantel des Winters. Eine Kreatur, die ihren Zug innerhalb von 3 m um den Troll beendet, erleidet 5 (1W10) Kälteschaden.

Kälte absorbieren. Immer wenn der Troll Kälteschaden erleidet, erleidet er keinen Schaden, und erhält stattdessen Trefferpunkte gleich dem verursachten Kälteschaden zurück.

Scharfer Geruchssinn. Der Troll erhält einen Vorteil auf Würfe mit Weisheit (Wahrnehmung), die auf dem Geruchssinn basieren.

Regeneration. Der Troll erhält zu Beginn seines Zuges 10 Trefferpunkte zurück. Wenn der Troll Säure- oder Feuerschaden erleidet, funktioniert dieses Merkmal zum Beginn des nächsten Zuges des Trolls nicht. Der Wintertroll stirbt nur, wenn er eine Runde mit 0 Trefferpunkten beginnt und nicht regeneriert.

AKTIONEN

Mehrfachangriff. Der Wintertroll führt einen Biss-Angriff und zwei Klauen-Angriffe aus.

Biss. *Nahkampf-Waffenangriff:* +7 zum Treffen, Reichweite 1,50 m, ein Ziel. *Treffer:* 7 (1W6 + 4) Stichschaden.

Klaue. *Nahkampf-Waffenangriff:* +7 zum Treffen, Reichweite 1,50 m, ein Ziel. *Treffer:* 11 (2W6 + 4) Hiebschaden.

TROLLBLUT-RÄUBER[BDB]

Trollblütige haben den wohlverdienten Ruf, brutal zu sein, und die Räuber verstärken diesen Eindruck unter ihren Nachbarn. Plünderungen sind unter Trollblütigen ein wichtiges Gewerbe, und die Räuber führen die brutalsten Plündertrupps auf der Suche nach Reichtümern, Sklaven und Vorräten. Trollblut-Schlächter haben große Angst vor Geistern und Gespenstern, und ziehen es vor, nur in Zeiten guter Omen zu plündern.

Trollblut-Räuber

Mittelgroßer Humanoider (Trollblütiger), neutral

Rüstungsklasse 14 (Fellrüstung)

Trefferpunkte 82 (11W8 + 33)

Bewegungsrate 9 m

STR	GES	KON	INT	WEI	CHA
19 (+4)	13 (+1)	16 (+3)	11 (+0)	12 (+1)	13 (+1)

Rettungswürfe Kon +5, Wei +3, Cha +3

Fertigkeiten Einschüchtern +5, Überleben +3

Sinne Dunkelsicht 18 m, passive Wahrnehmung 11

Sprachen Trollisch, Gemeinsprache

Herausforderungsgrad 4 (1.100 EP)

Regeneration. Der Trollblut-Räuber erhält zu Beginn seines Zuges 10 Trefferpunkte zurück. Diese Eigenschaft funktioniert nicht, wenn der Trollblütige seit dem Ende seines letzten Zuges Feuer- oder Säureschaden erlitten hat. Der Trollblütige stirbt, wenn er seinen Zug mit 0 Trefferpunkten beginnt und nicht regeneriert.

Dicke Haut. Die Haut des Trollblut-Schlächters ist dick und zäh und gewährt einen Bonus von +1 auf RK. Dieser Bonus ist bereits in die RK des Trollblütigen eingerechnet.

AKTIONEN

Mehrfachangriff. Der Trollblut-Schlächter führt drei Nahkampfangriffe aus: zwei mit seinen Klauen und einen mit seinem Biss, oder zwei mit seinem Kriegsbeil und einen mit seinem Handbeil, oder zwei Fernkampfangriffe mit seinen Handbeilen.

Biss. *Nahkampf-Waffenangriff:* +6 zum Treffen, Reichweite 1,50 m, ein Ziel. *Treffer:* 6 (1W4 + 4) Stichschaden.

Klaue. *Nahkampf-Waffenangriff:* +6 zum Treffen, Reichweite 1,50 m, ein Ziel. *Treffer:* 6 (1W4 + 4) Hiebschaden.

Kriegsbeil. *Nahkampf-Waffenangriff:* +6 zum Treffen, Reichweite 1,50 m, ein Ziel. *Treffer:* 8 (1W8 + 4) Hiebschaden oder 9 (1W10 + 4) Hiebschaden, wenn die Waffe mit beiden Händen verwendet wird. Wenn der Trollblütige das Kriegsbeil mit zwei Händen verwendet, kann er das Handbeil nicht verwenden.

Handbeil. *Nahkampf- oder Fernkampf-Waffenangriff:* +6 zum Treffen, Reichweite 1,50 m oder 6/18 m, ein Ziel. *Treffer:* 7 (1W6 + 4) Hiebschaden.

Kriegsgeheul (Aufladung 6). Bis zu drei Verbündete, die den Trollblut-Schlächter hören können und sich innerhalb von 9 m aufhalten, können jeweils einen Nahkampfangriff als Reaktion ausführen.

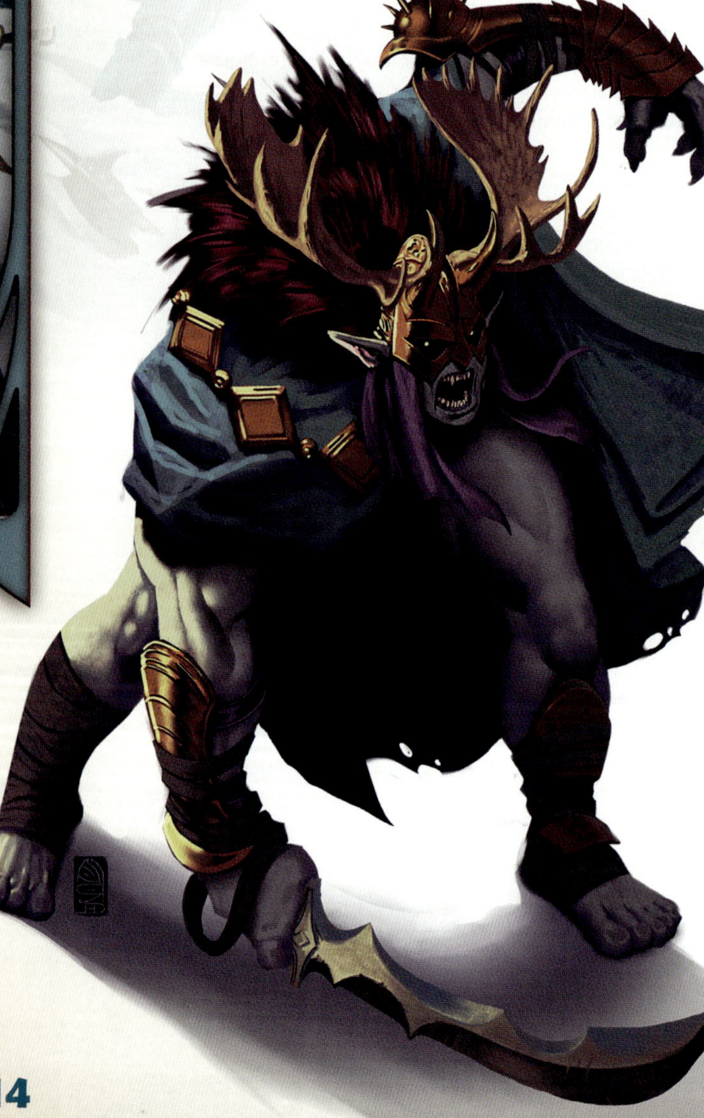

UHRWERKHUND[BDB]

Diese schwarzen Hunde, die Partner von Uhrwerkjägern, verfolgen die Fährten von Verbrechern, entkommenen Sklaven und anderen Unglückseligen. Die Geister, mit denen sie erfüllt sind, sind die von Jagdhunden, und ihre belebende Magie erlaubt es ihnen, eine Geruchsfährte mit übernatürlicher Geschwindigkeit und Genauigkeit zu verfolgen.

Uhrwerkhund

Mittelgroßes Konstrukt, gesinnungslos

Rüstungsklasse 14 (natürliche Rüstung)

Trefferpunkte 84 (13W8 + 26)

Bewegungsrate 15 m

STR	GES	KON	INT	WEI	CHA
16 (+3)	15 (+2)	14 (+2)	1 (–5)	10 (+0)	1 (–5)

Rettungswürfe Ges +4, Kon +4
Fertigkeiten Athletik +7, Wahrnehmung +4
Schadensimmunitäten Gift, Psychisch
Zustandsimmunitäten Bezaubert, Erschöpft, Gelähmt, Verängstigt, Vergiftet, Versteinert
Sinne Dunkelsicht 18 m, passive Wahrnehmung 14
Sprachen versteht die Gemeinsprache
Herausforderungsgrad 2 (450 EP)

Gründlicher Spurenleser. Uhrwerkhunde sind darauf ausgelegt, Gebiete zu verteidigen und Beute zu verfolgen. Sie haben einen Vorteil auf alle Würfe auf Weisheit (Wahrnehmung) und Weisheit (Überleben), wenn sie Spuren verfolgen.

Explosiver Kern. Der Mechanismus, der den Hund antreibt, explodiert, wenn das Konstrukt zerstört wird. Alle Kreaturen innerhalb von 1,50 m um den Hund erleiden 7 (2W6) Feuerschaden, oder halb so viel Schaden nach einem erfolgreichen Geschicklichkeitsrettungswurf gegen SG 12.

Unveränderbare Gestalt. Der Uhrwerkhund ist immun gegen jeden Zauber oder Effekt, der seine Form verändern würde.

Magieresistenz. Der Uhrwerkhund erhält einen Vorteil auf Rettungswürfe gegen Zauber und andere magische Effekte.

AKTIONEN

Biss. *Nahkampf-Waffenangriff:* +5 zum Treffen, Reichweite 1,50 m, ein Ziel. *Treffer:* 18 (2W12 + 5) Stichschaden.

Hieb. *Nahkampf-Waffenangriff:* +5 zum Treffen, Reichweite 1,50 m, ein Ziel. *Treffer:* 18 (2W12 + 5) Wuchtschaden.

Niederreißende Zunge. *Nahkampf-Waffenangriff:* +5 zum Treffen, Reichweite 4,50 m, ein Ziel. *Treffer:* 9 (1W8 + 5) Hiebschaden, und das Ziel muss einen Stärkerettungswurf gegen SG 13 schaffen, um nicht den Zustand Liegend zu erleiden.

Entwaffnende Zunge. *Nahkampf-Waffenangriff:* +5 zum Treffen, Reichweite 4,50 m, ein Ziel. *Treffer:* 9 (1W8 + 5) Hiebschaden, und das Ziel wird entwaffnet, wenn ihm kein Stärkerettungswurf mit einem SG gleich dem erlittenen Schaden gelingt. Wenn der Rettungswurf misslingt, fällt die Waffe dem Ziel zu Füßen.

UHRWERKJÄGER[BDB]

Diese metallischen Jäger waren einst die Werkzeuge korrupter Aristokraten, die entkommene Sklaven niederrennen und Beute in Jagdexpeditionen aufspüren wollten. Ihre Meister mögen heute andere sein, doch erfüllen die Uhrwerkjäger noch immer ihre Aufgaben, wenn sie gerufen werden. An manchen Orten sind sie nur auf Geheiß der Geheimpolizei aktiv und jagen Zielpersonen, die verhört werden sollen. Einfache Leute verabscheuen Uhrwerkjäger; alle bis auf ihre Wärter und Kommandeure meiden sie.

Uhrwerkjäger sind fast 1,80 m groß und wiegen 400 Pfund.

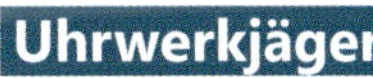

Uhrwerkjäger

Mittelgroßes Konstrukt, gesinnungslos

Rüstungsklasse 14 (natürliche Rüstung)
Trefferpunkte 110 (20W8 + 20)
Bewegungsrate 12 m

STR	GES	KON	INT	WEI	CHA
17 (+3)	14 (+2)	12 (+1)	4 (−3)	10 (+0)	1 (−5)

Rettungswürfe Str +5, Ges +4
Fertigkeiten Überleben + 4, Wahrnehmung +4
Schadensimmunitäten Gift, Psychisch
Zustandsimmunitäten Bezaubert, Erschöpft, Gelähmt, Verängstigt, Vergiftet, Versteinert
Sinne Dunkelsicht 18 m, passive Wahrnehmung 14
Sprachen versteht die Gemeinsprache
Herausforderungsgrad 3 (700 EP)

Explosiver Kern. Der Mechanismus, der den Jäger antreibt, explodiert, wenn das Konstrukt zerstört wird, und schleudert superheißen Dampf und Schrapnell umher. Alle Kreaturen innerhalb von 1,50 m um den Jäger erleiden 10 (3W6) Feuerschaden, oder halb so viel Schaden nach einem erfolgreichen Geschicklichkeitsrettungswurf gegen SG 13.

Unveränderbare Gestalt. Der Uhrwerkjäger ist immun gegen jeden Zauber oder Effekt, der seine Form verändern würde.

Magieresistenz. Der Uhrwerkjäger erhält einen Vorteil auf Rettungswürfe gegen Zauber und andere magische Effekte.

AKTIONEN

Langschwert. *Nahkampf-Waffenangriff:* +5 zum Treffen, Reichweite 1,50 m, ein Ziel. *Treffer:* 7 (1W8 + 3) Hiebschaden.

Hieb. *Nahkampf-Waffenangriff:* +5 zum Treffen, Reichweite 1,50 m, ein Ziel. *Treffer:* 6 (1W6 + 3) Wuchtschaden.

Netzkanone. *Fernkampf-Waffenangriff:* +4 zum Treffen, Reichweite 1,50/4,50 m, ein Ziel. *Treffer:* Das Ziel ist festgesetzt, wenn es Größe Groß oder weniger besitzt. Ein Mechanismus in der Brust des Uhrwerkjägers kann ein Netz mit 6 m Leine abfeuern, die in der Brust des Jägers verankert ist. Eine Kreatur kann sich befreien (oder eine andere Kreatur innerhalb von 1,50 m), indem sie ihre Aktion nutzt, um einen erfolgreichen Stärkewurf gegen SG 10 abzulegen, oder dem Netz 5 Punkte Hiebschaden zufügt. Der Wächter kann bis zu vier Netze abfeuern, ehe er nachgeladen werden muss.

UHRWERKMYRMIDONE[BDB]

Uhrwerkmyrmidonen sind an ihren Gelenken und wichtigsten Körperstellen schwer gepanzert. Sie sind viel zu wertvoll, um für Patrouillen oder nieder Tätigkeiten eingesetzt zu werden, und sie werden nur für gefährliche Situationen entsandt, die Uhrwerkwächter nicht bewältigen können.

Uhrwerkmyrmidone

Großes Konstrukt, gesinnungslos

Rüstungsklasse 16 (natürliche Rüstung)

Trefferpunkte 153 (18W10 + 54)

Bewegungsrate 9 m

STR	GES	KON	INT	WEI	CHA
20 (+5)	14 (+2)	16 (+3)	10 (+0)	10 (+0)	1 (–5)

Rettungswürfe Str +11, Ges +5

Fertigkeiten Athletik +8, Wahrnehmung +6

Schadensimmunitäten Gift, Psychisch

Zustandsimmunitäten Bezaubert, Erschöpft, Gelähmt, Verängstigt, Vergiftet, Versteinert

Sinne Dunkelsicht 18 m, passive Wahrnehmung 16

Sprachen versteht die Gemeinsprache

Herausforderungsgrad 6 (2.300 EP)

Alchemistischer Feuerball. Das alchemistische Flammenreservoir des Uhrwerkmyrmidonen explodiert, wenn das Konstrukt zerstört wird, und sprüht brennenden Brennstoff auf alle nahen Kreaturen. Alle Kreaturen innerhalb von 1,50 m um den Myrmidonen erleiden 19 (3W12) Feuerschaden, oder halb so viel Schaden nach einem erfolgreichen Geschicklichkeitsrettungswurf gegen SG 15. Die Explosion findet nicht statt, wenn der Uhrwerkmyrmidone seinen Alchemistischen Flammenstrahl bereits viermal abgefeuert hat.

Schmieredüsen (Aufladung 5–6). Als Bonusaktion kann die Brust des Uhrwerkmyrmidonen alchemistische Schmiere mit einer Reichweite von 9 m abfeuern und so einen Bereich von 3 auf 3 m in schwieriges Gelände verwandeln. Jede Kreatur, die im betroffenen Gebiet steht, muss einen Geschicklichkeitsrettungswurf gegen SG 15 schaffen, um nicht den Zustand Liegend zu erleiden. Eine Kreatur, die den Bereich betritt oder ihren Zug dort beendet, muss ebenfalls einen Geschicklichkeitsrettungswurf gegen SG 15 schaffen, um nicht den Zustand Liegend zu erleiden. Der Uhrwerkmyrmidone kann diesen Angriff viermal verwenden, ehe sein internes Reservoir leer ist.

Unveränderbare Gestalt. Der Uhrwerkmyrmidone ist immun gegen jeden Zauber oder Effekt, der seine Form verändern würde.

Magieresistenz. Der Uhrwerkmyrmidone erhält einen Vorteil auf Rettungswürfe gegen Zauber und andere magische Effekte.

AKTIONEN

Mehrfachangriff. Der Uhrwerkmyrmidone führt zwei Angriffe aus: zwei Angriffe mit seiner schweren Hacke, zwei Hieb-Angriffe oder je eins von beiden.

Schwere Spitzhacke. *Nahkampf-Waffenangriff:* +8 zum Treffen, Reichweite 3 m, ein Ziel. *Treffer:* 14 (2W8 + 5) Stichschaden.

Hieb. *Nahkampf-Waffenangriff:* +8 zum Treffen, Reichweite 3 m, ein Ziel. *Treffer:* 11 (1W12 + 5) Wuchtschaden.

Alchemistische Flammendüsen (Aufladung 5–6). Der Uhrwerkmyrmidone kann einen Strahl von alchemistischem Feuer in einer Linie mit 6 m Länge und 1,50 m Breite abgeben. Alle Kreaturen auf der Linie erleiden 26 (4W12) Feuerschaden, oder halb so viel Schaden nach einem erfolgreichen Geschicklichkeitsrettungswurf gegen SG 15. Der Uhrwerkmyrmidone kann diesen Angriff viermal verwenden, ehe sein internes Reservoir leer ist.

UHRWERKWÄCHTER[BDB]

Ordentliche Uhrwerkwächter werden mit Teilen aus Eisen statt Zinn gebaut und erhalten schärfere Sinne. Viele haben kleine Rüstungsstücke, die ihre Gelenke und wichtigsten Komponenten bedecken. Sie verrichten keine körperliche Arbeit, sondern patrouillieren Tag und Nacht unermüdlich in der Stadt und halten nur inne, wenn sie gewartet werden. Ihre Sprache ist langsam und stockend, doch ihre markanten Rufe und Pfeifgeräusche bringen menschliche Wachen schnell herbei.

Uhrwerkwächter

Mittelgroßes Konstrukt, gesinnungslos

Rüstungsklasse 14 (natürliche Rüstung)

Trefferpunkte 55 (10W8 + 10)

Bewegungsrate 9 m

STR	GES	KON	INT	WEI	CHA
14 (+2)	12 (+1)	12 (+1)	5 (–3)	10 (+0)	1 (–5)

Rettungswürfe Kon +3
Fertigkeiten Athletik +4, Wahrnehmung +4
Schadensimmunitäten Gift, Psychisch
Zustandsimmunitäten Bezaubert, Erschöpft, Gelähmt, Verängstigt, Vergiftet, Versteinert
Sinne Dunkelsicht 18 m, passive Wahrnehmung 14
Sprachen Gemeinsprache
Herausforderungsgrad 1/2 (100 EP)

Unveränderbare Gestalt. Der Uhrwerkwächter ist immun gegen jeden Zauber oder Effekt, der seine Form verändern würde.

Magieresistenz. Der Uhrwerkwächter erhält einen Vorteil auf Rettungswürfe gegen Zauber und andere magische Effekte.

AKTIONEN

Hellebarde. *Nahkampf-Waffenangriff:* +4 zum Treffen, Reichweite 3 m, ein Ziel. *Treffer:* 7 (1W10 + 2) Hiebschaden.

Hieb. *Nahkampf-Waffenangriff:* +4 zum Treffen, Reichweite 1,50 m, ein Ziel. *Treffer:* 5 (1W6 + 2) Wuchtschaden.

Netzkanone. *Fernkampf-Waffenangriff:* +3 zum Treffen, Reichweite 1,50/4,50 m, ein Ziel. *Treffer:* Das Ziel ist festgesetzt, wenn es Größe Groß oder weniger besitzt. Ein Mechanismus in der Brust des Uhrwerkwächters kann ein Netz mit 6 m Leine abfeuern, die in der Brust des Wächters verankert ist. Eine Kreatur kann sich befreien (oder eine andere Kreatur innerhalb von 1,50 m), wenn sie ihre Aktion ablegt, um einen Stärkewurf gegen SG 10 durchzuführen, oder dem Netz 5 Punkte Hiebschaden zufügt. Der Wächter kann bis zu vier Netze abfeuern, ehe er nachgeladen werden muss.

UNGEHEURER HUNDEMAULWURF[BDB]

Der ungeheure Hundemaulwurf wurde von Geburt an missbraucht und mit Vernarbung, üblen Drogen und verzerrender Magie abgehärtet. Er ist kaum mehr als Artgenosse seiner kleineren Verwandten zu erkennen. Ein ungeheurer Hundemaulwurf ist eine felllose Masse aus Muskeln, Narbengewebe und Widerhaken, die durch sein Fleisch gestoßen wurden, gehüllt in zusammengewurfelte Panzerung. Er hat eine Schulterhöhe von 2,10 m und ist zwischen 2,70 und 3,60 m lang. Seine Eckzähne sind so lang wie Kurzschwerter.

Ungeheurer Hundemaulwurf

Große Monstrosität, gesinnungslos
Rüstungsklasse 15 (Kettenhemd)
Trefferpunkte 126 (12W10 + 60)
Bewegungsrate 9 m, Graben 3 m, Schwimmen 3 m

STR	GES	KON	INT	WEI	CHA
21 (+5)	14 (+2)	20 (+5)	2 (–4)	10 (+0)	2 (–4)

Rettungswürfe Kon +11
Sinne Blindsicht 9 m, passive Wahrnehmung 10
Sprachen –
Herausforderungsgrad 5 (1.800 EP)

Graben. Ungeheure Hundemaulwürfe können sich nicht in soliden Felsen graben, doch können sie sich durch weichere Materialien wie Erde oder loses Geröll graben. Dabei hinterlassen sie einen nutzbaren Tunnel mit 3 m Durchmesser.

Wildheit (1/Tag). Wenn der Ungeheure Hundemaulwurf auf 0 Trefferpunkte fällt, stirbt er erst am Ende seines nächsten Zuges.

Mächtig gebaut. Ein Ungeheurer Hundemaulwurf wird als eine Größenkategorie größer behandelt, wenn dies von Vorteil ist (zum Beispiel bei Haltegriffen, beim Schieben und zu Fall bringen, aber nicht beim Quetschen oder für die RK). Er erhält einen Vorteil gegen magische Schiebe-Versuche wie *Windstoß* oder Zurückdrängender Strahl.

Wurmkiller-Wut. Wilde Rudel von Ungeheuren Hundemaulwürfen sind für ihre Kämpfe gegen die Monster der dunklen Kavernen der Welt bekannt. Wenn ein ungeheurer Hundemaulwurf gegen Ungeziefer, Purpurwürmer oder andere wirbellose unterirdische Kreaturen eine blutige Wunde schlägt, erhält er einen Bonus von +4 auf Stärke und Konstitution, erleidet aber einen Nachteil von –2 auf seine RK. Die Wurmkiller-Wut hält für eine Anzahl von Runden gleich 1 + sein Konstitutionsmodifikator an (Minimum 1 Runde). Der Hundemaulwurf kann die Wut nicht freiwillig beenden, wenn die Kreatur, die ihn in Wut versetzt hat, noch lebt.

AKTIONEN

Mehrfachangriff. Der ungeheure Hundemaulwurf führt einen Klauenangriff und einen Bissangriff aus.

Biss. *Nahkampf-Waffenangriff:* +8 zum Treffen, Reichweite 1,50 m, ein Ziel. *Treffer:* 11 (1W12 + 5) Stichschaden.

Klaue. *Nahkampf-Waffenangriff:* +8 zum Treffen, Reichweite 1,50 m, ein Ziel. *Treffer:* 19 (4W6 + 5 Hiebschaden).

VERWESUNGSWIND

Vor hunderten von Jahren wurden einige Kämpfer lebend in einem Tempel eingeschlossen, als sie einander verzweifelt bekämpften. Der Tempel enthielt einen magischen Gegenstand, der Kontrolle über die gottgleiche Gestalt ausüben konnte, um die die Krieger kämpften: Eine Seite betete sie an, die andere sah sie als Bedrohung und wollten sie aus ihrer Welt heraushalten. Niemand kann sicher sagen, wer den Kampf im versiegelten Tempel gewonnen hat, doch die Überlebenden erhielten als Belohnung nur einen langsamen, qualvollen Tod durch Verdursten in einem Grab, aus dem sie nicht entkommen konnten. Im Laufe der Jahrhunderte sind ihre ruhelosen Geister zu einem zornigen, rachsüchtigen Wächter für den Tempel verschmolzen: dem Verwesungswind.

Der Verwesungswind ist so übelriechend, dass alle normalen Pflanzen und Flüssigkeiten, über die er streicht, und sei es nur für einen Moment, verdorben und verflucht werden. Normale Pflanzen sterben innerhalb von 1W4 Tagen, und Flüssigkeiten werden ekelhaft und untrinkbar.

Verwesungswind

Großer Untoter, neutral böse
Rüstungsklasse 15
Trefferpunkte 82 (11W10 + 22)
Bewegungsrate 0 m, Fliegen 18 m (Schweben)

STR	GES	KON	INT	WEI	CHA
14 (+2)	20 (+5)	15 (+2)	7 (–2)	12 (+1)	10 (+0)

Schadensresistenzen Hieb-, Stich- und Wuchtschaden durch nicht-magische Waffen
Schadensimmunitäten Nekrotisch, Gift
Zustandsimmunitäten Bewusstlos, Bezaubert, Erschöpft, Festgesetzt, Gelähmt, Gepackt, Liegend, Verängstigt, Vergiftet, Versteinert
Sinne Blindsicht 18 m (darüber hinaus blind), passive Wahrnehmung 10
Sprachen –
Herausforderungsgrad 8 (3.900 EP)

Luftgestalt. Der Verwesungswind kann den Bereich einer feindlichen Kreatur betreten und dort seine Bewegung beenden. Er kann sich durch einen Bereich bewegen, der nur 2,50 cm Durchmesser hat, ohne sich quetschen zu müssen.
Beschmutzen. Schaden durch den Wind des Verfalls des Verwesungswindes wird gegen Pflanzenkreaturen verdoppelt.
Unsichtbarkeit. Der Verwesungswind ist immer unsichtbar.

AKTIONEN

Wind des Verfalls. *Nahkampf-Waffenangriff:* +8 zum Treffen, Reichweite 0 m, ein Ziel. *Treffer:* 12 (2W6 + 5) Wuchtschaden plus 14 (4W6) nekrotischer Schaden. Wenn das Ziel eine Kreatur ist, muss es einen Konstitutionsrettungswurf gegen SG 15 ablegen, um nicht mit Gruftfäule verflucht zu werden. Das verfluchte Ziel kann keine Trefferpunkte zurückerlangen, und seine maximalen Trefferpunkte sinken alle 24 Stunden um 10 (3W6). Wenn der Fluch die Trefferpunkte des Ziels auf 0 bringt, stirbt das Ziel, und sein Leichnam zerfällt zu Staub. Der Fluch hält an, bis er mit *Fluch brechen* oder vergleichbarer Magie aufgehoben wird.

VORS-GO-ZWERGE

Diese Nordlandzwerge des Stammes der Vors wurden von Mi-go-Sporen infiziert, die sie in einen Wahn der Gewalt versetzen. Ihre Augen leuchten schwach und wechseln zwischen einer grünen und einer violetten Färbung hin und her. Abgesehen davon und von ihrem grundsätzlich wahnsinnigen Erscheinungsbild, das sogar noch wilder ist als gewöhnlich, sehen sie nicht anders als normale, nicht infizierte Zwerge aus.

Sporeninfektion. Jede Begegnung mit infizierten Vors-go-Zwergen oder ihren Wölfen birgt das Risiko einer Sporeninfektion. Eine Kreatur, die Schaden durch die Plünderer, ihre Waffen oder ihre Wölfe erleidet, muss am Ende des Kampfes einen Konstitutionsrettungswurf gegen SG 12 schaffen, um nicht von Mi-go-Sporen infiziert zu werden (siehe „Berührung der Leere“ in *Blut des Gefallenen Sterns,* wenn du die Auswirkungen der Infektion suchst).

Vors-go-Plünderer

Mittelgroßer Humanoider (Zwerg), chaotisch böse
Rüstungsklasse 16 (Kettenhemd, Schild)
Trefferpunkte 76 (9W8 + 36)
Bewegungsrate 7,50 m

STR	GES	KON	INT	WEI	CHA
18 (+4)	12 (+1)	19 (+4)	9 (–1)	11 (+0)	9 (–1)

Schadensresistenzen Gift
Fertigkeiten Athletik +6, Einschüchtern +1
Sinne Dunkelsicht 18 m, passive Wahrnehmung 10
Sprachen Zwergisch, Gemeinsprache
Herausforderungsgrad 3 (700 EP)

Gefahreninstinkt. Der Vors-go-Plünderer erhält einen Vorteil auf Geschicklichkeitsrettungswürfe, solange er nicht blind, taub oder kampfunfähig ist.
Rudeltaktik. Der Vors-go-Plünderer erhält einen Vorteil auf Angriffswürfe, wenn sich mindestens einer der Verbündeten des Zwergs innerhalb von 1,50 m um das Ziel aufhält und nicht kampfunfähig ist.
Unvorsichtig. Zu Beginn seines Zuges kann der Vors-go-Plünderer einen Vorteil auf alle Nahkampfangriffe während seines Zuges erhalten, doch Angriffe gegen ihn erhalten dann bis zum Beginn seines nächsten Zuges einen Vorteil.

AKTIONEN

Mehrfachangriff. Der Vors-go-Plünderer führt zwei Angriffe mit seinem Handbeil aus.
Handbeil. *Nahkampf- oder Fernkampf-Waffenangriff:* +6 zum Treffen, Reichweite 1,50 m oder 6/18 m, ein Ziel. *Treffer:* 7 (1W6 + 4) Hiebschaden.
Biss. *Nahkampf-Waffenangriff:* +6 zum Treffen, Reichweite 1,50 m, ein Ziel. *Treffer:* 6 (1W4 + 4) Stichschaden.

REAKTIONEN

Sporenkraft. Wenn Schaden den Vors-go-Plünderer auf 0 Trefferpunkte bringt, führt er sofort zwei Handbeil-Angriffe durch. Nach den zwei Angriffen stirbt er.

Vors-go-Truppführer

Mittelgroßer Humanoider (Zwerg), chaotisch böse
Rüstungsklasse 16 (Brustplatte)
Trefferpunkte 91 (14W8 + 28)
Bewegungsrate 7,50 m

STR	GES	KON	INT	WEI	CHA
16 (+3)	15 (+2)	14 (+2)	14 (+2)	11 (+0)	14 (+2)

Rettungswürfe Stärke +6, Geschicklichkeit +5, Weisheit +3
Schadensresistenzen Gift
Fertigkeiten Athletik +6, Einschüchtern +5, Täuschen +5
Sinne Dunkelsicht 18 m, passive Wahrnehmung 10
Sprachen Zwergisch, Gemeinsprache
Herausforderungsgrad 5 (1.800 EP)

Gefahreninstinkt. Der Vors-go-Truppführer erhält einen Vorteil auf Geschicklichkeitsrettungswürfe, solange er nicht blind, taub oder kampfunfähig ist.

Rudeltaktik. Der Vors-go-Truppführer erhält einen Vorteil auf Angriffswürfe, wenn sich mindestens einer der Verbündeten des Zwergs innerhalb von 1,50 m um das Ziel aufhält und nicht kampfunfähig ist.

AKTIONEN

Mehrfachangriff. Der Vors-go-Truppführer führt drei Nahkampf- oder Fernkampfangriffe aus.

Zweihandschwert. *Nahkampf-Waffenangriff:* +6 zum Treffen, Reichweite 1,50 m, ein Ziel. *Treffer:* 10 (2W6 + 3) Hiebschaden.

Dolch. *Nahkampf- oder Fernkampf-Waffenangriff:* +6 zum Treffen, Reichweite 1,50 m oder 6/18 m, ein Ziel. *Treffer:* 5 (1W4 + 3) Stichschaden.

Führungsqualitäten. Für 1 Minute kann der Vors-go-Truppführer immer dann ein Kommando oder eine Warnung geben, wenn eine nicht-feindliche Kreatur innerhalb von 9 m, die er sehen kann, einen Angriffswurf oder Rettungswurf ablegt. Die Kreatur kann 1W4 auf den Wurf addieren, wenn sie den Vors-go-Truppführer hören und verstehen kann. Eine Kreatur kann nur einen solchen Bonus auf einmal erhalten. Der Effekt endet, wenn der Vors-go-Truppführer kampfunfähig ist. Nachdem er dieses Merkmal für 1 Minute verwendet hat, muss er eine kurze oder lange Rast nutzen, ehe er es wieder verwenden kann.

REAKTIONEN

Sporenkraft. Wenn Schaden den Vors-go-Truppführer auf 0 Trefferpunkte bringt, führt er sofort drei Nahkampf- oder Fernkampfangriffe aus. Nach den drei Angriffen stirbt er.

Vors-go-Kriegswolf

Mittelgroßes Tier, chaotisch böse

Rüstungsklasse 15 (Kettenpanzer)
Trefferpunkte 11 (2W8+2)
Bewegungsrate 12 m

STR	GES	KON	INT	WEI	CHA
12 (+1)	15 (+2)	12 (+1)	3 (–4)	12 (+1)	6 (–2)

Fertigkeiten Heimlichkeit +4, Wahrnehmung +3
Sinne Dunkelsicht 18 m, passive Wahrnehmung 13
Sprachen –
Herausforderungsgrad 1 (200 EP)

Scharfes Gehör und Geruchssinn. Der Wolf erhält einen Vorteil auf Würfe mit Weisheit (Wahrnehmung), die auf dem Gehör oder Geruchssinn basieren.

Rudeltaktik. Der Vors-go-Kriegswolf erhält einen Vorteil auf Angriffswürfe, wenn sich mindestens einer der Verbündeten des Wolfs innerhalb von 1,50 m um das Ziel aufhält und nicht kampfunfähig ist.

AKTIONEN

Biss. *Nahkampf-Waffenangriff:* +4 zum Treffen, Reichweite 1,50 m, ein Ziel. *Treffer:* 7 (2W4 + 2) Stichschaden. Wenn das Ziel eine Kreatur ist, muss es einen Stärkerettungswurf gegen SG 11 schaffen, um nicht den Zustand Liegend zu erleiden.

REAKTIONEN

Sporenkraft. Wenn der Schaden den Vors-go-Kriegswolf auf 0 Trefferpunkte bringt, führt er sofort einen Biss-Angriff aus, wenn ein Ziel verfügbar ist. Nach dem Angriff stirbt der Kriegswolf.

WOLFSREISSER-ZWERG[BDB]

Wie ihr Totemtier sind Wolfsreißer-Zwerge im Rudel mit ihren Waffenbrüdern unterwegs, immer auf der Suche nach würdigen Herausforderungen, an denen sie sich beweisen können. Wenn sie an der Seite ihrer Verbündeten in die Schlacht stürmen, geht es ebenso um Ruhm wie um Beute, und die Wolfsreißer legen keinen Wert auf Vorsicht und kämpfen ohne Rücksicht auf ihr eigenes Leben.

Wolfsreißer-Zwerg

Mittelgroßer Humanoider (Zwerg), jede chaotische Gesinnung

Rüstungsklasse 16 (Kettenhemd, Schild)
Trefferpunkte 76 (9W8 + 36)
Bewegungsrate 10,50 m

STR	GES	KON	INT	WEI	CHA
18 (+4)	12 (+1)	19 (+4)	9 (–1)	11 (+0)	9 (–1)

Fertigkeiten Athletik +6, Einschüchtern +1
Sinne Dunkelsicht 18 m, passive Wahrnehmung 10
Sprachen Gemeinsprache, Zwergisch
Herausforderungsgrad 3 (700 EP)

Gefahreninstinkt. Der Wolfsreißer-Zwerg erhält einen Vorteil auf Geschicklichkeitsrettungswürfe, solange er nicht blind, taub oder kampfunfähig ist.

Zwergische Unverwüstlichkeit. Der Wolfsreißer-Zwerg erhält einen Vorteil auf Rettungswürfe gegen Gift.

Rudeltaktik. Der Wolfsreißer-Zwerg erhält einen Vorteil auf Angriffswürfe, wenn sich mindestens einer der Verbündeten des Zwergs innerhalb von 1,50 m um das Ziel aufhält und nicht kampfunfähig ist.

Unvorsichtig. Zu Beginn seines Zuges kann der Wolfsreißer-Zwerg einen Vorteil auf alle Nahkampfangriffe während seines Zuges erhalten, doch auch Angriffe gegen ihn erhalten bis zum Beginn seines nächsten Zuges einen Vorteil.

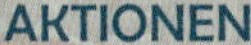

Aktionen

Mehrfachangriff. Der Wolfsreißer-Zwerg führt zwei Nahkampf- oder Fernkampfangriffe aus.

Kriegsbeil. *Nahkampf-Waffenangriff:* +6 zum Treffen, Reichweite 1,50 m, ein Ziel, *Treffer:* 8 (1W8 + 4) Hiebschaden.

Dolch. *Nahkampf- oder Fernkampf-Waffenangriff:* +6 zum Treffen, Reichweite 1,50 m oder 6/18 m, ein Ziel. *Treffer:* 6 (1W4 + 4) Stichschaden.

Speer. *Nahkampf- oder Fernkampf-Waffenangriff:* +6 zum Treffen, Reichweite 1,50 m oder 6/18 m, ein Ziel. *Treffer:* 7 (1W6 + 4) Stichschaden oder 8 (1W8 + 4) Stichschaden, wenn die Waffe mit beiden Händen für einen Nahkampfangriff verwendet wird.

Ylia, Engel des Krieges

Ylia ist ein Engel, der Mavros dient, einer Gottheit der Stürme und des Krieges, die oft von Soldaten und Söldnern verehrt wird. Engel des Krieges dienen Mavros, doch sind sie dabei sehr unabhängig. Sie können ihren eigenen Interessen folgen, solange diese im Einklang mit den Interessen von Mavros stehen und diese voranbringen.

Ylia erscheint als 2,10 m große, engelsgleiche Kriegerin. Ihr langes, blondes Haar fällt in Wellen über ihre gepanzerten Schultern, ihre Augen sind durchdringend und unheimlich blau. Ihre Rüstung kann jedweder Machart sein, doch ist sie immer prachtvoll, und sie ist immer mit einem glänzenden Langschwert bewaffnet. Ylia ist ein Engel, aber ein Engel des Krieges. Ihr Daseinszweck ist es nicht, Frieden und Liebe zu verbreiten, sondern den Konflikt zu fördern. Sie schert sich nicht um Gut und Böse, Chaos oder Rechtschaffenheit, sondern nur um den herrlichen Kampf.

In ferner Vergangenheit wurde ein magischer Gegenstand namens *Krone des Großkönigs* aus den Zähnen großer Wyrme für einen ihrer Anhänger erschaffen. Ylia muss den Befehlen des Trägers der Krone folgen – doch hat sie große Freiheit zu entscheiden, wie sie diese Befehle umsetzen will. Befehle, die gegen ihre von Natur aus kriegerischen Neigungen verstoßen oder von jemandem kommen, den sie nicht als Krieger respektiert, wird sie vermutlich auf unerwartete Weise verdrehen, um dem Träger der Krone selbst zu schaden. Letztendlich bereut sie, dass die Krone jemals gefertigt wurde, und würde sie nur zu gerne den Händen Sterblicher entziehen.

Ylia, Engel des Krieges

Mittelgroße Himmlische, neutral

Rüstungsklasse 19 (Plattenpanzer, Schild)
Trefferpunkte 190 (20W8 + 100)
Bewegungsrate 9 m, Fliegen 18 m

STR	GES	KON	INT	WEI	CHA
22 (+6)	14 (+2)	20 (+5)	15 (+2)	19 (+4)	18 (+4)

Rettungswürfe Int +6, Wei +4
Fertigkeiten Motiv erkennen +14, Einschüchtern +9, Wahrnehmung +9
Sinne passive Wahrnehmung 19
Sprachen Zwergisch, Riesisch, Gemeinsprache; siehe Gabe der Zungen
Herausforderungsgrad 13 (10.000 EP)

Engelswaffen. Ylias Waffenangriffe sind magisch. Wenn sie mit einer Waffe trifft, verursacht dies zusätzliche 18 (4W8) gleißenden Schaden (bereits eingerechnet).

Bewusstsein des Schlachtfelds. Ylia kann sofort erkennen, zu welcher Seite alle Teilnehmer eines Konflikts gehören.

Fokussierter Verstand. Ylia schafft automatisch alle Konstitutionsrettungswürfe, um die Konzentration zu wahren.

Gabe der Zungen. Ylia kann jede Sprache, die sie für mindestens 1 Minute hört, fließend sprechen und behält dieses Wissen für immer.

Kriegsgesang. Als Bonusaktion kann Ylia mit schmetternder Stimme ein Lied über den Ruhm des Krieges singen. Alle Kreaturen innerhalb von 30 m um sie erleiden 16 (3W10) Schallschaden. Eine Kreatur muss das Lied nicht hören können, um betroffen zu sein (taube Kreaturen erleiden den normalen Effekt), doch muss das Lied die Kreatur erreichen können (Kreaturen sind beispielsweise immun, solange sie sich im Wirkungsgebiet des Zaubers *Stille* aufhalten).

Angeborenes Zauberwirken. Das Attribut zum Wirken angeborener Zauber für Ylia ist Weisheit (Zauberrettungswurf-SG 17, +9 zum Treffen mit Zauberangriffen). Sie kann angeboren die folgenden Zauber wirken, wobei sie keine Materialkomponenten benötigt.

Beliebig oft: *Verderben, Segnen, Heilige Flamme, Verschonung der Toten, Mit Tieren sprechen, Thaumaturgie*
Je 5/Tag: *Sanfte Ruhe, Heilendes Wort, Schützendes Band*
Je 3/Tag: *Flammenschlag, Massen-Heilendes Wort, Wiederbeleben*
Je 1/Tag: *Heiliges Gespräch, Bewegungsfreiheit, Geas, Todesschutz*

Aktionen

Mehrfachangriff. Der Engel des Krieges führt zwei Nahkampfangriffe aus.

Langschwert. *Nahkampf-Waffenangriff:* +11 zum Treffen, Reichweite 1,50 m, ein Ziel. *Treffer:* 10 (1W8 + 6) Hiebschaden oder 11 (1W10 + 6) Hiebschaden, wenn die Waffe mit beiden Händen verwendet wird, plus 18 (4W8) gleißender Schaden.

Langbogen. *Fernkampf-Waffenangriff:* +7 zum Treffen, Reichweite 45/180 m, ein Ziel. *Treffer:* 6 (1W8 + 2) Stichschaden, plus 18 (4W8) gleißender Schaden.

Legendäre Aktionen

Ylia kann 3 legendäre Aktionen ausführen, ausgewählt unter den unten beschriebenen Aktionen. Nur eine Option kann gleichzeitig verwendet werden, und nur am Ende des Zuges einer anderen Kreatur. Ylia erhält verbrauchte Aktionen zu Beginn ihres Zuges zurück.

Zaubertrick wirken. Ylia wirkt einen Zauber aus der Liste ihrer beliebig oft verfügbaren Zauber.

Nahkampf- oder Fernkampfangriff. Ylia führt einen Langschwert- oder Langbogen-Angriff aus.
Erheben der Tapferen. Ylia wirkt *Heilendes Wort, Massen-Heilendes Wort* oder *Wiederbeleben*.

ZWERGISCHER RINGMAGIER[BDB]

Der Zwergische Ringmagier ist ein Meister der Magie der Schlächterzwerge. Mit seiner Unterstützung sind seine Schlächter-Gefährten mehr als nur gefährliche Krieger; sie können ihre Fähigkeiten mit mächtigen Zaubern stärken oder ihre Feinde mit unerwarteter Macht überrumpeln. Der Zwergische Ringmagier ist oft gut gepanzert und verfügt über eine Vielzahl von Zaubern; so kann er jedes Schlachtfeld dominieren.

Zwergischer Ringmagier

Mittelgroßer Humanoider (Zwerg), beliebig

Rüstungsklasse 16 (Brustplatte)
Trefferpunkte 82 (15W8 + 15)
Bewegungsrate 9 m

STR	GES	KON	INT	WEI	CHA
10 (+0)	14 (+2)	13 (+1)	18 (+4)	12 (+1)	9 (−1)

Rettungswürfe Int +7, Kon +4, Wei +4
Fertigkeiten Arkane Kunde +7, Geschichte +7
Schadensresistenzen Gift
Sinne Dunkelsicht 18 m, passive Wahrnehmung 11
Sprachen Zwergisch, Gemeinsprache
Herausforderungsgrad 7 (2.900 EP)

Zwergische Unverwüstlichkeit. Der Zwergische Ringmagier erhält einen Vorteil auf Rettungswürfe gegen Gift.
Ringmagie. Der Zwergische Ringmagier kann einen nicht-magischen Ring mit einem Zauber erfüllen, der eine Reichweite von Selbst oder Berührung hat. Dies verbraucht Zauberkomponenten, als ob der Ringmagier den Zauber normal gewirkt hätte, und verwendet einen Zauberplatz, der einen Grad höher ist, als was der Zauber normalerweise erfordert. Wenn der Träger des Rings den Ring als Aktion aktiviert, wird der Zauber gewirkt, als ob der Zwergische Ringmagier den Zauber gewirkt hätte. Der Zwergische Ringmagier erhält den Zauberplatz nicht zurück, bis der Ring verwendet wird oder der Zwergische Ringmagier den Zauber aufhebt.
Ringstecken-Fokus. Der Zwergische Ringmagier kann seinen Ringstecken als Fokus für Zauber verwenden, die Ringe als Fokus oder Komponente erfordern, sowie für seine Fähigkeit Ringmagie. Wenn der Stecken als Fokus für Ringmagie verwendet wird, erfordert der Zauber nicht einen Zaubergrad, der um eins höher ist, als was der Zauber normalerweise erfordert. Einmal pro Tag kann der Zwergische Ringmagier einen Zauber des 4. Grades oder niedriger in seinen Ringstecken legen, indem er einen Zauberplatz gleich dem Grad des verwendeten Zaubers verwendet.

Zauberwirken. Der Zwergische Ringmagier ist ein Zauberwirker der 9. Stufe. Sein Attribut zum Zauberwirken ist Intelligenz (Zauberrettungswurf-SG 15, +7 zum Treffen mit Zauberangriffen). Der Ringmagier hat die folgenden Magierzauber vorbereitet:
Zaubertricks (beliebig oft): *Feuerpfeil, Magierhand, Schockgriff, Zielsicherer Schlag*
1. Grad (4 Zauberplätze): *Rascher Rückzug, Magisches Geschoss, Schild, Donnerwoge*
2. Grad (3 Zauberplätze): *Nebelschritt, Netz*
3. Grad (3 Zauberplätze): *Gegenzauber, Feuerball Fliegen*
4. Grad (3 Zauberplätze): *Mächtige Unsichtbarkeit, Eissturm*
5. Grad (1 Zauberplatz): *Kältekegel*

AKTIONEN

Mehrfachangriff. Der zwergische Ringmagier führt zwei Nahkampfangriffe aus.
Ringstecken. *Nahkampf-Waffenangriff:* +3 zum Treffen, Reichweite 1,50 m, ein Ziel, *Treffer:* 3 (1W6) Wuchtschaden.

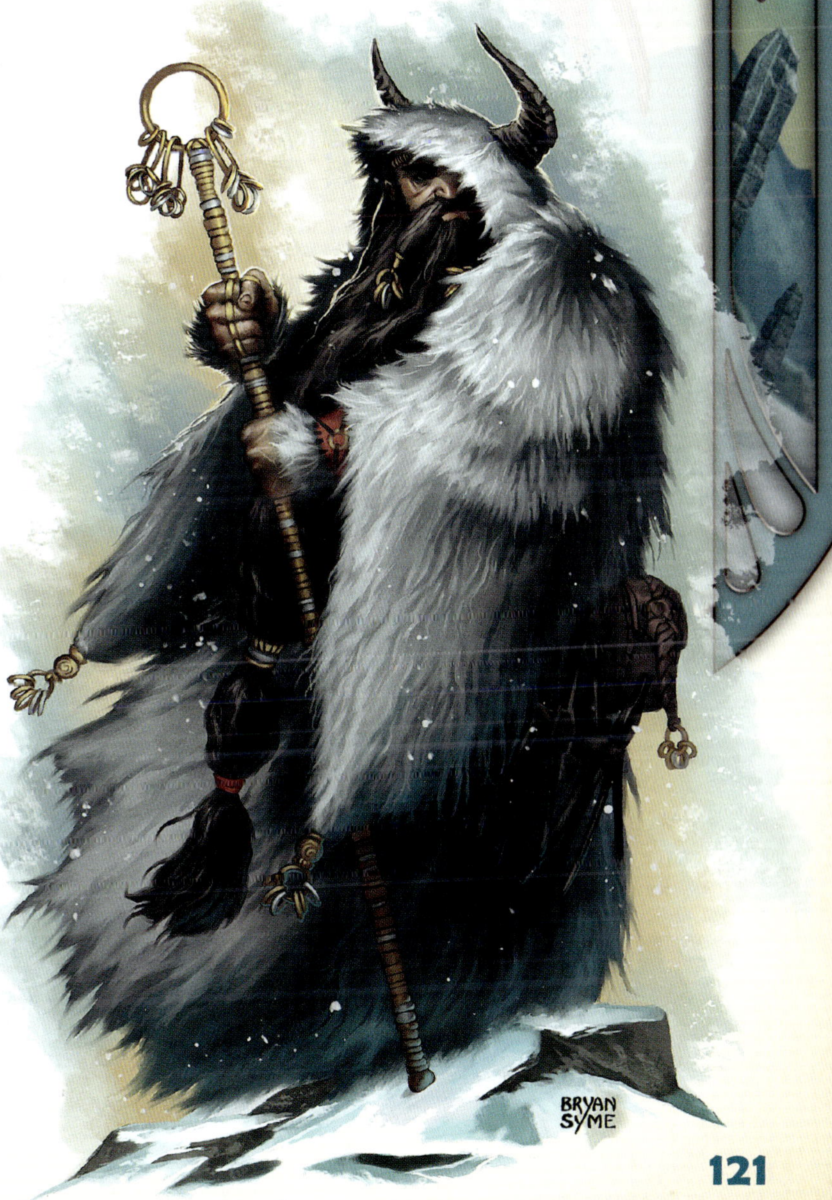

ANHANG 2: MAGISCHE GEGENSTÄNDE UND ZAUBER DER LEEREMAGIE

MAGISCHE GEGENSTÄNDE

Diese magischen Gegenstände sind nicht auf die sechs Abenteuer in diesem Buch beschränkt. Sie können überall auftauchen, wo du willst.

DORNISCHES NOKTURNAL

Wundersamer Gegenstand, ungewöhnlich (erfordert Einstimmung)

Die alten Elfen erschufen *Dornische Nokturnale* als Navigationsgeräte für all ihre seetauglichen Schiffe. Wie man sie herstellt, ist in Vergessenheit geraten, und es sind nur noch sehr wenige übrig.

Eine Kreatur, die das *Nokturnal* besitzt und auf es eingestimmt ist, kann die präzise örtliche Zeit mit einer Genauigkeit von einer Minute bestimmen, vorausgesetzt, sie kann Sonne oder Sterne sehen. Sie kann außerdem bis zu vier Schiffe gleichzeitig, die sich innerhalb von 1,50 km um das *Nokturnal* befinden, vor den unerwünschten Auswirkungen des lokalen Wetters beschützen. Beispielsweise erleiden Schiffe, die vom *Nokturnal* geschützt sind, keinen Schaden durch Stürme und können nicht vom Wind in Felsen geweht werden. Die Kreatur muss zuvor mindestens eine Stunde an Bord eines jeden kontrollierten Schiffes verbringen und dabei Aktivitäten ausführen, als würde sie sich auf sie einstimmen (die Schiffe müssen aber nicht magisch sein).

HIMMLISCHER SEXTANT

Wundersamer Gegenstand, ungewöhnlich (erfordert Einstimmung)

Die alten Elfen erschufen *Himmlische Sextanten* als Navigationsgeräte für all ihre seetauglichen Schiffe. Wie man sie herstellt, ist in Vergessenheit geraten, und es sind nur noch sehr wenige übrig.

Eine Kreatur, die den *Sextanten* besitzt und auf ihn eingestimmt ist, kann innerhalb von einer Minute Breiten- und Längengrad bestimmen, vorausgesetzt, sie kann Sonne oder Sterne sehen. Sie kann außerdem bis zu vier Schiffe gleichzeitig steuern, die sich innerhalb von 1,50 km um den *Sextanten* befinden, vorausgesetzt, die Mannschaften stimmen zu. Die Kreatur muss zuvor mindestens eine Stunde an Bord eines jeden kontrollierten Schiffes verbringen und dabei Aktivitäten ausführen, als würde sie sich auf sie einstimmen (die Schiffe müssen aber nicht magisch sein).

KRONE DES GROSSKÖNIGS

Wundersamer Gegenstand, legendär (erfordert Einstimmung)

Der Außenrand dieser abgetragenen Lederkappe ist mit zackigen, vergilbten Drachenzähnen verschiedener Größe besetzt, so dass sie wie eine verstörende Krone aussieht.

Wer sich auf die Kopfbedeckung einstimmt, erlangt Wissen über das Ritual, das nötig ist, um Ylia, einen Engel des Krieges, aus ihrem extraplanaren Reich zu rufen. Wenn Ylia beschworen wurde, ist sie verpflichtet, den Befehlen des

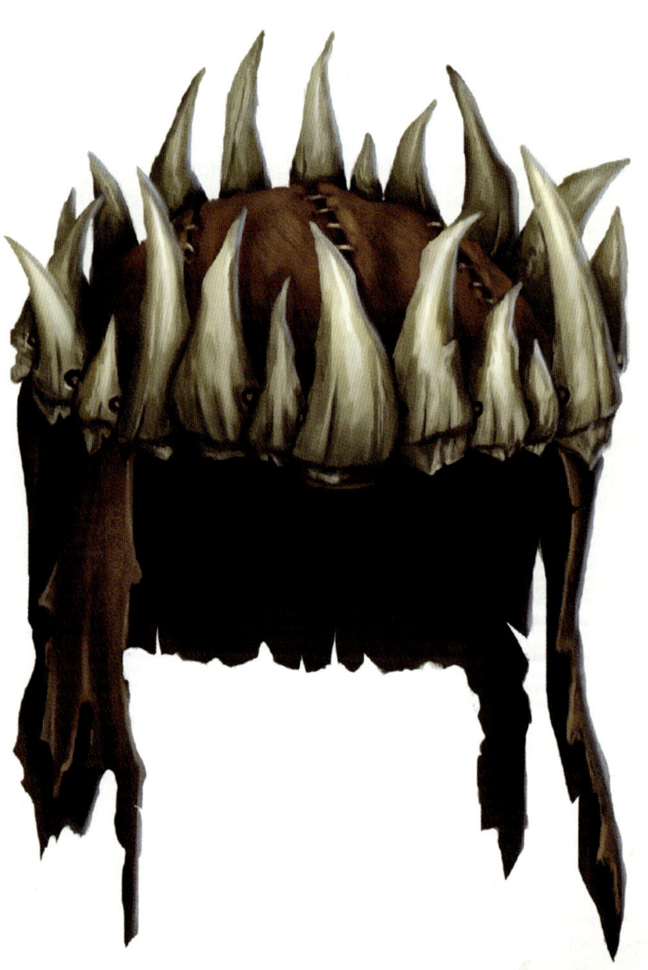

Trägers zu folgen, solange er diesen Gegenstand auf dem Kopf trägt. Der Träger hat eine telepathische Verbindung mit Ylia, solange beide sich auf der gleichen Existenzebene aufhalten. Er kann dieses telepathische Band nutzen, um ihr Befehle zu geben, wenn sie bei Bewusstsein ist (dazu ist keine Aktion erforderlich). Er kann eine einfache und allgemeine Handlungsweise vorgeben, wie „greife diese Kreatur an", „bewege dich dort hinüber" oder „bring mir diesen Gegenstand".

Der Eifer, mit dem Ylia diesen Befehlen folgt, hängt davon ab, wie gut der Träger Mavros dient. Ist er ein frommer Anhänger der stürmischen Gottheit, oder ein starker Krieger mit einer Geschichte der Gewalt der Zwietracht, führt sie die Befehle enthusiastisch aus. Wenn er kein Krieger ist, oder seine vergangenen Taten eher darauf abzielten, Frieden zu schaffen als Konflikte zu säen, muss Ylia den Befehlen folgen, doch trödelt sie oder verdreht die Anweisungen auf unerwartete Weise. Sie wird vom Träger der Krone weder bezaubert noch beherrscht, sie ist nur verpflichtet, zu gehorchen, weil sie vor Zeitaltern einen Schwur geleistet hat – einen Schwur, den sie heute bereut, da Ylia viele der sterblichen Besitzer der Krone nicht respektieren konnte.

Eine Kreatur, die die *Krone des Großkönigs* trägt, ist immun gegen den Schallschaden von Ylias Kriegsgesang, nicht aber gegen anderen Schallschaden.

NEURALER MARTERER DER MI-GO

Wundersamer Gegenstand, sehr selten (erfordert Einstimmung)

Die Mi-go produzieren und/oder züchten viele undurchschaubare technologische Gerätschaften. Der *Neurale Marterer* ist ein Werkzeug, das sie dabei unterstützt, Opfer einzufangen, deren Gehirne entfernt werden sollen, um sie zu studieren oder nach Yuggoth zu bringen. Wie ein großer Teil der Technologie der Mi-go haben diese Gerätschaften kein typisches Aussehen und keine typische Funktionsweise. Jede muss einzeln ergründet werden (was durch die Einstimmung abgebildet wird und außerdem einen erfolgreichen Wurf auf Intelligenz [Arkane Kunde] gegen SG 19 erfordert).

Der *Neurale Marterer* hat 5 Ladungen. Wenn du den Marterer in der Hand hältst, kannst du eine Aktion verwenden, um einen Angriff auszuführen (dies verbraucht 1 Ladung, siehe unten). Wenn du kein Mi-go bist, musst du einen Intelligenzrettungswurf gegen SG 15 schaffen, wenn du den Angriff ausführst, sonst beeinflusst der psychische Schaden der Waffe dich und nicht dein beabsichtigtes Ziel.

Der *Neurale Marterer* erhalt jeden Tag bei Sonnenaufgang 1W4 + 1 Ladungen zurück. Wenn die Apparatur auf 0 Ladungen fällt, wirf einen W20. Bei einer 1 deaktiviert sich der *Marterer* und erhält niemals wieder Ladungen zurück.

***Neuraler Marterer**. Fernkampf-Waffenangriff:* +6 zum Treffen, Reichweite 3/12 m, eine Kreatur. *Treffer:* 8 (1W6 + 5) psychischer Schaden plus 7 (1W4 + 5) Blitzschaden, und eine Kreatur muss einen Charismarettungswurf gegen SG 15 schaffen, um nicht mit je 50 % Chance entweder gelähmt oder betäubt zu werden, und zwar für eine Anzahl von Runden gleich 1W4 – Konstitutionsmodifikator des Ziels (Minimum 1).

RUTE DES UNTERGANGS

Rute, sehr selten (erfordert Einstimmung)

Diese raue Rute fühlt sich an, als würde sie aus versteinertem Holz bestehen, und sieht tatsächlich aus wie ein uralter Kampfstab, von dem ein Drittel abgebrochen worden ist.

Solange du diese Rute in Händen hältst, sind du und alle Kreaturen innerhalb von 30 m, die du als Verbündete wahrnimmst, immun gegen Schallschaden durch den Kriegsgesang eines Engels des Krieges, und erhalten einen Vorteil auf den Rettungswurf gegen andere Arten von Schallschaden.

In der Vergangenheit wurde diese Rute *Schlachtensingers Schanze* genannt. Ihr aktueller Name entstammt den Legenden der Staubgoblins.

SCHOCKSTAB

Wundersamer Gegenstand, ungewöhnlich

Der *Schockstab* ist ein kurzer Schlagstock aus Ebenholz, ähnlich einem Knüppel, mit einem mit Schnur umwickelten Griff und einer mit Silber überkronter Spitze, die das Siegel der Prätoren trägt. Für die Uneingeweihten scheint es sich beim Schockstab um einen robusten Stab oder Knüppel zu handeln, doch Wächter nutzen ihn, um ihre Gegner bewegungslos zu machen. Als Teil eines erfolgreichen Nahkampfangriffs kann der Träger das Befehlswort sprechen, um 1 Ladung aufzuwenden. Wenn eine Ladung verbraucht wird, muss die Kreatur, die vom Angriff getroffen wird, einen Weisheitsrettungswurf gegen SG 13 schaffen, um nicht 3 Runden lang gelahmt zu werden. Gelähmte Kreaturen wiederholen den Rettungswurf am Ende eines jeden ihrer Züge und beenden den Effekt bei sich mit einem Erfolg.

Wird ein offizieller Haftbefehl unter die Schnüre des Griffs geschoben, steigt der SG für den Rettungswurf für die Person, die im Haftbefehl genannt wird, auf 15. Nur ein Haftbefehl kann gleichzeitig in einem *Schockstab* aufbewahrt werden, und er kann maximal drei Personen nennen.

Der Träger eines *Schockstabs* erhält außerdem einen Bonus von +2 auf Ringenwürfe, um Haltegriffe zu beginnen und zu halten. Dieser Bonus gilt selbst dann, wenn der Schockstab 0 Ladungen besitzt.

Ein *Schockstab* hat 5 Ladungen und erhält jeden Tag bei Sonnenaufgang 1W4 + 1 Ladungen zurück. Wenn du die letzte Ladung eines *Schockstabs* verbrauchst, wirf einen W20. Bei einer 1 verliert der Schockstab permanent seine Lahmungseigenschaften, doch behält er seinen Bonus auf Ringenwürfe.

Die Fernglas-Gilde verwendet große Mühe darauf, diese Gegenstände innerhalb ihrer Organisation zu halten.

STAB UND KUGEL VON AGUA-SINTELLUM

Wundersamer Gegenstand, sehr selten (erfordert Einstimmung)

Die *Kugel* enthält Wasserdampf von den Wasserfällen am Rand der Welt. Wenn eine Kreatur, die auf die Kugel eingestimmt ist, sich eine Stunde lang auf sie konzentriert, kennt sie für 24 Stunden die Richtung zum Sammelpunkt für den Großen Rückzug der Elfen und kann innerhalb von 15 km das Netzwerk der Ley-Linien spüren. Die *Kugel* kann gleichzeitig vier Schiffe, die sich innerhalb von 1,50 km um sie befinden, vorwärts bewegen, indem sie ihre Segel mit leichtem oder starkem Wind füllt, auch wenn es in der Gegend keinen natürlichen Wind gibt. Die Kreatur muss zuvor mindestens eine Stunde an Bord eines jeden kontrollierten Schiffes verbringen und dabei Aktivitäten ausführen, als würde sie sich auf sie einstimmen (die Schiffe müssen aber nicht magisch sein). Die Kugel hebt keinen natürlichen Wind auf, der gegen die gewünschte Reiserichtung weht, doch kann sie ihn ausgleichen oder überwinden. Um diese Funktionen zu gewährleisten, muss sich die Kugel innerhalb von 15 km um eine Ley-Linie befinden.

Zuletzt erhält der Besitzer der *Kugel* einen Vorteil auf Rettungswürfe gegen Effekte, die die Zeit manipulieren (*Zeit anhalten*, das Erschreckende Antlitz eines Geistes).

Diese Gerätschaften wurden von den Elfen speziell für ihre Reise von Mythgart in die Elfenlande erschaffen. Wie man sie herstellt, ist in Vergessenheit geraten, und es sind nur noch sehr wenige übrig.

ZAUBER DER LEEREMAGIE

Diese Zauber der Leeremagie stammen aus *Deep Magic 3: Void Magic.*

LEERESCHLAG

Leeremagie des 3. Grades
Zeitaufwand: 1 Aktion
Reichweite: 27 m
Komponenten: V, G
Wirkungsdauer: Konzentration, bis zu 1 Minute

Indem du eine kurze Phrase in der Leeresprache sprichst, sammelst du Dunkelheit, die sich um deine Hand windet. Wenn du den Zauber wirkst sowie als Aktion in deinen nachfolgenden Zügen kannst du ein Geschoss aus Dunkelheit auf ein Ziel in Reichweite schleudern. Lege einen Fernkampf-Zauberangriff ab. Wenn sich dein Ziel in dämmrigem Licht oder Dunkelheit befindet, erhältst du einen Vorteil auf den Wurf. Bei einem Treffer erleidet das Ziel 5W8 nekrotischen Schaden und ist bis zum Beginn deines nächsten Zuges durch dich verängstigt.

Auf höheren Graden. Wenn du den Zauber mit einem Zauberplatz des 4. Grades oder höher wirkst, steigt der Schaden um 1W8 für jeden Zauberplatz über dem 3.

WORT DES UNGLÜCKS

Zaubertrick der Leeremagie
Zeitaufwand: 1 Aktion
Reichweite: 18 m
Komponenten: V, G
Wirkungsdauer: Konzentration, bis zu 1 Minute.

Du fauchst ein Wort in der Leeresprache. Wähle eine Kreatur in Reichweite aus, die du sehen kannst. Das nächste Mal, wenn eine Kreatur während der Wirkungsdauer des Zaubers einen Rettungswurf ablegt, muss sie einen W4 werfen und das Wurfergebnis vom Rettungswurfergebnis abziehen. Dann endet der Zauber.

ZERMALMENDER FLUCH

Zaubertrick der Leeremagie
Zeitaufwand: 1 Aktion
Reichweite: 18 m
Komponenten: V, G
Wirkungsdauer: unmittelbar

Du sprichst ein Wort in der Leeresprache. Wähle eine Kreatur in Reichweite, die du sehen kannst. Wenn das Ziel dich hören kann, muss es einen Weisheitsrettungswurf schaffen, um nicht 1W6 psychischen Schaden zu erleiden und für 1 Minute taub zu werden. Eine taube Kreatur kann den Rettungswurf am Ende eines jeden ihrer Züge wiederholen und die Taubheit bei einem Erfolg beenden. Eine Kreatur, die auf diese Weise taub geworden ist, kann immer noch die Leeresprache hören.

Der Schaden des Zaubers steigt um 1W6, wenn du die 5. Stufe (2W6), die 11. Stufe (3W6) und die 17. Stufe (4W6) erreichst.

ZERSTÖRERISCHE RESONANZ

Leeremagie des 2. Grades
Zeitaufwand: 1 Aktion
Reichweite: Selbst (4,50 m Kegel)
Komponenten: V, G
Wirkungsdauer: Unmittelbar

Du rufst gehässige Worte in der Leeresprache, die den Verstand aller Kreaturen, die sie hören, angreifen. Jede Kreatur in einem 4,50-m-Kegel, die dich hören kann, erleidet 4W6 psychischen Schaden, oder halb so viel nach einem erfolgreichen Weisheitsrettungswurf. Kreaturen, die durch diesen Zauber Schaden erleiden, können bis zum Beginn ihres nächsten Zuges keine Reaktionen ausführen.

Auf höheren Graden. Wenn du den Zauber mit einem Zauberplatz des 3. Grades oder höher wirkst, steigt der Schaden um 1W6 für jeden Zauberplatz über dem 2.

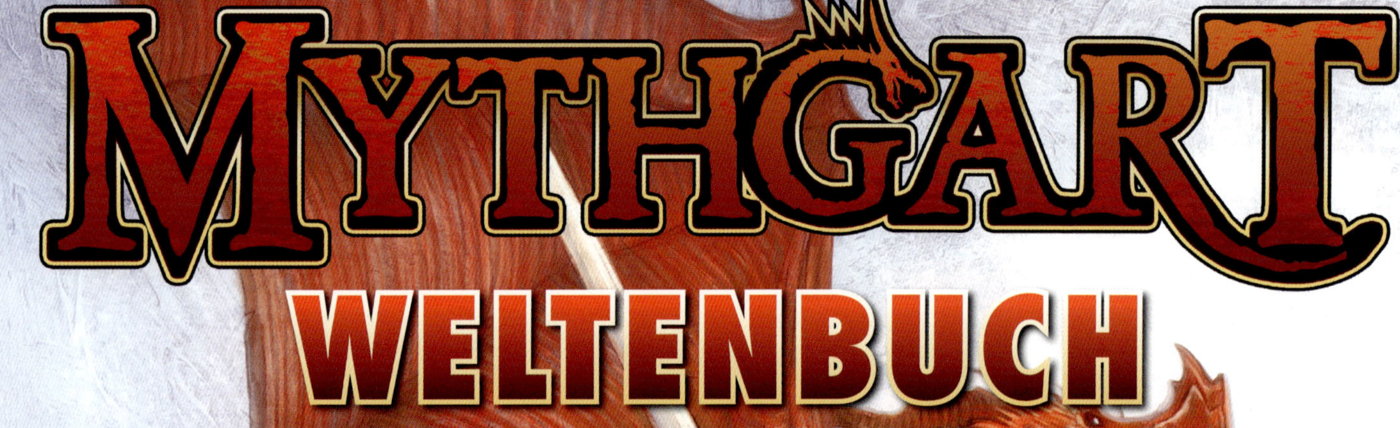

DIE VORZEICHEN KÜNDEN VON SCHLIMMEN ZEITEN!

In einer Zeit der Kriege breitet sich die Wildnis immer mehr aus. Einstmals mächtige Königreiche liegen versunken im Meer. Die Straßen ins Reich der Schatten sind wieder offen, und die Feen sind zurückgekehrt, um ihren uralten Anspruch durchzusetzen. Im Norden bereiten sich die Riesen auf Ragnarök vor, und im Westen werden die Goblins langsam unruhig. Der Schatten des Vampirprinzen fällt über die Region des Kreuzwegs, und die Weltenschlange beginnt zu rumoren. Niemand, nicht einmal die allwissende Baba Yaga, ahnt, wohin das alles führen wird.

MEHR ALS JE ZUVOR SIND MUTIGE HELDEN IN MYTHGART GEFRAGT, DIE DIE MÄCHTE DES BÖSEN ZURÜCKDRÄNGEN MIT ZAUBERKRAFT, STAHL UND KLUGHEIT!

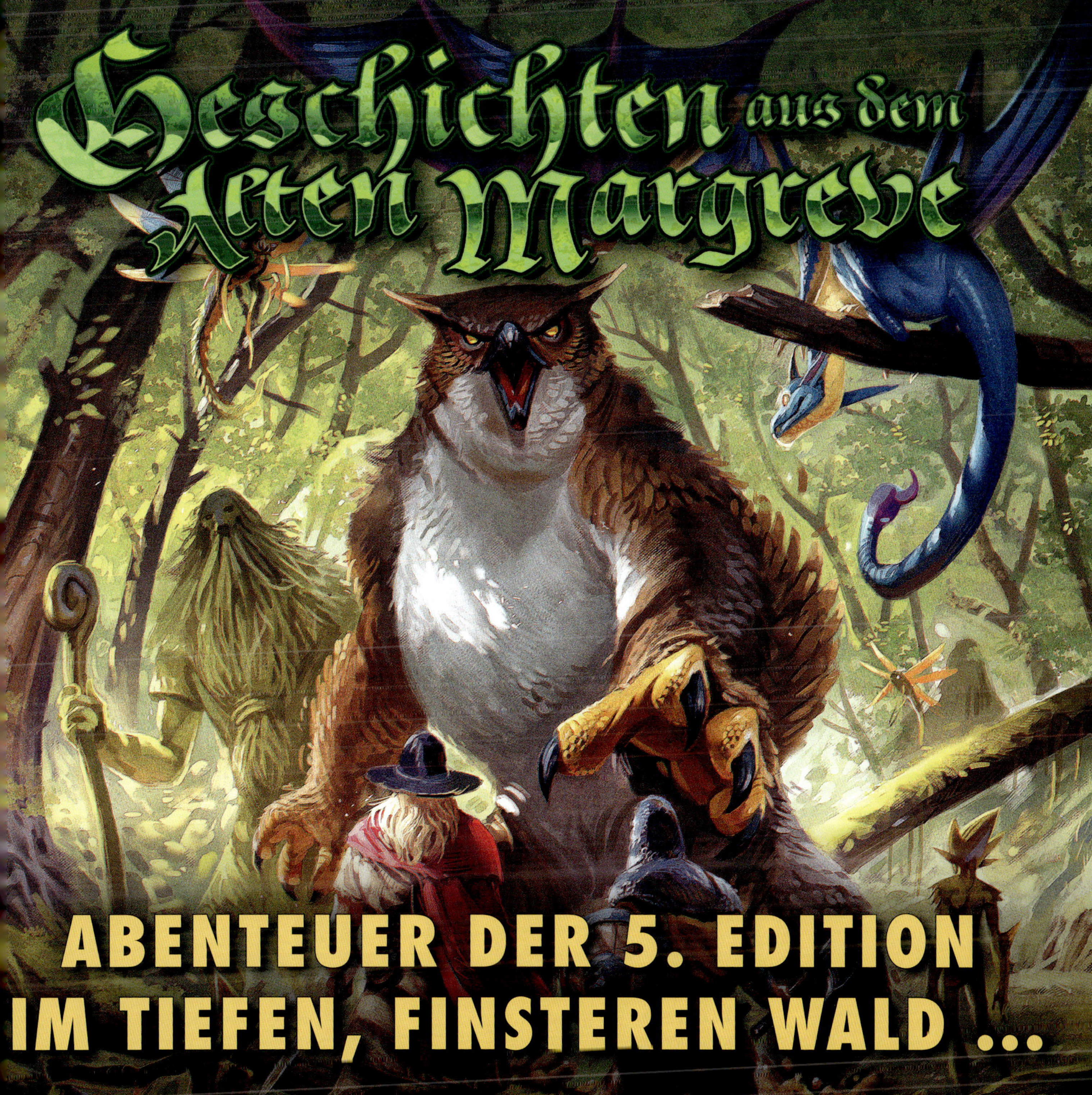

ABENTEUER DER 5. EDITION IM TIEFEN, FINSTEREN WALD ...

GESCHICHTEN AUS DEM ALTEN MARGREVE lässt dich neue Abenteuer in einem uralten, magischen Wald erleben, komplett mit neuen Zaubern, Monstern, magischen Gegenständen und wundersamen Schauplätzen, zusammengestellt von Richard Green und Wolfgang Baur. Ergänzt wird dieses Buch mit einer Auswahl neuer Monster, erschaffen von Jon Sawatsky und James Introcaso; sowie zwölf Abenteuer für Charaktere der Stufen 1-10.

SCHÄRFE DEINE KLINGE UND SCHULTERE DEIN GEPÄCK: ES WIRD ZEIT, SICH IN DEN WALD ZU BEGEBEN!

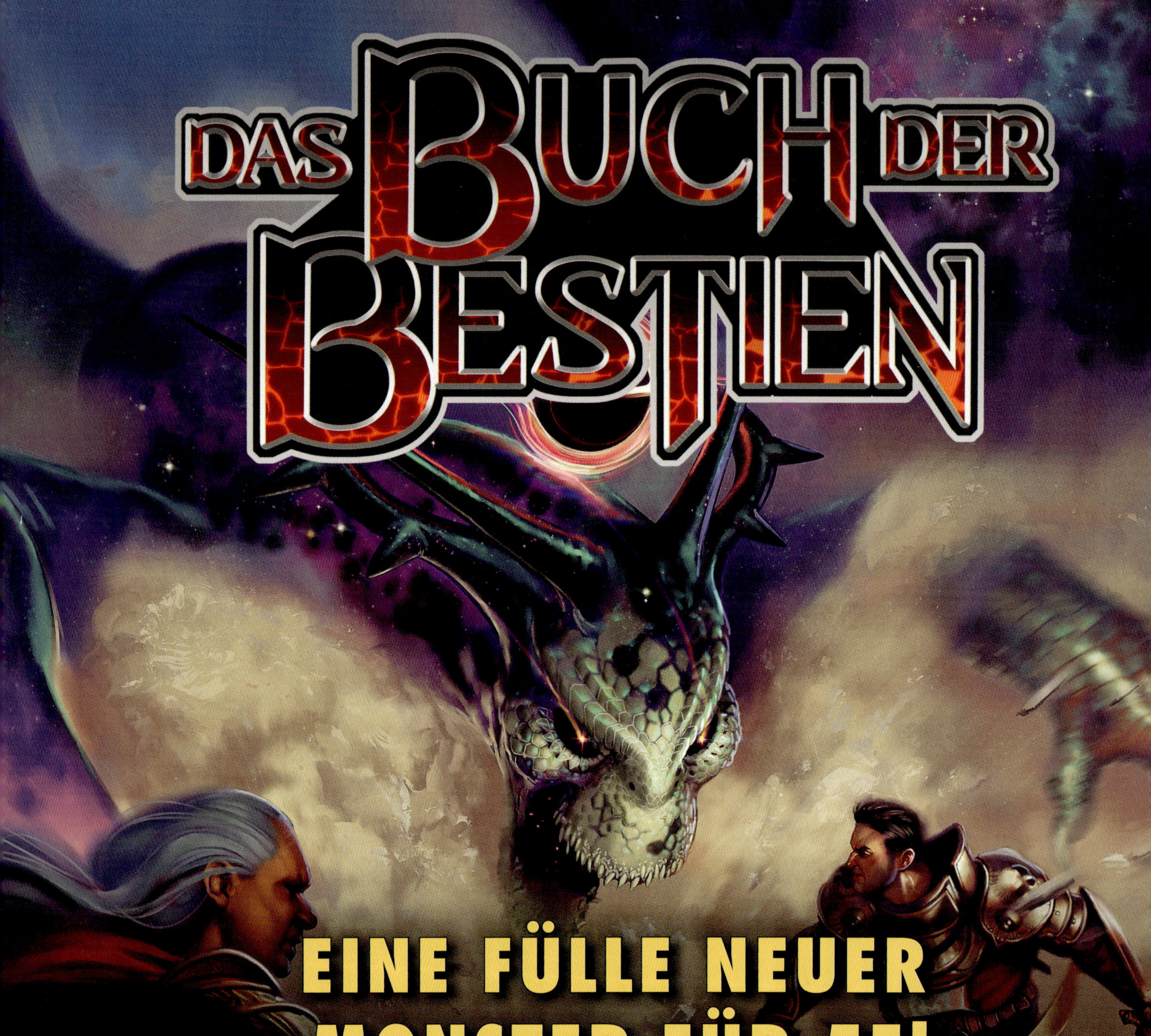

EINE FÜLLE NEUER MONSTER FÜR 5E!

Gleichgültig, ob du nur lästiges Gewölbe-Ungeziefer benötigst oder eine welterschütternde Personifizierung des Bösen – im Buch der Bestien wirst du fündig! Hier werden mehr als 400 neue Gegner zum Gebrauch für die 5. Edition vorgestellt, beginnend von winzigen Drachlingen und Spinnen bis hin zu Dämonenfürsten und uralten Drachen.
Verwende sie in deinem bevorzugten Setting oder bevölkere mit ihnen die Gewölbe in deiner eigenen Fantasywelt.

SCHLAG DAS BUCH DER BESTIEN AUF UND BESCHERE DEINEN SPIELERN BEGEGNUNGEN, DIE SIE NIE VERGESSEN WERDEN!